本书获得中国社会科学院大学中央高校基本科研业务费优秀博士学位论文出版资助项目经费支持，谨以致谢！

中国社会科学院大学文库
优秀博士学位论文系列
UCASS EXCELLENT
DOCTORAL DISSERTATION
⑤

葛颇彝语形态句法研究

姜静 著

中国社会科学出版社

图书在版编目(CIP)数据

葛颇彝语形态句法研究 / 姜静著 . —北京：中国社会科学出版社，2022.3

(中国社会科学院大学文库 . 优秀博士学位论文系列)

ISBN 978-7-5203-9574-8

Ⅰ.①葛⋯ Ⅱ.①姜⋯ Ⅲ.①彝语—句法—研究 Ⅳ.①H217.4

中国版本图书馆 CIP 数据核字(2022)第 012638 号

出 版 人	赵剑英
责任编辑	宫京蕾 周慧敏
责任校对	周 昊
责任印制	郝美娜

出　　版	中国社会科学出版社
社　　址	北京鼓楼西大街甲 158 号
邮　　编	100720
网　　址	http://www.csspw.cn
发 行 部	010-84083685
门 市 部	010-84029450
经　　销	新华书店及其他书店

印刷装订	北京君升印刷有限公司
版　　次	2022 年 3 月第 1 版
印　　次	2022 年 3 月第 1 次印刷

开　　本	710×1000　1/16
印　　张	23.75
插　　页	2
字　　数	349 千字
定　　价	138.00 元

凡购买中国社会科学出版社图书，如有质量问题请与本社营销中心联系调换
电话：010-84083683
版权所有　侵权必究

中国社会科学院大学文库
优秀博士学位论文系列
编辑委员会

主　任　　张政文　王新清
副主任　　林　维　张　波　张　斌
编　委　　(按姓氏笔画排序)
　　　　　王　炜　向　征　刘　强　刘文瑞　杜智涛
　　　　　李　俊　何庆仁　张菀洺　赵　猛　赵一红
　　　　　皇　娟　徐　明　高海龙

中国社会科学院大学优秀博士学位论文系列

序　　言

呈现在读者面前的这套中国社会科学院大学（以下简称中国社科大）优秀博士学位论文集，是专门向社会推介中国社科大优秀博士学位论文而设立的出版资助项目，属于中国社会科学院大学文库的重要组成部分。

中国社科大的前身，是中国社会科学院研究生院。中国社会科学院研究生院成立于1978年，是新中国成立最早的研究生院之一。1981年11月3日，国务院批准中国社会科学院研究生院为首批博士和硕士学位授予单位，共批准了22个博士授权学科和29位博士生导师。截至2020年7月，中国社科大（中国社会科学院研究生院）拥有博士学位一级学科17个、硕士学位一级学科16个；博士学位二级学科108个、硕士学位二级学科114个；还有金融、税务、法律、社会工作、文物与博物馆、工商管理、公共管理、汉语国际教育等8个硕士专业学位授权点；共有博士生导师757名、硕士生导师1132名。40多年来共授予科学学位硕士7612人、博士6268人，专业硕士学位6714人。

为鼓励博士研究生潜心治学，作出优秀的科研成果，中国社会科学院研究生院自2004年开始评选优秀博士学位论文。学校为此专门制定了《优秀博士学位论文评选暂行办法》，设置了严格的评选程序。按照"宁缺勿滥"的原则，从每年答辩的数百篇博士学位论文中，评选不超过10篇的论文予以表彰奖励。这些优秀博士学位论文有以下共同特点：一是选题为本学科前沿，有重要理论意义和实践价值；二是理论观点正确，理论或方法有创新，研究成果处于国内领先水平，具有较好的社会效益或应用价值与前景；三是资料翔实，逻辑严谨，文字流畅，表达确当，无学术不端行为。

《易·乾》曰："君子学以聚之，问以辩之。"学术研究要"求真求实求新"。博士研究生已经跨入学术研究的殿堂，是学术研究的生力军，是高水平专家学者的"预备队"，理应按照党和国家的要求，立志为人民做学问，为国家、社会的进步出成果，为建设中国特色社会主义的学术体系、学科体系和话语体系做贡献。

习近平总书记教导我们：学习和研究"要求真，求真学问，练真本领。'玉不琢，不成器；人不学，不知道'。学习就必须求真学问，求真理、悟道理、明事理，不能满足于碎片化的信息、快餐化的知识"。按照习近平总书记的要求，中国社科大研究生的学习和学术研究应该做到以下三点。第一，要实实在在地学习。这里的"学习"不仅是听课，读书，还包括"随时随地的思和想，随时随地的见习，随时随地的体验，随时随地的反省"（南怀瑾先生语）。第二，要读好书，学真知识。即所谓"有益身心书常读，无益成长事莫为"。现在社会上、网络上的"知识"鱼龙混杂，读书、学习一定要有辨别力，要读好书，学真知识。第三，研究问题要真，出成果要实在。不要说假话，说空话，说没用的话。

要想做出实实在在的学术成果，首先要选择真问题进行研究。这里的真问题是指那些为推动国家进步、社会发展、人类文明需要解决的问题，而不是没有理论意义和实践价值的问题，也不是别人已经解决了的问题。其次，论述问题的依据要实在。论证观点依靠的事例、数据、观点是客观存在的，是自己考据清楚的，不能是虚假的，也不能是自以为是的。再次，要作出新结论。这里说的新结论，是超越前人的。别人已经得出的结论，不能作为你研究成果的结论；对解决问题没有意义的结论，也不必在你的成果中提出。要依靠自己的独立思考和研究,从"心"得出结论。做到"我书写我心,我说比人新,我论体现真"。

我希望中国社科大的研究生立志高远,脚踏实地,以优异的学习成绩和学术成果"为国争光、为民造福"。这也是出版本优秀博士学位论文集的初衷。

王新清

2021年12月9日

序

　　语言学从19世纪初从威廉·冯·洪堡（Wilhelm von Humboldt）到弗兰斯·博阿斯（Frans Boas）、爱德华·萨皮尔（Edward Sapir）、玛丽·哈斯（Mary Haas）、詹姆斯·A. 马蒂索夫（James A. Matisoff）、本人和黄成龙等这一系列语言学家的基本原，即著重记录濒危语言的工作。姜静博士是这一條源源不断的语言学家中的最新一代，我很高兴看到这条线的延續，因为它在语言学和人类学的发展中非常重要。

　　葛颇彝语是属于汉藏语系藏缅语族彝缅语支彝语东南部方言，是典型的濒临灭绝的语言。也就是说，说这种语言的人已經很少了，而且当地的年轻人都陆陆续续地在远离自己的家乡，自己的语言，很可能在几代人之后就会消失。目前语言学界尚未有关于葛颇彝语语法研究的相关成果出版，本书可以说是首屈一指。姜博士对葛颇彝语形态句法进行了较完整的剖析，相信本书将成为日后参考该语言语法的基础。

　　编写参考语法是一份很艰难的工作，因为研究者必须长时间在偏远的村落驻地生活，学习和记录、收集语料，之后再针对所学到、观察到以及所收集到的庞大语料，日夜无休地处理、分析、编写。研究工作的庞大与艰难，可想而知。工作虽然艰难辛苦，但是对语言学领域來說，甚至对葛颇彝语说话者來說，作者做出最扎实，最持久的贡献，我相信一百年以后，学者们很可能仍在引用这本著作。

　　如上所述，这类工作在语言学中有着悠久的传统，并且更普遍地构成了语言类型学和比较语言学所有工作的基础。没有这种语言文档，就没有语言类型学或比较语言学，因为没有什么可比较的。这种博士项目也是语言学家对语言学学生最好的培训。记录语言需要学习和描述语言的所有不同方面，因此学生在语言分析的各个方面都得到了扎实的培训。正因为如此，我们现在对不同语言的许多重要特性有了很好的记录，这不仅是对语言学和人类学的一项服务，而且对现在使用该语言的人的后代其意义非凡，虽然他们即将失去他们的传统语言，但是他们将来可以通过这份记录与描述，去了解自己的语言，自己的文化，也有可能作为将来复兴该语言的基础。

在此祝贺姜博士完成巨作，也鼓励她继续在语言学方面做出贡献，再接再厉出版"博阿斯三部曲"（Boasian Trilogy）：编写参考语法、长篇语料集和语言词典。

罗仁地

2021-12-06

珠海

罗仁地（Randy J. LaPolla）教授，FAHA

广东省珠海市唐家湾镇金凤路 18 号木铎楼 A302

北京师范大学珠海校区

人文和社会科学高等研究院

语言科学研究中心

形态句法调查研究新视角
——《葛颇彝语形态句法研究》序

黄成龙

姜静是中国社会科学院研究生院民族学系语言学及应用语言学专业2017级博士研究生，她始终坚持正确的政治方向与学术导向，自觉维护民族团结。学习勤奋、刻苦钻研，积极参加各种学术实践活动，在调查和科研过程中不断积累研究经验，提升自身的学术研究能力。她的博士学位论文《葛颇彝语形态句法研究》于2020年5月18日顺利通过博士学位论文答辩，并于2020年7月获中国社会科学院研究生院优秀博士学位论文。与此同时，获得中国社会科学院大学优秀博士论文出版资助，在此表示热烈祝贺。

语言学是一门基础学科，又是相对冷门的学科，而中国少数民族语言研究更是国内语言学研究的冷门，研究队伍不断萎缩，学科发展面临巨大挑战。在这样的背景下，作者敢于吃苦，赴云南省红河哈尼族彝族自治州泸西县小直邑村，住在老百姓家里近四个月进行浸入式田野调查，获取了第一手真实资料，全是新材料，对以前未研究过的葛颇彝语十余种形态句法结构进行系统分析。该书在以下几方面体现了创新性和独特性。

1. 认识形态句法的性质

很多人认为形态句法是两个层面，形态学研究词法特点，句法学研究句子的组织结构。形态句法（Morphosyntax 或 Morpho-syntax）这个词是形态学与句法学名称的组合，由于形态与句法不是相互独立的，而是相互依存，研究形态离不开句法结构，离开了结构，形态没有依存的土壤。研究句法也离不开形态，句法的规则和限制往往是通过形态来表征的，离开了形态，结构就无规则和限制可言。为了解决形态和句法的有机统一，所以语言类型学者和句法学者就创造了 morphosyntax 这个词。该书对于我们进一步认识形态句法的本质特点有一定参考价值和借鉴意义。

2. 内容层次分明，逻辑结构清晰

全书分十四章，第一章介绍葛颇彝语相关历史文化背景。第二章对葛颇彝语的音系进行描写。第三章概述葛颇彝语形态。第四章描写名词性短语与动词性短语的结构。第五章至第十四章以句法结构为出发点，描写了信息结构、存在结构、疑问结构、否定结构、比较结构、致使结构、多动词结构、并列结构、关系子句结构、主从结构。把词类融入短语结构，信息结构、存在结构、疑问结构、否定结构、比较结构为简单结构，而致使结构、多动词结构、并列结构、关系子句结构、主从结构为复杂或复合结构，避免了联合、偏正、述补、述宾关系等在构词与短语结构中重复，甚至出现名称与内容不相符，如"述宾"在动词居尾语言（SOV）中是宾动关系。与此同时，还避免了句类、句型、语气等不同形态句法层面的混用。全书体现了较强的层次性与逻辑性。

3. 专题研究与系统性的结合

没模仿任何描写著作或参考语法，每章看似专题研究，但在描写每一种结构时充分考虑该结构的系统性，了解其形式构成、语义特点，形态句法表征甚至形态标记的来源与演变等共时与历时因素，力求系统了解每一种结构、每一种现象的特点。每一章作为一个专题构成了全书的形态句法系统，达到专题深入描写与系统性的有机统一。

总之，该书突破现有语法研究框架，采用国外流行的语言类型学研究框架与国内具体语言实际相结合、系统宏观研究与专题深入研究相结合、描写与归纳相结合的新方法，较系统地、深入地描写了葛颇彝语的形态句法体系及其特点，该书不仅具有前沿性，研究方法上还具有创新性。

是为序

黄成龙

2020 年 12 月 30 日

凡　　例

表 0-1　　　　　　　　　　　形态简表及简称

形态简表	简称
性别标记：	注：不单独标记
人称：p^hu^{21} 男性、$m̩^{33}$ 女性；	
动物：$p^hɯ^{35}/pu^{55}$ 雄性、$m̩^{33}$ 雌性	
大小称标记：	
$mo^{21}/m̩^{33}$ 大称标记；	大称
zu^{21} 小称标记	小称
前缀标记：	注：不单独标记
$a^{55}/a^{33}/a^{21}$ 亲属称谓前缀；	
a^{33}/a^{21} 时间名词前缀	
名物化标记：	名物化
$dɯ^{55}$ 用于动词后表某物；	名物化
$m̩^{33}$ 用于性质形容词后表示人或物；	名物化
zi^{21} 用于形容词、动词或动词短语等形式后，表示人或物；	名物化
zu^{21} 用于动词短语后，表示一种职业或一个群体；	名物化
$tiɛ^{33}$ 用于动词（包括形容词）或动词短语之后，表示某一处所	名物化
施事标记： $tiɛ^{33}$	施事
受事标记： pa^{33}	受事
与事标记： $dɯ^{44}$、bo^{35}	与事
工具标记： $tiɛ^{33}$	工具

续表

形态简表	简称
处所标记：	
kʰɛ³³ 表示"……上"；	上
huɯ⁴⁴ 表示"……里"；	里
tʂa⁴⁴ 表示某处；	处所
tiɛ³³ 表示某处	处所
领属标记：dʐo³⁵	领属
从由标记：mo⁵⁵	从由
差比标记：	差比
no⁴⁴ma²¹bu²¹/no⁴⁴/ma²¹bu²¹ "比"；	差比
tʰa³³ma²¹tɕʰi³⁵ "不如"；	不如
kʰɛ³³ "在……之上/超过……"；	差比
kʰɯ⁴⁴ "在……之下"	差比
并列标记：nɛ³³、va³³ 等	并
话题标记：va³³、nɛ³³	话题
否定标记：ma²¹ "不、没"	否定
ta̠²¹ "别"	禁止
致使标记：	
gɯ³³ 致使，位于形容词前；	致使
bo³⁵ 致使（告诉），位于与事后；	致使
piɛ²¹⁴ 致使（给），位于与事后；	致使
ka⁴⁴ 邀约致使，多用于第一人称后	邀约
互动标记：a²¹dʐɛ³³、dʐɛ³³	互动
体标记：	
dia²¹ 状态变化体标记；	状态变化体
tiɛ³³ 将行体标记；	将行体
tu⁵⁵、dʐɛ²¹、tʂʰɛ²¹ 持续体标记；	持续体
fu³³ 完成体标记；	完成体
gʁ³⁵ 完整体标记；	完整体
ɕi²¹ 连续体标记；	连续体
no⁵⁵ 曾行体标记	曾行体
表确信的标记：di³³	确信

表 0-2　　　　　　　　　　连接词、助词及语调单位

连接词、助词及语调单位	简称
连接词：le^{33}、vɑ^{33}、nu^{33}、nɛ^{33}、pɛ^{33}、t^{h}u^{21}、dɯ^{44}	连接词
助词：nɛ^{33}、vɑ^{33}	也
语调单位：nu^{33}（连接上下文，表停顿）	语调单位

目　　录

第一章　导论 ·· (1)
 第一节　彝族葛颇支系介绍 ······························ (1)
 第二节　彝语方言情况及葛颇彝语的系属 ·············· (9)
 第三节　彝语形态句法研究综述 ························ (12)
 第四节　语料来源和理论框架 ··························· (20)
 第五节　研究方法和意义 ································ (21)

第二章　音位系统 ·· (24)
 第一节　声母 ··· (24)
 第二节　韵母 ··· (27)
 第三节　声调 ··· (31)
 第四节　音节结构与音变 ································ (34)

第三章　形态 ··· (39)
 第一节　名词性短语的形态 ····························· (39)
 第二节　动词性短语的形态 ····························· (55)

第四章　短语的结构 ··· (67)
 第一节　名词性短语的结构 ····························· (67)
 第二节　动词性短语的结构 ····························· (87)

第五章　信息结构 …………………………………………………（96）
第一节　话题结构 ………………………………………………（97）
第二节　焦点结构 ………………………………………………（114）

第六章　存在结构 …………………………………………………（124）
第一节　语义类型 ………………………………………………（124）
第二节　形态句法特征 …………………………………………（131）
第三节　存在类动词多功能性及语法化 ………………………（139）

第七章　疑问结构 …………………………………………………（145）
第一节　疑问结构的类型 ………………………………………（145）
第二节　疑问词的构成 …………………………………………（160）

第八章　否定结构 …………………………………………………（169）
第一节　否定结构的形式类型 …………………………………（169）
第二节　否定的辖域 ……………………………………………（182）
第三节　双重否定 ………………………………………………（192）

第九章　比较结构 …………………………………………………（196）
第一节　差比结构 ………………………………………………（197）
第二节　等比结构 ………………………………………………（217）
第三节　极比结构 ………………………………………………（223）

第十章　致使结构 …………………………………………………（230）
第一节　致使结构的形式类型 …………………………………（230）
第二节　形态句法标记和语义机制 ……………………………（237）
第三节　致使标记的多功能性 …………………………………（243）

第十一章　多动词结构 (252)
第一节　连动结构 (252)
第二节　补语结构 (270)

第十二章　并列结构 (277)
第一节　形式类型 (278)
第二节　形态句法特征 (287)
第三节　语义特征 (294)
第四节　并列标记的多功能性 (300)

第十三章　关系子句 (307)
第一节　关系子句的位置 (307)
第二节　特征类型 (311)
第三节　关系化手段 (319)

第十四章　主从结构 (322)
第一节　时间状语从句 (322)
第二节　条件状语从句 (325)
第三节　因果状语从句 (329)
第四节　目的状语从句 (331)
第五节　让步状语从句 (332)

结　语 (336)

参考文献 (343)

后　记 (357)

第一章

导论

葛颇彝语是彝族葛颇支系所使用的语言，属于彝语东南部方言。本章主要介绍彝族葛颇支系、彝语方言及葛颇彝语的系属、形态句法研究综述、语料来源和理论框架等方面的情况。

第一节 彝族葛颇支系介绍

彝族是我国第六大少数民族，主要分布在滇、川、黔、桂四省（区）的高原地带。根据2010年第六次全国人口普查统计，彝族人口数为8714393人。彝族支系繁杂，自称众多，《彝族简史》里记录的彝族自称有35种，他称44种，但实际上更多。葛颇支系是其中较大的支系之一，分布广泛，是一个迁徙的支系，迁徙的起点不详，习俗、文化保留较为完整。

一 分布与迁徙

（一）分布

葛颇支系主要分布在红河哈尼族彝族自治州的泸西县、弥勒市，曲靖市的罗平县、师宗县等地，大理白族自治州、楚雄彝族自治州及文山壮族苗族自治州的部分地区也有少量分布。

红河哈尼族彝族自治州及曲靖市的葛颇彝族主要分布在东华山脉一带（又称东山梁子），沿山势走向分布，山的东南侧为南盘江，南盘江彼岸是文山壮族苗族自治州，在该区域也有彝族分布，习俗、服装、语言均与北岸葛颇彝族相似。

红河哈尼族彝族自治州泸西县的葛颇彝族主要聚居在白水镇、向阳乡、永宁乡等地，这些乡镇位于泸西县的东北部，与曲靖市的师宗县接壤。泸西县境内汉族人口居多，彝族其次，还分布着回族、壮族、傣族等少数民族。葛颇彝族在当地彝族支系中，分布集中，人口数量多，在文化和习俗方面对其他民族和彝族其他支系有一定的影响。除此之外，泸西县境内的彝族还有撒尼、阿乌、阿细、红彝、甘彝和黑彝等支系，这些支系分布较为分散，人口数量不多，并且大部分已经不会说自己的本支系语言，转用当地的汉语方言西南官话，部分人口与葛颇支系杂居，交往密切的能熟练使用葛颇话交流。

（二）迁徙

葛颇支系迁徙的路径不明。在丧葬仪式中，毕摩诵读《指路经》为逝者的灵魂指路，指引他们沿着祖先迁徙的路径回到罗平县的白腊山，又经由白腊山到了昆明滇池一带。但泸西县内葛颇彝族是否源于昆明，或者是否是当地的土著民族，还有待考察。

葛颇支系内部根据地理、服饰和文化等因素也分为不同的小支系，如居住在平坝地区的葛颇人自称 diε^{21}o^{33}ko^{44} "平坝彝"，他称 "平头彝""大白彝"；居住在山顶地区的自称 tʂɿ^{44}ʂɿ^{44}ko^{44} "高山彝"，他称 "大白彝"；居住在圭山一带的 dzo^{33}bo^{35}ko^{44} "圭山彝"，他称 "小白彝" 等。这些小支系都有一个统一的自称 ko^{44} "葛" 或 ko^{44}pʰu^{21} "葛颇"。

本书的调查点为红河哈尼族彝族自治州泸西县白水镇小直邑村，北纬 24.573368 度，东经 103.926076 度，该村寨海拔 1900 米左右。彝族 98 户，242 人；汉族 49 户，187 人。[①] 该村的彝族属于葛颇支系里的 "高

---

① 2020 年 2 月 22 日村委会统计数据。

山彝",他称"大白彝",语言、习俗保留较为完整。

二 饮食、服装与建筑风格

(一) 饮食

泸西县位于滇东高原,地势东部高、西部低。全县地势起伏较大,最高点在东山梁子老佐坟箐,海拔2459米;最低点在南盘江小河口,海拔820米。境内的葛颇彝族主要居住在东山梁子一带,该地区海拔较高,气候较为干旱,农作物以荞麦、马铃薯、玉米为主,当地居民喜食荞麦食品、马铃薯、红豆、烟熏腊肉、黑山羊肉,口味偏辣。

(二) 服装

古时候,葛颇人以麻布制衣,当地人自己种植麻棵,纺线织布,至今仍然有部分人家保留这一系列复杂的手工艺传统用于制作民族服装或相关配饰,但大部分人家均以购买的机器制作的成品棉布替代手工麻布,棉布相对于麻布绵软透气,穿着舒适,已经成为主流材质。新中国成立前,葛颇彝族服饰由头饰、短衫、筒裙等组成;新中国成立后,经过服饰改良,以对襟花坎肩、前后围腰、裤子、腰带替代了传统的短衫与筒裙。"高山彝"的服装颜色以白色和蓝色作为底色,挑花工艺类似于现代"十字绣",颜色五彩斑斓;"平坝彝"多以白色为底,刺绣以红线为主,整体颜色偏红艳,针脚细密。"高山彝"头饰是以装饰于头顶的两大朵马缨花状线团,加上盘发固发的发箍及用贝壳附于麻布上编制成的兜带组成,女子成婚后会在两侧坠上数串小朵马缨花作为装饰,头饰较轻;"平坝彝"头饰偏高耸,以数朵小马樱花状线团附于环帽边缘装饰于头顶,顶部齐平,环帽底部坠以数十串彩珠贝壳链作为装饰,整个头饰较高较重。新中国成立前,男女均留长发;新中国成立后,男性长发变短发,女性仍保留长发传统,婚后盘头戴头巾。

(三) 建筑

葛颇彝族传统的房屋以茅草房为主,冬暖夏凉,但卫生条件较差。

新中国成立后逐渐改成砖瓦房，仍保留了二层格局，一层为起居生活及蓄养牲畜所用，二层主要用于储存粮食、纺线织布。当地房屋一般背山建造，没有统一的朝向。

三 传统文化与习俗

葛颇彝族保留了较为完整的习俗与文化。葛颇彝族信仰"万物有灵"，祭祀山神、祖先，正月初三祭火，八月十五祭祀月亮。祭山和祭祖是当地比较隆重的活动，每逢农历春节前会杀年猪、腌制腊肉，婚丧嫁娶仪式也保留得相对完整，除此之外，斗牛、摔跤、山歌、荡磨秋等娱乐活动也是丰富多彩。

（一）祭山

祭山是葛颇支系传统的祭祀习俗，是每年最隆重的集体活动。每年的农历二月初二，以寨子为单位举行祭祀活动。本书调查点小直邑村在当地政府的帮扶下，重点发展民族特色旅游业，为方便宣传，把每年阳历的三月四、五、六日定为祭山节，举行舞蹈、山歌比赛，打造特色旅游项目。祭山节前，由"祖头"出面召集村里各家家长商议流程，做出具体安排。每个村寨祭山的来历都各不相同，在小直邑村，传说是很久以前姓彭和姓赵的两个小伙子去荞麦地里赶鸟，路上看见石头打架，遂把羊皮褂脱下请石头睡在羊皮褂里，再拿到山里供奉起来，由此开启了小直邑村民历代祭山的传统，由彭姓和赵姓两家的后人召集村民做好准备工作。买好猪、鸡，各家准备好粮食和酒水后，祭山当日寨子里每户葛颇人家出一名可以主事的男性参加，女性不能参与。

祭山当日，出席活动的村民穿着民族服装，驾着牛车，带着祭品进山。进山途中，要穿过事先用树枝和荆棘搭建的"净身架"，祛除身上的污浊之气。到了神石所在地，大家开始杀猪、摆祭祀贡品，头人或毕摩念祷词，大家叩头膜拜。中午，负责做饭的村民把当天宰的猪和鸡做成炒菜和鸡肉烂饭,十人围成一圈在山神的庇佑下餐饮。祭祀活动结束后,每人折一枝青冈栎树枝带回家,插在牲畜圈上,意在保佑家里的牲畜健康肥壮。

(二) 祭祖

祭祖是葛颇彝族每年比较隆重的活动之一,一般每年一小祭,三年一大祭,以姓氏家族为单位进行祭祀活动,不同家族的祭祀时间不同,但都集中在农历的十月,因此十月在葛颇话中意为"祭祖的月份"。每年祭祀活动开始前,由氏族中一位有名望的人去各个村寨通知祭祀的时间,召集大家去固定的地点举行祭祀活动。为了缅怀祖先,族人用两块铜片剪成两个老人的模样,面对面叠放在一起,用红布包好,放在祖甄里(用马缨花树做成的木槽),挑选吉日,用彩轿抬着,送到提前选好的山洞中,虔诚供奉,意在保佑族人平安健康,人丁兴旺。

葛颇人家有个典型的标志,每家每户的堂屋正中间都悬挂一个布袋,即"龙背袋"。龙背袋是由麻布缝制,里面有的装五谷,有的装鸡骨和生鸡蛋,不同的神话故事中描述的龙背袋里的内容不尽相同,但都是跟祖先创造家业有关,后人悬挂龙背袋祭祀祖先,以保佑家宅安宁,五谷丰登。

(三) 杀年猪

每年临近春节时,葛颇人家纷纷选定一个吉日,宰杀家中最为肥壮的一头猪,一部分用来腌制腊肉,一部分用做当天的食材,准备"杀猪饭"招待亲友。人们通常在宰猪的前几天就在集市上通知自家的亲戚朋友,让大家哪天来吃"杀猪饭"。杀猪的当天是葛颇人家一年中亲友团聚的日子,在以前,大多数家庭都比较贫困,来客人也没有酒肉宴请,而每逢一年杀猪那天,家中酒肉充足,是主人最为高兴的一天。周围的亲戚邻居都来帮忙,东家早上就把水烧好,请亲友中杀猪技术最好的人进行宰杀,大家各有分工。葛颇人杀猪有讲究,猪头要朝向堂屋,最好一刀到位,不要让待宰的猪受太多痛苦,猪血流得顺利,意味着这家人来年年景好,一年都会顺利。把猪的每个部位分解好后,把猪腿、猪头等拿到厨房在灶台上方挂起，用做饭烧柴的烟熏，猪内脏、猪肉切一部分煮饭。葛颇彝族居住的东山梁子一带属于高寒山区，长年烧柴，烟火重，特别适合腌制火腿。当地的火腿肉质肥润而不腻，气味清香，但产量低，多用于自家食用。

在杀猪饭宴席开始前，要把家里去世的祖先也请回来，进行供奉、迎客、泼水饭等环节。这些仪式结束后，宾客才可以开始宴饮，饭毕，大家围着柴火堆，相互诉说家里这一年发生的事情，说笑玩闹，直至凌晨才各自回家。

(四) 嫁娶仪式

葛颇彝族青年男女恋爱自由，父母很少干预，结婚普遍较早，大多数在十七八岁就已经结婚生子，现在仍保留着这种传统。能歌善舞的葛颇人一般通过对歌择偶，彼此看中后，以交换花腰带定情。父母观察到孩子的腰带发生变化，就去请媒人说亲，为他们操办婚事。男方的媒人去女方家，第一句话就是："我来请你家的姑娘，打一碗水去喂某某家的两个老人。"女方父母就明白了媒人的来意，开始操办女儿婚事。"打一碗水喂老人"意思是表示姑娘嫁过去之后要孝敬公婆，侍奉终老。婚礼当天，姑爷要背着酒肉粮食，粮食上拴着红辣椒，来女方家迎亲。姑爷和岳丈把粮食互相丢来丢去，表示两家人以后互帮互助，都有粮食吃。岳父、岳母给姑娘准备小块布料、粮食和肉，装在一个小笆箩里，表示姑娘以后吃穿不愁，子嗣绵延。从女方家出来之前，岳母将小笆箩交由村里人提前出村藏在草丛中，迎亲的队伍出村后要尽快找到小笆箩，否则就会被女方早就准备好的颜料抹花脸。小笆箩找到后，交给媒婆，媒婆送到婆婆手里，婆婆再交给新娘，到这才算礼成。部分葛颇彝族地区还有猜新娘和哭嫁的习俗，但趋于简化，在现代的葛颇彝族的婚礼中很难见到。

(五) 丧葬习俗

葛颇人的丧葬习俗保留得比较完整，新中国成立前以火葬为主，小直邑村附近有个名为"烧人场"的地方，是当时火葬的场地，新中国成立后才开始用土葬。有人去世时，一般请毕摩或当地的风水先生看好日子，选好墓地。发丧当天家族里的人穿着袈裟为死者送行，家族里的男性在出村的路上居中跪地铺路，发丧的人抬着棺材从两侧走过，相当于去世的人踏着家族的血脉回到祖先来的地方。正常死亡的人，在下葬后，儿孙要把栗树枝劈开，夹上一节竹须根，悬于堂屋左侧供奉，等其配偶死后，再逢十月祭祖的日子，正式双双请入祖洞。来年春天，春分的时候家里子孙为去年去世的人踩新坟，在家中宴请寨子里的亲友，丧葬的仪式至此才彻底结束。

（六）纺线织布与刺绣工艺

葛颇彝族还保留着传统的麻线麻布的制作工艺。当地人自己三月种麻，七月收麻，把收割的麻晾晒至发白，而后浸泡，泡好以后剥下麻皮，用木制纺车纺成麻线，缠在麻秆上晾晒，晒干以后用水煮，煮完以后用脚踩着舂，再放在水里洗，舂舂洗洗，麻线变得越来越白，缠起备用。用传统的木制织布机将麻线织成洁白的麻布，裁剪过后，用挑花的工艺绣成马缨花形、几何形、人形等图案。葛颇妇女挑花不需要底案，直接用眼测量距离，往往前后对称，分毫不差，堪称一绝。但现在这项手工艺在年轻一代接近失传，姑娘出嫁需要准备的刺绣嫁妆，如背娃娃的背带、民族服装、被褥、门帘等，以前是自己在12岁以前挑好，现在往往需要老一辈准备，甚至部分人家已丢失这一传统。

（七）娱乐活动

葛颇彝族是泸西县人口最多的少数民族支系，其文化和习俗对当地汉族及其他少数民族都有一定的影响。传统的葛颇彝族娱乐活动有斗牛、摔跤、唱山歌、荡磨秋、扔弹球等，现在每年春节期间、农忙结束后仍有乡镇举办斗牛、摔跤、唱山歌比赛等活动，泸西县、师宗县、弥勒市等邻近地区的葛颇彝族和汉族及其他少数民族都有参加。山歌比赛分汉语方言组和彝族山歌组，当地群众积极参与热情高涨，善于展现自我。

（八）传统歌舞乐器

葛颇彝族崇拜白绵羊，传统的舞蹈为羊头鼓舞，羊头鼓舞中最重要的乐器为羊头鼓，用绵羊皮做鼓面，用木头仿制绵羊身躯的形状，羊皮绷直裹在两头，面上画上绵羊头，背在身上边跳边敲。

除了羊头鼓之外，葛颇彝族还有两种传统乐器：羊角萧和口弦琴。羊角萧是一种用竹子制作的吹管乐器；口弦琴也是用竹子制作，放在口中，用手指拉弹。羊角萧和口弦琴都是葛颇彝族青年男女娱乐、社交的休闲乐器，口弦琴在定情时常以信物相赠。

四 经济发展与现状

泸西县海拔平均为1800—1900米，气候干旱缺水。农作物主要有玉米、马铃薯、红豆等，适合种植药材、烟叶。当地农民的主要收入来源为烤烟、玉米、外出务工。当地农民与红河卷烟厂签订收购合同，每年提供一定数量的烤烟，这是当地村民的主要收入来源。除此之外，每家每户还会种植玉米，一部分作为人和牲畜的食物，多余的拿到集市出售。部分家庭有多余的劳动力，在农忙结束后会到广东、江苏等地务工，但大多时间不长，以3—5个月为周期，过年前回到自己的家乡。

泸西县政府为解决当地的贫困问题，给予山区彝族很多帮扶政策，如异地搬迁补贴、子女受教育补贴、养殖黑山羊补贴等。从"鱼"和"渔"两方面对彝族贫困人口进行扶持，收效显著。泸西县当地的葛颇彝族已经完全结束了居住茅草房的时代，部分居民在政府的补贴下住进了宽敞明亮的二层洋房。人均收入增加，生活水平明显改善。但葛颇彝族对教育重视程度明显不够，部分适龄青少年初中就辍学在家务农或外出打工，在政府约束下，情况略有改善，但相比周边其他民族，仍有较大差距，该区域的大学生非常少，不重视教育是彝族葛颇支系目前面临的比较严峻的问题。

第二节　彝语方言情况及葛颇彝语的系属

一　彝语方言情况介绍

彝族是我国第六大少数民族，主要分布在滇、川、黔、桂四省（区）的高原地带。根据2010年第六次全国人口普查统计，彝族人口数为8714393人。彝族所使用的语言为彝语，属汉藏语系藏缅语族彝语支语言。彝族内部支系繁杂，彝语各方言差距大。

彝语方言现行的划分方法主要为新中国成立后语言大调查时期根据地域、语音特征等因素划分的六大方言划分法。除此之外，还有根据彝语音韵特征、自称他称、历史源流考据等因素整合的四大方言划分法，二者互为补充。

（一）六大方言

新中国成立后，1950—1956年，中央多次派出考察团及调查团队进行语言调查，专家学者深入滇、川、黔、桂四省的彝族地区全年普查彝语方言，共调查了254个点（其中云南161个点，四川59个点，贵州33个点，广西1个点），整理出了调查点的语音、语法系统，记录了基本词汇，调查清楚了彝语和彝文的使用情况，根据地域、历史来源、支系分布、自称和他称、语言通解度、服饰以及风俗习惯等因素，将彝语分为六大方言：北部方言、东部方言、西部方言、中部方言、南部方言、东南部方言。其中包括5个次方言，25个土语。

北部方言主要分布在四川省凉山地区，其次分布在云南省北部，分两个次方言：北部次方言、南部次方言。其中北部次方言包括三个土语：圣乍土语、义诺土语、田坝土语；南部次方言包括两个土语：会理土语、布拖土语。

东部方言主要分布在贵州省、云南省东北部，其次分布在四川省东部和广西壮族自治区西北部，分三个次方言：滇黔次方言、盘县次方言、滇东北次方言。其中滇黔次方言包括四个土语：水西土语、乌撒土语、芒部土语、乌蒙土语；滇东北次方言包括五个土语：禄武土语、武定土语、巧家土语、寻甸土语、昆安土语。

南部方言主要分布在云南省南部地区，分三个土语：石建土语、元墨土语、峨新土语。

西部方言主要分布在云南省西部地区，包括两个土语：西山土语、东山土语。

中部方言主要分布在云南省中部，包括两个土语：南华土语、大姚土语。

东南部方言主要分布在云南省东南部，包括四个土语：路南（石林）土语、弥勒土语、华宁土语、文西土语。

（二）四大方言

陈康于2009年出版的《彝语方言研究》主要根据彝语语音的特点，以及彝族支系的自称、他称对彝语方言重新划分为四大方言：诺苏方言、纳苏方言、聂苏方言、倮倮方言。

诺苏方言又分为两个次方言：圣乍次方言、所地次方言，圣乍次方言又包括圣乍、义诺、田坝三个土语。

纳苏方言包括纳苏次方言、内苏次方言、诺索次方言。纳苏次方言包括纳苏、纳索、阿罗、莫其四个土语；内苏次方言包括内苏、尼普两个土语；诺索次方言包括诺索、朴罗两个土语。

聂苏方言分三个次方言：聂苏次方言、撒尼次方言、阿哲次方言。聂苏次方言包括聂苏、娜苏、作括三个土语；撒尼次方言包括撒尼、阿细、尼塞三个土语；阿哲次方言包括阿哲、聂舒、罗泼、格泼、桑尼五个土语。

倮倮方言分为三个次方言：倮倮次方言、腊鲁次方言、里泼次方言。倮倮次方言主要有一个土语，即倮倮土语；腊鲁次方言包括拉鲁、腊罗两个土语；里泼次方言包括里泼、拉务、塔鲁、堂郎让四个土语。

以上两种划分方法各有侧重，学界研究以六大方言的划分方法为主，该划分方法更凸显地域特征，划分细致。陈康的四大方言划分是通过对各方言土语的语音、词汇、语法进行分析归纳（主要为语音），并结合民族学方面族群认知的因素以自称、他称进行分类，这种分类方式有很大的参考价值。目前学界的彝语研究分类以地域分布与支系归属并重，既提到所属六大方言也更加注重自称的考察，描写日渐严谨完善。

二　葛颇彝族语言使用情况

本书所研究的葛颇彝语是彝族自称为葛颇 $ko^{44}p^hu^{21}$ 的支系所使用的语言，按六大方言划分法属于彝语东南部方言，按照四大方言的划分方法属于聂苏方言。陈康《彝语方言研究》中提到的聂苏方言里的"格泼"土语，与本书研究的"葛颇"彝语，自称音近，但音系与词汇差别较大，是否是同一支系还有待考察。

葛颇彝语在泸西县东山一带属于比较强势的语言，与当地葛颇人数量较多有关。周边地区与葛颇人杂居的汉族及其他少数民族基本懂一些葛颇彝语，部分人能用葛颇彝语熟练地交流。

（一）葛颇彝族内部小支系的语言差异

泸西县境内葛颇彝族有三个小支系，语言略有差异，这与当地彝族人口分布有关。其中"平头彝""平坝彝"居住在东山梁子的山腰或平坝地区，"高山彝"大多居住在山顶，这二者又被称为"大白彝"，"圭山彝"居住在泸西县境内与昆明市石林县接壤的圭山一带，这一支又被称为"小白彝"，这三个分支系语言略有差异，主要体现在词汇和语音上，但彼此间能通话。

同样被称为"大白彝"的"高山彝"与"平坝彝"，交往比较密切，互相间通婚情况比其他分支系多，亲属关系比较密切。在泸西县境内的葛颇"高山彝"与汉族、回族杂居的情况要比"平坝彝"多。通过了解当地历史，发现该地区以前葛颇人口数量占绝对优势，后来由于战争、族群斗争等因素，部分汉族和回族往山顶上迁徙，就形成了"高山彝"与其他民族杂居现象比较多的局面，该地区以汉语方言和葛颇话作为主要的交流工具。而"平坝彝"居住的平坝或山脚、山腰地区鲜有汉族和回族，大多数村寨都是新中国成立后才开始接触汉语，在"平坝彝"地区，目前仍以葛颇话作为主要的交流语言，大多数老年人都听不懂汉语。

（二）当地彝语使用情况

本书以泸西县白水镇小直邑村为调查点搜集语料。该村寨葛颇彝族与汉族杂居。葛颇彝族内部交流使用彝语葛颇话，与汉族交流时使用当地汉语方言，少数情况下使用葛颇彝语。

葛颇彝族虽与汉族杂居，但主要的生产、娱乐活动仍以本民族亲属团体为主，葛颇彝族的孩子在入学（幼儿园）前基本不会说汉语，只能听懂个别词，入幼儿园后才逐渐开始使用汉语同老师和同学交流，汉语学习起步较晚。葛颇彝族 70 岁以上的老人，基本不会使用汉语，一般能听懂当地汉语方言。

葛颇彝族内部使用彝语也有代际差异，主要体现在语音和词汇方面，部分语言的说法受到汉语方言影响，语音发生系统性变化，部分词汇借自汉语，本族固有词汇丢失。

第三节　彝语形态句法研究综述

一种语言的语法系统包括句法和形态两部分，有的学者将音系也作为语法系统的一部分进行考察。形态（morphology）与句法（syntax）密不可分，形态依赖于句法结构来呈现，句法结构通过形态表明其组织规则，本书采用形态句法（morphosyntax）的概念对葛颇彝语的语法系统进行描写和分析。

有文献记载的最早的彝语调查是 19 世纪末至 20 世纪初，西方的一些传教士和驻中国领事馆的领事，曾到过云贵川等地彝族地区进行考察，他们当中有的为了传教，有的为了了解中国社会情况，方便沟通与进一步建立联系，对彝语和彝文进行了解和描写。所涉及的著作主要有：《中国人之前的中国语言》（拉古柏里，1887）、《中国的非中国人民的文字》（拉古柏里、乌伦合，1912）、《倮倮：历史、宗教、习俗、语言和文字》（邓明德，1898）、《法倮字典》（邓明德，1909）、《华西旅行考察记》（巴伯，1882）、《华西三年考察记》（谢立山，1882）等。20世纪中期，海外的马提索夫、本尼迪克特、西田龙雄、布莱德雷都对彝语作过不同程度的研究，发表了一些论著。

国内学者第一次通过实地考察对彝语进行研究的是杨成志，他于1928—1930年间，前往云南和四川凉山彝族地区作人类学的田野调查，对彝族的语言进行了了解研究，先后发表了《云南民族调查报告》（1930）、《罗罗说略》（1930）、《川滇"蛮子"新年歌》（1932）、《从西南民族说到独立的罗罗》（1932）、《中国西南民族中的罗罗族》（1934）。之后傅懋勣于1943年出版了《撒尼彝语研究》，是第一本系统描写彝族语言的著作。

新中国成立后，国家重视民族地区语言文化与经济社会的发展，于1950年派出西南民族访问团到彝族地区进行考察。1951—1955年，中国科学院语言研究所川康工作队调查了彝语北部方言区的圣乍、义诺、所地、田坝土语。1956年中国科学院派出少数民族语言调查第四工作队的专家学者深入滇、川、黔、桂四省的彝族地区全面普查彝语方言。经过此次的大调查，将彝语分为六大方言：北部方言、东部方言、西部方言、中部方言、南部方言、东南部方言。本节分别对彝语六大方言及方言对比的研究成果进行总结，汇总前辈学者在新中国成立后对彝语研究兴趣和成果集中的领域。

（一）彝语北部方言研究现状

通过文献资料的梳理，我们发现，彝语北部方言的研究基本上是从20世纪80年代开始，虽然起步较晚，但由于其特殊的语言地位（保留完整，使用人口众多且聚集），使得对彝语北部方言的研究迅速超越了其他方言，在研究团队、研究成果方面均领先。

彝语北部方言的研究成果丰富，在概况描写、语音、词汇、语法等方面均有一定数目的研究成果。早期的语音研究注重于音系的考察与古音的构拟，20世纪后的语音研究逐渐偏向于实验语音学的角度，用实验的方法考察语言的属性，尤其重视松紧元音的对立。语音方面的研究成果比较丰富，篇幅所限，在此不详细介绍。

概况的研究主要集中在他留话（周德才，2002；周德才、曾晓渝，2008）、水田话（张静，2004；朱文旭、张静，2005）、所地土语（马海布吉，2015）。词汇方面研究成果非常丰富，包括名词、颜色词、动植物名词、地理词、地名、亲属称谓、代词、名量词、方位词、形容词、语气词、拟声词、四音格词、借词、构词法、词缀等内容，其中名量词（曲木铁西，1994；胡素华、沙志军，2005；马辉，2011；梁浩，2018）、四音格词（李民，1984；巫达，1995；朱文旭、肖雪、张静，2002；赵义平，2011；王丽梅，2016、2017）、借词（阿成阿布，1990；潘正云，1990；朱文旭，1997、1999、2004；邹雨橙，2017）、构词法（朱建新，1984、1986；李文华，1991；阿育几坡，1996、2014、2015；马鑫国，1999；木乃热哈，1999；马鑫国，2003；黄毅、阿育几坡，2003；王莉、苏连科、唐黎明，2008；阿育几坡，2009；邓明英、邱小燕，2011；马辉、江荻，2012；马辉，2012、2014a、2014b、2014c、2016；陈顺强，2013；孙子呷呷，2014）方面研究成果较多。

形态句法方面包括重叠、名词"性"、动词时态、体貌范畴、语序问题、被动句及被动义、存在句、连动结构、差比句、致使结构、引语标记和示证标记、补足语子句、互动结构、结构助词、话题结构、单个词语法意义等得到较多关注，其中重叠（李民，1982；付爱兰、胡素华，2001；马嘉思，2014；苏连科、苏虹，2016）、语序（李世康，1988；马鑫国、阿且，1993；朱文旭，2004；马嘉思，2004；熊仲儒，2005；翟会锋，2015）、结构助词（戴庆厦、胡素华，1998；胡素华，

2000、2001、2003)、话题结构(胡素华,2004;马嘉思,2004;胡素华、赵镜,2015、2016;赵镜,2017)及语法化(戴庆厦、胡素华,1998;胡素华,2000、2003;唐黎明,2005)等的研究成果最为丰富。

(二) 彝语东部方言研究现状

东部方言的研究成果仅次于北部方言也较为丰富。概况介绍包括峨颇话(李生福,2007)、水城纸厂话(卢琳,2017),词汇相关研究包括地名(王兆春,2010;陈世军,2010;刘金松,2013)、数词(普忠良、卢琳,2014)、形容词(普忠良,2016),句法相关研究主要有语序(翟会锋,2014、2015)、向心结构(丁椿寿,1983)、是非疑问句(翟会锋,2014)、空间方位(普忠良,2014、2015、2016)、连动结构(普忠良,2018)及三官寨彝语(翟会锋,2011年博士学位论文)、纳苏彝语语法(普忠良,2016年博士学位论文,并于2017年出版),还有出版著作《彝语语法研究》(高华年,1958)、《盘县次方言彝语》(柳远超,2009)。

彝语东部方言的研究成果较西部、中部、南部、东南部方言来看较为丰富,但与北部方言比较仍然相去甚远。东部方言分布区域较广,跨越贵州、云南、四川、广西等地,语言内部差异较大,与周围其他民族语言接触密切,部分地区彝族已不使用彝语,如贵州红丰部分地区彝族已经不说彝语,改用当地的汉语方言。东部彝语的研究成果各个方面都有涉及,但还有进一步研究的空间。

(三) 彝语西部方言研究现状

彝语西部方言研究的文献资料较少。主要有俄毛柔话概况的介绍(段伶,1998),语法方面包括格标记(胡素华、周廷升,2018)、关系子句(卜维美、赫如意、刘鸿勇,2019)、数量短语(卜维美、刘鸿勇,2020)、比较结构(卜维美,2017年硕士学位论文)、腊罗彝语语法(周廷升,2017年博士学位论文)等。西部方言保存较好,但研究的成果目前较少,目前的研究主要集中在腊罗话的语法,腊罗话的语音、词汇及其他支系语言的研究较为薄弱。

(四) 彝语中部方言研究现状

有关彝语中部方言公开发表的研究成果较少，主要有隐语（王国旭、胡亮节，2016）、彝语与汉语方言疑问句对比（殷自菊，2011）和腊鲁话研究（王国旭，2011年博士学位论文）。

彝语中部方言可收集到的文献资料较少。彝语六大方言中，中部方言的界限不太明朗，受到的关注也较少，需要进一步研究。

(五) 彝语南部方言研究现状

南部方言的研究成果主要集中在词汇部分，如名词（田静，2010）、颜色词（闫晓，2016）、重叠（黄龙光、杨晖，2015）、构词法（石常艳、刘艳，2014；陈林，2017）、结构助词（纪嘉发，1992；陆燕，2008）、存在类动词（姜静，2019）等。另外还有针对山苏支系的数据库建档（沐华，2016年硕士学位论文）以及出版的专著《彝语南部方言研究》（李生福，1996）、《山苏彝语研究》（许鲜明、白碧波，2013）等。彝语南部方言支系繁杂，数量众多，仍需进一步深入挖掘。

(六) 彝语东南部方言研究现状

彝语东南部方言是前辈学者在彝语研究领域最早关注的方言，但近年来成果并不丰富。以下，我们从概况、语音、词汇、形态句法等方面对东南部方言的研究成果进行具体分析。

1. 概况相关研究

彝语东南部方言概况性的研究主要有，普丽春、王成有于2007年发表的《小白彝语概况》，对云南省弥勒市五山乡的小白彝语的语音、词汇、语法三个方面作了简要介绍。经笔者谈调查，云南省弥勒市与红河哈尼族彝族自治州泸西县一带的大白彝、小白彝、平头彝等彝族均有一个自称为"葛颇"，彝族葛颇支系分布较散，但语言基本上可以沟通，有同样的风俗习惯和迁徙传说等。因分布区域有异，不同群体之间服饰有差别，根据服饰及部分习俗差异，当地学者又将葛颇彝族分为大白彝、小白彝、平头彝等。大白彝主要分布在红河哈尼族彝族自治州的泸西县、曲靖市的师宗县等地，小白彝主要分布在泸西县和弥勒市等地，平头彝主要分布在泸西县。《小白彝语概况》介绍的是红河哈尼族彝族自治州弥勒县五山乡的小白彝语，弥勒现为县级市，从地理上看，罗平县、师宗县、泸西县、弥勒市等地，均由东向西相邻分布，符合当地迁徙史诗中提到的迁徙路径说。

2. 语音方面相关研究

彝语东南部方言语音方面的研究主要有武自立于1987年发表的《阿细彝语基数词的连读音变》，文章在马学良1980年发表的《彝语"二十、七十"的音变》的基础上，对阿细彝语的基数词"一"和"十"又进一步进行了拓展研究。在这篇文章中，武自立指出，阿细彝族内部有"阿细""阿细泼""白阿细或小阿细""姑若""葛卜或古族"等区分。这是当时的划分标准，后期又有学者陆续对彝语方言进行调查，根据不同自称和习俗将许多支系单列出来，如陈康《彝语方言研究》、王成有《彝语方言八种》等。现在我们谈的"葛颇"支系，即当时武自立文章中的阿细支系的分支。

王成有于1998年发表的《彝语阿哲话语音》，对弥勒市五山乡的彝语东南部方言阿哲彝语的语音进行了系统描写。兰正群于2016年发表的《弥勒彝语松紧音研究》，用实验语音学的方法对弥勒彝语的松紧元音进行了描写，提取了元音的基频、开商和速度商参数，探讨了松紧对立在语言学中的意义。这篇文章只写明对弥勒彝语的松紧元音进行描写，并未指出是对哪个方言、哪个支系，或者跨支系的描写，以弥勒市为取材地，范围较为宽泛。因弥勒市大部分彝语支系属于彝语东南部方言，本书暂时将其处理为东南部方言的语音研究。

孔祥卿于2002年发表了《撒尼彝语60年的音变》。文中提到，1940年，马学良先生调查了撒尼彝语，1951年出版了《撒尼彝语研究》，其语音和语法部分后又收入1992年出版的《马学良民族研究文集》。1951—2002年，60年过去了，作者又以当年马学良先生调查的云南省路南县（今改为石林县）黑泥村（今叫老海宜村）为点，对撒尼彝语进行了重新调查，发现撒尼彝语在这60年中发生了很多变化。撒尼彝语的声母、声调方面变化较小，音系的变化主要在韵母。韵母的变化具体表现为相近元音的合并，从而造成元音数量的减少，但同时值得注意的是撒尼彝语正在产生的鼻化韵，有可能导致其固有音韵系统格局的改变。

3. 句法方面相关研究

武自立于 1981 年发表的《阿细彝语形容词的几个特征》，对彝语东南部方言阿细彝语的形容词进行了描写。文章指出，阿细彝语形容词数量众多，形式丰富，可通过语音重叠、轻重的手段起到增加新词和区别意义的作用，通过与动词的对比，探讨形容词的主要特征。

武自立与纪嘉发于 1982 年发表的《彝语数词的构成和用法》，以东南部方言弥勒、阿细彝语与南部方言墨江彝语为材料对彝语数词的构成和用法作初步分析。

武自立与纪嘉发 1987 年于《民族语文》发表了《彝语话语材料》，整理了东南部方言阿细彝语的一个长篇话语材料《长生和青蛙姑娘》，并简要介绍了阿细彝语的音系。1986—1988 年，《民族语文》杂志两年间，陆续发表了若干个民族语言的长篇话语材料，以介绍性为主展现了各语言、方言、支系当时的语言面貌，也为后期语言发展变化的研究提供了对比材料。

马学良 1989 年发表的《试析彝语语法中的几个问题》，以撒尼彝语为描写对象讨论了彝语词类划分与 kv33 的来源与语法化问题。

曹崎明于 2012 年发表了《石林撒尼彝语语序分析》，对昆明市石林彝族自治县的撒尼彝语的语序进行分析，用传统语言方法将石林撒尼语与汉语语序进行对比。

王天祥于 2017 年发表的《彝语存在句研究——以弥勒市竹园镇补其村白彝语为例》，以弥勒市竹园镇补其村为调查点对当地白彝语进行调查（此处的白彝语应为本书上文中所提及的葛颇支系语言），对该语言点的存在句进行了描写。

王海滨于 2017 年发表的《撒尼彝语结构助词研究》，通过传统语法的描写方法对撒尼彝语的结构助词进行了描写分析，文章指出撒尼彝语主语助词、宾语助词、状语助词、补语助词不仅数量多，使用复杂；相比之下，谓语助词和定语助词数量少，使用情况简单。

4. 硕博论文及相关出版著作

马学良于 1940 年调查了撒尼彝语，1951 年出版了《撒尼彝语研究》，系统地对云南省路南县（今改为石林县）黑泥村（今叫老海宜村）撒尼彝语的语音、词汇、语法进行了描写。

袁家骅 1953 年出版了《阿细民歌及其语言》，书中分析论述了阿细语的语音系统和语法特点，并为阿细语设计了文字方案。该书不仅为少数民族语言的研究提供了第一手口语资料，而且也为民间文学的研究提供了原始素材。

李云东 2011 年的硕士毕业论文《云南文山彝语阿扎话调查》，对彝语东南部方言阿扎话的语音、词汇、语法进行了初步描写。

以上是对彝语东南部方言各支系语言描写的相关文献，除此之外，在方言对比的文献中也有对彝语东南部方言的涉及，如陈康《彝语方言研究》、王成有《彝语方言 8 种》等。

通过对彝语东南部方言研究成果的总结分析，我们发现，彝语东南部方言支系众多，语言差距大，很多彝语支系互相间均不能通话，但有关彝语东南部方言的研究成果却寥寥，并且研究的内容分布不均衡，研究程度也参差不齐。

（七）语言及方言比较研究

词汇方面跨语言、方言的研究：徐悉艰，1994；李永燧，1994；黄毅、阿育几坡，2003；阿育几坡，2007；泽登孝、马锦卫，2007、2010；田静，2011。

语法方面：《缅彝语的结构助词》（戴庆厦，1989）、《藏缅语的是非疑问句》（戴庆厦、傅爱兰，2000）、《汉藏语被动句的类型学分析》（戴庆厦、李洁，2007）、《藏缅语性别后缀产生的途径和历史层次》（田静，2010）、《藏缅语选择疑问范畴句法结构的演变链》（戴庆厦、朱艳华，2010)、《彝语中的正反问句研究》(赵小东、熊安慧，2011)。

出版的著作及硕博论文：《中国彝学（第一辑）》(戴庆厦主编，1997)、《中国彝学（第二辑）》(戴庆厦主编，2003)、《彝语方言比较研究》(王成有，2003)、《汉藏语差比句研究》(邓凤民，2010)、《藏缅语"有/在"类存在动词研究》(余成林，2011)，《藏缅语否定范畴研究》(吴铮，2007)。除了上文中提到的驻中国领事和传教士整理的文章和著作外，澳大利亚语言学家布莱德雷1992年出版了《彝语支源流》；美国语言学家马提索夫1983年于中国台湾出版了《再论彝语支的声调衍变古闭音节词的声调分化》，2002于中国台湾出版了《再论彝语支的声调衍变》。

第四节　语料来源和理论框架

一　语料来源

笔者于2018年8月25日至10月6日、2019年1月29日至3月23日先后两次在云南省红河哈尼族彝族自治州泸西县白水镇小直邑村调查彝族葛颇支系语言，本书中的语料主要来源于这期间田野调查的资料。主要包括词汇、句子、故事、歌谣、习俗讲述、生产资料介绍、个人经历讲述、自然对话等材料，共计20余万字。主要的发音人为黄金贵，男，1954年生，65岁（2019年），中专学历，白水镇文化站站长，退休；黄宏，男，1984年生，35岁（2019年），初中学历，小直邑村支书；彭学英，女，1962年生，57岁（2019年），未读过书，务农。

二　理论框架

本书根据类型学研究的框架，采用新描写主义的方法深度描写和分析葛颇彝语的形态句法结构。

全书共分十四章，对葛颇彝语的形态、句法分别进行描写，形态部分对葛颇彝语的形态特征进行了概括性介绍，句法部分以专题的形式共描写了十个专题，每个专题基本上都涉及形式的分类、形态句法特征和语义特征三个方面的内容，部分专题根据句法上的特殊性或语言上的不典型性，可能在描写过程中有部分内容省略，也有的专题涉及了更多的内容，如语法化，则会深入描写。在描写形态句法时，本书使用的部分术语与传统语言学的相关术语不同，词类部分内容主要结合短语的结构进行描写，传统语法中的虚词（如助词、连词等）将从语义功能的角度，用标记理论的相关术语对其表述，突出其在句中的语义功能，从而更深入地分析各类结构的特征。

第五节 研究方法和意义

一 研究方法

（一）文献收集与田野调查相结合

通过对前辈学者描写彝语的文献收集，了解彝语形态句法的主要特征及方言差异。查找彝语东南部方言相关支系语言的语法描写著作，如马学良《撒尼彝语研究》、陈康《彝语方言研究》等，了解与葛颇彝语相近相邻的支系语言的特点，对东南部方言有大致的了解，也助于对葛颇彝语特殊性的挖掘。在了解前辈学者相关研究的基础上，进行深入的田野调查，通过居住在调查地村落，在彝语语境中记录语言，了解语言最真实的面貌，收集各种场合的对话、访谈材料，整理相关语料，尽量做到全面细致，为深度描写进行铺垫。

（二）详细描写与类型比较相结合

在对葛颇彝语的语料进行细致调查之后，结合类型学研究的参项对葛颇彝语中的形态和句法进行细致描写，有些共时的语料解决不了的语法现象通过对其他支系语言、方言的分析寻找规律，提出解决方案。与周边其他支系语言对比，找到共同点与不同，跨方言、语言的比较及语言的接触对葛颇彝语的变化发展提供依据。

(三) 归纳法与类型参项指导调查相结合

语法写作有两种思路，第一种是从语言事实中找寻语法现象，这是归纳法的应用；第二种是先了解该语言可能出现的语法现象，有针对性地对发音人进行调查，或在长篇语料中找寻该语法现象。两种方法均有可取之处，二者结合使用效果更佳，通过对调查的长篇语料进行整体把握，了解该语言的相关语法现象，再通过从类型学研究的相关角度对该语法现象进行查漏补缺，切入新的视角和查找可能出现的调查盲区，进行补充。前提是以语言事实为基础，维护发音人的自然话语状态。

(四) 以个体调查为主，代际调查为辅助

因语言因人而异，不同发音人的生理条件、家庭语言环境及发音习惯有所不同，田野以个体调查为主，相关语言现象代际变化明显的，通过选取不同年龄段一定数量的发音人进行比较调查，找寻代际间的差异，寻找语言变化发展的规律和趋势。

二 研究的意义

传统语法描写注重词类的描写，用较大的篇幅笔墨对词类的分类、形态特征进行描写总结，对句法部分的描写深度往往不够。《葛颇彝语形态句法研究》的写作与传统语法描写的框架不同，不设专门的章节对词类进行描写，但文中也会有提及，着重笔墨对葛颇彝语的形态及句法进行深入描写分析，以专题的形式组织全文，既对当下形态句法研究的热点进行追踪描写，也在行文中贯穿葛颇彝语中特殊的及普遍的语法现象，力求对葛颇彝语语法有系统性的分析。

本书的撰写采用类型学理论中语法描写的参项，结合葛颇彝语自身的特点，以语言事实为基础，全方位多角度地对各个专题的内容进行研究，也从跨语言、方言的角度，对葛颇彝语中缺乏历时理据的语法现象进行作证分析，研究的深度和广度会有所拓展，结论和成果也对类型学的研究提供参考。

第 二 章

音位系统

彝语是汉藏语系藏缅语族彝语支的语言，葛颇彝语属于彝语东南部方言，声母和韵母同彝语其他方言相比较简单，声调比较复杂。声母共37个，韵母共30个，声调6个。

第一节 声母

一 声母表

葛颇彝语共有37个声母，包括36个辅音声母和1个半元音声母，如表2-1所示。

表2-1　　　　　　　　　　声母表

发音部位	发音方法		双唇音	唇齿音	舌尖前音	舌尖中音	舌尖后音	舌面前音	舌根音	喉音
塞音	清音	不送气	p			t			k	
		送气	p^h			t^h			k^h	
	浊音		b			d			g	

续表

发音部位\发音方法			双唇音	唇齿音	舌尖前音	舌尖中音	舌尖后音	舌面前音	舌根音	喉音
塞擦音	清音	不送气			ts		tʂ	tɕ		
		送气			tsʰ		tʂʰ	tɕʰ		
	浊音	不送气			dz		dʐ	dʑ		
擦音	清音		f		s		ʂ	ɕ	x	h
	浊音		v		z		ʐ	ʑ	ɣ	ɦ
边音浊音						l				
边擦音清音						ɬ				
鼻音			m			n		ȵ	ŋ	
半元音			w							

二 声母例词

表 2-2　　　　　　　　　　声母例词表

	声母	例词1	词义	例词2	词义	例词3	词义
1	p	pi⁴⁴	跳	pɛ⁴⁴	剥（花生）	po³³	只（两~鸟）
2	pʰ	pʰi³³	泼	pʰɛ³³	炸（爆~）	pʰo³⁵	搬（~家）
3	b	bi²¹	给	bɛ⁴⁴	射（~箭）	bo²¹	聋
4	m	mi³³	地（田~）	mɛ³³	名字	mo³³	吮
5	f	fi³³	甩	fɛ³³	干	fu⁴⁴	泻
6	v	vi³³	分（~东西）	vɛ³³	客人	vu²¹	力气
7	ts	tsɑ²¹⁴	焊	tsɛ⁵⁵	传染	tsɤ³⁵	皱
8	tsʰ	tsʰɿ²¹	狗	tsʰɛ²¹	织	tsʰɯ²¹	堵塞
9	dz	dzɿ³⁵	酒	dzɛ³³	贼	dzu²¹	吃
10	s	sɿ⁴⁴	草	sɛ³³	救	so³³	读
11	z	zɑ²¹	错	zu²¹	儿子	zɯ³³	大麦
12	t	ti⁴⁴	泡（~茶）	tɛ³³	插（~秧）	to⁴⁴	掘

续表

	声母	例词1	词义	例词2	词义	例词3	词义
13	tʰ	tʰɑ⁴⁴	拆（~房子）	tʰɛ⁴⁴	眨（~眼）	tʰu²¹	…的时候
14	d	di⁴⁴	滑（路~）	dɛ³³	满	do³⁵	喝
15	l	li³³	去	lɛ³³	滚	lo²¹	两（一~）
16	ɬ	ɬi³³	四	ɬɛ³³	摇（~头）	ɬo⁴⁴	补（~衣）
17	n	nu³³	听	nɛ⁴⁴	细	no³³	网
18	tʂ	tʂʅ⁴⁴	指（一~宽）	tʂɛ³³	柜子	tʂo³³	转（~身）
19	tʂʰ	tʂʰu²¹	六	tʂʰɛ²¹⁴	箭	tʂʰo³⁵	人
20	dʐ	dʐɑ⁴⁴	冷	dʐɛ³⁵	真	dʐo³⁵	有（~人）
21	ʂ	ʂʅ³³	漏（~水）	ʂɛ⁴⁴	长	ʂo⁴⁴	收割
22	ʐ	ʐʅ³⁵	减	ʐɛ²¹	塌	ʐo⁵⁵	美
23	tɕ	tɕi⁴⁴	胆	tɕɛ³³	装（~进）	tɕu⁴⁴	就
24	tɕʰ	tɕʰi⁴⁴	断（线~）	tɕʰɛ²¹	句（一~话）	tɕʰɑŋ²¹⁴	麂子
25	dʑ	dʑi⁴⁴	砍	dʑɛ²¹	伸		
26	ɕ	ɕi⁵⁵	右（~边）	ɕɛ³³	拜（~菩萨）		
27	ʑ	ʑi⁵⁵	爱	ʑɛ̃³³	唱	ʑɑ⁴⁴	水
28	ɲ	ɲi⁵⁵	蒸	ɲɛ³³	小		
29	k	kɯ⁴⁴	雷	kɛ³³	这	ko³³	烘
30	kʰ	kʰɛ³³	上位格	kʰɤ²¹	舀（~水）	kʰo²¹	铺
31	g	gɑ²¹	开（~车）	giɛ³⁵	骂	gɤ³⁵	完
32	x	xũ³⁵	下（~雨）	xɯ³³	指	xiɛ²¹	下（~猪崽）
33	ɣ	ɣɑ⁵⁵	那（近指）	ɣiɛ⁴⁴	和（~泥）	ɣɤ²¹	针
34	ŋ	ŋɑ⁴⁴	鸡	ŋiɛ³³	偏	ŋo³⁵	看见
35	h	hĩ²¹	八	hõ³⁵	绵羊	hɯ⁴⁴	倒
36	ɦ	ɦo²¹	菜	ɦo⁴⁴	获得		
37	w	wu⁵⁵	我				

三 声母说明

1. 葛颇彝语舌尖前音声母 ts、tsʰ、s 与舌尖后音声母 tʂ、tʂʰ、ʂ 在部分词中可以互相替换，不区别意义。这两套声母在葛颇彝语中是并存的，但不同年龄段、不同经历的发音人对其使用情况不一样。年纪较轻（约40岁以下）或外出时间较长、使用汉语时间较长的母语人两套声母并用，变换使用的随意性更大；年纪稍大（约40岁以上）、外出时间较短的母语人读 ts、tsʰ、s 的情况明显比前者要多，也有部分词读 tʂ、tʂʰ、ʂ，变换使用的随意性要小。这两套声母在部分词中替换不影响词义，但到底是哪部分词，因人而异，并不完全固定。

2. 部分母语人还会出现 ts、tsʰ、s 与 tɕ、tɕʰ、ɕ 两组声母交替使用的情况，但只在部分词中出现。

3. 葛颇彝语 k、kʰ、x 系列声母，在与 ɑ、u、o 搭配时，部分声母听起来像小舌音 q、qʰ、χ，与 iɛ、ɯ、ɤ 等搭配，则还是读 k、kʰ、x；k、kʰ、x 与 q、qʰ、χ 两套声母并不区别意义，故合成一套声母 k、kʰ、x。

4. m̩、n̩、ŋ̍ 在葛颇彝语中可以自成音节，但自成音节的 m̩ 有时会读成 mu。

5. 半元音 w 只在长篇语料中出现，如，"我" wo⁵⁵。

第二节 韵母

一 韵母

葛颇彝语的韵母包括单元音韵母和复合元音韵母，共30个。

（一）单元音韵母

舌面元音舌位图如图 2-1 所示。

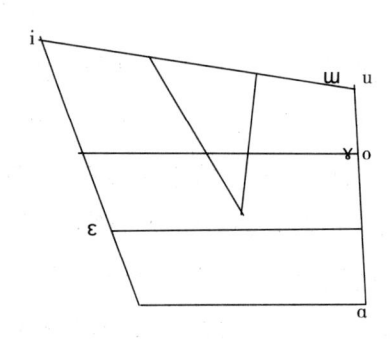

图 2-1　元音舌位图

舌尖元音：ɿ

葛颇彝语单元音韵母分松、紧、鼻音三套：

1. 单元音松韵母 8 个：ɿ、i、ɛ、a、o、ɤ、u、ɯ
2. 单元音紧韵母 6 个：i̠、ɛ̠、a̠、ɤ̠、u̠、ɯ̠
3. 单元音鼻音韵母 6 个：ĩ、ɛ̃、ã、õ、ɤ̃、ũ

（二）复合元音韵母

葛颇彝语复合元音韵母包括：

iɛ、i̠ɛ̠

ia、io、an、au、aŋ、ai、iŋ、oŋ

二　韵母例词

表 2-3　　　　　　　　　韵母例词表

编号	韵母	例词1	义译	例词2	义译	例词3	义译
1	i	ȵi^{21}	二	vi^{21}	屁	zi^{21}	尿
2	i̠	ȵi̠^{21}	饿	vi̠^{21}	穿	zi̠^{21}	睡
3	ĩ	hĩ^{21}	八	hĩ^{44}	挑选		

续表

编号	韵母	例词1	义译	例词2	义译	例词3	义译
4	ɛ	ɛ^{33}	下（~蛋）	tʂʰɛ^{33}	个（一~人）	tɛ^{33}	插（~秧）
5	ɛ̠	ɛ̠^{33}	湿	pɛ̠^{21}	蹦（~火星）		
6	ɛ̃	hɛ̃^{35}	房子	zɛ̃^{33}	唱		
7	ɑ	tɑ^{21}	一	kɑ^{214}	画	nɑ^{21}	你
8	ɑ̠	dɑ̠^{21}	平	gɑ̠^{21}	赶（~集）	nɑ̠^{21}	早
9	ɑ̃	zi^{21}hɑ̃^{33}	开水				
10	o	bo^{21}	聋	do^{21}	话	ʐo^{55}	漂亮
11	õ	hõ^{35}	绵羊				
12	u	lu^{21}	龙	gu^{21}	荞	tʂʰu^{21}	车
13	u̠	lu̠^{21}	阿乌	gu̠^{21}	回	tʂʰu̠^{21}	六
14	ũ	xũ^{55}	鱼	hũ^{35}	月（一个~）		
15	ɯ	dɯ^{21}	挖	lɯ^{21}	脱（~衣）	bɯ^{21}	背（~孩子）
16	ɯ̠	lɯ̠^{21}	蜕（蛇~皮）	ɣɯ̠^{21}	赖	bɯ̠^{21}	霉
17	ɤ	dɤ^{21}	活（~的）	dzɤ^{21}	辆（一~车）	lɤ^{21}	吞
18	ɤ̠	dɤ̠^{21}	穿（~鞋）	dzɤ̠^{21}	花椒	lɤ̠^{21}	进（~出）
19	ɤ̃	hɤ̃^{35}	染料	hɤ̃^{21}	站		
20	ɿ	tsʰɿ^{21}	狗	dzɿ^{35}	酒		
21	iɛ	kʰiɛ^{21}	缺（~个口）	tʰiɛ^{21}	编（~辫子）	liɛ^{33}	来
22	iɛ̠	kʰiɛ̠^{21}	破（~箩）	miɛ̠^{21}	喂（~奶）		
23	ia	dia^{21}	状态变化体标记				
24	io	tʰio^{21}	下（桌子~）				
25	ɑu	kɑu^{214}	以上				
26	ɑn	tɕɑn^{214}	前				
27	ɑŋ	mɑŋ^{44}	锣	ɲɑŋ^{214}	腻（肉~）		
28	iŋ	ʑiŋ^{214} dzɛ^{33}	柳树				
29	oŋ	tɕʰoŋ^{21}	粥（稀饭）				
30	ai	n̩^{21}tsai^{33}	二十				

三 韵母说明

1. 紧元音韵母 i̠、ɛ̠、ɑ̠、ɤ̠、u̠、ɯ̠ 基本只出现在降调音节中，ɛ̠ 自成音节时除外，如：ɛ̠³³ "湿"。

2. 舌尖音 ɿ 与舌尖前声母 ts、tsʰ、s 搭配时，实际读音为 ɿ，与舌尖后声母 tʂ、tʂʰ、ʂ 搭配时，实际读音为 ʅ，ɿ 与 ʅ 互补分布，不能形成对立，可以合并成一个元音音位 ɿ。

3. u 的实际读音发音部位靠前，摩擦较重。

4. 复合元音 ɑu、ɑn、ɑŋ、iŋ、oŋ 等只存在于个别借词音节中。

5. 复合元音 io 等只存在于 tʰio²¹ "下（桌子~）" 中，其他词汇中无。

6. 鼻化元音 ã、ĩ、ɛ̃、õ、ɤ̃、ũ 基本上只在与声母 h 搭配时出现，也有例外 zɛ̃³³ "唱"。

7. 复合元音 iɛ 与 ɛ 在部分音节中自由变换，不区别意义，如 ŋɛ⁴⁴ 与 ŋiɛ⁴⁴ "醉"，ɤɛ²¹ 与 ɤiɛ²¹ "大"，kʰɛ³³ 与 kʰiɛ³³ "元（一~）" 等。大多数情况下 ɛ 与 iɛ 互换不影响词义，但在部分情况下也存在对立现象，如 bɛ²¹ "顶（牛~）" 与 biɛ²¹ "烂（撕烂，达到即将散开的效果）" 就形成对立。从藏缅语语音发展规律来看，复合元音 iɛ 应该是后起的，葛颇彝语中二者并存、变化自由的情况说明复合元音正在发展，并有固定下来的趋势。

8. 复合元音 ɑi 只出现在数词中，如 n̩²¹tsai³³ "二十" 等，与 tsɛ³³ 互换不影响词义。

9. ɑ 与 ɑu 互换的情况只在个别词中出现，kɑu²¹⁴ "以上"，年纪较大的葛颇母语人读成 gɑ̠²¹，在现代葛颇彝语中，读 kɑu²¹⁴ 的情况比较多，读 gɑ̠²¹ 也能听懂，但现在这种说法基本消失。

第三节 声调

一 声调及说明

葛颇彝语声调较为丰富，共有 6 个声调，包含 3 个平调（33、44、55），1 个升调（35），1 个曲折调（214），1 个降调（21）。

1. 现代葛颇彝语基本上只在降调音节中保留着松紧对立，有紧音的降调音节声调比松音音节略高，部分紧音音节韵尾伴随着喉塞音韵尾，因只在紧音音节中出现，文中不再标示。

2. 葛颇彝语中包含 3 个平调（33、44、55），三个平调对立，区别意义。

3. 葛颇彝语中包含一个曲折调 214 调，214 调与升调 35 调对立，不能合并成一个声调；降调 21 调的紧音在语流中可能会读成 214 调，但与单个词读 214 调的词是不同的，本节把 214 调单独列为一个声调。

4. 葛颇彝语的高平调 55 调，音感上比汉语普通话的阴平 55 调还要高一点，44 调比较接近 55 调，33 调正常。为便于区分 3 个平调，仍然定为 33、44、55 调。但在长篇语料中，有时 44 和 55 较难区分，只能根据字词的本调标记。

二 声调例词

表 2-4 声调例词表

编号	声调	例词 1	义译	例词 2	义译	例词 3	义译
1	33	di^{33}	表确定	li^{33}	去	mo^{33}	吮
2	44	ςi^{44}	柴	li^{44}	缠（~线）	mo^{44}	高

续表

编号	声调	例词1	义译	例词2	义译	例词3	义译
3	55	ɕi^{55}	容易	li^{55}	高兴	mo^{55}	由格
4	21	ɕi^{21}	七	li^{21}	重	mo^{21}	老
5	35	ɕi^{35}	死	mɯ^{35}	做	lo^{35}	轻
6	214	ɕi^{214}	使睡	ti^{214}	断（树~）	lo^{214}	老虎

三 语图对比

（一）六个声调

图 2-2 为声调调形图。

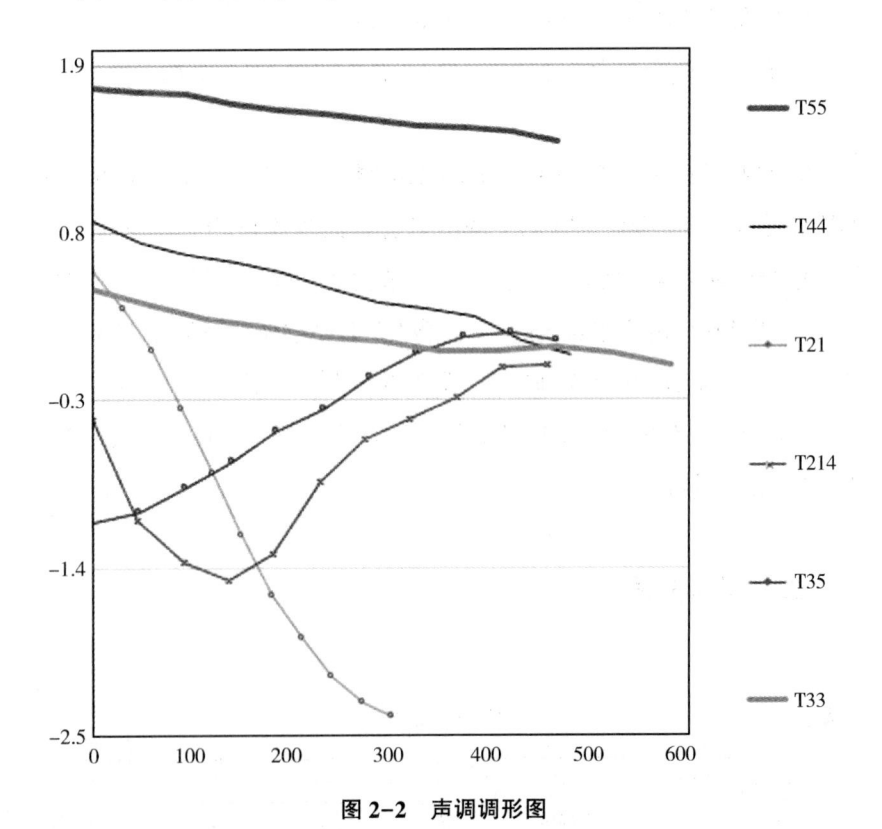

图 2-2　声调调形图

(二) 部分例词

1. mo²¹老、mo³³吮、mo⁴⁴高、mo⁵⁵从由

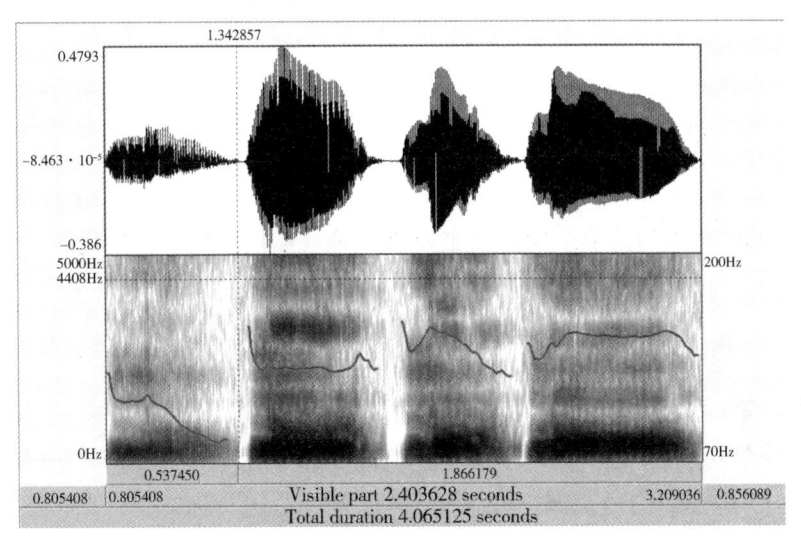

图 2-3　例词声调图 1

2. ɕi³⁵死、ɕi²¹⁴使睡

图 2-3、图 2-4 为例词声调图。

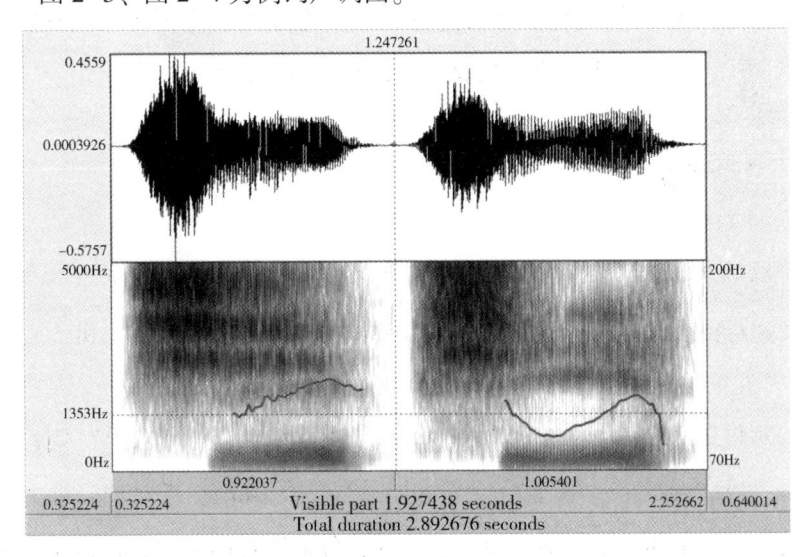

图 2-4　例词声调图 2

第四节　音节结构与音变

一　音节结构

葛颇彝语的音节结构类型主要有五种（C 代表辅音，V 代表元音，T 代表声调）：

1. 辅音自成音节+声调（CT），如 lu^{55} m̩^{21} "马"、n̩^{21} "二"、ŋ̍^{21} "我"；

2. 元音自成音节+声调（VT），如 ɛ^{33} "下蛋"；

3. 辅音+元音+声调（CVT），li^{33} "去"，na^{21} "你"；

4. 辅音+元音+元音+声调（CVVT），liɛ^{33} "来"，kau^{214} "以上"；

5. 辅音+元音+辅音+声调（CVCT），n̩aŋ^{214} "腻"等。

以上五种音节结构，最常见的是第三种，数量最多，能产性最高；其次是第一种、第二种和第四种，数量少，能穷尽；第五种只出现在汉语借词中，复合元音不能单独成音节，必须与辅音搭配。

二　音变

（一）声母的变化

声母的变化主要指数词"十"在组合排列时遇到"二"和"七"，"十"在词末，声母会发生变化。

葛颇彝语中，"十"单独读为 tsʰɛ^{35} 或 tsʰai^{35}，但"二十"则读为 n̩^{21}tsɛ^{35} 或 n̩^{21}tsai^{35}，"七十"读为 ɕi^{21}tsɛ^{35} 或 ɕi^{21}tsai^{35}，送气辅音变为不送气，这不是简单的语流音变，可能同古彝语塞音韵尾相关，由于葛颇彝语没有文字，缺乏相关记载，暂不讨论。

（二）声调

1. 连读变调

语流音变是指在音节连续发出时，一些音节的调值会受到后面音节声调的影响，从而发生改变的现象。在葛颇彝语中，语流音变有一定的规律性，但不完全适用，简单总结如下：

部分音节中，35 调与平调搭配变 21 调，如："十"单独读为 tsʰɛ³⁵，与其他数词搭配，组成"十几"，后面的个位数是平调的话，如"十一"，则读为 tsʰɛ²¹ti⁵⁵，tsʰɛ³⁵ 变 tsʰɛ²¹。

在部分音节中，平调与 35 调搭配，平调音节可能也变成 35 调，如 gɯ³³ "使……"与动词 du³⁵ "燃烧"搭配，变成 gɯ³⁵du³⁵ "毁灭"。

2. 话题变调

葛颇彝语是典型的话题型语言，句子的话题是人称代词时，经常会发生变调，如：

ti³³⁻⁵⁵tiɛ³³　ŋ̍²¹dɛ²¹　diɑ²¹.
他　施事　我　打　完成体
他打了我。

例句中，"他"本调为 33 调，但在句首的位置，作为话题时，声调升高变为 55 调。在本书后文语料中不凸显变调特征，只标本调。

3. 数词声调的变化

与量词搭配时，数词的声调会发生变化。葛颇彝语数词单独读时本调为：tɑ²¹ "一"、n̠i²¹ "二"、sɯ³³ "三"、ɬi³³ "四"、m̍⁵⁵ "五"、tʂʰu̠²¹ "六"、ɕi²¹ "七"、hĩ²¹ "八"、kɯ³³ "九"、tsʰɛ³⁵ "十"。

在与 po³³ "个"、tsɿ³³ "斤"等量词搭配时，数词 m̍⁵⁵ "五"声调由 55 调变为 33 调，其他不变；在与 n̠i³³ "天"、kʰɛ³³ "块/元"等量词搭配时，数词 sɯ³³ "三"、ɬi³³ "四"、kɯ³³ "九"由 33 调变为 55 调，其他不变。

这些数词并不是和所有的量词搭配都发生变调，与 li²¹ "里（一~地）" 搭配时则不变调。

(三) 音节的合音

葛颇彝语单数的人称代词和有词头的称谓名词组合时，称谓名词的词头省略，如：

1. 第一人称代词与亲属称谓名词搭配

第一人称代词在葛颇彝语中有两种说法：ŋ̍²¹ 和 wo⁵⁵，其中 wo⁵⁵ 只在与亲属称谓名词搭配时出现。

（1）第一人称 ŋ̍²¹ 与称谓名词搭配

ŋ̍²¹ 与称谓名词搭配时，称谓名词的词头省略，第一人称的声调由 21 变为 55 调：

$$\begin{aligned}
ŋ̍^{21}+ɑ^{33}bɑ^{33} \text{ "爷爷"} &= ŋ̍^{55}bɑ^{33} \text{ "我爷爷"} \\
ɑ^{33}mɑ^{21} \text{ "奶奶"} &= ŋ̍^{55}mɑ^{21} \text{ "我奶奶"} \\
ɑ^{55}m̍^{21} \text{ "爸爸"} &= ŋ̍^{55}m̍^{21} \text{ "我爸爸"} \\
ɑ^{55}zɛ^{21} \text{ "妈妈"} &= ŋ̍^{55}zɛ^{21} \text{ "我妈妈"} \\
ɑ^{33}nɛ^{33} \text{ "叔叔"} &= ŋ̍^{55}nɛ^{33} \text{ "我叔叔"} \\
ɑ^{55}bɑ^{21} \text{ "姑姑"} &= ŋ̍^{55}bɑ^{21} \text{ "我姑姑"} \\
ɑ^{55}ko^{33} \text{ "哥哥"} &= ŋ̍^{55}ko^{33} \text{ "我哥哥"} \\
ɑ^{55}vi^{21} \text{ "姐姐"} &= ŋ̍^{55}vi^{21} \text{ "我姐姐"} \\
ɑ^{55}kʰɑ^{33} \text{ "弟弟"} &= ŋ̍^{55}kʰɑ^{33} \text{ "我弟弟"}
\end{aligned}$$

葛颇彝语的亲属称谓基本都包含一个词头 ɑ-（声调不固定），与第一人称单数 ŋ̍²¹ 搭配时省略。后文不标识变调特征。

（2）第一人称 wo⁵⁵ 与称谓名词搭配

wo⁵⁵ 只出现在与亲属称谓搭配时，此时亲属称谓的词头省略：

$$\begin{aligned}
wo^{55}+ɑ^{33}bɑ^{33} \text{ "爷爷"} &= wo^{55}bɑ^{33} \text{ "我爷爷"} \\
ɑ^{33}mɑ^{21} \text{ "奶奶"} &= wo^{55}mɑ^{21} \text{ "我奶奶"}
\end{aligned}$$

$a^{55}m̩^{21}$ "爸爸" = $wo^{55}m̩^{21}$ "我爸爸"

$a^{55}ʑɛ^{21}$ "妈妈" = $wo^{55}ʑɛ^{21}$ "我妈妈"

$a^{33}nɛ^{33}$ "叔叔" = $wo^{55}nɛ^{33}$ "我叔叔"

$a^{55}ba^{21}$ "姑姑" = $wo^{55}ba^{21}$ "我姑姑"

$a^{55}ko^{33}$ "哥哥" = $wo^{55}ko^{33}$ "我哥哥"

$a^{55}vi^{21}$ "姐姐" = $wo^{55}vi^{21}$ "我姐姐"

$a^{55}kʰa^{33}$ "弟弟" = $wo^{55}kʰa^{33}$ "我弟弟"

使用 wo^{55} 的年轻人比较多，wo^{55} 的出现可能受汉语影响。

2. 第二人称代词与称谓名词搭配

第二人称代词单数 na^{21} 与亲属称谓名词搭配时，称谓名词的词头省略，第二人称代词元音由 a 变为 ɛ，声调由 21 变为 55 调：

$na^{21}+a^{33}ba^{33}$ "爷爷" = $nɛ^{55}ba^{33}$ "你爷爷"

$a^{33}ma^{21}$ "奶奶" = $nɛ^{55}ma^{21}$ "你奶奶"

$a^{55}m̩^{21}$ "爸爸" = $nɛ^{55}m̩^{21}$ "你爸爸"

$a^{55}ʑɛ^{21}$ "妈妈" = $nɛ^{55}ʑɛ^{21}$ "你妈妈"

$a^{33}nɛ^{33}$ "叔叔" = $nɛ^{55}nɛ^{33}$ "你叔叔"

$a^{55}ba^{21}$ "姑姑" = $nɛ^{55}ba^{21}$ "你姑姑"

$a^{55}ko^{33}$ "哥哥" = $nɛ^{55}ko^{33}$ "你哥哥"

$a^{55}vi^{21}$ "姐姐" = $nɛ^{55}vi^{21}$ "你姐姐"

$a^{55}kʰa^{33}$ "弟弟" = $nɛ^{55}kʰa^{33}$ "你弟弟"

3. 第三人称单数人称代词与称谓名词搭配

第三人称代词单数 ti^{33} 与亲属称谓名词搭配时，称谓名词的词头省略，第三人称的声调由 33 变为 55 调：

$ti^{33}+a^{33}ba^{33}$ "爷爷" = $ti^{55}ba^{33}$ "他爷爷"

$a^{33}ma^{21}$ "奶奶" = $ti^{55}ma^{21}$ "他奶奶"

$a^{55}m̩^{21}$ "爸爸" = $ti^{55}m̩^{21}$ "他爸爸"

$a^{55}ʑɛ^{21}$ "妈妈" = $ti^{55}ʑɛ^{21}$ "他妈妈"

a³³nɛ³³ "叔叔" =ti⁵⁵nɛ³³ "他叔叔"

a⁵⁵ba²¹ "姑姑" =ti⁵⁵ba²¹ "他姑姑"

a⁵⁵ko³³ "哥哥" =ti⁵⁵ko³³ "他哥哥"

a⁵⁵vi²¹ "姐姐" =ti⁵⁵vi²¹ "他姐姐"

a⁵⁵kʰa³³ "弟弟" =ti⁵⁵kʰa³³ "他弟弟"

第三人称代词单数 ti³³ 与亲属称谓名词搭配时，除了亲属称谓词头省略、代词声调变化，有时韵母也会发生变化，由 ti³³ 变成 tiɛ⁵⁵，如 tiɛ⁵⁵vi²¹ "他姐姐"、tiɛ⁵⁵m̩²¹ "他爸爸" 等。后文不标识变调特征。

4. 复数人称代词与称谓名词搭配

人称代词的复数形式是在单数人称代词后加 bɯ³³，如 ŋ̩²¹bɯ³³ "我们"、na²¹bɯ³³ "你们"、ti³³bɯ³³ "他们"。复数人称代词与亲属称谓名词搭配时，不省略词头，声调也不发生变化：

ŋ̩²¹bɯ³³ "我们" +a³³ba³³ "爷爷" =ŋ̩²¹bɯ³³a³³ba³³ "我们爷爷"

na²¹bɯ³³ "你们" +a³³ma²¹ "奶奶" =na²¹bɯ³³a³³ma²¹ "你们奶奶"

ti³³bɯ³³ "他们" +a⁵⁵m̩²¹ "爸爸" =ti³³bɯ³³a⁵⁵m̩²¹ "他们爸爸"

第 三 章

形态

本书的描写分为句法和形态两部分，形态是在句法当中体现的，本书中，我们将形态部分放置于句法描写之前，对葛颇彝语的形态先进行简要介绍，再对具体语法结构进行专题分析。

狭义的形态学探讨词内部的形态变化，如词的内部曲折、重叠形式、声调/重音的变化、词缀等，但彝语属于典型的分析性语言，词内部形态变化不明显，语法意义的表达主要靠语序及传统语法概念里的"虚词"来表示。我们认为所谓的"虚词"就是广义的形态学的一部分，本章主要描写葛颇彝语的形态，包括名词性短语的形态与动词性短语的形态。

第一节 名词性短语的形态

名词性短语形态是指描述名词与名词间、名词与动词间关系的语法手段。葛颇彝语中的名词性形态主要有名词的性别标记、大称及小称标记、亲属称谓前缀、名物化标记、语义角色标记、比较标记、话题标记等。

一 性别标记

性别标记也称义类标记，葛颇彝语中只有人和动物才有性别标记，人称：男性为 p^hu^{21}，女性为 $m̩^{33}$；动物：雄性为 $p^hɯ^{35}$ 或 pu^{55}，雌性为 $m̩^{33}$。性别标记的对立并不严整，只有部分人称或动物名称后有性别标记。有的对立的人称只有雌性标记，无雄性标记，这与职业特点有关，一般从事这种职业的女性较少，名词后需添加性别标记。

$ʑi^{21}tɕɛ^{35}p^hu^{21}$ 男人　　　　　　$ʑi^{21}tɕɛ^{35}m̩^{33}$ 女人

$mo^{44}sɛ^{33}$ 巫师　　　　　　　　$mo^{44}sɛ^{33}m̩^{33}$ 巫婆

$lu^{55}m̩^{21}p^hɯ^{35}$ 公马　　　　　　$lu^{55}m̩^{21}m̩^{33}$ 母马

$ŋa^{44}p^hɯ^{35}$ 公鸡　　　　　　　$ŋa^{44}m̩^{33}$ 母鸡

$va^{21}pu^{55}$ 公猪　　　　　　　　$va^{21}m̩^{33}$ 母猪

二　大称及小称标记

葛颇彝语的大称标记为 mo^{21} 或 $m̩^{33}$，与性标记中的女性/雌性相同、相近，从类型学上看，与藏缅语中的 *ma "母亲" 同源；小称标记为 zu^{21}，在葛颇彝语中 zu^{21} 有 "儿子" 的意义，小称标记也来源于此。大称标记一般出现在年老的人称、身份地位高的人称及大型动物名称后；小称标记除了出现在幼年时期的人或动物名称后，也出现在贬义人称及职业名称后。

$tʂ^ho^{35}mo^{21}$ 老头儿　　　　　　$tʂ^ho^{35}mo^{21}m̩^{33}$ 老太太

$dzo^{21}mo^{21}$ 领导/头儿　　　　　$ta^{214}mo^{21}$ 老鹰

$k^ha^{44}m̩^{33}$ 大直邑（村）　　　　$k^ha^{44}zu^{21}$ 小直邑（村）

$a^{55}k^ha^{33}zu^{21}$ 孩子　　　　　　$ŋa^{44}zu^{21}$ 小鸡

$bo^{21}zu^{21}$ 傻子　　　　　　　　$hʁ^{35}dɛ^{21}zu^{21}$ 铁匠

三　亲属称谓前缀、时间名词前缀

葛颇彝语的亲属称谓前缀为 $a^{55}/a^{33}/a^{21}$，时间名词前缀有 a^{33}/a^{21}，

尚未找到明确规律。

a²¹ma²¹ 奶奶　　　　　　　a²¹mɛ²¹ 女儿

a³³ba³³ 爷爷　　　　　　　a³³ɕi⁵⁵ 姨夫

a⁵⁵ba²¹ 姑父　　　　　　　a⁵⁵kʰa³³ 弟弟/妹妹

a²¹miɛ³⁵ 昨晚　　　　　　a²¹ȵi³³ 昨天

a²¹ŋiɛ³⁵ 近来　　　　　　a²¹ʂu³³ȵi³³kʰu²¹ 前年

a³³gɯ³³ȵi³³mi²¹tɕʰi²¹ 明晚　　a³³ȵi³³kʰu²¹ 去年

四　名物化标记

葛颇彝语中有多个名物化标记。dɯ⁵⁵用于动词后，表示某种物体；m̩³³多用于性质形容词后，表示某种物体；zi²¹用于动词、性质形容词或短语后，代指人或某物；zu²¹多用于动词短语后，表示一种职业或一个群体；tiɛ³³用于动词（包括形容词）或动词短语之后，表示某一处所。

(1) dzu²¹　dɯ⁵⁵　nɛ³³bo²¹，vi̠²¹dɯ⁵⁵　nɛ³³bo²¹.
　　吃　名物化　并有　　穿　名物化　并有
　　有吃又有穿。

(2) fu²¹　tʂa²¹⁴　dɯ⁵⁵　ma²¹　bo²¹，fu²¹ɬɯ³³dɯ⁵⁵　ma²¹　bo²¹.
　　肉　煮　名物化　否定　有　　肉　炒　名物化　否定　有
　　煮的肉没有，炒的肉也没有。

例（1）中名物化标记dɯ⁵⁵位于动词dzu²¹"吃"、vi²¹"穿"后，表示"吃的（东西）""穿的（衣服）"。例（2）中dɯ⁵⁵位于动词tʂa²¹⁴"煮"、ɬɯ³³"炒"后，表示"煮的（肉）""炒的（肉）"，dɯ⁵⁵作为名物化标记只能位于动词后。

（3）kɛ³³pɛ³³vɑ³³　dzɛ²¹　m̩³³　　ɕɛ³³,
　　 现在 话题　　生　 名物化　献
　　 do²¹o³³　　vɑ³³　mɛ³³　m̩³³　ɕɛ³³.
　　 后边　　　话题　熟　 名物化　献
　　 现在献生的东西，以后献熟的。

（4）ʂɛ³³　　m̩³³,　ʂɛ³³　　m̩³³　 ȵi³⁵;
　　 长　 名物化　长　 名物化 拴
　　 nɯ⁵⁵　m̩³³,　nɯ⁵⁵　m̩³³　ȵi³⁵.
　　 短　 名物化　短　 名物化 拴
　　 长的和长的（麻绳）拴在一起，短的和短的（麻绳）拴在一起。

例（3）中，m̩³³用于形容词 dzɛ²¹ "生"、mɛ³³ "熟" 之后，表示"生的（东西）""熟的（东西）"的东西。例（4）中，m̩³³用于形容词 ʂɛ³³ "长" 和 nɯ⁵⁵ "短" 之后，表示"长的（麻绳）"和"短的（麻绳）"。m̩³³作为名物化标记只能位于性质形容词之后。

（5）ɕi⁴⁴tʂo³³dzɛ²¹, ȵi⁴⁴ʑiɛ²¹ʑi²¹　　vɑ³³　dzɛ²¹　tɕi⁴⁴.
　　 磨秋　骑　　胆子大　名物化 话题　骑　 敢
　　 胆子大的人敢骑磨秋。

（6）vɑ²¹fu²¹kɯ²¹⁴ʑi²¹　　tiɛ³³　fu²¹.
　　 猪　杀　会　名物化　施事　杀
　　 会杀猪的人杀。

例（5）中，ʑi²¹用于短语 ȵi⁴⁴ʑiɛ²¹ "胆子大" 后，表示"胆子大的人"；例（6）中，ʑi²¹用于短语 vɑ²¹fu²¹kɯ²¹⁴ "会杀猪" 后，表示"会杀猪的人"。ʑi²¹作为名物化标记可以用于动词短语之后，可以表示人，也可以表示物。

(7) ȵi²¹ ɬu²¹⁴zu²¹ ɣiɛ²¹ɛ³³ tiɛ³³ dzʅ³⁵ ta²¹sɛ⁴⁴tʰiɛ²¹dzɿɛ²¹.
牛 放 名物化 那些 施事 酒 一 碗 抬 持续体
那些放牛的人抬着一碗酒。

(8) ko⁴⁴tsʰʅ²¹ vɯ²¹zu²¹ nɛ³³ ʂo²¹,
药 卖 名物化 也 少
ɣɤ²¹dɛ²¹zu²¹ va³³ dʐo³⁵ nɛ³³ma²¹dʐo³⁵.
针 打 名物化 话题 有 也 否定 有
卖药的人也少，打针的人也没有。

例（7）中，zu²¹用于动词短语 ȵi²¹ɬu²¹⁴ "放牛"之后，表示"放牛的人"；例（8）中 zu²¹位于 ko⁴⁴tsʰʅ²¹vɯ²¹ "卖药"、ɣɤ²¹dɛ²¹ "打针"之后，表示"卖药的人""打针的人"。zu²¹作为名物化标记可以用于动词短语之后，表示一种职业、某一群体。

(9) dʐo³⁵ tiɛ³³ nɛ³³ ma²¹ bo²¹.
住 名物化 也 否定 有
住的地方也没有。

(10) viɛ²¹ tiɛ³³ ko⁴⁴zu²¹ ɣiɛ²¹ɛ³³ tʰiɛ³⁵ dia²¹.
远 名物化 亲戚 那些 告诉 状态变化体
告诉了那些远方的亲戚。

例（9）中，tiɛ³³用于动词 dʐo³⁵ "住"之后，表示"居住的地方"；例（10）中 tiɛ³³位于形容词 viɛ²¹ "远"之后，表示"远的地方"。tiɛ³³作为名物化标记一般用于动词（包括形容词）或动词短语之后，表示某一处所。

五 语义角色标记

从语义角度看,名词常常可以做施事者、受事者、与事者、目标、工具、处所等论元,以下我们主要讨论附着在名词论元后的语义角色标记。葛颇彝语中的语义角色标记主要有施事、受事、工具标记、领属标记、处所标记等。其中部分标记是同形的,如施事、工具、处所标记都用 tiɛ³³ 表示。

(一) 施事标记 tiɛ³³

(11) a. ti³³ (**tiɛ³³**)　ŋ̩²¹　xɑ²¹⁴.
　　　　他 (施事)　我　笑
　　 b. ŋ̩²¹　ti³³　**tiɛ³³**　xɑ²¹⁴.
　　　　我　他　施事　笑
　　 他笑我。

(12) a. ɑ⁵⁵kʰɑ³³ (**tiɛ³³**)　　sɑ⁴⁴pɑ³³ dɛ²¹ ʂɛ⁴⁴fu³³.
　　　　弟弟　(施事)　　碗　打 烂 完成体
　　 b. sɑ⁴⁴pɑ³³　ɑ⁵⁵kʰɑ³³　**tiɛ³³**　dɛ²¹ ʂɛ⁴⁴ fu³³.
　　　　碗　　弟弟　施事　打 烂 完成体
　　 弟弟把碗打烂了。

例(11a)中,施事 ti³³ "他"位于句首,受事 ŋ̩²¹ "我"位于施事之后,动词 xɑ²¹⁴ "笑"位于句末,典型的动词后置型语言的语序特征,tiɛ³³ 作为施事标记可出现在施事 ti³³ "他"之后,在施事位于句首的典型语序中也可以省略。但在例(11b)中,受事 ŋ̩²¹ "我"位于句首,施事 ti³³ "他"位于受事之后,当要表达"他笑我"的意义时,则需要在施事后添加施事标记 tiɛ³³,表示笑的动作是"他"发出的,而不是句首的受事"我",此时施事标记不能省略。施事标记的出现,消除了歧义。例(12ab)也是如此,例(12a)中,施事 $a^{55}k^ha^{33}$ "弟弟"位于句首,此时的施事标记 $tiɛ^{33}$ 可以省略,当例(12b)中,受事 $sa^{44}pa^{33}$ "碗"位于句首时,施事 $a^{55}k^ha^{33}$ "弟弟"位于其后,施事标记 $tiɛ^{33}$ 则必须出现在施事后,表明是施事者打的碗,使语义明确。

(二)受事标记 pa^{33}

(13) $miɛ^{21}xiɛ^{35}$　$ŋ̩^{21}$ **pa^{33}**　$mɯ^{44}$　$t^hɛ^{21}dia^{21}$.
　　　 风　　　　我　受事　　吹　　　倒　状态变化体
　　　 风把我吹倒了。

(14) $dzo^{21}mo^{21}no^{44}$　$mɯ^{35}$　zu^{21}　**pa^{33}**　$dzu^{21}dzɛ^{33}$　$ɕɛ^{44}$.
　　　 领导　　　　　活儿　做　名物化　受事　粮食　　　　收割
　　　 领导帮农民收粮食。

例(13)中,受事标记 pa^{33} 位于人称名词 $ŋ̩^{21}$ "我"之后,表示风把 $ŋ̩^{21}$ "我"吹倒了,"我"是受事。例(14)中,pa^{33} 作为受事标记出现在人称名词 $no^{44}mɯ^{35}zu^{21}$ "农民"之后,表示领导帮农民收粮食,其中"农民"是受事。

(三)与事标记 $dɯ^{44}$ 与 bo^{35}

(15) $ŋ̩^{21}bɯ^{33}$　ti^{33}　**$dɯ^{44}$**　$mɛ^{33}lɛ^{33}$　$la^{21}hɯ^{33}to^{44}$.
　　　 我们　　　 他　与事　跟　连接词　　手　举　起
　　　 我们跟着他举起了手。

(16) ti^{33}　$ŋ̩^{21}$**bo^{35}**　ba^{44}:"$na^{21}ma^{44}$　$gu^{21}liɛ^{33}lɛ^{33}$　dzu^{35}　dzu^{21}."
　　　 他　我　与事　说　　赶紧　　　回来　连接词　　饭　吃
　　　 他对我说:"赶紧回来吃饭。"

例（15）中，与事标记 dɯ⁴⁴ 位于人称代词 ti³³ "他"后，表示跟着的是 ti³³ "他"，事件与 ti³³ "他"相关。例（16）中，与事标记 bo³⁵ 位于人称代词 ŋ̩²¹ "我"后，表示是对我说话。

（四）工具标记 tiɛ³³

(17) ŋ̩²¹ sa⁴⁴pa³³ **tiɛ³³** ʐa⁴⁴do³⁵.
我　碗　　工具　水　喝
我用碗喝水。

(18) hõ³⁵ mɯ³³ tsʰɛ³⁵ **tiɛ³³** lɛ⁴⁴tʰy̠²¹liɛ³³lɛ³³ pʰao⁵⁵tʰɛ²¹tʰɛ²¹.
绵羊　毛　线　工具　缠　起 来 连接词　小皮球　成
用绵羊毛线缠成一个小皮球。

例（17）中，tiɛ³³ 作为工具标记位于名词 sa⁴⁴pa³³ "碗"后，表示是用"碗"这种工具"喝水"的；例（18）中，工具标记 tiɛ³³ 位于名词短语 hõ³⁵mɯ³³tsʰɛ³⁵ "绵羊毛线"之后，表示 pʰao⁵⁵tʰɛ²¹ "小皮球"是用 hõ³⁵mɯ³³tsʰɛ³⁵ "绵羊毛钱"缠起来的。

（五）处所标记

葛颇彝语的处所主要有 kʰɛ³³、hɯ⁴⁴、tʂa⁴⁴、tiɛ³³ 四个。

1. 处所标记 kʰɛ³³ "……上"

处所标记 kʰɛ³³，表示某物位于某处之上。

(19) mɯ³³ɣɯ³³gʁ³⁵, bʐ̠²¹lɛ³³ bo³⁵zu²¹ **kʰɛ³³** ɬʁ²¹⁴.
麻　割　完整体　背 连接词　山　小称　上　晒
割完麻，背到小山上去晒。

(20) pʰɯ³⁵kʰɛ³³ **tiɛ³³** ŋa⁴⁴ta²¹tʂʰɛ³³ vɛ³⁵.
公社　上　施事　鸡 一 只　买
公社买一只鸡。

(21) ɦa²¹ ȵɛ²¹⁴　pa³³　ȵi²¹⁴lɛ³³　　　mo⁴⁴kʰɛ³³　tʂʰɛ²¹.
　　　扣子　　受事　拴　连接词　　高　上　　在
　　　把扣子拴在高处。

(22) tɑ²¹　kʰu²¹　ɬi³³ŋ̍⁴⁴kʰɛ³³　mɯ³³　tɛ³³,
　　　一　　年　　四　月　上　　麻　　种
　　　hĩ²¹　ŋ̍⁴⁴kʰɛ³³　mɯ³³　ɣɯ³³.
　　　八　　月　上　　麻　　割
　　　每年四月份种麻，八月份割麻。

例（19）中，kʰɛ³³位于"小山"后，表明是在小山上面晒。例（20）中，kʰɛ³³位于处所pʰɯ³⁵"公社"后，表示是"公社"出钱买了一只鸡。同理，例（21）中，kʰɛ³³位于形容词mo⁴⁴"高"后，发音人直译为"高上"，表达"高处"的意义。例（22）中，kʰɛ³³位于时间名词ɬi³³ŋ̍⁴⁴"四月"、hĩ²¹ŋ̍⁴⁴"八月"后，表达时间的范畴。

2. 处所标记hɯ⁴⁴"……里"

处所标记hɯ⁴⁴，表示某物位于某个容器里。

(23) ɦo²¹tʂa³⁵　tɑ²¹zo²¹tɑ²¹kʰɛ³³　nɤ⁴⁴lɛ³³　　vu⁴⁴tʰiɛ²¹hɯ⁴⁴　gɯ³³.
　　　蔬菜　　一样一块　拈　连接词　　大碗　里　　放
　　　把蔬菜一样一块拈进大碗里。

(24) ȵɛ²¹⁴gu³³　hɯ⁴⁴　ɦo²¹ba⁴⁴ɦo²¹dzu²¹bi⁴⁴ pʰi³³tʰɤ²¹.
　　　嘴　　　里　　边　说　边　水饭　泼出
　　　嘴里一边说一边泼出水饭。

(25) la²¹　hɯ⁴⁴　ʑɛ³⁵m̩³³　lu⁴⁴lɛ³³　pɯ⁴⁴dɯ³³hɯ⁴⁴　kɤ⁴⁴.
　　　手　　里　　钱　　　扔　连接词　洞　　里　　到
　　　把手里的钱扔到洞里。

例（23）中，处所标记 hɯ⁴⁴ 位于名词 vu⁴⁴tʰiɛ²¹ "大碗"之后，表示把蔬菜抬到大碗里。例（24）中，处所标记 hɯ⁴⁴ 位于名词 ȵɛ²¹⁴gu³³ "嘴"之后，表示话是从嘴里说出的，水饭是从嘴里泼出去的。例（25）中，处所标记 hɯ⁴⁴ 位于名词 la²¹ "手"之后，这里手里握着东西的时候是一个有弧度的容器的形状，处所标记 hɯ⁴⁴ 位于名词 pɯ⁴⁴dɯ³³ "洞"之后，表示钱从手里被扔到了洞里。无论是"大碗""嘴""手""洞"，都是包围或半包围的容器，在这种情况下可以用处所标记 hɯ⁴⁴ 表示"……里"的概念。

3. 处所标记 tʂa⁴⁴

处所标记 tʂa⁴⁴，表示某物位于某处。

(26) tʂʰo³⁵ȵi²¹zu²¹   tiɛ³³tʰiɛ²¹ lɛ³³ xɛ²¹tʂʰɛ³³ **tʂa⁴⁴** nɯ⁴⁴li³³.
    人   两 名 物化 施事 抬 连接词 铁锅   处所   刮 去
    两个人抬着去铁锅处（给猪）刮毛。

(27) la²¹ çi⁵⁵hɯ⁴⁴   mo⁵⁵ lu⁴⁴lɛ³³   pa²¹⁴ɦo⁴⁴**tʂa⁴⁴** kɤ⁴⁴.
    手   右 里   从 由 扔 连接词 洞   处所   到
    从右手扔到洞周围。

(28) ŋ̍²¹ ti³³**tʂa⁴⁴**   mo⁵⁵ sɿ³⁵po³³ ta²¹pɛn³³ vɛ³⁵.
    我 他 处所   从 由   书   一 本   买
    我向他买了一本书。

例（26）中，处所标记 tʂa⁴⁴ 位于名词 xɛ²¹tʂʰɛ³³ "铁锅"后，表示"铁锅附近"的意义；例（27）中，tʂa⁴⁴ 位于名词 pa²¹⁴ɦo⁴⁴ "洞"后，表示"洞附近"，与例（25）相比，处所都是"洞"，但例（25）表达的是"洞里"的概念，例（27）表达的是"洞的位置"的概念，因此标记不同；例（28）中，处所标记 tʂa⁴⁴ 位于人称代词 ti³³ "他"后，表示"他那，他的地方"。

4. 处所标记 tiɛ³³

（29）vɛ⁴⁴lɛ⁴⁴ dzu³⁵m̩³³xɤ²¹lɛ³³ tʂʰo³⁵ɬa³⁵zu²¹ **tiɛ³³** xɤ²¹piɛ²¹⁴ tu⁵⁵.
　　 周边　　 路 洒连接词　 小伙子　　 处所 洒边　 放
（小姑娘学小伙子撕松毛）洒在小伙子洒的旁边，洒成一个圆。

（30）tiɛ⁵⁵vi²¹ tu⁵⁵tiɛ⁵⁵kʰa³³vi³³hɛ̃³⁵ **tiɛ³³** nɑ⁴⁴li³³.
　　 她姐姐 就 她妹妹 家 房子 处所 看 去
姐姐就去妹妹家看。

例（29）中，处所 tiɛ³³ 位于人称名词 tʂʰo³⁵ɬa³⁵zu²¹ "小伙子"后，表示小伙子所在的地方；例（30）中，tiɛ³³ 位于名词短语 tiɛ⁵⁵kʰa³³vi³³hɛ̃³⁵ "妹妹家的房子"后，突出要去的地方是"妹妹家"。

（六）领属标记 dʐo³⁵

葛颇彝语的领属标记为 dʐo³⁵，例句中标示为领属。

（31）nɑ²¹bɯ³³ ʂŋ⁴⁴ **dʐo³⁵** a⁵⁵kʰa³³zu²¹ xa²¹⁴.
　　 你 们　 别人　 领属　 孩子　 笑
你们笑别人的孩子。

（32）ti³³ **dʐo³⁵** sa⁴⁴pa³³ȵɛ³³zi²¹ ta²¹tʂʰɛ³³ di³³.
　　 他 领属 碗 小 名物化 一 个 确信
他的碗是个小的。

领属标记 dʐo³⁵ 既可用于对有生命的人或动物的领属，也可用于无生命物体的领属，领属者一般生命度等级较高。领属标记并不是在所有的领属结构中出现，在葛颇彝语中，对跟个体关系紧密的人物的领属一般不需要用领属标记，如：ŋ̍⁵⁵zɛ²¹ "我的妈妈"（ŋ̍²¹ 与 a⁵⁵zɛ²¹ 的组合，亲属称谓词头 a⁵⁵省略，ŋ²¹变调为ŋ̩⁵⁵）；身体部位是不可分离的，对于部分身体部位的领属也不需要添加领属标记，如：ti³³la²¹"他的手"。对除此之外的其他事物的领属一般都需要添加领属标记。

（七）从由标记 mo⁵⁵

从由标记，标记事物运动的源点。

(33) la²¹ çi⁵⁵hɯ⁴⁴ mo⁵⁵ lu⁴⁴lɛ³³ pa²¹⁴ɦo⁴⁴tʂa⁴⁴ kʁ⁴⁴.
     手   右 里   从由   扔 连接词   洞   处所   到。
     从右手扔到洞那。

(34) pɯ⁴⁴dɯ³³ tʂa⁴⁴ mo⁵⁵ tʂʰo³⁵ hʁ̃²¹ tʂa⁴⁴ kʁ⁴⁴.
     石洞   处所   从由   人   站   处所   到。
     从石洞那到人站的地方。

(35) xɛ²¹tʂʰɛ³³ hɯ⁴⁴mo⁵⁵ zɹ̩³⁵ thʁ²¹liɛ³³ a³³ku³³tɕʰɛ²¹⁴ tu⁵⁵.
     铁锅   里 从由 拿   出来   门   前   放。
     从铁锅里拿出来放在门前。

例（33）（34）（35）中，从由标记 mo⁵⁵ 位于名词或名词短语 la²¹çi⁵⁵hɯ⁴⁴ "右手里"、pɯ⁴⁴dɯ³³tʂa⁴⁴ "石洞"、xɛ²¹tʂʰɛ³³hɯ⁴⁴ "铁锅里"后，表示物体是从这三个地方往其他处所发生位置变动的，这三个处所都是事物运动的源点。mo⁵⁵ 作为从由标记一般位于处所短语之后，而处所短语一般包含处所名词和处所标记 hɯ⁴⁴、tʂa⁴⁴、kʰɛ³³等，处所标记位于处所名词之后，mo⁵⁵ 位于处所标记之后，中间不能插入其他成分。

mo⁵⁵ 除了做从由标记之外，还保留着动词的用法，意为"朝向"：

(36) pʰa⁴⁴tʂa³³tʰʁ²¹, xɛ²¹lɛ³³ a⁵⁵mɛ²¹ a³³ba³³tu⁵⁵bo³⁵mo⁵⁵.
     炮仗 放   送 连接词   自己   爷爷 放 山 朝向
     放炮仗送爷爷回山上。

(37) a³³tu⁵⁵kʰɛ³³　dzo³⁵　lɛ³³　zi⁵⁵go²¹　sɯ³³po³³kɯ⁴⁴　lɛ³³
　　　堂屋上　　　在　　连接词　头　三　个　磕　连接词
tʂɛ²¹⁴vɛ³³　kʰɛ³³　mo⁵⁵.
供桌　　　上　　朝向
在堂屋，向供桌方向磕三个头。

(38) va²¹zi⁵⁵go²¹va³³　tʂo³³lɛ³³　hɛ̃³⁵kɯ³³ɣa⁵⁵pi⁵⁵　mo⁵⁵.
　　　猪头　　　　话题　转连接词　房子里　那边　　朝向
猪头转向屋里的方向。

在例（36）（37）（38）中，mo⁵⁵出现的位置与例（33）（34）（35）有所不同，在句中做动词用，位于包含连接词 lɛ³³ 的复杂句的后半句句末，表示"朝向"的动词义。例（33）（34）（35）中 mo⁵⁵ 标记均出现在句中第一个处所短语后，表示从第一个处所向第二个处所移动；例（36）（37）（38）中，mo⁵⁵出现在句中唯一一个处所名词"山""供桌""房屋"后，表示朝这些方向去。

六　比较标记

葛颇彝语中的比较结构有差比、平比和极比三种。

差比标记主要有 kʰɛ³³ 与 kʰɯ⁴⁴、no⁴⁴/ma²¹bu²¹/no⁴⁴ma²¹bu²¹、tʰa³³ma²¹tɕi³⁵等。平比和极比两种类型的等比结构均没有典型的比较标记。

(39) na²¹ vi³³　ŋ²¹vi³³　kʰɛ³³　viɛ²¹.
　　　你　家　我　家　差比　远
你家比我家远。

(40) ŋ²¹　na²¹　kʰɯ⁴⁴　ŋɛ³³.
　　　我　你　　差比　　　小
我比你小。

（41） ŋ̍²¹　na²¹ no⁴⁴ma²¹bu²¹ kʰa⁴⁴　dia²¹.
　　　 我　 你　差比　　　 厉害　 状态变化体
　　　 我比你厉害。

（42） dzu³⁵m̩³³　 tʂʰu²¹　 dɛ³⁵ ma²¹bu²¹ dz̩o³⁵.
　　　 路　　　 车　　　 宽　差比　　有
　　　 路比车宽。

（43） a⁵⁵kʰa³³　 a⁵⁵vi²¹　 no⁴⁴　 ma²¹　 z̩o⁵⁵.
　　　 妹妹　　 姐姐　　差比　 否定　 漂亮
　　　 妹妹没有姐姐漂亮。

（44） na²¹　 dzu³⁵　 mɯ³⁵　 ti³³　 tʰa³³ma²¹tɕʰi³⁵.
　　　 你　 饭　　 做　　 他　　不如
　　　 你做饭不如他。

例（39）中的比较主体为 na²¹vi³³ "你家"，比较基准为 ŋ̍²¹vi³³ "我家"，比较结果为 viɛ²¹ "远"，差比标记 kʰɛ³³ 位于比较基准之后，表示 "你家比我家远"。例（40）中的比较主体为 ŋ̍²¹ "我"，比较基准为 na²¹ "你"，比较结果为 ŋɛ³³ "小"，差比标记 kʰɯ⁴⁴ 位于比较基准之后，表示 "我比你小"。kʰɛ³³ 在葛颇彝语中有上位格的用法，kʰɯ⁴⁴ 有 "下" 的语义，但暂时没发现有下位格的用法。例（41）中比较主体为 ŋ̍²¹ "我" 比较基准为 na²¹ "你"，差比标记 no⁴⁴ma²¹bu²¹ 位于比较基准 na²¹ "你" 之后，表示 "我比你厉害"。例（42）比较主体为 dzu³⁵m̩³³ "路"，比较基准为 tʂʰa²¹ "车" 差比标记 ma²¹bu²¹ 位于形容词 dɛ³⁵ "宽" 之后，存在类动词 dz̩o³⁵ "有" 之前，表示 "路比车宽" 的意义。例（43）中，比较主体为 a⁵⁵kʰa³³ "妹妹"，比较基准为 a⁵⁵vi²¹ "姐姐"，差比标记 no⁴⁴ 位于比较基准之后，否定标记与比较结果 z̩o⁵⁵ "漂亮" 之前，表示 "妹妹没有姐姐漂亮"。例（44）中，比较主体为 na²¹ "你" 比较标记 tʰa³³ma²¹tɕʰi³⁵ 位于比较标准 ti³³ "他" 之后，表示 "你做饭不如他"的意义。

关于比较标记的相关内容在第九章《比较结构》中将继续探讨。

七 并列标记

并列结构分为合取型、选择（析取）型两种类型，并根据不同的并列标记分成若干小类。葛颇彝语中的并列标记包括：合取型并列标记 nɛ^{33}、va^{33}、ɦo^{21}⋯ɦo^{21}⋯、ta^{21}pi^{55}⋯ta^{21}pi^{55}⋯、ta^{21}pɛ^{33}⋯ta^{21}pɛ^{33}⋯、ta^{21}tʰo^{21}va^{33}⋯ta^{21}tʰo^{21}va^{33}⋯、dɯ^{55}、do^{21}o^{33}、ʑi^{55}/ʐou^{55}、lɛ^{33}；选择型并列标记 nu^{44}、bo^{21}vi^{33}⋯tʰa^{33}ma^{21}tɕʰi^{35}、ma^{21}⋯tu^{55}⋯。其中典型的并列标记为 nɛ^{33}、va^{33} 和 nu^{44}。

(45) ti^{33}　sʅ^{35}so^{33}**nɛ^{33}**no^{44}mɯ^{35}　**nɛ^{33}**kʰa^{44}.
　　　他　书　读　并　活　做　　并　好
　　　他读书和干活都很勤奋。

(46) ti^{33}　**va^{33}**zɯ^{33},　na^{21}**va^{33}**ma^{21}　zɯ^{33}.
　　　他　并　坏　　你　并　否定　坏
　　　他坏，你不坏。

(47) na^{21}　mɛ^{44}mɛ^{21}dzu^{35}　ŋ̍^{55}**nu^{44}**pa^{33}ta^{33}ŋ̍^{55}.
　　　你　米　饭　　　要　并　粑粑　要
　　　你要米饭还是要粑粑。

例（45）中，并列标记 nɛ^{33} 位于动词短语并列项 sʅ^{35}so^{33} "读书"和 no^{44}mɯ^{35} "干活"后，表示这两件事都做得好，两个并列项地位相同，可以互换位置，句中并列标记 nɛ^{33} 不可省略。例（46）中，并列标记 va^{33} 用于两个对比小句的并列，位于两个小句句首的话题论元 ti^{33} "他"、na^{21} "你"后，表示对比的意义，va^{33} 在此处也有话题标记的作用，两个并列的分句地位相等，可以互换位置。例（47），并列标记 nu⁴⁴位于两个并列项 mɛ⁴⁴mɛ²¹dzu³⁵ŋ⁵⁵"要米饭"、pa³³ta³³ŋ⁵⁵"要粑粑"之间，表示选择的意义，两个并列项地位相等，可以互相替换。以上是葛颇彝语中常见的三个并列标记，其具体功能及其他并列标记的用法将在本书第十二章《并列结构》中详细讨论。

八 话题标记

葛颇彝语中话题标记有两个 va³³ 和 nɛ³³，其中 va³³ 常与语调单位 nu³³搭配出现。

(48) fu²¹ pu⁵⁵va³³ ɣɯ³³ le³³ ɬi³³ la²¹ tʰɛ²¹.
肉　肥　话题　割　连接词　四　块　成
肥肉割成四块。

(49) pu⁵⁵tu³³ sɛ³³ɕɛ³³fu³³ dɯ⁴⁴va³³ nu³³,
火　　神献　完成体　后　连接词　语调单位
kʰa⁴⁴ko³³hɯ⁴⁴ piɛ²¹⁴m̩³³ ma⁵⁵ma⁵⁵tʰu²¹tʰu²¹m̩³³,
村子　里　让　　平平安安
hẽ³⁵ miɛ²¹⁴tɕi³⁵ ma²¹ kɯ²¹⁴.
房子　糊　　　否定　会
献完火神后，会让村子里平平安安的，房子不着火。

(50) a²¹ŋiɛ³³ nɛ³³mi³³to³³bo³⁵ hɯ⁴⁴ ta²¹kʰu²¹ma²¹gʁ³⁵ɕɛ³³ li³³.
现在　布景　祭山箐　里　每年　　　　　献　去
现在呢，每年去祭山箐里献一次。

例（48）中，va³³ 作为话题标记出现在名词后，凸显话题。例（49）中，话题标记 va³³ 后与语调单位 nu³³搭配，这种组合形式在长篇语料中非常常见，va^{33}nu^{33}前一般是对前文内容的重复，从而起到衔接上下文的作用，在讲述过程中，增加讲述者思考的时间，也让前后文更加连贯通顺。例（50）中，话题标记nɛ^{33}位于时间名词ɑ^{21}ŋiɛ^{33}"现在"后，凸显了话题是某一段时间，该话题为布景话题。

葛颇彝语中的 vɑ^{33}和nɛ^{33}，除了作话题标记外，也作连接词、助词（particle）、并列标记用，nɛ^{33}在作助词用时可翻译成"也"。

话题标记相关内容在第五章《信息结构》中将进一步讨论。

第二节　动词性短语的形态

在葛颇彝语中，动词性形态是指附着在动词前后表达语法意义的单独的语法词、重叠等形式，语法词主要包括否定标记、致使标记、互动标记、体标记等。

一　否定标记

葛颇彝语中否定标记包括 mɑ^{21}和 tɑ̠^{21}两个，其中tɑ̠^{21}是禁止式否定，在本篇中我们将其标示为"禁止"。

(51) k^{h}u^{21} ɕi̠^{21}sɯ^{33}n̩i^{33}, ʐi^{21}tɕɛ^{35}m̩^{33} dzu^{35} mɑ^{21} mɯ^{35}.
　　　年　新　三　天　　妻子　　饭　否定　做
　　过年那三天，妻子不做饭。

(52) ɑ^{55}ʐɛ^{21}sɑ^{214}- 　 mɑ^{21} -lɯ^{33}. (sɑ^{214}lɯ^{33} "生气")
　　　妈妈　生气-　　否定　-生气
　　妈妈没生气。

(53) ʐi^{21}tɕɛ^{35}m̩^{33}dzu^{35}　mɯ^{35}　mɑ^{21}　tiɛ^{33}.
　　　妻子　　饭　做　　否定　将行体

妻子不做饭。

(54) na²¹ ta̠²¹ dzu²¹!
你 禁止 吃
你别吃！

例（51）中，否定标记 ma²¹ 位于动词 mɯ³⁵ "做"前，表示"不做"某事。例（52）为对双音节动词 sa²¹⁴lɯ³³ 的否定，双音节动词拆开后两个单独的音节都没有具体的意义，合起来表示"生气"的意思，对双音节动词的否定，否定标记可位于动词的两个音节之间，表示"没"的意义。这里的双音节动词可能是由原来的"名词+动词"或者"副词+动词"组成，但用久了，习俗化后，目前已看不出单个词的意义。例（53）中，否定标记 ma²¹ 位于将行体标记 tiɛ³³ 前，动词 mɯ³⁵ "做"后，表示"不准备做"某事。例（54）中，禁止式否定标记位于动词 dzu²¹ "吃"前，语义为"别吃"，表示禁止做某事。以上是葛颇彝语中的否定标记及四种典型的用法，关于否定标记的详细内容我们将在本书第八章"否定结构"中讨论。

二 致使标记

致使结构包括形态型致使、词汇型致使和分析型致使。葛颇彝语中形态型致使不丰富，其致使大多通过词汇及特定的结构实现。除了部分词汇本身就有致使义，在致使结构中，有使动词产生致使意义的标记，称为致使标记。葛颇彝语中的致使标记主要有 gɯ³³、bo³⁵、piɛ²¹⁴、ka⁴⁴（邀约致使）四个。

(55) na²¹ tsʰai³⁵ pa³³ gɯ³³ tɕʰi⁴⁴ fu³³ dia²¹.
你 线 受事 致使 断 完成体 状态变化体
你把线弄断了。

（56）ti³³　bo³⁵　ẓɿ³⁵　du⁴⁴liɛ³³.
　　　他　致使　拿　过来
　　　让他拿过来。

（57）kʰu²¹　çi²¹sɯ³³　ȵi³³vɑ³³，ti³³　piɛ²¹⁴　no⁴⁴　tu⁵⁵.
　　　年　新　三　天　布景　她　致使　休息　持续体
　　　过年三天，让她休息着。

（58）ŋ̍²¹　kɑ⁴⁴　dzu³⁵　mɯ³⁵.
　　　我　邀约　饭　做
　　　让我做饭。

例（55）中，致使标记 gɯ³³ 为位于形容词 tɕʰi⁴⁴ "断"前，表示"使……断"的意义。例（56）中，致使标记 bo³⁵ 位于与事 ti³³ "他"后，动词 ẓɿ³⁵ "拿"前，表示"让他拿"的意思。例（57）中，致使标记 piɛ²¹⁴ 位于论元 ti³³ "她"后，动词 no⁴⁴ "休息"前，表示"让她休息"的意思。致使标记 piɛ²¹⁴ 在单独使用时读为 bi²¹，是给予类动词"给"发展而来的，作为致使标记一般出现在句中，受语流的影响，元音 i 逐渐双元音化发展为 iɛ，声母清化，声调变为曲折调。在调查中，发音人将此句译为"给他休息着"，是动词"给"发展出致使义的表现。因此，piɛ²¹⁴ 可能由 bi²¹ 发展而来的，为了区别这两种用法，语料中仍保留这两种形式。例（58）中的致使标记 kɑ⁴⁴ 使用情况比较特殊，多用于第一人称 ŋ̍²¹ "我"后，表示"我来……""让我……"的意思，属于邀约式致使。关于致使标记的相关问题，我们将在第十章《致使结构》中详细讨论。

三　互动标记

葛颇彝语的互动标记为 ɑ²¹dzɿɛ³³，有时也可单独用 dzɿɛ³³。

(59) a⁵⁵pɯ⁵⁵   nɛ³³n̥i⁵⁵   nɛ³³ a²¹dzɛ³³giɛ³⁵.
    哥哥   并 妹妹   并 互动   争吵
    哥哥和妹妹吵架。

(60) n̥i²¹   nɛ³³tɕʰi²¹   nɛ³³dzɛ³³   gɯ⁵⁵dzɛ²¹.
    牛   并 羊   并互动   挤   持续体
    牛和羊互相挤。

例（59）中，互动标记 a²¹dzɛ³³ 位于两个施事 a⁵⁵pɯ⁵⁵ "哥哥"和 n̥i⁵⁵ "妹妹"后，动词 giɛ³⁵ "争吵"前，表示两个人是互相在吵。在例（60）中，互动标记 dzɛ³³ 也是位于两个施事和动词之间，表示互相挤，此处也可以用互动标记 a²¹dzɛ³³，但 dzɛ³³+v 动词的组合更紧密。

互动标记 a²¹dzɛ³³ 后有时可添加 pa³³，也表示互动的意义。如：

(61) a⁵⁵pɯ⁵⁵   nɛ³³n̥i⁵⁵   nɛ³³a²¹dzɛ³³pa³³   no⁴⁴n̥ɛ²¹⁴pʰɛ³⁵.
    哥哥   并 妹妹   并 互动   东西   抢
    哥哥和妹妹互相抢东西。

a²¹dzɛ³³pa³³ 除了表示互动外，还表示一起的意义，如：

(62) tʂʰo³⁵tʂʰo²¹ɯ⁴⁴du⁴⁴liɛ³³lɛ³³   a²¹dzɛ³³pa³³va²¹fu²¹liɛ³³.
    朋友   喊 过来 连接词   一起   猪 杀 来
    喊朋友过来一起来杀猪。

四 体标记

葛颇彝语的体标记比较丰富，包括状态变化体标记 dia²¹，将行体标记 tiɛ³³，持续体标记 tu⁵⁵、dzɛ²¹、tʂʰɛ²¹，完成体标记 fu³³，完整体标记 gɤ³⁵，连续体标记 ɕi²¹，曾行体标记 no⁵⁵等。

1. 状态变化体标记 dia²¹

（63） ɣiɛ²¹　tiɛ³³　　dzo²¹mo²¹　du⁴⁴liɛ³³ **dia²¹**.
　　　 大　 名物化　 领导　　　过来　 状态变化体
　　　 大地方的领导来了。

（64） viɛ²¹　tiɛ³³　　ko⁴⁴zu²¹ɣiɛ²¹ɛ³³　tʰiɛ³⁵　**dia²¹**.
　　　 远　 名物化　 亲戚　那些　　　告诉　 状态变化体
　　　 告诉了远方的亲戚。

上例中，状态变化体标记 dia²¹ 位于句末，表示事件的状态发生了变化。例（63）是领导原来没来，现在来了，发生了位移的变化。例（64）是告诉了远方的亲戚，从没通知到已通知，表示消息传递的变化。

2. 将行体标记 tiɛ³³

（65） ŋ̍²¹　vi³³va²¹fu²¹ **tiɛ³³**.
　　　 我　 家猪　 杀　 将行体
　　　 我家要杀猪了。

（66） ŋ̍²¹　dzu³⁵　dzu²¹　**tiɛ³³**.
　　　 我　 饭　　 吃　　 将行体
　　　 我要吃饭了。

上例中，将行体标记位于句末，表示施事即将做某事。例（65）表示我们家即将要杀年猪，例（66）表示我即将要吃饭了，都是对将要发生的事情的说明。

3. 持续体标记 dzɛ²¹、tu⁵⁵和 tʃʰɛ²¹

(67) mɯ³³ zʅ³⁵ lɛ³³　　ŋɛ²¹⁴ gu³³ hɯ⁴⁴　tʃʰɤ²¹　dzɛ²¹.
　　 麻　拿 连接词　　嘴　　里　　咬　　持续体
　　 拿麻在嘴里咬着。

(68) go³⁵ lo²¹　zʅ³⁵ lɛ³³　　　　sɯ²¹ du²¹ dzɛ²¹.
　　 盆　　拿 连接词　　　　血　接 持续体
　　 拿盆接着血。

(69) go³⁵　tʂɛ²¹ lɛ³³　　　ɕi⁴⁴ tʂo³³　piɛ²¹⁴　hɤ̃²¹　tu⁵⁵.
　　 拉　　好 连接词　　磨秋　　　致使　站　持续体
　　 拉好磨秋，让磨秋站好。

(70) dzu³⁵ m̩³³　ka²¹⁴ pɛ⁴⁴ kʰɛ³³　　hõ³⁵　tu⁵⁵.
　　 路　　　岔口　　上　　　　等　持续体
　　 在岔路口等着。

(71) ŋ̍²¹　dzo³⁵　zi⁵⁵ go²¹ kʰa⁴⁴ vɛ³³ tiɛ³³　bo³³ tʂʰɛ²¹.
　　 我　领属　头　　　　筐子　　工具　盖 持续体
　　 我用筐子盖着头。

(72) n̠i²¹ ɬu²¹⁴ zu²¹　tiɛ³³ ga̠²¹ gu̠²¹ liɛ³³ n̠i²¹ hɤ̃³⁵ zu²¹ tiɛ³³ pi⁵⁵ tʂʰɛ²¹.
　　 牛 放 名物化 施事 赶 回来　牛 养 名物化 施事 关 持续体
　　 放牛的人把牛赶回来，养牛的人关着（牛）。

葛颇彝语中有三个持续体标记 dzɛ²¹、tu⁵⁵和 tʂʰɛ²¹。这三个持续体标记都表示动作或状态的持续存在和进行。例（67）（68）中，持续体标记 dzɛ²¹位于句末动词后，表示 tʂʰɤ²¹"咬"、du²¹"接"这两个动作的持续进行。例（69）（70）中，持续体标记 tu⁵⁵位于句末动词后，表示 hɤ̃²¹"站"、hõ³⁵"等"这两个动作的持续。例（71）（72）中，持续体标记 tʂʰɛ²¹位于句末动词后，表示 bo³³"盖"和 pi⁵⁵"关"两个动作的持续。

葛颇彝语中三个持续体标记所搭配的动词列举如下：

tu^{55}：h$\tilde{\gamma}^{21}$"站"、ho$\tilde{}^{35}$"等"、z̩i^{21}"睡"、nu^{33}"听"、tu^{55}"放"、dz̩o^{35}"住"、ŋɤ^{44}"哭"、tɕi^{44}"怕"、ga̠^{21}"赶"、ʂu^{44}"穷"、dɤ^{21}"活"；

dz̩ɛ^{21}：tʂ^{h}ɤ^{21}"咬"、tʂ^{h}a^{44}"抓"、du^{21}"接"、xɛ^{21}"领"、go^{35}"挣/拉"、t^{h}iɛ̠^{21}"抬"、va^{21}"扛"、to^{55}"约"、xa^{21}"张（口）"、hɤ^{214}/tʂu^{44}"吓"、tɯ^{55}"拿"、gɯ^{55}"挤"、no^{21}"多"、ɣiɛ^{21}"大"、nɛ^{35}"矮"；

tʂ^{h}ɛ^{21}：bo^{33}"盖"、pi^{55}"关"、li^{44}"绕"、ȵi^{214}"拴"、dɯ^{44}"绑"、tsɛ^{44}"加"、tsa^{214}"系"。

tu^{55}、dz̩ɛ^{21}、tʂ^{h}ɛ^{21}三个持续体标记分别搭配不同的动词、形容词，不可互相替换。

4. 完成体标记 fu^{33} 与完整体标记 gɤ^{35}

（73）ŋa^{44}zu^{21} ɣɛ^{33}z̩ʅ^{35} lɛ^{33} lu^{44}lɛ^{33} pu^{55}tu^{33} hɯ^{44}tʂ^{h}ɤ^{33}fu^{33}.
小鸟　那　拿　连接词　扔　连接词　火　里　烧　完成体
抓起小鸟丢在火里边烧掉。

（74）ti^{33} nɛ^{33} tu^{55}bɛ^{21}lɛ^{33} ɣa^{55}k^{h}ɛ^{33} ɕi^{35}fu^{33}.
它　话题　就　撞连接词　那　上　死完成体
它就撞到那上面死掉了。

（75）ti^{33} tʂ^{h}ɯ^{35} nɛ^{33} tɕ^{h}i^{44} gɤ^{35}.
它　角　话题　断　完整体
它的角断了。

（76）ɦo^{21}tʂa^{35} ɬɯ^{33}tʂɛ^{21}gɤ^{35}.
菜　　炒　好　完整体
菜炒好了。

完成体和完整体都表示完成或结束，不同的是，完成体表示施事完成了某个动作，完整体表示某个事件结束了。例（73）（74）中，完成体标记位于动词 tʂʰɤ³³ "烧"、çi³⁵ "死"后，表示这两个动作完成、结束；例（75）（76）中，完整体标记位于动词及动词短语 tɕʰi⁴⁴ "断"、ɬɯ³⁵tʂɛ²¹ "炒好"后，表示"羊角完全断掉了""菜炒好了"，是强调整个事件或进度的结束。完成体和完整体标记很多情况下可以连用，下文我们将详细讨论。

5. 连续体标记 çi²¹

(77) na²¹　ʂo²¹m̩³³　dzu²¹　çi²¹.
你　　少点　　吃　　连续体
你再少吃点。

(78) na²¹　na⁴⁴sɛ²¹　nu³⁵nu³⁵ çi²¹?
你　　眼睛　　疼疼　连续体
你眼睛还疼吗?

连续体表示动作之前在进行，现在仍然在持续。例（77）中，连续体标记 çi²¹ 位于动词 dzu²¹ "吃"后、句末，表示"再吃一些"的意思，虽然事件或动作已经进行了，但说话人希望施事不要停下来。例（78）中，连续体标记 çi²¹ 位于动词 nu³⁵ "疼"后，这里是动词重叠表示询问，不影响连续体标记的使用，çi²¹ 表示说话人询问施事"眼睛是不是还在疼"，意思是之前可能一直在疼，现在是不是这种疼痛的状态还在持续。因此，连续体标记 çi²¹ 是表示动作、状态的连续进行。

6. 曾行体标记/经历体标记 no⁵⁵

(79) tʂʰo³⁵　kɛ³³tʂʰɛ³³　lu⁵⁵m̩²¹　dzɛ²¹　no⁵⁵.
人　　　这个　　　马　　骑　　曾行体
这个人骑过马。

（80） ŋ̩²¹ ɑ²¹n̩i³³kʰu²¹ du⁴⁴liɛ³³**no⁵⁵**.
我　　去年　　　　过来　曾行体
我去年来过。

曾行体也称经历体，也称过去完成体，表示施事曾经经历过某件事、某个动作、某种状态，是表示事件已经发生的一种状态。在葛颇彝语中，曾行体标记为 no⁵⁵，一般位于句末。上例（79）（80）中，曾行体标记 no⁵⁵，位于动词 dzɛ²¹ "骑"、liɛ³³ "来"后，表示施事 tʂʰo³⁵kɛ³³ tʂʰɛ³³ "这个人"曾经骑过马，ŋ̩²¹ "我"曾来到过某处。

7. 体标记多功能性

葛颇彝语中的体标记在肯定结构中位于动词之后，无实际的词汇意义，有语法意义。在疑问结构中部分可重叠，在否定结构中部分可进行否定。总结如下：

表 3-1　　　　　　　　体标记的重叠与否定情况

体标记＼功能	tiɛ³³	dzɛ²¹	tʂʰɛ²¹	fu³³	gʁ³⁵	no⁵⁵	tu⁵⁵	diɑ²¹	ɕi²¹
可重叠	+	+	+	+	+	+	+	−	−
可否定	+	+	+	+	+	+	+	−	−

葛颇彝语的体标记大多数可以对其进行重叠和否定，体标记重叠后也表示疑问，是对体标记所表达的事件状态的疑问，对体标记进行否定是对体标记前的动作和其所呈现的状态的否定。将行体标记 tiɛ³³，持续体标记 dzɛ²¹、tʂʰɛ²¹，完成体标记 fu³³，完整体标记 gʁ³⁵，曾行体标记 no⁵⁵ 等都可进行重叠和否定，因此我们认为，这几类体标记在特定结构中还保留着一定的动词用法。

值得注意的是，持续体标记 tu⁵⁵ 在葛颇彝语中仍保留着典型的动词

"放置"的用法，tu⁵⁵的重叠既可以表示"放没放/放不放"的意义，也可以表达事件是否在持续或进行的意义，在体标记连用的情况下，tu⁵⁵的重叠一般表示的是持续意义；tu⁵⁵的否定都是对动词 tu⁵⁵ "放"的否定，表示"没放"的意义。

在葛颇彝语中，状态变化体标记 diɑ²¹ 和连续体标记 ɕi²¹ 语法化程度较高，没有上述用法，不能对其进行重叠和否定。

关于重叠表疑问的相关内容，我们将在第七章"疑问结构"中详细讨论；关于否定的相关内容，我们将在第八章"否定结构"中详细讨论。

五 表确信的标记

葛颇彝语中没有示证范畴。只有一个认识情态（epistemic modality）标记 di³³，表示说话人对事件确知，没有实际的意义，不能在其前加否定词对其进行否定，di³³ 只能出现在肯定句中，表示确知、确定的意义。

（81）ŋ̍²¹　lu⁵⁵m̩²¹　dzɛ²¹　lɛ³³　du⁴⁴liɛ³³**di³³**.
　　　我　　马　　　骑　　连接词　过来　　确信
　　　我是骑马过来的。

（82）ti³³　nɑ⁴⁴sɛ²¹　nu³⁵　tu⁵⁵　**di³³**.
　　　他　　眼睛　　疼　　持续体　确信
　　　他眼睛疼。

例（81）中，表确定的标记 di³³ 位于句末，表示说话人表达自己是骑着马过来的，自己对自己经历和发生过的事情是确知的。例（82）中，di³³ 位于句末，表示说话人确定句中出现的 ti³³ "他"的眼睛是疼的，说话人通过某种渠道，对发生的事情是确切地知道的。葛颇彝语的判断结构中判断动词在大多数情况下都是省略的，但句末可以通过加 di³³ 来表示对该事件的确知，如：

（83） ti³³ sɿ³⁵mo²¹⁴pʰu²¹ **di³³**.
他　老师　　　　　　确信
他是老师。

上例中，di³³ 位于句末，表示说话人确切地知道 ti³³ "他"是个 sɿ³⁵mo²¹⁴pʰu²¹ "老师"。但如果要对判断结构进行否定时，不能在 di³³ 前加否定标记，此时判断动词 ŋa³³ 或者 ŋɤ³⁵ 出现：

（84） ti³³ sɿ³⁵mo²¹⁴pʰu²¹ma²¹ ŋa³³, ti³³ dzo²¹mo²¹ **di³³**.
他　老师　　　　　否定　是　他　领导　　确信
他不是老师，是个领导。

例（84）中，我们对例（83）ti³³sɿ³⁵mo²¹⁴pʰu²¹di³³ "他是老师"进行否定，否定词位于句末动词前，但 di³³ 此时必须替换为 ŋa³³，变成 ma²¹ŋa³³ "不是"，ma²¹di³³ 的形式在葛颇彝语中是不存在的。在肯定句中，又重新变回 di³³，如例（84）后一个小句 ti³³dzo²¹mo²¹di³³ "他是个领导"。

六　重叠形式

葛颇彝语中的重叠形式有两种，一种是构词重叠，一种是构形重叠。构词重叠属于构词法的内容，而本书主要考察葛颇彝语的形式形态句法，仅关注构形重叠的内容。葛颇彝语中的构形重叠主要包括动词（包括形容词）、体标记的重叠表疑问。

(85) nɑ²¹　dzu³⁵　dzu²¹　dzu²¹？
　　　你　　饭　　吃　　吃
　　你吃没吃饭？

(86) nɑ²¹　dzu³⁵　dzu²¹　tiɛ³³　　tiɛ³³？
　　　你　　饭　　吃　　将行体　将行体
　　你吃不吃饭？

例（85）中，动词 dzu²¹ "吃"重叠表示"吃没吃"的意义。例（86）中，将行体标记 tiɛ³³ 重叠，属于疑问结构的形式，表示"接下来是否要（做某事）"的意义，这种情况下重叠的体标记是有动词用法的，但无动词义。

重叠表示疑问的内容将在第八章"疑问结构"中详细讨论。

第四章

短语的结构

短语是句子的重要组成成分,对形态句法的研究除了考察各类句子的结构,短语内部的结构也不可忽视,短语的结构可以分为名词性短语的结构和动词性短语的结构两部分来考察。

第一节 名词性短语的结构

名词性短语一般在句中充当论元,受动词支配,内部结构相对紧密、固定,能产性较高。现代语言学对名词性短语的研究取其最广的研究范围,包括以名词为核心、句法表现相当于名词的结构,也包括不以名词为核心、句法表现相当于名词的结构,还包括名词、代名词等内容。本章节主要描写短语层面的名词性短语的结构,不对词类进行详细描写,仅简单介绍。

根据名词性短语的复杂程度,我们将名词性短语分为简单的名词性短语和复杂的名词性短语。简单的名词性短语一般为两或三个名词性成分的组合,如数量短语、数量名短语、同位短语等,或由单个或两个较简单的修饰成分修饰名词中心词(同位短语除外),复杂的名词性短语一般为多个成分修饰中心词,中心词为名词短语的结构和语义的核心。

一　简单的名词性短语

除了并列形式的名词性短语外，其他类型的名词性短语均是由修饰成分修饰中心语构成。修饰成分可以是名词、动词、代词、数量短语、形容词、短语结构、小句等成分。此部分我们主要考察简单的名词性短语的构成，主要包括：名词+数词+量词，指示代词+数词+量词，数词+指示代词+量词，名词+指示代词/指示代词的复数形式/指量短语，名词+形容词，同位短语，名词+名词中心词，领属成分+名词中心词，处所短语+名词，动词+名词，关系子句+中心词，中心词+关系子句等。

（一）名词+数词+量词

1. 数词+量词

数词和量词组成数量短语，数词位于量词之前。数量短语一般情况下不能单独做论元出现在句中，必须与名词或指示代词搭配。

(1) ɬi^{33}　po^{33}　　　　　　四个
　　 四　　个

(2) ta^{21}　hũ^{33}　tu^{55}　　　　一百张
　　 一　　百　　张

例（1）（2）中数词 ɬi^{33} "四"、ta^{21}hũ^{33} "一百"分别位于量词 po^{33} "个"、tu^{55} "张"之前。

2. 名词+数词+量词

数量名短语是葛颇彝语中常见的名词性短语，由数量短语与名词搭配组成，在数量名的短语结构中，名词一般作为中心词，数量短语修饰中心词，位于中心词之后。

(3) tʂa^{33}$_{中心词}$ [ta^{21}　dzɛ^{33}]$_{修饰成分}$　一根绳子
　　 绳子　　一　　根

（4） tʂʰo³⁵ 中心词 [ɬi³³po³³]修饰成分　　　　四个人
　　　 人　　　四　个

（5） lu⁵⁵m̩²¹ 中心词 [ta²¹gɤ⁴⁴]修饰成分　　　　一群马
　　　 马　　　一　群

例（3）（4）（5）是数量名短语，数量短语 ta²¹dzɛ³³ "一根"、ɬi³³po³³ "四个"、ta²¹gɤ⁴⁴ "一群"分别位于名词中心词 tʂa³³ "绳子"、tʂʰo³⁵ "人"、lu⁵⁵m̩²¹ "马"之后。

数词的单数形式一般不能直接和名词搭配，必须与量词结合，形成数量短语再搭配名词。但复数可以直接搭配名词，并且位于中心词（名词）之前。如：

（6） ta²¹tɕɛ³⁵　nu³⁵　　　　　　一些病
　　　 一些　　病

个别量词可与名词组合，但结合紧密，更倾向于词的性质，如 ɕi⁴⁴dzɛ³³ 表示"树"的概念，单独的 ɕi⁴⁴ 可以表示"柴、木头"的意思，dzɛ³³ 可做量词表示"棵"，但合起来就是"树"的意义，dzɛ³³ 在其中量词意义较弱，类别意义更明显。

（二）指示代词+数词+量词

1. 指示代词+量词

指示代词与量词搭配，指示代词在前，量词在后。

（7） kɯ⁵⁵　po³³　　　　　　　这个
　　　 这　　个

（8） ɣɛ³³　tʂʰɛ³³　　　　　　　那个
　　　 那　　个

例（7）（8）中，指示代词 kɯ⁵⁵ "这"、ɣɛ³³ "那" 分别位于量词 po³³ "个"、tʂʰɛ³³ "个" 之前。

2. 指示代词+数词+量词

指示代词可与数词、量词搭配，指示代词位于数量短语之前。

  （9）kɯ⁵⁵ ɬi³³ z̩o²¹   这四样
    这 四 样
  （10）ɣɛ³³ sɛ³³ po³³   那三个
    那 三 个
  （11）ɣɯ⁵⁵ tɑ²¹ dʁ³³   那一晚
    那 一 晚
  （12）ɣɯ⁵⁵ tɑ²¹ ɣʁ²¹   那一家
    那 一 家

例（9）（10）中，指示代词 kɯ⁵⁵ "这"、ɣɛ³³ "那" 分别位于数量短语 ɬi³³z̩o²¹ "四样"、sɛ³³po³³ "三个" 之前，表示 "这四样" 和 "那三个" 的意义。例（11）中，指示代词 ɣɯ⁵⁵ "那" 分别与数量短语 tɑ²¹dʁ³³ "一晚" 和 tɑ²¹ɣʁ²¹ "一家" 搭配，表示 "那一晚" "那一家" 的意义。

（三）数词+指示代词+量词

在葛颇彝语中，指示代词还可以位于数词之后，量词之前，表示序数的意义，如：

  （13）ȵi²¹ ɣɯ⁵⁵ ɣʁ²¹   第二家
    二 那 家
  （14）sɛ³³ ɣɯ⁵⁵ ɣʁ²¹   第三家
    三 那 家

例（13）中，指示代词 ɣɯ⁵⁵ 位于数词 ȵi²¹ "二"、量词 ɣɤ²¹ "家"之间，表示"第二那家、第二家"的意义。例（14）中，指示代词 ɣɯ⁵⁵ 位于数词 sɛ³³ "三"、量词 ɣɤ²¹ "家"之间，表示"第三那家、第三家"的意义。

（四）名词+指示代词/指示代词的复数形式/指量短语

1. 名词+指示代词

指示代词可直接与名词搭配，修饰名词位于名词之后。但单数形式的指示代词与名词搭配出现的频率较少，指示代词的复数形式与名词搭配较为常见。

（15）a. ȵi²¹zu²¹中心词 kɯ⁵⁵修饰成分　　　这俩人
　　　　俩人　　这

b. ［ȵi²¹zu²¹kɯ⁵⁵］话题 ［a²¹dzɛ³³giɛ³⁵to⁴⁴du⁴⁴liɛ³³］评述.
　　　俩人　这　　互相　吵　升　起来
这两个人互相吵起来了。

（16）a. sɿ³⁵po³³中心词 ɣɛ³³修饰成分　　　那本书
　　　　书　　那

b. ［sɿ³⁵po³³ɣɛ³³］话题 ［ti³³tiɛ³³　vɛ³⁵zi²¹　ma²¹　ŋa³³］评述.
　　　书　那　　她 施事 买　名物化 否定 是
那本书不是她买的。

例（15ab）（16ab）中，kɯ⁵⁵ "这"、ɣɛ³³ "那"两个指示代词的单数形式分别位于名词中心词 ȵi²¹zu²¹ "俩人"和 sɿ³⁵po³³ "书"之后，修饰中心词。这种指示代词的单数形式修饰中心词的情况并不常见，单说也并不通顺，但在长篇故事讲述中偶尔会出现如上述例（15b）（16b）的句子。

2. 名词+指示代词的复数形式

(17) nu³⁵_中心词 kiɛ²¹ɛ³³_修饰成分   这些病
     病   这些

(18) ko⁴⁴zu²¹_中心词 ɣiɛ²¹ɛ³³_修饰成分   那些亲戚（指葛颇彝族人）
     葛颇亲戚   那些

例（17）（18）中，kiɛ²¹ɛ³³"这些"、ɣiɛ²¹ɛ³³"那些"分别为 kɛ³³"这"、ɣɛ³³"那"两个指示代词的复数形式，位于名词 nu³⁵"病"、ko⁴⁴zu²¹"亲戚"两个名词中心词后，修饰中心词。此类指示代词的复数形式修饰中心词的情况比较常见。

3. 名词+指量短语

指示代词与量词搭配作为修饰成分修饰名词性中心词，位于中心词之后。

(19) tʂʰo³⁵_中心词 [kɛ³³tʂʰɛ³³]_修饰成分   这个人
     人   这个

(20) [vɑ²¹fu²¹zu²¹]_中心词短语 [ɣɛ³³tʂʰɛ³³]_修饰成分   那个杀猪人
     猪 杀 名物化   那 个

例（19）（20）中，指示代词与量词组合的指量短语 kɛ³³tʂʰɛ³³"这个"、ɣɛ³³tʂʰɛ³³"那个"，位于名词性中心词 tʂʰo³⁵"人"、vɑ²¹fu²¹zu²¹"杀猪人"之后，修饰中心词/中心词短语。

（五）名词+形容词

形容词修饰名词中心词，形容词位于中心词之后。

(21) tʂʰo³⁵_中心词 ɣiɛ²¹_修饰成分   大人
     人   大

（22）dzu³⁵_中心词　dzɿa⁴⁴_修饰成分　　　冷饭
　　　 饭　　　　冷

例（21）（22）中，中心词分别为名词 tʂʰo³⁵ "人"、dzu³⁵ "饭"，性质形容词 ɣiɛ²¹ "大"、dzɿa⁴⁴ "冷"分别修饰中心词，位于中心词之后。

（23）ɦo²¹tʂa³⁵_中心词　ȵi³³dɯ³³_修饰成分　　　绿色蔬菜
　　　 蔬菜　　　　绿
（24）pʰu³⁵_中心词　ȵi³³pi³³_修饰成分　　　红布
　　　 布　　　　红

例（23）（24）中，中心词分别为名词 ɦo²¹tʂa³⁵ "蔬菜"、pʰu³⁵ "布"，颜色词 ȵi³³dɯ³³ "绿"、ȵi³³pi³³ "红"分别修饰中心词，位于中心词之后。

（25）go³⁵lo²¹_中心词　ɣiɛ²¹lɛ³³pɯ³³_修饰成分　　　大盆
　　　 盆　　　　　大
（26）vi²¹_中心词　so⁵⁵so⁵⁵_修饰成分　　　香香的屁
　　　 屁　　　　香

例（25）（26）中，中心词分别为名词 go³⁵lo²¹ "盆"、vi²¹ "屁"，形容词 ɣiɛ²¹lɛ³³pɯ³³ "大"、so⁵⁵so⁵⁵ "香"分别修饰中心词，位于中心词之后。

（六）同位短语

同位短语中，两个名词地位相等，指称的是同一个人或同一个事物。

(27) a⁵⁵ko³³　lau²¹piau²¹　　　表哥
　　　哥哥　　老表
(28) a⁵⁵kʰa³³　zɿ³⁵xiu²¹　　　玉秀妹妹
　　　妹妹　　玉秀

例（27）中，a⁵⁵ko³³ "哥哥" 和 lau²¹piau²¹ "老表" 搭配，a⁵⁵ko³³ "哥哥" 是通用名词，lau²¹piau²¹ "老表" 是从当地西南官话里借来的词汇，两个名词地位相等，都指的是同一个人；例（28）中，通用名词 a⁵⁵kʰa³³ "妹妹" 和专有名词人名 zɿ³⁵xiu²¹ "玉秀" 搭配，二者都指的是同一个人，通用名词位于专有名词之前。

（七）名词+名词中心词

名词修饰名词中心词，修饰成分在前，中心词在后。名词修饰名词，两个名词之间的关系可分为特指名词和泛指名词、属性名词和物体名词、整体与部分等。

(29) kʰa⁴⁴　zu²¹　mi³³di³³　　　小直邑村
　　　直邑　小称　村子
(30) ko⁴⁴　do²¹　　　　　　　葛颇话
　　　葛颇　话

例（29）（30）为特指名词和泛指名词搭配，特指名词位于泛指名词之前。例（29）中，特指名词为 kʰa⁴⁴zu²¹ "小直邑"，泛指名词为 mi³³di³³ "村子"，特指名词位于泛指名词之前；例（30）中，特指名词为 ko⁴⁴ "葛颇"，泛指名词为 do²¹ "话"，特指名词位于泛指名词之前。

(31) sɿ³⁵修饰成分　hɛ̃³⁵中心词　　　草房子
　　　草　　　　　房子

(32) mɯ³³pʰu²¹修饰成分 ti³³piɛ²¹⁴中心词　　麻布衣服
　　　麻布　　　　衣服

例（31）（32）为属性名词和物体名词搭配，属性名词位于物体名词之前，表示某物的属性是什么。例（31）中，属性名词为sɿ³⁵"草"和物体名词为hɛ̃³⁵"房子"，例（32）中，属性名词为mɯ³³pʰu²¹"麻布"和物体名词为ti³³piɛ²¹⁴"衣服"，二者都是属性名词位于物体名词之前的。

(33) m̩³³tu³³修饰成分 pʰa²¹tʰu²¹中心词　　竹叶
　　　竹子　　叶子
(34) hɛ̃³⁵修饰成分 ɬi³³la²¹中心词　　房子的四角
　　　房子　　四角

例（33）（34）的两个名词为整体与部分的关系，代表整体的名词在前，代表部分的名词在后。例（33）中，m̩³³tu³³"竹子"作为整体名词与代表部分的名词pʰa²¹tʰu²¹"叶子"搭配，例（34）中，整体名词hɛ̃³⁵"房子"与代表部分的名词ɬi³³la²¹"四角"搭配，二者均是整体名词在前，代表部分的名词在后。

（八）领属成分+名词中心词

领属结构中，不可分割或关系紧密的成分一般不需添加领属标记，可分割、关系疏远的内容需要添加领属标记dzo³⁵。

(35) ti³³bɯ³³修饰成分 a⁵⁵m̩²¹中心词　　他们的父亲
　　　他们　　　父亲
(36) va²¹修饰成分 ʑi⁵⁵go²¹中心词　　猪头
　　　猪　　　头

(37) ta³³li³³修饰成分 tʂa³³中心词　　　包带
　　　包袱　　带子

例（35）为人称代词 ti³³bɯ³³"他们"与亲属称谓 a⁵⁵m̩²¹"父亲"的搭配，二者属于领属与被领属的关系，人与其亲属在社会关系中关系紧密，此类领属一般不需要添加领属标记 dʐo³⁵，即领属标记可以省略。在单数人称代词和常用亲属称谓搭配时，往往会进一步组合，如 ŋ̍²¹dʐo³⁵a⁵⁵zɛ²¹"我的妈妈"可以省略中间的领属标记 dʐo³⁵，变成 ŋ̍²¹a⁵⁵zɛ²¹，进一步组合为 ŋ̍⁵⁵zɛ²¹，亲属称谓的 a-词头省略，人称代词声调 33 调变为高平 55 调。

例（36）为动物名词 va²¹"猪"与其身体部位 ʑi⁵⁵go²¹"头"的组合，因为身体部位与人或动物是不可分离的，因此在表达时，领属标记 dʐo³⁵ 在大多数情况下都可以省略。例（37）为一个完整的物件 ta³³li³³"包袱"与其一个功能性零件 tʂa³³"带子"的组合，带子是缝在包袱上的，这种紧密的领属关系，中间也不需要添加领属标记。

(38) [hɛ̃³⁵kɯ³³ dʐo³⁵]修饰成分 no⁴⁴ŋ̍ɛ²¹⁴中心词　房子里的东西
　　　房子里　领属　　　　　　　东西
(39) [na²¹ dʐo³⁵]修饰成分 mɛ⁴⁴nɛ³³中心词　你的猫
　　　你　领属　　　　　　　　猫
(40) [ʑi²¹tɕɛ³⁵m̩³³ dʐo³⁵]修饰成分 no⁴⁴中心词　妻子的活
　　　妻子　　　　领属　　　　　活

例（38）（39）（40）中的领属者与被领属者之间的紧密程度就不如上述例（35）（36）（37），hɛ̃³⁵kɯ³³"房子里"与 no⁴⁴ŋ̍ɛ²¹⁴"东西"、na²¹"你"与 mɛ⁴⁴nɛ³³"猫"、ʑi²¹tɕɛ³⁵m̩³³"妻子"与 no⁴⁴"活"之间的关系在现实生活中可随意搭配，是可拆散的，在语义上都是松散的，可分离的，因此领属者与被领属者之间需要添加领属标记 dʐo³⁵，否则语义不通。

（九）处所短语+名词

处所短语修饰名词中心词，处所短语在前，名词中心词在后。

（41）[vɯ³⁵m̩³³ kʰɛ³³]修饰成分 miɛ³⁵中心词　　大肠上的油
　　　　大肠　　上　　　　　　油

（42）[ŋɛ²¹⁴lu³³ kʰɛ³³]修饰成分 mɛ³³sɑ²¹中心词　　墙上的灰尘
　　　　墙　　上　　　　　　灰尘

例（41）中，名词 vɯ³⁵m̩³³"大肠"搭配处所标记 kʰɛ³³，表示处所是在"大肠上"，处所短语修饰名词中心词 miɛ³⁵"油"，位于中心词之前。例（42）中，名词 ŋɛ²¹⁴lu³³"墙"搭配处所标记 kʰɛ³³，组成处所短语"墙上"，修饰名词中心词 mɛ³³sɑ²¹"灰尘"，位于中心词之前。此类型的短语结构语义上也是领属结构，但不能添加领属标记。

（十）动词+名词

动词修饰名词中心词，动词位于中心词之前。这种名词性短语的结构比较少见。

（43）vḭ²¹修饰成分　pʰu³⁵中心词　　用来穿的布
　　　　穿　　　　布

（44）no⁴⁴修饰成分　hɛ̃³⁵中心词　　用作休息的房子
　　　　休息　　　房子

例（43）（44）中，中心词分别为名词 pʰu³⁵"布"、hɛ̃³⁵"房子"，动词 vḭ²¹"穿"、no⁴⁴"休息"作为修饰成分分别位于上述中心词之前。

动词修饰名词实际上是关系子句的一种，罗仁地（1998）认为，汉藏语的关系子句就是从此类结构发展出来的。

(十一) 关系子句+中心词

关系子句可分为名物化的关系子句和非名物化的关系子句，关系子句与中心词的位置与关系子句的类型及名物化标记相关。非名物化关系子句一般位于中心词之前。名物化标记 $ʑi^{21}$ 搭配动词或动词性短语（这里不包含形容词）时位于中心词之前，一般情况下指代的是某物体；名物化标记 $dɯ^{55}$ 与动词或动词性短语搭配，指代的是某物体，大多数情况下中心词可以省略。

(45) [ti^{33} $tiɛ^{33}$ $tɛ^{33}$ $ʑi^{21}$]修饰成分 $dzu^{21}dzɛ^{33}$中心词
　　 他　施事　种　名物化　　　庄稼
　　 他种的庄稼

(46) [$pu^{55}tu^{33}$ $tɤ^{214}$ $dɯ^{55}$]修饰成分 $ɕi^{44}$中心词
　　 　火　　　点　　名物化　　柴
　　 点火的柴

(47) [$ŋ^{21}$ $ɲi^{35}$ tu^{55}]修饰成分 $hɛ̃^{35}$中心词
　　 我　　住　持续体　　房子
　　 我住着的房子

例 (45) 中包含名物化标记 $ʑi^{21}$ 的关系子句 $ti^{33}tiɛ^{33}tɛ^{33}ʑi^{21}$ "他种的（庄稼）" 位于中心词 $dzu^{21}dzɛ^{33}$ "庄稼" 之前；例 (46) 包含名物化标记 $dɯ^{55}$ 的关系子句 $pu^{55}tu^{33}tɤ^{214}dɯ^{55}$ "点火的（柴）" 位于中心词 $ɕi^{44}$ "柴" 之前；例 (47) 中关系子句 $ŋ^{21}ɲi^{35}tu^{55}$ "我住着的（房子）" 位于中心词 $hɛ̃^{35}$ "房子" 之前。

(十二) 中心词+关系子句

名物化标记 $ʑi^{21}$ 与形容词搭配时，位于中心词之后，指代某物体或人，指人时中心词"人"可以省略，指代某物时，中心词不可省略。

(48) tʂʰo³⁵ 中心词 [sɛ²¹⁴ zi²¹]修饰成分　熟人
　　　人　　　熟悉　名物化

例（48）包含名物化标记 zi²¹ 的关系子句 sɛ²¹⁴ zi²¹ "熟悉的（人）" 位于中心词 tʂʰo³⁵ "人" 之后。

葛颇彝语中的名物化关系子句还包括包含名物化标记 m̩³³ 和 zu²¹ 的关系子句，一般情况下不与中心词共现，这里我们暂不讨论，在关系子句部分进行详细描述。

二　复杂的名词性短语

简单的名词性短语只有一个修饰成分修饰中心词，我们主要讨论修饰成分与中心词的位置关系；复杂的名词性短语由两个以上的修饰成分修饰中心词，考察的是多个修饰成分与中心词的关系，以及多个修饰成分之间的关系。为了方便考察，本章将复杂的名词短语分为以下几种类型：名词性修饰成分+中心词+数量短语，中心词+形容词+数量短语，名词+中心词+形容词/后置的关系子句，名词性短语+中心词，包含中心词的名词性短语+指量短语，名词/动词短语+指示代词+中心词，名词短语+中心词+名词短语（指示代词+名词）。

（一）名词性修饰成分+中心词+数量短语

数量短语与名词性修饰成分修饰中心词（名词），数量短语位于中心词之后，名词性修饰成分位于中心词之前。

(49) tʰiɛ²¹ȵɛ²¹修饰成分 zɛ³⁵m̩³³中心词 [ta²¹hũ³³tu⁵⁵]修饰成分 一百张纸钱
　　　纸　　　　钱　　　　　一百　张

(50) m̩³³tu³³修饰成分 pʰa²¹tʰu²¹中心词 [ta²¹tʂɛ³³]修饰成分　一片竹叶
　　　竹子　　　　叶子　　　　　一　片

例（49）中，数量短语 tɑ²¹hũ³³tu⁵⁵ "一百张"修饰中心词 zɛ³⁵m̩³³ "钱"，位于中心词之后，名词 tʰiɛ²¹ŋɛ²¹ "纸"位于中心词之前；例（50）中，数量短语 tɑ²¹tsʰɛ³³ "一片"修饰中心词 pʰɑ²¹tʰu²¹ "叶子"，位于中心词之后，名词 m̩³³tu³³ "竹子"修饰中心词位于中心词前。

（二）中心词+形容词+数量短语

数量短语与形容词性修饰成分修饰中心词（名词），形容词性修饰成分位于中心词之后，数量短语位于中心词与形容词性修饰成分组成的名词性短语之后。

(51) tʰiɛ²¹ŋɛ²¹ 中心词 ṣɛ³³lɛ³³ 修饰成分 [sɯ³³tu⁵⁵] 修饰成分 三张黄色的纸
　　　纸　　　　黄　　　　　三张

(52) çi⁴⁴ 中心词 ɣiɛ²¹ 修饰成分 [tɑ²¹dzɛ³³] 修饰成分　　一棵大树
　　　树　　大　　　一棵

例（51）中，数量短语 sɯ³³tu⁵⁵ "三张"修饰名词短语 tʰiɛ²¹ŋɛ²¹ ṣɛ³³lɛ³³ "黄纸"，位于名词短语之后，名词短语的中心词为 tʰiɛ²¹ŋɛ²¹ "纸"，形容词 ṣɛ³³lɛ³³ "黄"修饰中心词，位于中心词之后。例（52）中，数量短语 tɑ²¹dzɛ³³ "一棵"修饰名词短语，位于名词短语后，名词短语内部形容词 ɣiɛ²¹ "大"修饰中心词 çi⁴⁴ "树"，位于中心词之后。

（三）名词+中心词+形容词/后置的关系子句

名词与形容词共同修饰中心词（名词），名词位于中心词之前，形容词位于中心词之后。

(53) tʂo³³ 修饰成分 hẽ³⁵ 中心词　bɯ³³lɯ³³zu²¹m̩³³ 修饰成分　矮小的瓦房
　　　瓦　　房子　　　矮小

(54) sʅ³⁵ 修饰成分 hẽ³⁵ 中心词 [ɣiɛ²¹zi²¹] 修饰成分　　大的草房

　　　　草　　房子　　大　名物化

例（53）中，形容词 bɯ³³ lɯ³³ zu³⁵ m̩³³ "矮小" 修饰中心词 hɛ̃³⁵ "房"，位于中心词之后，名词 tʂo³³ "瓦" 修饰中心词，位于中心词之前；例（54）中，包含名物化标记 zi²¹ 的关系子句 ɣiɛ²¹ zi²¹ "大的" 位于中心词 hɛ̃³⁵ "房子" 之后，名词 sɿ³⁵ "草" 修饰中心词，位于中心词之前。

（四）名词性短语修饰名词

名词性短语修饰名词中心词，位于中心词之前。

　　（55）［hõ³⁵　　mɯ³³］修饰成分 tʂʰɛ³⁵ 中心词　　绵羊毛线
　　　绵羊　　毛　　线

例（55）中，名词性短语 hõ³⁵ mɯ³³ "绵羊毛" 修饰中心词 tʂʰɛ³⁵ "线"，位于中心词之前，修饰性成分内部名词 hõ³⁵ "绵羊" 修饰名词 mɯ³³ "毛"，位于 "毛" 之前。

　　（56）［hõ³⁵　mɯ³³ȵi³³pi³³］修饰成分 tʂʰɛ³⁵ 中心词　　红色的绵羊毛线
　　　绵羊 毛　红　　线

例（56）中，中心词为 tʂʰɛ³⁵ "线"，名词短语 hõ³⁵ mɯ³³ ȵi³³ pi³³ "红色的绵羊毛" 修饰中心词，修饰性的名词短语 hõ³⁵ mɯ³³ ȵi³³ pi³³ "红色的绵羊毛" 内部又可分为形容词 ȵi³³ pi³³ "红" 修饰名词 mɯ³³ "毛" 位于 "毛" 之后，名词 hõ³⁵ "绵羊" 修饰名词 mɯ³³ "毛"，位于 "毛" 之前。

（五）包含中心词的名词性短语+指量短语

指示代词的复数形式与指量短语功能相同，指量短语及指示代词的复数形式修饰中心词，位于中心词之后，当中心词后有其他修饰成分时，指量短语位于中心词与其他修饰成分组合的名词性短语之后。

(57) [viɛ²¹tiɛ³³　　　ko⁴⁴zu²¹]中心词短语 ɣiɛ²¹ɛ³³指示代词的复数形式
　　　远　名物化　　亲戚　　　　那些
　　　那些远地方的亲戚

(58) [no⁴⁴mɯ³⁵lɛ²¹lɯ³³ zi²¹tɕɛ³⁵m̩³³]中心词短语　[kɛ³³tʂʰɛ³³]指量短语
　　　活　做　懒　　　媳妇　　　　　　这个
　　　这个做活懒惰的媳妇

(59) [tʂʰo³⁵ȵi⁴⁴ɣiɛ²¹zi²¹]中心词短语　[kɯ⁵⁵ȵi²¹ po³³]指量短语
　　　人　心　大　名物化　　　　这　两　个
　　　这两个胆子大的人

(60) [pʰu³⁵ʂɛ³³]中心词短语　[ɣɯ⁵⁵kʰiɛ³³]指量短语　　那块长布
　　　布　长　　　　　　　那　块

例（57）中，中心词为 ko⁴⁴zu²¹ "亲戚"，名物化的短语 viɛ²¹tiɛ³³ "远地方" 作为修饰成分位于中心词前，指示代词的复数形式 ɣiɛ²¹ɛ³³ 修饰中心词 ko⁴⁴zu²¹ "亲戚"，位于中心词之后。例（58）中，中心词为 zi²¹tɕɛ³⁵m̩³³ "媳妇"，动词短语修饰成分 no⁴⁴mɯ³⁵lɛ²¹lɯ³³ "做活懒" 修饰中心词，位于中心词之前，指量短语 kɛ³³tʂʰɛ³³ "这个" 修饰中心词，位于中心词之后。例（59）中，修饰成分 kɯ⁵⁵ȵi²¹po³³ "这两个" 修饰中心词短语 tʂʰo³⁵ȵi⁴⁴ɣiɛ²¹zi²¹ "胆子大的人"，位于中心词短语之后，中心词短语内部，包含名物化 zi²¹ 的表示人的关系子句位于中心词 tʂʰo³⁵ "人" 之后。例（60）中，指量短语 ɣɯ⁵⁵kʰiɛ³³ "那块" 修饰名词短语 pʰu³⁵ʂɛ³³ "长布"，位于名词短语之后，名词短语由形容词 ʂɛ³³ "长" 修饰中心词 pʰu³⁵ "布"，位于中心词之后。

指量短语与形容词共同修饰中心词时，在上下文语境明晰的情况下，中心词可以省略。

(61) kʰa⁴⁴ [kɛ³³ tʂʰɛ³³]指量短语　　厉害的这个（人）
　　　厉害　这　个

(62) z̺o⁵⁵ [ɣɛ³³ tʂʰɛ³³]指量短语　　漂亮的那个（人）
　　　漂亮　那　个

例（61）中，指量短语 kɛ³³ tʂʰɛ³³ "这个"修饰中心词（tʂʰo³⁵）kʰa⁴⁴ "厉害的（人）"，表示的是"厉害的这个人"的意思，中心词 tʂʰo³⁵ "人"省略。例（62）中，指量短语 ɣɛ³³ tʂʰɛ³³ "那个"修饰中心词（tʂʰo³⁵）z̺o⁵⁵ "漂亮的（人）"，表示的是"漂亮的那个人"的意思，中心词 tʂʰo³⁵（人）省略。

（六）名词/动词短语+指示代词+中心词

这一类型的复杂名词性短语结构与第五类型的复杂名词性短语结构在形式上看有些类似，但语义上有很大差别，中心词的位置不同。此类结构中的中心词是指量短语中的量词。指示代词位于中心词之前。

(63) [va²¹ fu²¹]修饰成分 ɣɯ⁵⁵修饰成分 nɯ⁴⁴ ɕi³³中心词　　杀猪的那天早晨
　　　猪　杀　那　早晨

(64) [va²¹ fu²¹]修饰成分 kɯ⁵⁵修饰成分 ȵi³³中心词　　杀猪这天
　　　猪　杀　这　天

(65) da⁴⁴ sɯ³³修饰成分 ɣɯ⁵⁵修饰成分 nɯ⁴⁴ ɕi³³中心词　　初三那天早晨
　　　初三　那　早晨

(66) hɛ̃³⁵ kɯ³³修饰成分 kɯ⁵⁵修饰成分 tʰo²¹中心词　　朝向屋里的方向
　　　屋里　这　方向

例（63）中，动词短语 va²¹ fu²¹ "杀猪"修饰指量短语 ɣɯ⁵⁵ nɯ⁴⁴

ɕi³³"那早晨",指量短语又可拆分成指示代词ɣɯ⁵⁵"那"修饰名量词nɯ⁴⁴ɕi³³"早晨"。例（64）中，动词短语va²¹fu²¹"杀猪"修饰指量短语kɯ⁵⁵ȵi³³"这天",指量短语又可拆分成指示代词kɯ⁵⁵"这"修饰名量词ȵi³³"天"。例（65）中，指示代词ɣɯ⁵⁵"那"修饰名量词nɯ⁴⁴ɕi³³"早晨",组成指示代词与名量词所搭配的指量短语,时间名词dɑ⁴⁴sɯ³³"初三"修饰指量短语,位于其前。例（66）中，指示代词kɯ⁵⁵"这"修饰名量词tʰo²¹"方向",位于名量词之前,组成指量短语,处所名词"屋里"修饰指量短语,位于其前。

例（63）—例（66）与例（58）—例（60）形式上看相似，但意义大有不同。例（58）—例（60）是指量短语与其他修饰成分共同修饰中心词,指量短语位于中心词之后。而例（63）—例（66）虽然形式上与指量短语修饰中心词相似,但实际上中心词不同,这几个例句中的中心词均为指示代词后的名量词成分,如"早晨""天""方向"等中心词位于指示代词之后。

（七）名词短语+中心词+指量短语

此类型的短语结构较为复杂,语序多变,主要有两种形式,指量短语可位于中心词之后,也可位于中心词之前,如例（67b）、例（68b）、例（69b）、例（70b）。

(67) a. [tʂʰo³⁵mo²¹]_名词短语 pʰiɛ³⁵_中心词 [ɣɯ⁵⁵tʰu²¹]_指量短语 古时候
    人　老　　时间　　那 一段时间
b. [tʂʰo³⁵mo²¹ɣɯ⁵⁵tʰu²¹]_修饰成分 pʰiɛ³⁵_中心词　　　　古时候
    人　老 那 一段时间　时间

例（67a）中，中心词为pʰiɛ³⁵"时间",名词短语tʂʰo³⁵mo²¹"老人"位于中心词之前修饰中心词,指示代词ɣɯ⁵⁵"那"与名量词tʰu²¹"一段时间"组成的指量短语"那段时间"位于中心词之后。例

(67b) 与例（67a）表达的意义相同，不同之处在于的指量短语 [ɣɯ⁵⁵ tʰu²¹]"那段时间"位于中心词之前。

(68) a. [ɑ⁵⁵mɛ²¹ tʂʰo³⁵ko⁴⁴]_名词短语 [tʂʰo³⁵_中心词 sɛ²¹⁴ ʑi²¹]_中心词短语
    自己 亲戚 人 熟 （名物化）

[ɣɯ⁵⁵ mi³³di³³]_指量短语
 那 村

  b. [ɑ⁵⁵mɛ²¹ tʂʰo³⁵ko⁴⁴ ɣɯ⁵⁵ mi³³di³³]_修饰成分
    自己 亲戚 那 村

[tʂʰo³⁵_中心词 sɛ²¹⁴ʑi²¹]_中心词短语
 人 熟 名物化

  自己亲戚那个村的熟人

例（68a）中，中心词为 tʂʰo³⁵ "人"，关系小句 sɛ²¹⁴ ʑi²¹ "熟（人）"位于中心词之后，二者构成中心词短语，名词短语 ɑ⁵⁵ mɛ²¹ tʂʰo³⁵ko⁴⁴ "自己亲戚"位于中心词短语之前，指示代词 ɣɯ⁵⁵ "那"与名量词 mi³³di³³ "村"组成的指量短语"那个村子"位于中心词之后。例（68b）与例（68a）表达的意义相同，不同之处在于指量短语"那个村子"位于中心词之前。

(69) a. [tʂʰo³⁵ ʂu⁴⁴zu²¹ (dẓo³⁵)]_名词短语 ʑi²¹tɕɛ³⁵m̩³³_中心词
    人 穷 名物化 （领属） 媳妇

[kɯ⁵⁵ɣɤ²¹]_名词短语
 这 家

  b. [tʂʰo³⁵ ʂu⁴⁴zu²¹ kɯ⁵⁵ɣɤ²¹dẓo³⁵]_修饰成分 ʑi²¹tɕɛ³⁵m̩³³_中心词
    人 穷 名物化 这 家 领属   媳妇

穷人家的媳妇

例（69a）中，中心词为 zi²¹tɕɛ³⁵m̩³³ "媳妇"，名词短语 tʂʰo³⁵ʂu⁴⁴zu²¹（dzo³⁵）"穷人家（的）"（这里的领属标记 dzo³⁵可出现也可不出现）位于中心词之前，指示代词 kɯ⁵⁵ "这" 与名量词 ɣɤ²¹ "家" 组成的指量短语 "这家" 位于中心词之后。例（69b）与例（69a）表达的意义相同，不同之处在于指量短语位于中心词之前，并且领属标记必须出现在 kɯ⁵⁵ɣɤ²¹ "这家" 之后，表示中心词 "媳妇" 属于 "这家穷人" 的。

(70) a. [tʂʰo³⁵bo³³dzo³⁵]_{名词短语} hũ³⁵nu³³_{中心词} [kɯ⁵⁵vi³³]_{名词短语}
　　　　人　富　领属　　　　闲话　　　　这　家

　　b. [tʂʰo³⁵bo³³kɯ⁵⁵vi³³dzo³⁵]_{修饰成分} hũ³⁵nu³³_{中心词}
　　　　人　富　这　家　领属　　　　　　闲话

富人家的闲话

例（70a）中，中心词为 hũ³⁵nu³³ "闲话"，名词短语 tʂʰo³⁵bo³³dzo³⁵ "富人家的"（这里的领属标记 dzo³⁵必须出现）位于中心词之前，指示代词 kɯ⁵⁵ "这" 与名量词 vi³³ "家" 组成的指量短语 "这家" 位于中心词之后。例（70b）与例（70a）表达的意义相同，不同之处在于指量短语 "这家" 位于中心词之前，并且领属标记出现在指量短语 kɯ⁵⁵vi³³ "这家" 之后，表示中心词 "闲话" 是 "富人家" 的。

上述四例中的两种说法（ab）均出现在现代葛颇彝语中，其中例（67a）（68a）（69a）（70a）的指量短语位于中心词或中心词短语之后，例（67b）（68b）（69b）（70b）的则位于中心词短语之前，位于中心词之前的指量短语先与其前的名词性短语搭配，共同作为修饰成分修饰中心词，这两种说法表达效果相同，不区别意义。其中（67b）（68b）（69b）（70b）的说法更为常见，年轻一辈或外出时间较长的葛颇彝族人更熟悉这一种说法，而例（67a）（68a）（69a）（70a）在年长一辈及更加偏远的农村地区使用较多，这种差别可能与语言接触相关。

第二节　动词性短语的结构

彝语中动词位于所搭配的论元之后，而论元的先后顺序是由信息结构决定的。本节我们考察动词性短语结构中，动词与论元（一般为名词性短语）、动词与动词、动词（包括形容词）与副词、动词（包括形容词）与否定标记等的位置关系。

动词表示人或事物的动作、存在和变化，能受否定标记、副词和体标记的修饰。可具体分为姿势动词、动作动词、存在类动词、能愿动词、心理活动动词、趋向动词、判断动词等。不同类型的动词句法表现略有不同。

一　动词与名词性短语

在小句中，动词至少搭配一个名词性论元（可能省略），有的动词可以搭配两个论元，一个施事论元，一个受事论元或处所论元等，部分动词，如双及物动词可以搭配三个论元，不同的结构论元数量不同。在短语结构中，我们暂时只关注与其搭配的受事、处所论元等。不同的动词类型所搭配的论元有所不同，但所有的动词都位于论元之后。

（一）姿势类动词

姿势类动词所搭配的论元一般为数量短语或处所论元。

(71)　[tɕʰi²¹kɤ²¹⁴hɯ⁴⁴]_处所短语 zi²¹tu⁵⁵_动词　　睡在羊皮褂里
　　　　羊皮　　里　　　　睡　持续体

(72)　[mi³³di³³kʰɛ³³]_处所短语 ȵi³⁵_动词　　坐地上
　　　　地　上　　　　坐

例（71）中，动词 ẓi̠²¹ "睡" 所搭配的论元为处所短语 tɕʰi²¹kɤ²¹⁴ hɯ⁴⁴ "羊皮褂里"。例（72）中，动词 ɲi³⁵ 所搭配的为处所论元 mi³³di³³kʰɛ³³ "地上"。

（二）动作类动词

动作类动词是可搭配论元类型最多的动词类型。本节主要考察动作类动词与受事论元、处所论元等的位置关系。

(73) dzu³⁵ 名词　dzu²¹ 动词　　　　　吃饭
　　　饭　　　　吃

(74) tsɤ⁴⁴tsɤ³³ 名词　tʰiɛ²¹ 动词　　　抬桌子
　　　桌子　　　　抬

(75) [ʐa⁴⁴ta²¹sɛ³³] 数量名短语　kʰɯ²¹ 动词　舀一碗水
　　　水　一　碗　　　舀

(76) [tsɤ⁴⁴tsɤ³³ kʰɛ³³] 处所短语　tu⁵⁵ 动词　放在桌子上
　　　桌子　上　　　　放

例（73）中，动词 dzu²¹ "吃"，搭配名词受事论元 dzu³⁵ "饭"，位于名词之后。例（74）中，动词 tʰiɛ²¹ "抬" 搭配名词受事论元 tsɤ⁴⁴tsɤ³³ "桌子"，位于其后。例（75）中，动词 kʰɯ²¹ "舀" 搭配的论元为数量名短语 ʐa⁴⁴ta²¹sɛ³³ "一碗水"，位于数量名短语之后。例（76）中，动词 tu⁵⁵ "放" 搭配的处所论元 tsɤ⁴⁴tsɤ³³kʰɛ³³ "桌子上"，位于处所短语之后。

（三）存在类动词

葛颇彝语中部分存在类动词也有领有义，存在类动词一般搭配处所论元或一般名词性论元。

(77) [bo³⁵kʰɛ³³] 处所短语　bo²¹ 动词　　在山上
　　　山　上　　　　在

(78) ŋ̍²¹ [[tsʰɿ²¹tɑ²¹tʂɛ³³]₍数量名短语₎dʐo³⁵]. 我有一只狗
　　　我　　狗　一　只　　　　　　　有

例（77）中，存在类动词 bo²¹"在"搭配处所论元 bo³⁵kʰɛ³³"山上"，存在类动词的使用与存在物的生命度、处所的性质、存在的方式等相关。例（78）中，存在类动词 dʐo³⁵ 作领有动词用，搭配被领属成分 tɑ²¹tʂɛ³³tsʰɿ²¹"一只狗"，位于其后。葛颇彝语中的存在类动词有 dʐo³⁵、bo²¹、ȵi³⁵、tʂʰo³⁵、dɛ³⁵、tʂʰɛ²¹、tu⁵⁵、dʐɛ²¹ 八个。其具体使用情况详见本书第六章《存在结构》。

（四）心理活动动词

心理活动动词无实际动作的发生，可搭配一般名词类型的论元。

(79) ŋ̍²¹ [nɑ²¹₍名词₎ʑi⁵⁵₍动词₎].　　我喜欢你。
　　　我　你　　喜欢

(80) ŋ̍²¹ [ɑ⁵⁵pɯ⁵⁵₍名词₎tɕi⁴⁴₍动词₎].　　我害怕哥哥。
　　　我　哥哥　　害怕

例（79）（80）中，心理活动动词 ʑi⁵⁵"喜欢"、tɕi⁴⁴"害怕"，分别搭配名词论元 nɑ²¹"你"、ɑ⁵⁵pɯ⁵⁵"哥哥"，位于名词论元之后。

（五）能愿动词

能愿动词与心理活动动词相似，均是表示施事内心活动和意愿。不同的是能愿动词只能搭配动词性短语，不能直接搭配名词性短语。

(81) ŋ̍²¹ [[lu³⁵hɯ⁴⁴li³³]₍动词短语₎nɑ⁴⁴dɯ²¹₍动词₎]. 我想去城里。
　　　我　　城里　去　　　　想

(82) ŋ̍²¹ [ku⁴⁴₍动词₎kɯ²¹⁴₍动词₎].　　我会写。
　　　我　写　会

例（81）中，能愿动词 nɑ⁴⁴dɯ²¹ "想" 搭配动词性短语 lu³⁵hɯ⁴⁴li³³ "去城里"。例（82）中，能愿动词 kɯ²¹⁴ "会" 搭配动词 ku⁴⁴ "写"。

（六）趋向动词

葛颇彝语中单音节的趋向动词主要有 liɛ³³ "来" 和 li³³ "去" 两个，双音节的趋向动词有 du⁴⁴liɛ³³ "过来"、gu̠²¹li³³ "回去" 等。趋向动词位置固定，一般位于句末，或句末体标记之前。可直接搭配处所短语，位于处所短语之后。

(83) ŋ̍²¹ [[lu³⁵hɯ⁴⁴]_处所短语 li³³_动词]. 我去城里了。
　　　我　　城里　　　　去

(84) nɑ²¹ [[kʰɑ⁴⁴mi³³di³³]_处所短语 du⁴⁴liɛ³³_动词] diɑ²¹. 你过来直邑了。
　　　你　　直邑村子　　　　过来　　状态变化体

例（83）中，趋向动词 li³³ "去" 搭配处所论元 lu³⁵hɯ⁴⁴ "城里"。例（84）中，趋向动词 du⁴⁴liɛ³³ "过来" 搭配处所论元 kʰɑ⁴⁴mi³³di³³ "直邑村"。

（七）判断动词

葛颇彝语中判断类动词主要有 ŋɑ³³ 和 ŋʁ³⁵ 两个。但在表示肯定的判断句中，判断动词不出现，通过句末加表确信的标记 di³³ 来表示确信的意义。判断动词一般作为答句单独出现，或者位于否定标记后，表示对事件的否定判断。

(85) ŋ̍²¹su⁵⁵m̩³³pʰu²¹di³³.
　　　我　老师　　确信
　　　我是老师。

(86) a. nɑ²¹ko⁴⁴pʰu²¹ ŋʁ³⁵ ŋʁ³⁵?
　　　你　葛颇人　是　是

你是葛颇人吗？

b. ŋɤ³⁵_判断动词, ŋ̍²¹ ko⁴⁴pʰu²¹di³³.
   是   我 葛颇人   确信
   是，我是葛颇人。

c. ma²¹ ŋɤ³⁵_判断动词, ŋ̍²¹ ko⁴⁴pʰu²¹ ma²¹ ŋa³³_判断动词.
   否定 是   我 葛颇人   否定 是
   不是，我不是葛颇人。

例（85）是判断结构，句中不出现判断动词 ŋɤ³⁵ 或 ŋa³³，用表确信的 di³³ 来表达"我是老师"的肯定义。例（86a）是一个问句，判断动词重叠表示疑问，表达"是不是"的意义；在回答问句时，例（86b）中判断动词 ŋɤ³⁵ "是"单独出现，但在后半句的肯定句中，无判断动词，用表确信的 di³³ 来表达肯定义；例（86c）中，在回答问句例（86a）时，得到的答案是否定的，用判断动词与否定标记搭配形成 ma²¹ŋɤ³⁵ 或 ma²¹ŋa³³ 的结构来表达"不是"的否定义。

二 多动词结构

葛颇彝语中动词与动词搭配组成多动词结构，中间一般不插入连接词、体标记等成分，一般情况下，除了话题切换的多动词结构动词中间可插入名词或名词短语，其他类型的多动词结构均不能插入名词性成分。

（87）dzu³⁵_名词 mɯ³⁵_动词1 dzu²¹_动词2   做饭吃
    饭   做   吃

（88）na²¹ ta²¹ tʂʰɛ³³ ŋ̍²¹_名词1 bi²¹_动词1 zi²¹ tɕɛ³⁵m³³_名词2 mɯ³⁵_动词2.
    你   一   个   我   给   媳妇   做
    你给我一个（女儿）做媳妇。

例（87）中，动词 mɯ³⁵ "做" 和 dzu²¹ "吃" 连用，短语中共享同一个受事 dzu³⁵ "饭"。例（88）中，动词 bi²¹ "给" 与 mɯ³⁵ "做" 连用，但话题发生了转换，施事不同，动词 bi²¹ "给" 的施事 na²¹ "你"，mɯ³⁵ "做" 的施事为短语中省略的 "女儿"，两个动词分别搭配不同的受事或与事 ŋ̍²¹ "我"、ʑi²¹tɕɛ³⁵m̩³³ "媳妇"。

三 动词与副词

程度副词修饰动词、形容词，位于其后，其他类型的副词修饰动词大多位于动词之前。

（89）do²¹ nu⁴⁴动词 tʂʰɑ³³副词   很听话
　　　话　 听　　 很

（90）ti³³nʁ²¹动词 tʂʰɑ³³副词   很想他
　　　他 想　　 很

（91）la²¹tsʰu³³形容词 tʂʰɿ²¹副词   手很巧
　　　手 巧　　　 很

（92）tʂɛ̠²¹形容词 tʂʰɑ³³副词   很好
　　　好　　 很

例（89）中，程度副词 tʂʰɑ³³ 修饰动词 nu⁴⁴ "听"。例（90）中，程度副词 tʂʰɑ³³ 修饰动词 nʁ²¹ "想"。例（91）中，程度副词 tʂʰɿ²¹ 修饰形容词 tsʰu³³ "巧"。例（92）中，程度副词 tʂʰɑ³³ 修饰形容词 tʂɛ̠²¹ "好"。上述副词均位于动词、形容词之后。

（93）ŋ̍²¹ ʑi⁵⁵副词 [lu³⁵hɯ⁴⁴]处所短语 li³³动词.
　　　我　又　　城 里　　　 去
　　　我又去城里了。

(94) ʐi̠²¹ŋ̍i³³ ŋ̍²¹ na²¹na⁴⁴zu²¹m̩³³_副词 [lu³⁵huɯ⁴⁴]_处所短语 li³³_动词.
今天　我　早早地　　　　城里　　　去
今天我早早地去了城里。

例（93）中，副词 ʐi⁵⁵ "又" 修饰动词 li³³ "去"，位于动词短语 lu³⁵huɯ⁴⁴li³³ "去城里" 之前。例（94）中，副词 na²¹na⁴⁴zu²¹m̩³³ "早早地" 修饰动词 li³³ "去"，位于动词短语 lu³⁵huɯ⁴⁴li³³ "去城里" 之前。

四　动词与否定标记

葛颇彝语中的否定标记主要有一般否定 ma²¹ 和禁止否定 ta̠²¹，当句中只有单音节动词时，否定标记位于该动词前，表示对该动作的否定；当句中出现部分体标记时，否定标记位于该动词后、体标记之前，表示对要进行该动作或该动作完成情况的否定。当动词为双音节时，否定标记可位于双音节的最后一个音节之前，或双音节动词后、体标记之前。

(95) ma²¹　dʐo³⁵_动词　　　　　没有
　　　否定　有

(96) ta̠²¹　muɯ³⁵_动词　　　　　别做
　　　禁止　做

(97) sa²¹⁴　ma²¹　luɯ³³（sa²¹⁴luɯ³³ 为生气）　没生气
　　　生气- 否定 -生气

(98) muɯ³⁵_动词　ma²¹　tiɛ³³　　不做
　　　做　否定　将行体

(99) ma²¹　duɯ³⁵_形容词　　　　不准
　　　否定　准

（100）ma²¹　tʂɛ²¹_形容词　　　　不好
　　　　否定　　好

例（95）中，否定标记位于 ma²¹ 位于动词 dzo³⁵ "有"之前，表示"没有"的意义。例（96）中，禁止否定标记 ta̠²¹ 位于动词 mɯ³⁵ "做"之前，表示"别做"的意义。例（97）中，否定标记 ma²¹ 位于双音节动词 sɑ²¹⁴lɯ³³ "生气"之间，表示"没生气"的意义。例（98）中，否定标记 ma²¹ 位于单音节动词 mɯ³⁵ "做"之后，将行体标记 tiɛ³³ 之前，不只是对动作行为的否定，而是对将要发生的动作的否定，表示"接下来不做某事"的意义。例（99）（100）中，否定词 ma²¹，修饰形容词 dɯ³⁵ "准"、tʂɛ²¹ "好"，位于形容词之前，表示"不准""不好"的意义，但形容词不能受禁止否定词 ta̠²¹ 修饰。

本章主要考察了名词性短语和动词性短语的结构。

名词性短语涉及的内容广泛，我们根据名词性短语的复杂程度将其分为简单的名词性短语和复杂的名词性短语两个方面来考察。简单的名词性短语有一个修饰成分修饰中心词，我们主要讨论修饰成分与中心词的位置关系；复杂的名词性短语有两个以上的修饰成分修饰中心词，考察的是多个修饰成分与中心词的关系，以及多个修饰成分之间的关系。

无论是简单的还是复杂的名词性短语虽然层次丰富、形式多样，但仍然遵循严整的搭配顺序。位于中心词之前的修饰成分包括：包含名物化标 ʑi²¹ 和 dɯ⁵⁵ 的指物的关系子句、小句形式的关系子句和名词性修饰成分等。位于中心词之后的修饰成分包括：包含名物化标 ʑi²¹ 的指物或人的关系子句、形容词性修饰成分、数量短语、指量短语等。中心词之前的修饰成分较少，且结构简单，在语料中很少发现在中心词之前同时出现多个修饰成分的情况，但中心词之后出现多个修饰成分的情况则很常见。中心词之后的多个修饰成分的位置关系如下：中心词+形容词性修饰成分/包含名物化标 ʑi²¹ 的指物或人的关系子句+数量短语/指量短语。在名词性的短语结构中，指量短语的位置在短语结构中发生了变化，并呈现出明显的代际差别，可能与语言接触相关。

　　动词性短语的结构较为简单，本章考察的内容主要包括动词与名词性短语、动词与动词、动词（包括形容词）与副词、动词（包括形容词）与否定标记等的位置关系。一般情况下，动词位于名词性短语之后，但能愿动词除外，能愿动词只能搭配动词性短语；多动词结构中，多个动词连用时动词之间一般情况下不插入其他成分，话题切换式多动词结构除外；程度副词修饰动词，位于动词之后，其他副词修饰动词，位于动词之前；动词与否定标记 $mɑ^{21}$ 搭配，当动词是单音节时，否定标记可以出现在单音节动词之前或单音节动词和体标记之间，当动词是双音节动词时，否定标记出现在双音节最后一个音节前或双音节动词和体标记之间；动词与禁止否定标记 $tɑ^{21}$ 搭配，否定标记可以出现在单音节动词之前或双音节最后一个音节前，禁止否定标记 $tɑ^{21}$ 不能与体标记及形容词搭配。

第 五 章

信息结构

　　从形态句法的角度来看，世界语言中有的语言是主—宾格型的语言，有的是作—通格语言，区别在于不及物动词句中的单一论元是与及物动词句中的施事论元还是受事论元编码相同，有相同标记或相同的句法特征。与施事论元编码相同的是主—宾格语言，与受事论元编码相同的是作—通格语言。这种语法关系显示的是深层次的认知差异，除了这两种类型之外，还有不规则的中和型、动态型和"菲律宾型"语言。[①] 其中，彝语就属于中和型语言，没有严格意义上的语法化的主语、宾语，也没有典型的作格和通格，借鉴印欧语研究中的句法成分的划分不能完全解释其内在组织原则。因此，全书对葛颇彝语的形态句法进行描写，多从语义功能的角度对各类结构、句子成分进行描述，从语用的角度分析句法组织的原则。

　　本章主要考察句子的组织原则，在中和型语言中，句子的组织原则是由语用关系（话题和焦点）决定的。本章分为话题结构和焦点结构两部分。

---

① 黄成龙、王术德：《蒲溪羌语的话题—评述结构》，《语言暨语言学》2007年第2期，第519—521页。

第一节　话题结构

罗仁地（LaPolla，1995b［2005］）中对兰布里奇（Lambrecht，1994）信息结构理论框架进行分析、解释时指出，话题是语用预设中的一个名词性短语（表达出来或没表达出来），其功能是指出断言所谈论的所指对象，其中断言包括预设（及话题）和焦点两部分。

通过上述定义我们可知，话题是在语境中的已知的信息，并且话题成分不是在每次的会话中均出现的。关于焦点结构的相关论述，我们在第二节将详细介绍。

胡素华（2004、2015）在总结前人对话题结构相关研究成果的基础上，结合彝语北部方言诺苏彝语相关的句法表现，提出诺苏彝语是话题优先型语言。罗仁地（2009）指出，像汉语等分析性语言，没有典型的主语和宾语，以"话题—述题"为句子组织的基本原则。与罗仁地老师交流时，他认为根据李讷和汤普森（Li & Thompson）的分类，并没有"话题优先型"的语言类型，所谓"其中有一种类型的语言有主语、宾语，但常常包含话题结构"，实际上是该类型中的主语、宾语只是施事、受事等语义角色。我们认为彝语也是没有主语、宾语，以"话题—评述"结构为句子的基本组织原则，句首是话题的默认位置，句子的其余内容为评述部分，对话题进行评述、判断或说明。

诺苏彝语主要分布在四川省凉山彝族自治州和云南省北部地区，当地彝族多是聚居状态，彝语为最主要的交际语言，受汉语及其他语言、方言影响较小。葛颇彝语属于彝语东南部方言，该地区民族分布以杂居为主要特点，受汉语及其他语言、方言影响较大，语言接触现象丰富。葛颇彝语较北部方言诺苏彝语而言，理论上讲更具有分析性的特点，信息结构在句法中作用明显。

本节主要从话题结构的类型和话题标记两部分来谈葛颇彝语的话题结构。

一 葛颇彝语话题结构的类型

话题结构从类型上可以分为典型的话题结构、有标记的话题结构、话题链结构、双话题结构。

（一）典型的话题结构

葛颇彝语典型的话题结构和汉语、羌语等汉藏语类似，都是名词性短语位于句首的位置做话题，小句其余部分做评述，无标记。

1. 不及物动词结构

（1） sɿ³⁵so³³zu²¹ 话题 ［du⁴⁴liɛ³³diɑ²¹］评述·
学生　　　　过来　状态变化体
学生过来了。

例（1）是不及物动词结构，句中单论元 sɿ³⁵so³³zu²¹ "学生"位于句首做话题，无标记。

2. 及物动词结构

（2） tsʰɿ̠²¹ 话题 ［ŋ̠²¹ tsʰɤ²¹　diɑ²¹］评述·
狗　　我　咬　状态变化体
狗咬了我。

例（2）是及物动词结构，施事 tsʰɿ²¹ "狗"位于句首做话题，受事 ŋ²¹ "我"紧随其后，施事与受事的位置符合 SOV 语言典型的语序特征，动作 tsʰɤ²¹ "咬"是狗发出的，此话题句中也不需要加施事标记。

3. 双及物动词结构

（3） ti^{33}话题 [sŋ^{35}ta^{21} ʐo^{21}ŋ̍^{21} bo^{35} t^{h}iɛ^{35}]评述.
　　　他　　事　一　件　我　与事　告诉
　　他告诉我一件事情。

例（3）是双及物结构，施事 ti^{33} "他" 位于句首，客体 sŋ^{35} "事" 位于其后，与事 ŋ̍^{21} "我" 位于句末动词 t^{h}iɛ^{35} "告诉" 前，此事件有三个参与者，施事位于句首，不需要添加施事标记。

4. 对比话题句

（4） ʐi^{21}tɕɛ^{35}m̍^{33}话题1 [la^{21}ts^{h}u^{33}tʂ^{h}ŋ̍^{21}]评述1，ʐi^{21}tɕɛ^{35}p^{h}u^{21}话题2
　　妻子　　　　手　巧　很　　　丈夫
[no^{44}mɯ^{35}k^{h}a^{44}]评述2.
　活　干　厉害
妻子手很巧，丈夫活干得好。

例（4）是两个结构相同的话题小句的并列，论元 ʐi^{21}tɕɛ^{35}m̍^{33} "妻子" 与 ʐi^{21}tɕɛ^{35}p^{h}u^{21} "丈夫" 分别作为各自小句的话题，各小句的谓语，作为评述陈述了二者的特点，两个话题小句构成了对比话题句。对比话题句在长篇语料中经常出现。

5. 话题零形式

（5） ∅话题1① [k^{h}a^{44}ko^{33}hɯ^{44}tʂ^{h}o^{35}ɣiɛ^{21}ɛ^{33}bo^{35} 　　lɛ^{33}]评述1：
　　　　　　　村子　里　人　那些　告诉　　连接词

---

① 本章用∅符号代表话题零形式。

∅ 话题2　［a²¹dʐɛ³³pa³³lɯ⁴⁴pɯ⁴⁴zu²¹kɯ⁵⁵ȵi²¹po³³ɕɛ³³
　　　　　　一起　　石头　小称　这　两　个　　献

lie³³］评述2］评述1·
来

（那两个小伙子）告诉村里那些人：大家要来献这两个小石头。

例（5）是从长篇语料《祭山节》中摘取的例句，讲述的是两个小直邑的年轻人看到小石头打架，认为其是山神、龙神，遂把两个小石头供奉起来，引领村里人去朝拜、祭祀的传说。例句出现的前文已经对这两个年轻人有了介绍，从信息结构来看，已属于已知的内容，遂在此句开始，第一个施事话题"那两个小伙子"就被省略掉了。第一个小句中的受事为"村子里那些人"，对于第二个小句而言是已知信息，作为话题，也是零形式的。

以上就是葛颇彝语中典型的话题结构，话题一般是位于句首的施事论元，这与兰布里奇（Lambrecht, 1994：165）和万瓦林、罗仁地（Van Valin & LaPolla, 1997：204-205）从认知角度提出的话题标记可接受度级阶理论是吻合的，"活动的、可知的"最容易成为话题。语言的使用遵循经济性的原则，因此典型的、常用的话题一般都是无标记的，在上下文语境清晰的情况下甚至可以省略。

（二）有标记的话题结构

在典型的话题结构中，施事论元位于句首做话题，不需要添加任何标记性成分。但根据会话情景的需要，有两种话题结构必须添加标记：一是施事论元位于句首做话题，交际需要对施事论元做出强调时，施事论元后必须添加施事标记 tiɛ³³；二是除了施事的其他成分，如受事、与事、工具等论元具有话题性时，则施事位于其他成分之后必须添加施事标记 tiɛ³³，使其语义明确，此类话题在形式句法中称为话题化结构。

1. 句首的施事话题后加施事标记 tiɛ³³ 表示强调

(6) ti³³ tiɛ³³ sa⁴⁴pa³³ dɛ²¹ ʂɛ⁴⁴fu³³.
    他　施事　　碗　　打　烂　完成体
    是他把碗打烂了。

(7) ti³³ tiɛ³³ du⁴⁴liɛ³³dia²¹.
    他　施事　过来　状态变化体
    是他过来了。

例（6）及物结构中，施事论元 ti³³"他"作为话题位于句首，一般情况下不需要添加施事标记，但该例句中，要强调是"他"把碗打碎了，而不是别人，则需要在施事后添加施事标记 tiɛ³³，表示强调。例（7）不及物结构中也是如此，一般情况下，位于句首的论元后不添加标记性成分，但为了表示强调，此时动作的发出者后添加施事标记 tiɛ³³。

2. 施事论元不作为话题时必须添加施事标记 tiɛ³³ 防止歧义

（1）及物动词结构

(8) a. ti³³_{话题} [ŋ̍²¹xa²¹⁴]_{评述}.
    他　　我　笑
    他笑话我。

   b. ŋ̍²¹_{话题} [ti³³tiɛ³³ xa²¹⁴]_{评述}.
    我　　他　施事　笑
    他笑话我。

(9) a. ŋ̍²¹_{话题} [lo⁵⁵ʑi³³ti⁴⁴tʂɛ²¹dia²¹]_{评述}.
    我　　茶　泡　好　状态变化体
    我把茶泡好了。

b. lo⁵⁵z̩i³³_话题 [ŋ̍²¹ tiɛ³³ ti⁴⁴ tʂɛ²¹diɑ²¹]_评述.
　　茶　　　我 施事 泡　好　状态变化体
　　我把茶泡好了。

例（8a）的及物动词句是典型的话题结构，施事 ti³³ "他" 位于句首无标记。但如果已知的信息不是施事 ti³³ "他"，而是 ŋ̍²¹ "我"，则施事 ti³³ "他" 不位于句首话题的位置，则需要在其后添加施事标记 tiɛ³³，表示动作的发出者是 "他"，如例（8b）。同理，例（9a）是典型的话题结构，无标记。例（9b）中茶是具有话题性的，位于句首话题位置，而施事 ŋ̍²¹ "我" 则位于受事 lo⁵⁵z̩i³³ "茶" 后，添加了施事标记，变成有标记的话题结构。

（2）双及物动词结构

(10) a. ŋ̍²¹_话题 [ti³³ko⁴⁴ do²¹mo²¹⁴]_评述.
　　　我　　 他　葛颇　话　教
　　　我教他葛颇话。
　　b. ti³³_话题 [ŋ̍²¹tiɛ³³ ko⁴⁴ do²¹mo²¹⁴]_评述.
　　　他　　 我 施事　葛颇　话　教
　　　我教他葛颇话。

例（10ab）是双及物结构，句中有三个论元，施事 ŋ̍²¹ "我"、受事 ti³³ "他"、客体 ko⁴⁴do²¹ "葛颇话"。例（10a）施事位于句首，不需要添加施事标记，是无标记的话题结构。例（10b）受事 ti³³ "他" 是已知信息，位于句首做话题，施事 ŋ̍²¹ "我" 在后，为避免歧义，表达 "我教他" 而不是 "他教我" 的语义，则在施事后需添加施事标记 tiɛ³³，成为有标记的话题结构。

（三）话题链结构

黄成龙（2007）总结道，在长篇语料中，连续的几个小句带同一个话题，并与后面的句子同指，或者一个事件由连续的几个小句构成，这样的话语片断被看作单个复杂的话语单位，话语单位由几个话题-评述结构组成，由此构成话题链结构。

通过上述定义可知，话题链结构可以分为两个小类：1. 几个小句带同一个话题；2. 几个小句话题不同，但属于同一件事的不同阶段或步骤。话题链结构与篇章内容息息相关，这两个话题链结构小类的复杂性逐渐叠加。

1. 几个小句带同一个话题

（11）[sɿ^{35}po^{33}ɣɛ^{33}]$_{话题}$ [ti^{33}tiɛ^{33}　　vɛ^{35}ʑi^{21}　　　　ma^{21}ŋa^{33}]$_{评述1}$，
　　　书　那　　　　他 施事　买 名物化　否定 是
　　　∅$_{话题}$ [ŋ^{21}　tiɛ^{33}　　vɛ^{35}ʑi^{21}　　　　di^{33}]$_{评述2}$.
　　　　　　我　施事　　买 名物化　　　确信
那本书不是他买的，是我买的。

例（11）由两个并列的小句组成，两个小句共享同一个话题 sɿ^{35}po^{33}"书"，第一个小句中，话题是第一次被引入，必须出现，而第二个小句仍然陈述的是同一个话题 sɿ^{35}po^{33}"书"，这时话题就可以被省略，如果重复列举，则使得信息赘余。

（12）[ɣɛ^{33}ta^{21}ȵi^{33}]$_{布景}$[1]，
　　　那　一　天
　　　[vɛ^{35}la^{21}mɯ^{35}zu^{21}]$_{话题}$ [lu^{55}m̩^{21}ta^{21}gɤ^{44}ga^{21}du^{44}liɛ^{33}]$_{评述1}$.
　　　做生意的人　　　　　马　一 群　赶　　过来
　　　∅$_{话题}$ [tsʰɿ^{21}nɛ^{33}mɛ^{44}nɛ^{33}mi^{33}go^{21}ŋo^{35}]$_{评述2}$.
　　　　　　狗　并　猫　　并 地 犁 看见

---

[1] 布景话题简称布景。

∅话题 ［ti³³ bo³⁵ ba⁴⁴］评述3："na²¹ dʐo³⁵ mɛ⁴⁴ nɛ³³ tsʰʅ²¹
　　　　　他　与　事　说　　　　你　领属　猫　狗

mi³³ sɛ³³ dʐʅ²¹ go²¹ tʰɤ²¹ go²¹ va³³　　　nu³³,
地　　三　　犁　　犁　通　犁　连接词　　语调单位

ŋ̍²¹ dʐo³⁵ lu⁵⁵ m̩²¹ kiɛ²¹ ɛ³³ lu⁵⁵ m̩²¹ kʰɛ²¹ kʰo²¹ dʐ²¹ dʐɛ²¹ le³³
我　领属　马　　这些　　马　　上　全部　驮　持续体　连接词

no⁴⁴ ŋɛ²¹⁴ kiɛ²¹ ɛ³³ na²¹ bi²¹ gɤ³⁵"．
东西　这些　　你　给　完整体

有一天，做生意的人赶着一群马过来。见着狗和猫在犁田，对他（兄弟二人中的弟弟）说："你如果犁三犁地犁得通的话，我的这些马和马背上驮的所有东西全部给你。"

例（12）是从长篇故事讲述的语料《两兄弟分家》选取的例句。句中 ɤɛ³³ ta²¹ n̩i³³ "那一天" 为布景话题，正文的话题为 vɛ³⁵ la²¹ mɯ³⁵ zu²¹ "做生意的人"，当话题链结构中第一次出现该话题时，为了使这个相对完整的语言片段信息明确，话题是不可省略的。当后面几个小句，仍在讲述话题 vɛ³⁵ la²¹ mɯ³⁵ zu²¹ "做生意的人" 所对应的相关事件时，此时话题信息可以省略，如看见猫和狗在犁地的是 vɛ³⁵ la²¹ mɯ³⁵ zu²¹ "做生意的人"，对故事中的与事 "他" 说话的也是 vɛ³⁵ la²¹ mɯ³⁵ zu²¹ "做生意的人"，这三个小句共享同一个话题，在后两个小句句首，施事话题都是被省略的。

2. 几个小句话题不同，但属于同一件事的不同阶段或步骤

（13）［ko⁴⁴　nu³⁵　va³³］话题1　［n̩i²¹ zo²¹ nu³⁵ dɯ⁵⁵　bo²¹］评述1.
　　　葛颇人 病　话题　　两　种　病　名物化　有

［ta²¹ zo²¹ va³³］话题2　［tsʰo³⁵ ɕi³⁵　zi²¹ tiɛ³³　vi³⁵ zo³⁵］评述2,
一　种　话题　　　人　死　名物化 施事　害　得

［ta²¹ zo²¹ va³³］话题3　［dɤ²¹ tu⁵⁵　　tsʰo³⁵ tiɛ³³
一　种　话题　　活　持续体　人　施事

[ŋɛ²¹⁴ gu³³ tiɛ³³ ba⁴⁴ lɛ³³   na²¹ piɛ²¹⁴ nu³⁵ kɯ²¹⁴]评述3.
嘴　施事　说　连接词　你　致使　生病　会

[tɑ²¹tɕɛ³⁵nu³⁵vɑ³³]话题4，[ʑi⁵⁵go²¹nu³⁵a³³pi·³³ nu³⁵na⁴⁴sɛ²¹⁴nu³⁵]评述4，
一　些　病　话题　　头　疼　肚子　疼　眼睛　疼

[nu³⁵kiɛ²¹ɛ³³bo²¹vɑ³³]话题5，[ɑ⁵⁵kiɛ²¹dɛ³⁵lɛ³³　ʐʅ⁵⁵]评述5，
病　这些　有　连接词　　筷子　站　连接词　认

∅话题6 [ɦo²¹dɛ³⁵ɦo²¹ba⁴⁴]评述6：
　　　　边　站　边　说

"[mo⁴⁴mo⁴⁴tiɛ³³]话题7 [vi³⁵zo³³vɑ³³]评述7
　　谁　施事　　　害　得　连接词

∅话题7 [ɑ⁵⁵kiɛ²¹kʰɛ³³hɻ̃²¹du⁴⁴liɛ³³]评述8."
　　　　筷子　上　站　起来

葛颇人生的病一般有两种病，一种是去世的人害的，一种是活着的人嘴里说出来的病。一些病呢，使人头疼、肚子疼、眼睛疼，如果有这些病呢，就把筷子竖起来认，一边竖一边念叨，是谁害的呢，就在筷子上站起来。

例（13）是从长篇语料《送鬼》摘出来的例句，这个语言片段主要是在文章开篇讲述了葛颇人生病这件事情，作为第一个话题成分出现在句首，评述部分讲述了可能会得两种类型的病。接下来分两个话题—评述结构分别对每种类型进行了详细介绍，以数量短语 tɑ²¹ʐo²¹ "一种" 做话题，分别列举了两种类型的病的来源，列举性质的话题是不能省略的。接着，针对其中一种病开始进行详细介绍相关症状和如何治疗。讲述治疗方式的小句中，话题仍为列举性质的，但与讲述生病类型的话题又不相同，为 tɑ²¹tɕɛ³⁵nu³⁵ "一些病"，这种复数形式与其陈述部分列举的多个生病部位是吻合的。例（13）中，开篇提到了两种病，后面针对这个已知的信息进行描述，但并没有使用原话题，而是分解开了原话题，变成一种一种类型的列举，接着又开始了关于治病方法的列举，但

这两部分列举话题都是与引入的信息"两种病"相关的，在此基础上形成了一个意义相关联的语言片段。

复杂的话题链结构，不只是几个小句共享同一个话题，可能包含双话题结构，以及多个小句各有不同话题，但总体而言都在描述同一件事情。第二种情况较复杂，但这在长篇语料、日常交流中才是常态。已引入的话题信息可以省略，也可以切换相关话题，但由于事件和语境的完整性，不会产生歧义，说话人与听话人都比较了解。

（四）双话题结构

双话题结构是指一个小句中有两个话题成分，这类结构的出现与论元的语义关系类型密切相关。传统语法将其称为主谓谓语句。葛颇彝语的双话题结构类型主要有：两个话题论元是领有与被领有的关系；是整体与部分的关系。

1. 领有与被领有

双话题结构的两个话题论元可以是领有与被领有的关系，中间不添加任何标记成分。

(14) a. [ŋ̍^{21}dʐo^{35} ɑ^{33}pi^{33}]$_{话题}$ nu^{35}$_{评述}$.
　　　　我　领属　　肚子　　　疼
　　　　我的肚子疼。

b. ŋ̍^{21}$_{话题1}$ [ɑ^{33}pi^{33}$_{话题2}$nu^{35}$_{评述2}$]$_{评述1}$.
　　　我　　　肚子　　疼
　　　我肚子疼。

在葛颇彝语中，领属结构中有个领属标记 dʐo^{35}，但其在句中不是必须出现的，这与领属者与被领属者的语义关系，及信息结构的需要相关。如上例（14a）中，ŋ̍^{21}dʐo^{35}ɑ^{33}pi^{33} "我的肚子"是作为整体出现的，是单一话题，表达的是"我的肚子"发生了什么事情，评述的内容为 nu³⁵ "疼"。例（14b）中，ŋ̍²¹ "我" 与 a³³pi³³ "肚子" 虽然语义上是领属和被领属的关系，但中间没添加领属标记 dz̩o³⁵，我们认为它们是两个话题成分，第一个话题为 ŋ̍²¹ "我"，其评述的内容为 a³³pi³³ nu³⁵ "肚子疼"，"肚子疼" 是 "我" 所主导或在我身上发生的事件，句中评述部分又包含一个话题—评述结构，第二个话题为 a³³pi³³ "肚子"，评述的内容为 nu³⁵ "疼"。因此例（14b）为表达领属和被领属意义的双话题结构。例（15）（16）也如此：

（15）a⁵⁵pɯ⁵⁵ 话题1 [ȵi⁴⁴ 话题2 tʂɛ²¹ 评述2] 评述1.
　　　哥哥　　心　好
　　　哥哥心善。

（16）ti³³ 话题1 [tiɛ⁵⁵m̩²¹ 话题2 [ɕi³⁵fu³³　dia²¹] 评述2] 评述1.
　　　他　他的父亲　死 完成体　状态变化体
　　　他，父亲死了。

例（15）中，a⁵⁵pɯ⁵⁵ "哥哥" 与 ȵi⁴⁴ "心" 在语义上属于领有与被领有的关系，但在句法上是并置的两个话题，而不是一个话题成分。领有者 a⁵⁵pɯ⁵⁵ "哥哥" 是第一个话题位于句首，后面的成分 ȵi⁴⁴tʂɛ²¹ "心好（善良）" 是对其的评述，ȵi⁴⁴ "心" 是第二个话题位于评述中的首位，tʂɛ²¹ "好" 是对于话题 ȵi⁴⁴ "心" 的评述。例（16）中，话题 ti³³ "他" 位于句首，tiɛ⁵⁵m̩²¹ɕi³⁵fu³³dia²¹ "他的父亲死了" 是对话题的评述，但我们也可看出，评述本身就是一个较为完整的小句，这个小句中也有话题 tiɛ⁵⁵m̩²¹ "他父亲"，这个小句的话题由 ti³³ "他" 和 a⁵⁵m̩²¹ "父亲" 合成，语义上句首的话题 ti³³ "他" 与 tiɛ⁵⁵m̩²¹ "他父亲" 是领属关系，但形式上是独立的成分，无法添加领属标记。

2. 整体与部分

双话题结构的两个论元可以是整体与部分的关系。第一个话题指称事物的全部，第二个话题是第一个话题的一部分。

(17) [ta²¹ɣɤ²¹]话题1[[tʂʰo³⁵ta²¹tʂʰɛ³³]话题2 [du⁴⁴liɛ³³lɛ³³   dzu³⁵
　　　一　家　　　人　一　个　　　过来　连接词　饭

dzu²¹]评述2]评述1.
吃
一家过来一个人吃饭。

(18) [ɣɛ³³ta²¹kʰu²¹]布景, [tʂʰo³⁵ȵi²¹ɣɤ²¹]话题1,
　　　那　一　年　　　人　两　家

[[ta²¹ɣɤ²¹]话题2 [mi²¹⁴ɬa³⁵ta²¹tʂʰɛ³³xɛ²¹gu̠²¹liɛ³³]评述2]评述1.
　　一　家　　　媳妇　一　个　领　回来

有一年，两家人中有一家领回来个媳妇。

例（17）中，句首数量短语 ta²¹ɣɤ²¹"一家"做话题代指的是一家人，其余的部分是话题 ta²¹ɣɤ²¹"一家"的评述，该例句从长篇语料《祭山》中摘取，这里的一家人和述题部分的话题 tʂʰo³⁵ta²¹tʂʰɛ³³"一个人"的整体与部分的关系，前提是家庭成员的数目大于一，在发音人讲述中隐含了这一状况，此例句中我们默认一家人是包含一人以上人口的。述题中数量短语 tʂʰo³⁵ta²¹tʂʰɛ³³"一个人"做句中的另一个话题，du⁴⁴liɛ³³lɛ³³dzu³⁵dzu²¹"过来吃饭"作为第二个话题 tʂʰo³⁵ta²¹tʂʰɛ³³"一个人"的评述。ta²¹ɣɤ²¹"一家（人）"是 tʂʰo³⁵ta²¹tʂʰɛ³³"一个人"的整体，tʂʰo³⁵ta²¹tʂʰɛ³³"一个人"是 ta²¹ɣɤ²¹"一家（人）"的一部分，二者是整体与部分的关系。

例（18）中，ɣɛ³³ta²¹kʰu²¹"有一年"作为背景话题位于句首，tʂʰo³⁵ȵi²¹ɣɤ²¹"两家人"作为话题位于主句句首，ta²¹ɣɤ²¹"一家（人）"是指"两家人"其中的一家，二者是整体与部分的关系。

二 话题标记

葛颇彝语的话题标记主要为 va^{33} 和 nɛ^{33} 两个。话题标记 va^{33} 在对比话题中出现频率较高，话题标记 nɛ^{33} 在列举话题中出现频率较高。

（一）话题标记 va^{33}

话题标记 va^{33} 可以搭配的成分主要有名词性短语、动词性短语、副词性短语等。

(19) [ʑi̠^{21}ȵi^{33}]_布景, [nɑ^{21}va^{33}]_话题 [hɛ̃^{35}kɯ^{33}sɯ^{44}ŋ̍^{55}diɑ^{21}]_评述.
    今天   你 话题   房里   扫 要 状态变化体
今天该你打扫房间了。

例（19）出现在对话场景中，姐姐对妹妹说"今天该你打扫房间了"。其中时间名词 ʑi̠^{21}ȵi^{33} "今天"为小句前的副词性修饰成分，时间和处所短语的位置和功能的特殊性使得其也作为话题成分出现在句中，称之为布景话题。而小句中的施事 nɑ^{21} "你"后加了话题标记 va^{33}，突出了其话题性，也隐含了对比的意义，在今天之前可能是姐姐打扫的。

(20) [kɛ^{33}pɛ^{33}va^{33}]_布景, ∅_话题 [kɯ^{55}hɯ^{44}dʐo^{35}ŋ̍^{55}diɑ^{21}]_评述.
    现在   话题   这 里 住 要 状态变化体
现在呢，就要住这里了。

例（20）中，时间名词短语 kɛ^{33}pɛ^{33} "现在"作为副词性修饰成分位于小句前，后加话题标记 va^{33}，作为布景话题，也表示了对比的意义，表示与"过去"对比，"现在"是什么情况。小句中省略施事话题。

(21) [kau²¹⁴va³³]话题1 [kʰa⁴⁴zu²¹ mi³³di³³]评述1,
　　 上方　话题　　　直邑　小称　村
　　 [tʰio²¹o³³va³³]话题2 [kʰa⁴⁴ m̩²³ mi³³di³³]评述2.
　　 下方　话题　　　直邑　大称　村
　　 上方是小直邑村，下方是大直邑村。

例（21）是两个判断结构的对比话题句，方位名词 kau²¹⁴ "上面" 和 tʰio²¹o³³ "下方" 作为话题分别在两个小句句首，后接话题标记 va³³，突出对比义。话题标记 va³³ 在对比话题结构中最为常见。

(22) [ta²¹dɯ²¹va³³ (nu³³)]布景1 [tʂʰo³⁵]话题1 [zi²¹]评述1,
　　 一　间　话题　（语调单位）　人　　　睡
　　 [ta²¹dɯ²¹va³³ (nu³³)]布景2∅话题2 [dzu³⁵mɯ³⁵]评述2,
　　 一　间　话题　（语调单位）　　　饭　做
　　 [ta²¹dɯ²¹va³³ (nu³³)]布景3∅话题3 [dzɛ³⁵ɲɛ²¹tʂo³³]评述3.
　　 一　间　话题　（语调单位）　　　牲口　关
　　 一间人睡，一间做饭，一间关牲口。

例（22）也是对比话题句，数量短语 ta²¹dɯ²¹ "一间" 作为布景话题位于小句句首的位置，此例中话题后接话题标记 va³³，话题标记 va³³ 在超过两个小句的列举时，一般不可省略。第一个小句后除了布景话题，话题成分为"人"，评述内容为"睡"；第二、三个小句，除了布景话题，小句的话题成分均省略，但根据语义可知，话题成为均为施事"人"。此例句中话题标记后又可添加语调单位 nu³³，语调单位在口语中出现的频率更高，在此例句中可以省略。语调单位 nu³³ 经常出现在话题标记 va³³ 之后，话题标记 va³³ 本身就有停顿的语气意义，与语调单位 nu³³ 搭配后，停顿的时间更长，并且 va³³ 的声调升高，由 33 调变为 55 调，句中仍然标本调。

(23) [ȵɛ³³ɣɛ³³tʂʰɛ³³vɑ³³　　nu³³]_话题,
　　　小　那　个　话题　语调单位
　　　[tsʰɿ²¹nɛ³³mɛ⁴⁴nɛ³³nɛ³³ʑi⁵⁵vi³³ɦo⁴⁴]_评述.
　　　狗　并　猫　并　只　分　得
　　　小的那个，只分得猫和狗。

例（23）中，形容词+指示代词+量词组成的名词性短语位于句首做话题，后接话题标记 vɑ³³ 和语调单位 nu³³，此例句也是从长篇中摘取，停顿时间较长，vɑ³³ 和 nu³³ 均可省略。

通过上述分析可知，话题标记 vɑ³³ 可搭配的成分范围较广，vɑ³³ 可搭配的话题成分分别是名词、时间短语、方位名词、数量短语、形容词+指示代词+量词组成的短语等。话题标记常在对比话题中出现：

(24) [ɑ³³di⁴⁴ vɑ³³]_话题1, [dʐɑ⁴⁴tʂʰɑ³³]_评述1,
　　　外面　话题　　冷　很
　　　[hɛ̃³⁵kɯ³³vɑ³³]_话题2, [mɯ⁴⁴mɯ⁴⁴ʐɑ⁴⁴]_评述2.
　　　房子里　话题　　暖　暖　样子
　　　外面冷，里面暖和。

例（24）中，两个并置的对比话题句，话题 ɑ³³di⁴⁴ "外面" 和 hɛ̃³⁵kɯ³³ "房子里" 后均搭配话题标记 vɑ³³，其后为对两个话题的评述内容。

(25) ∅_话题1　[vɑ²¹ȵɛ²¹⁴gu³³tʂɑ³³ɣɯ⁵⁵dʐɛ³³go³⁵dʐɛ²¹]_评述1,
　　　　　　　猪嘴　绳子那　根　挣　持续体
　　　[tɑ²¹tɕɛ³⁵vɑ³³]_话题2 [vɑ²¹tʂu⁴⁴vɑ³³go³⁵dʐɛ²¹]_评述2,
　　　一些　话题　　猪　脚　挣　持续体

[ta²¹tɕɛ³⁵va³³]话题3 [va²¹mɛ⁴⁴dʐ̩²¹go³⁵dʑɛ²¹]评述3,
一些 话题   猪尾巴   挣 持续体

[ta²¹tɕɛ³⁵va³³]话题4 [va²¹kʰɛ³³ ʑi⁵⁵ dʑɛ²¹]评述4,
一些 话题   猪 上 按 持续体

（有人）挣着猪嘴那根绳子，一些人挣着猪脚，一些人挣着猪尾巴，一些人按着猪身。

例（25）是针对杀年猪的步骤进行的说明，第一个小句，关于猪嘴部分的处理，施事话题"杀猪的人"省略。从第二小句开始到第四小句，施事话题由ta²¹tɕɛ³⁵"一些（人）"来替代，不同的人进行的操作不同，施事后加话题标记va³³，表示对比。

（二）话题标记nɛ³³

nɛ³³作为话题标记，可出现在单个的小句中，也可出现在多个话题句组成的表示列举意义的句群中，无对比意义。

(26) [m̩³³tu³³nɛ³³]话题 [ŋ̍²¹tiɛ³³ dʑi⁴⁴fu³³ dia²¹]评述.
    竹子 话题   我 施事   砍 完成体 状态变化体
    我把竹子砍掉了。

例（26）中，nɛ³³做话题标记位于句首话题m̩³³tu³³"竹子"后，其后的内容为评述部分。

(27) [dzu²¹dɯ⁵⁵ nɛ³³]话题1 bo²¹评述1, [vi²¹dɯ⁵⁵ nɛ³³]话题2 bo²¹评述2,
    吃 名物化 话题   有   穿 名物化 话题   有

[nu³⁵nɛ³³]话题3 ʂo²¹评述3.
病 话题   少
吃的也有了，穿的也有了，病也少了。

例（27）中，nɛ³³作为话题标记分别位于三个并列的小句句首话题后，在第一、二个小句中，话题成分为受事成分，第三个小句的话题为句中单一论元。三个小句并列，nɛ³³在此处也可以看作并列标记。

(28) [ŋ̍²¹bɯ³³]话题1 [tɑ²¹tʂʰɛ³³nɛ³³]话题2 [nɑ²¹pɑ³³dzu³⁵mɑ²¹
　　 我们　　　　一个　话题　　你 帮 饭 否定
mɯ³⁵]评述2]评述1。
做
我们一个也没帮你做饭。

例（28）中为双话题结构，第一个话题为ŋ̍²¹bɯ³³"我们"，无标记，其余部分为其评述部分的内容，在评述部分，第二个话题tɑ²¹tʂʰɛ³³nɛ³³"一个（人）"后接话题标记nɛ³³，第一个话题ŋ̍²¹bɯ³³"我们"与第二个话题tɑ²¹tʂʰɛ³³nɛ³³"一个（人）"是整体与部分的关系。

(29) [ɑ⁵⁵vi²¹nɛ³³]话题[gu̠²¹liɛ³³nu³³]评述1, ∅话题[tiɛ⁵⁵kʰɑ³³dɯ⁴⁴so³³lɛ³³
　　 姐姐 话题　　回来 语调单位　　　　她妹妹 与事 学 连接词
ʑi²¹hɑ̃³³　tiɛ⁵⁵ʑi⁵⁵go³³　ɣɛ³³kʰɛ³³　mo⁵⁵　hɯ⁴⁴dʑi⁴⁴]评述2。
水沸　 工具 头　 那 上　 从由 倒 下
姐姐回来呢，跟她妹妹学，拿沸水从头上倒下来。

例（29）中，nɛ³³位于句首施事论元ɑ⁵⁵vi²¹"姐姐"后做话题标记使用，评述部分的内容为gu̠²¹liɛ³³nu³³"回来"，第二个小句中的话题与第一个小句"相同"，说话人省略掉了，其后内容为评述部分。

综上，葛颇彝语的话题结构分典型的话题结构、有标记的话题结构、话题链结构、双话题结构等。

第一种是典型的话题结构，施事论元位于句首做话题，无标记。

第二种是有标记的话题结构，分为两种情况：一是施事论元位于句首，但施事论元也是焦点，需要强调时，施事论元后加施事标记表示强调意义；二是指非施事论元位于句首做话题，施事论元位于其他论元之后，带施事标记的话题结构，形式句法上称为话题化结构，这种话题结构与典型的话题结构相比，在其他方面一样的情况下，句首的施事论元与其他论元的位置发生变化，为了避免歧义，施事后需添加施事标记，而施事标记不等同于话题标记。

第三种是话题链结构，一般是在句群中出现，可以是几个小句共享一个话题，话题出现在第一个小句句首，其他小句中话题是零形式的。也可以是在同一个主题下，由互相关联的几个不同话题的小句组成。

第四种是双话题结构，小句中有两个话题，两个话题一般是领属关系、整体与部分关系等。

葛颇彝语的话题标记主要为 va^{33} 和 $nɛ^{33}$。二者均可出现在不同类型的话题结构中，va^{33} 在对比话题结构中出现频率高，$nɛ^{33}$ 在单个话题结构及列举话题结构中出现频率高，对比话题结构中基本不出现。va^{33} 和 $nɛ^{33}$ 的这种对比、列举的性质，在并列结构中也可以看作并列标记。经常与话题标记 va^{33} 搭配共现的有一个语调单位 nu^{33}，va^{33} 与 nu^{33} 搭配时，一般声调会发生变化，由 33 变为 55 调，二者搭配停顿的时间更长，并有提示话语没有结束的表提顿的意义。

第二节 焦点结构

在上一节"话题结构"中我们提到，话题是语用预设中的一个名词性短语，其功能是指出断言所谈论的所指对象，其中断言包括预设（及话题）和焦点两部分。

当对话发生时，说话人对于听话人有两部分的"要求"：第一，说话人与听话人有共同的对话背景，"对话中出现的一组命题，说话人假定听话人或知道,或相信,或在谈话时准备认同这些命题"[1],这被称为"语用预设";第二,说话人希望听话人得到新的信息,"一个命题,当说话人发话时,他(她)期望听话人或知道,或相信,或意识到该命题是听话人听到这段话后的一个结果",这被称为"语用断言"。而焦点就是断言的一部分,是新信息(准确地说是焦点与整个命题之间的关系构成了新的信息),它使语用断言与语用预设区别开来。

上述定义,我们引用了罗仁地(LaPolla,1995c[2005])对兰布里奇(Lambrecht,1994)提出的信息结构理论的介绍和解释。本章继续沿用兰布里奇(Lambrecht)提出,罗仁地(LaPolla)等学者发展的信息结构理论框架。兰布里奇(Lambrecht,1986,1987,1994,2000)把句子的焦点分为宽焦点和窄焦点,其中宽焦点又可分为谓语焦点和句子焦点。

一 宽焦点结构

宽焦点包括谓语焦点和句子焦点两大类,其中谓语焦点是最常见的焦点结构。

(一) 谓语焦点

在一个完整的小句中,通常包含话题和评述两部分内容。葛颇彝语中的话题多是名词性短语,也可以是谓词性短语。谓语焦点句中,话题是在语用预设中出现的,焦点域就是整个谓语。通过上一节《话题结构》可知,话题并不是总是出现的,在上下文语境清晰的情况下,焦点结构中的话题往往可以省略,而焦点作为新信息,或传达新信息的主要

---

[1] 见于 Pragmatic relations and word order in Chinese, by Randy J. LaPolla(罗仁地), Institute of History & Philology, Academia Sinica, In Word Order in Discourse, ed. by Pamela Downing, Michael Noonanm, 1995, University of Wisconsin-Milwaukee, John Benjamins Publishing Company, Amsterdam/Philadelphia,第298页。(译文来自詹卫东译,潘露莉校《语用关系与汉语的词序》,《语言学论丛》2004年第三十辑:334-368。)

媒介不存在省略的情况。

上文中提到的包含话题的语用预设，可以是说话人讲述的，也可以是共同看到、听说，或共同认知的。

（30）[ti³³bɯ³³]话题 [bo³⁵ kʰɛ³³ȵi²¹ɬu²¹⁴]谓语焦点.
　　　他们　　　山　上　牛　放
他们在山上放牛。

如例（30）出现的场景：村长领着镇上的人来村里视察工作，看到几个人在远处，村长主动介绍说，他们在山上放牛。在当时的语境下，村长、镇上的人都能看到几个人在远处，这是共同看到、认知的事情，但镇上的人可能并不知道他们几个人具体在干什么，所以村长在有"大家共同看到几个人"的共同认知的背景下，向镇上的人进一步解说道："他们在山上放牛。"在此焦点结构中，因为"几个人"是已知的信息，这里用第三人称代词的复数形式代指了具体的"几个人"，焦点是"在山坡放牛"，焦点域为整个谓语，总结如下：

小句：ti³³bɯ³³他们在山上放牛。

预设："大家共同看到远处有几个人，这几个人可以作为陈述的话题"

断言："那几个人在山坡放牛"

焦点：bo³⁵kʰɛ³³ȵi²¹ɬu²¹⁴ "在山坡放牛"

焦点域：谓语

例（30）是在大家共同看到的情况下，有共同的认知基础上发生的单向交谈，在这种语境中，对话可能发生，也可能不发生。此类型焦点结构为谓语焦点结构，若说话人使用肢体动作，用手指向大家共同看见的那几个人，此小句中的话题 ti³³bɯ³³ "他们"可以被省略。这说明，在具体的情境中，信息的了解、传达是多样的。

语言作为人类最主要的交流工具，在两个人或多人对话时作用更明显。在对话的语境中，人们一般采取最简方式传递信息，符合语言使用的经济性原则。这也是因为语境中，语用预设的信息丰富使然。

(31) Q：na^{21} a^{55} m̩^{21} mo^{44} tʰa^{21} gɯ^{33}？
　　　　你　父亲　　什么　　做
　　问：你父亲在干什么？

A：∅$_{话题}$ [ẓi^{21}　　tu^{55}　　di^{33}　　çi^{21}]$_{谓语焦点}$.
　　　　　睡　持续体　确信　连续体
　　答：还在睡觉。

例（31）中，问话人抛出话题 na^{21} a^{55} m̩^{21} "你父亲"，答话人则对该话题进行叙述，应该转换人称为 ŋ^{21} a^{55} m̩^{21} "我父亲"，但由于二人皆知所指为何人，在答话过程中，话题往往可以省略，或用 ti^{33} "他" 代指。在对话中重复出现话题 na^{21} a^{55} m̩^{21} / ŋ^{21} a^{55} m̩^{21} "你父亲或我父亲"则不符合语言使用的经济性原则，在日常交流中是极少出现的，除非牙牙学语的孩童在语言的学习和使用过程中，会发生此类话题重复性对话。该例句中，使用信息结构理论分析如下：

小句：ẓi^{21} tu^{55} di^{33} çi^{21}. 还在睡觉。

预设："答话人的父亲可以作为陈述的话题"

断言："答话人的父亲还在睡觉"

焦点：ẓi^{21} tu^{55} di^{33} çi^{21}. 还在睡觉

焦点域：谓语

上例（31）是简单的对话形式，但在日常的交流中，尤其在闲谈中，信息量一般较为丰富，在具体、真实的语料面前，我们面对的不一定是结构完整的小句，也可能是预设复杂、信息丰富的结构。在长篇语料中，预设信息一般都较为丰富，谓语焦点结构中的话题经常被省略。

（32）Q：nɑ²¹tʂu⁴⁴vɑ³³ kʰɯ²¹ sɯ⁵⁵ gɯ³³ zo³³?
　　　　你　脚　　怎么　　弄　得
　　　　你的脚怎么弄的？

A1：∅_{话题} [bɛ²¹zo³³]_{谓语焦点}.
　　　　　　　撞　得
　　撞到了。

A2：[ʐi̠²¹ni̠³³ɕi⁴⁴]_{布景1} [ɛ⁵⁵ɛ²¹ɣɛ³³tʂʰɛ³³]_{话题1} [go³⁵nɛ³³zɻ³⁵dzɛ²¹lɛ³³]
　　今天早晨　　　水牛那个　　　　挣　也　拿持续体连接词
su³³mɑ²¹ ko²¹⁴]_{评述1}, [tɑ²¹nɯ³³]_{布景2} [sɑ²¹⁴lɯ³⁵ɕi³⁵di³³]_{评述2}.
找　否定可以　　　一　早晨　　　生气　死　确信
今天早晨那个水牛拿也拿不住，一早晨让它气死。

∅_{话题} [ti³³bɯ³³nu³³]_{评述3}∅_{话题} [tu⁵⁵lɯ⁴⁴pɯ⁴⁴kʰɛ³³bɛ²¹zo³³]_{谓语焦点}.
　　　　它　推　语调单位　　就　石头　上　撞　得
　　推它，就被它撞到石头上了。

例（32）中，问话人提出话题 nɑ²¹tʂu⁴⁴vɑ³³"你的脚"，答话人最简回答方式可以是 A1 形式的回答"撞到了"，"撞到"即为该小句的焦点，话题ŋ²¹tʂu⁴⁴vɑ³³"我的脚"省略，并且具体被什么撞到了，或者是怎么撞到了，并没有提及。但在对话中，根据个人言语习惯的不同，语料呈现的模式是多样的。在我们记录的对话中，实际的回答为 A2，答话人不仅回答了问话人的问题，并且把背景和自己的感受交代得非常清晰。

从信息结构理论来分析此对话，如下：

小句：ti³³bɯ³³nu³³, tu⁵⁵lɯ⁴⁴pɯ⁴⁴kʰɛ³³bɛ²¹zo³³. 推它，就被它撞到石头上了。

预设："答话人的脚或者答话人可以作为陈述的话题"

断言："答话人被水牛撞在了石头上"

焦点：lɯ⁴⁴pɯ⁴⁴kʰɛ³³bɛ²¹zo³³ "撞到石头上了"

焦点域：谓语

上例（32）的焦点结构较为复杂，当问话人提出话题"答话人的脚"时，答话人认知中"自己"与"自己的脚"可以作为话题进行表述，答话人没有直接发出包含话题"脚"的断言，而是引出了新的谓语焦点结构作为背景，"今天早晨那个水牛拿也拿不住，一早晨让它气死。"这个小句的话题是答话人"我"，但省略掉了，句中包含布景话题"今早晨"等，讲述了早晨发生的一件事情和讲述者的态度，焦点域是"拿不住水牛，被水牛气死了"。整个谓语焦点结构被陈述完以后，提供了必备的预设信息，答话人才真正地回答了问话人的问题，在下一个小句中话题"我"也被省略，焦点为"撞到石头上了"，整个焦点域为整个谓语。

（二）句子焦点

句子焦点结构不需要预设，断言的焦点就是整个小句。在句子焦点结构中无话题成分。句子焦点结构的功能是报道新的情状。

(33) Q：kʰɯ²¹sɯ⁵⁵dʑi³³？
　　　怎　么　了
　　　怎么了？
　　A：mi³³　lɯ⁴⁴　　dia²¹.
　　　地　震动　状态变化体
　　　地震了。

例（33）的例句是没有预设的，即也相应地没有话题成分，断言和焦点完全重合，答句的焦点域就是整个小句 mi³³lɯ⁴⁴dia²¹ "地震了"。这个小句的信息结构如下：

句子：mi³³lɯ⁴⁴dia²¹地震了。

预设：无

断言:"地震了"

焦点:"地震了"

焦点域:整个句子

(34) Q: $k^hɯ^{21}sɯ^{55}dʑi^{33}$?

怎么了

怎么了?

A:[$miɛ^{21}xiɛ^{35}ɕi^{44}dzɛ^{33}mɯ^{44}t^hɛ^{21}$]_{句子焦点}.

　　风　　树　　吹　倒

风把树吹倒了。

例(34)中,该对话出现的情景:某天天气恶劣,大家在屋内休息,忽然听到屋外传来一声沉闷的响声,有人出去查探情况,回来后有人问道:发生了什么?回答的人说:$miɛ^{21}xiɛ^{35}ɕi^{44}dzɛ^{33}mɯ^{44}t^hɛ^{21}$ "风把树吹倒了"。则该语境中没有语用预设,断言与焦点都是整个小句,$miɛ^{21}xiɛ^{35}$"风"在句中也不是已知的信息,此语境下的小句为句子焦点结构。

但如果例(34)的语境为:多人对话中有人提道"这几天风太大了",而另一个接话 $miɛ^{21}xiɛ^{35}ɕi^{44}dzɛ^{33}mɯ^{44}t^hɛ^{21}$ "风把树吹倒了"。在此语境下,答话人的理解中是有语用预设的,即:$miɛ^{21}xiɛ^{35}$ "风"可以作为陈述的话题;断言为"风把树吹倒了";焦点为"吹倒了树";焦点域为谓语。

二　窄焦点结构

谓语焦点结构的焦点域是整个谓语,句子焦点结构的焦点域是整个小句。窄焦点结构的焦点域只是一个单个的成分,是窄焦点本身。传统的语法研究将焦点成分称为"强调成分"。在窄焦点结构中,小句中的所有成分都可以作为焦点出现，如施事、受事、与事、方位短语、时间短语、动词、体标记等。

(35) Q：kau²¹⁴　kʰa⁴⁴　zu²¹　mi³³di³³nu⁴⁴　kʰa⁴⁴m̩³³　mi³³di³³？
　　　　上方　直邑　小称　村　　还是　直邑　大称　村
　　　　上方是小直邑村还是大直邑村？
　　A：kau²¹⁴　[kʰa⁴⁴　zu²¹　　mi³³di³³]窄焦点.
　　　　上方　直邑　小称　　村
　　　　上方是小直邑村。

例 (35) 中，答句"上方是小直邑村"为判断句。句中焦点为"小直邑村"，是窄焦点，但此句中的窄焦点并不是新的所指，因为在问句中"小直邑村"和"大直邑村"都是已知的信息，罗仁地 (2005) 指出在窄焦点结构中"新"的信息并不指焦点成分本身，而是指焦点成分的信息和预设之间所建立的关系，是这种关系使焦点成分有信息价值，而不在于所指是不是新引入的。此例句中，焦点成分的所指为"小直邑"，是已知的信息，预设为"上方是某一个村子"，二者之间的关系是该例句窄焦点结构的新的信息。例 (35) 的信息结构如下：

句子：kau²¹⁴kʰa⁴⁴zu²¹mi³³di³³. 上方是小直邑村。
预设："上方是某一个村子 X"
断言：X=kʰa⁴⁴zu²¹mi³³di³³ "小直邑村"
焦点：kʰa⁴⁴zu²¹mi³³di³³ "小直邑村"
焦点域：名词性短语 kʰa⁴⁴zu²¹mi³³di³³ "小直邑村"

(36) Q：tʂʰo³⁵kɛ³³tʂʰɛ³³a³³sɯ³³ŋɤ³⁵？
　　　　人　这　个　谁　是
　　　　这个人是谁啊？

A: ti³³ŋ̍²¹ dz̪o³⁵ ʑi²¹tɕɛ³⁵m̩³³窄焦点di³³.
　　她　我　领属　妻子　　　　确信
　　她是我的妻子。

例（36）的答句也是判断句，不同的是窄焦点ŋ̍²¹dz̪o³⁵ʑi²¹tɕɛ³⁵m̩³³"我的妻子"，在语用预设中并没有出现，是新的所指，在此例句中，窄焦点ŋ̍²¹dz̪o³⁵ʑi²¹tɕɛ³⁵m̩³³"我的妻子"与预设"这个人有种身份"之间的对应关系使得窄焦点ŋ̍²¹dz̪o³⁵ʑi²¹tɕɛ³⁵m̩³³"我的妻子"有了新信息的价值。例（36）的信息结构如下：

句子：ti³³ŋ̍²¹dz̪o³⁵ʑi²¹tɕɛ³⁵m̩³³di³³. 她是我的妻子。

预设："这个人有种身份 X"

断言：X = ŋ̍²¹dz̪o³⁵ʑi²¹tɕɛ³⁵m̩³³"我的妻子"

焦点：ŋ̍²¹dz̪o³⁵ʑi²¹tɕɛ³⁵m̩³³"我的妻子"

焦点域：名词性短语ŋ̍²¹dz̪o³⁵ʑi²¹tɕɛ³⁵m̩³³"我的妻子"

(37) Q: ŋ̍²¹nu⁴⁴dzu²¹lɛ³³　na²¹　lu³⁵hɯ⁴⁴　li³³tiɛ³³.
　　　　我 听说 连接词　你　城里　去　将行体
　　　　我听说你要去城里。

A: ŋ̍²¹ [hɯ²¹lɯ²¹tʰa⁵⁵mi³³di³³]窄焦点li³³ tiɛ³³.
　　我　　黑龙塘　　　村　　　去　将行体
　　我要去黑龙塘村。

例（37）中，"答话人将要去某处""某处是城里"是发话人引入的预设信息，答话人的回答认同了预设"答话人将要去某处"，答句中的"黑龙塘村"是与该预设相对应的新信息，是窄焦点成分，但这与问话人"某处是城里"的预设信息形成了冲突。答话人虽然在回答时没有对"某处是城里"的预设作出回应，但焦点"黑龙塘村"与已知的"城里"的信息冲突即否认了该预设。例（37）的信息结构如下：

句子：ŋ̩²¹hɯ²¹lɯ²¹tʰɑ⁵⁵mi³³di³³li³³tiɛ³³. 我要去黑龙塘村。

预设："答话人将要去某处"

断言：X = hɯ²¹lɯ²¹tʰɑ⁵⁵mi³³di³³ "黑龙塘村"

焦点：hɯ²¹lɯ²¹tʰɑ⁵⁵mi³³di³³ "黑龙塘村"

焦点域：名词性短语 hɯ²¹lɯ²¹tʰɑ⁵⁵mi³³di³³ "黑龙塘村"

综上所述，葛颇彝语的焦点分为宽焦点和窄焦点，其中宽焦点又可分为谓语焦点和句子焦点，其中，谓语焦点句是最常见的焦点结构。

谓语焦点句中，话题是在语用预设中出现的，焦点域就是整个评述部分（即谓语）。

句子焦点结构基本不需要预设，断言的焦点就是整个小句，并且句子焦点结构中无话题成分。

窄焦点结构的焦点域只是一个单个的成分，是窄焦点本身。传统的语法研究将焦点成分称为"强调成分"。

第 六 章

存在结构

存在结构是语言中表示事物存在的语法结构,是藏缅语言中常见的结构类型之一。存在结构与存在类动词息息相关,存在类动词是存在结构的重要组成部分。葛颇彝语的存在类动词非常丰富,共有 dʐo³⁵、bo²¹、ȵi³⁵、tʂʰo³⁵、dɛ³⁵、tʂʰɛ²¹、tu⁵⁵、dʐɛ²¹ 八个,使用的条件各不相同,存在物的生命度、存在的方式、存在的处所等因素都会影响存在类动词的使用。本章我们主要研究包含存在类动词的存在结构,从语义类型、形态句法功能及语法化等方面对存在结构及存在类动词进行分析。

第一节 语义类型

葛颇彝语中的存在类动词较为丰富,不同的存在类动词对应不同意义类型的存在结构,语义上略有差异。dʐo³⁵、bo²¹、ȵi³⁵、tʂʰo³⁵、dɛ³⁵、tʂʰɛ²¹、tu⁵⁵、dʐɛ²¹ 八个存在类动词,有的区分生命度,有的区分存在的方式等内容,部分存在类动词可以互相替换。

一 存在类动词 dʐo³⁵

dʐo³⁵ 主要用于人或动物等有生命,并且生命度等级高的事物的存在。

（1）ɑ⁵⁵pɯ⁵⁵sʅ³⁵so³³hẽ³⁵dʐo³⁵.
哥哥　学校　　在
哥哥在学校。

（2）mɛ⁴⁴nɛ³³tsɤ⁴⁴tsɤ³³kʰɛ³³dʐo³⁵.
猫　桌子　上　在
猫在桌子上。

例（1）（2）中存在物为 ɑ⁵⁵pɯ⁵⁵ "哥哥" 和 mɛ⁴⁴nɛ³³ "猫"，存在物属于人或动物等生命度等级较高的事物。存在的处所分别为 sʅ³⁵so³³hẽ³⁵ "学校"、tsɤ⁴⁴tsɤ³³ kʰɛ³³ "桌子上"，dʐo³⁵对事物存在的处所和方式没有要求。

二　存在类动词 bo²¹

bo²¹主要用于植物及无生命物体的存在，存在物的生命度等级较低。

（3）ɕi⁴⁴dzɛ³³tɑ²¹dzɛ³³bo³⁵kʰɛ³³bo²¹.
树　一　棵　山　上　在
有棵树在山上。

（4）ɕi⁴⁴dzɛ³³ɣɯ⁵⁵dzɛ³³tɕã²¹⁴lɯ⁴⁴pɯ⁴⁴ tɑ²¹kʰɛ³³bo²¹.
树　那棵　前　石头　一　块　有
那棵树前有一块石头。

例（3）（4）中的存在物为 ɕi⁴⁴dzɛ³³ "树" 和 lɯ⁴⁴pɯ⁴⁴ "石头"，存在的处所分别为 bo³⁵kʰɛ³³ "山上"、ɕi⁴⁴dzɛ³³ɣɯ⁵⁵dzɛ³³tɕã²¹⁴ "那棵树

前"。存在物的生命度等级较之人和动物较低。除此之外，抽象的事物，如头脑、力气、灵魂及人体各器官的存在也用 bo^{21}。bo^{21} 对事物存在的方式和处所也没有要求。

三 存在类动词 ɲi^{35}

存在类动词 ɲi^{35} 主要用于事物存在于容器中，强调存在的处所是某包裹式或半包裹式的容器。

(5) dzu^{35}sɑ^{44}pa^{33}hɯ^{44}ɲi^{35}.
饭　碗　里　在
饭在碗里。

(6) tʰo^{21}pɯ^{55}hɯ^{44}　ʐɑ^{44}ɲi^{35}.
水缸　里　水　有
水缸里有水。

例（5）（6）中的存在物为 dzu^{35} "饭"和 ʐɑ^{44} "水"，存在的处所为 sɑ^{44}pa^{33} "碗"和 tʰo^{21}pɯ^{55} "水缸"，碗和水缸都是半包裹的容器，存在类动词 ɲi^{35} 只能在存在的处所是这类容器的时候使用。除了碗、水缸，蜂巢里有蜂蜜、肚子里有气等存在结构也可以用存在类动词 ɲi^{35} 来表示存在的概念。

四 存在类动词 tʂʰo^{35}

tʂʰo^{35} 强调存在的方式，用于表示事物是以掺杂的方式存在的。

(7) ɦo^{21}tʂa^{35}hɯ^{44}　dzʐ̩^{21}　tʂʰo^{35}.

菜　　里　花椒　　有
菜里有花椒。

(8) ŋ̍²¹vi³³　ɑ⁵⁵pɯ⁵⁵　tʂʰo³⁵　ɤɯ⁵⁵gɤ⁴⁴hɯ⁴⁴　tʂʰo³⁵.
我　家　哥哥　　人　　那　群　里　在
我哥在那群人里面。

例（7）中存在物是 dzʐɤ²¹ "花椒"，处所是 ɦo²¹tʂɑ³⁵hɯ⁴⁴ "菜里"，存在类动词 tʂʰo³⁵ 表明花椒是掺杂在菜中间的。例（8）存在物为 ŋ̍²¹vi³³ ɑ⁵⁵pɯ⁵⁵ "我哥"，处所为 tʂʰo³⁵ɤɯ⁵⁵gɤ⁴⁴hɯ⁴⁴ "那群人里"，tʂʰo³⁵ 表明我哥是混杂于其中的。因此，tʂʰo³⁵ 只凸显事物存在的方式，对于存在物的生命度没有要求，人、动物、植物、无生命的物体都可以。

五　存在类动词 dε³⁵

dε³⁵ 强调存在的方式，用于表示事物是自然生长存在的、站立式的。

(9) tʂʰu²¹dɯ³⁵mo⁴⁴tsɿ³³dε³⁵? tʂʰu²¹dɯ³⁵tsʰɿ²¹　bo²¹dε³⁵.
地方　丑　什么　　有　地方　丑　地糖果　笨　有
这个贫瘠的地里有什么？贫瘠的地里有（吃了使人变）笨的地糖果。

(10) bo³⁵vε³³du²¹piε³⁵dε³⁵.
山坡　　龙爪菜有
山坡上有龙爪菜。

在例（9）中，第一小句 "贫瘠的地里有什么？" 直接用 dε³⁵ 表示 "有、存在" 的概念提问，这也暗示了听话者，存在物必然是地里自然生长的东西。例（9）第二小句和例（10）中的存在物 $tsʰ\gamma^{21}$ "地糖果"、$du^{21}piɛ^{35}$ "龙爪菜"都是自然生长的植物。这里 $dɛ^{35}$ 虽然隐含着"生长"的意义，但其也是表达存在的概念。"生长"与"存在"的概念在这种句式中母语人脑海中往往自成一体，难以区分。但从句法上看，这两种语义概念应用的结构仍然有句法上的区别。我们将在下文中予以讨论。

六 存在类动词 $tʂʰɛ^{21}$

$tʂʰɛ^{21}$ 强调存在的方式，用于表达存在物是被人为地插、戳或固定在某处。

(11) çɛ³³ çi⁴⁴ ta²¹ ka⁴⁴ dʑi⁴⁴ gu²¹ liɛ³³ tʂɯ⁴⁴ lɛ³³　　tsʰɿ²¹ bo³³ kʰɛ³³ tʂʰɛ²¹.
　　　栗树　一　枝　砍　回来　插　连接词　　　羊　圈　上　在
　　　砍一枝栗树回来，插在羊圈上。

(12) ɦa²¹ ȵɛ²¹⁴ pa³³　ȵi²¹⁴ lɛ³³　　　mo⁴⁴ kʰɛ³³ tʂʰɛ²¹.
　　　扣子　　　受事　栓　连接词　　　高　上　在
　　　把扣子（织布机零件）拴在高的地方。

例（11）中，存在物为 çɛ³³ çi⁴⁴ ta²¹ ka⁴⁴ "栗树枝"，处所为 tsʰɿ²¹ bo³³ kʰɛ³³ "羊圈上"，存在的方式为"插"在羊圈上。例（12）中，存在物为 ɦa²¹ ȵɛ²¹⁴ "扣子"，处所为 mo⁴⁴ kʰɛ³³ "高处"，存在的方式是"拴"在高处。二者都是强调事物存在的方式是非自主的，是以被插、戳等方式存在的。

七 存在类动词 tu^{55}

tu^{55} 强调存在的方式，用于表示事物被人为地附着于平面或垂直面或斜面上。

(13) ti³³lɤ̠²¹kɯ³³liɛ³³tu⁵⁵no⁴⁴ȵɛ²¹⁴lu³³lɛ³³　mi³³di³³tu⁵⁵.
他　钻　进　来　就　东西　扔　连接词　地　在
他一进来就把东西扔在地上。

(14) ȵɛ²¹⁴lu³³kʰɛ³³ka²¹⁴tɕi³³ta²¹du³³ka²¹⁴lɯ³³ɣɛ³³kʰɛ³³tu⁵⁵.
墙　　上　画　　一幅画　　那　上　有
墙上有一幅画。

例(13)存在物为 no⁴⁴ȵɛ²¹⁴ "东西"，处所为 mi³³di³³ "地"。例(14)中存在物为 ka²¹⁴tɕi³³ta²¹du³³ "一幅画"，存在的处所为 ȵɛ²¹⁴lu³³kʰɛ³³ "墙面上"。二者的存在物是通过 lu³³ "扔"、ka²¹⁴lɯ³³ "画" 等途径以附着的方式存在于地面或墙面上的。

八　存在类动词 dz̠ɛ²¹

dz̠ɛ²¹ 与 tu⁵⁵ 情况类似，也是强调存在的方式，用于表示事物被人为地附着于平面或垂直面或斜面上。

(15) ti³³　ku²¹⁴　lɛ³³　　mi³³di³³dz̠ɛ²¹.
他　　跪　　连接词　地　在
他跪在地上。

(16) ȵɛ²¹di⁴⁴nɛ²¹⁴lɛ³³　　ȵɛ²¹⁴lu³³kʰɛ³³dz̠ɛ²¹.
泥巴　粘　连接词　墙　　上　在
泥巴粘在墙上。

例(15)中的存在物为 ti³³ "他"，处所为 mi³³di³³ "地"。例

(16) 的存在物为 ŋɛ²¹di⁴⁴ "泥巴"，处所为 ŋɛ²¹⁴lu³³kʰɛ³³ "墙上"。存在物是通过 ku²¹⁴ "跪"、nɛ²¹⁴ "粘" 等途径以附着的方式存在于地上或墙上的。

上述六、七、八类存在结构都是添加了连接词 lɛ³³ 的复杂结构，连接词 lɛ³³ 前后分别连接不同的动词短语，存在类动词 tʂʰɛ²¹、tu⁵⁵、dʐɛ²¹ 只能出现在此类存在结构中。

通过上述分析，我们将葛颇彝语的存在类动词的语义差别归纳如表 6-1 所示。

表 6-1　　　　　　　　　存在类动词的语义差别

内容 动词	存在物体的生命度	存在的方式	存在的处所
dʐo³⁵	+（人、动物）	−	
bo²¹	+（植物、无生命的物体）	−	
ŋi³⁵	−	−	+（存在于容器中）
tʂʰo³⁵	−	+（掺杂式存在）	
dɛ³⁵	−/+（植物）	+（生长、站立式存在）	
tʂʰɛ²¹	−	+（插、戳式存在）	
tu⁵⁵	−	+（附着存在）	
dʐɛ²¹	−	+（附着存在）	

综合上述分析，存在类动词 dʐo³⁵、bo²¹ 区分物体的生命度，应用的范围最广。ŋi³⁵ 强调存在的处所是容器，tʂʰo³⁵、dɛ³⁵、tʂʰɛ²¹、tu⁵⁵、dʐɛ²¹ 主要区分物体存在的方式，应用范围较窄，tʂʰo³⁵、dɛ³⁵ 在既强调存在方式又涉及存在物生命度的语境下可以与 dʐo³⁵ 或 bo²¹ 替换，都能说得通，但凸显的内容不同。如存在类动词如 tʂʰo³⁵ 与 dʐo³⁵ 的替换凸显不同的语义：

(17) a. lɯ⁴⁴pɯ⁴⁴sɛ²¹　mɛ⁴⁴mɛ²¹hɯ⁴⁴dʐo³⁵.
　　　　石子　颗粒　米　　里　在

米里面有石子。

b. lɯ⁴⁴pɯ⁴⁴sɛ²¹　　mɛ⁴⁴mɛ²¹hɯ⁴⁴tʂʰo³⁵.
   石子　颗粒　　米　里　在
   米里面有石子。

两句话都表示大米里面有石子，但例（17a）是指米里面本来就掺杂着石子，非人为的存在；而例（17b）米里面石子的存在可能是被人故意搞破坏掺杂的。

第二节　形态句法特征

通过上述以存在类动词为依据的语义分类，我们发现存在结构可表达不同的存在义，并且在形式上也有差别，可分为小句形式的存在结构和添加了连接词的复杂形式的存在结构，这也与存在类动词的用法相关。本节我们将从句法功能和形态两方面考察存在结构和存在类动词的特点。

一　句法功能

此部分我们将从存在结构的形式分类、存在类动词可应用的不同结构、能否搭配否定标记等方面探讨其句法功能。

（一）存在结构的形式分类

通过本章第一部分我们发现，存在类动词 dzo³⁵、ɳi³⁵、bo²¹、tʂʰo³⁵、dɛ³⁵在小句中作为主要动词出现，如上例（1）—例（10），而存在类动词 tʂɛ²¹、tu⁵⁵、dzɛ²¹只能出现在包含连接词 lɛ³³的复杂结构中，如例（11）—例（16），我们称前者所在的存在结构为典型的存在结构，存在类动词 dzo³⁵、ɳi³⁵、bo²¹、tʂʰo³⁵、dɛ³⁵为典型的存在类动词，后者所在的存在结构为非典型的存在结构，存在类动词 tʂʰɛ²¹、tu⁵⁵、dzɛ²¹为非典型的存在类动词。

非典型存在类动词 tʂʰɛ²¹、tu⁵⁵、dzɛ²¹在葛颇彝语中最常见的用法为体标记，除了tu⁵⁵外，无表示动作意义的动词用法。并且只有出现在包含连接词lɛ³³的复杂结构中，才有不十分突出的存在动词义，由于此类结构也表达了存在的概念，我们仍将其认定为存在结构，tʂʰɛ²¹、tu⁵⁵、dzɛ²¹也体现了一定的动词用法，为非典型的存在类动词。

（二）存在类动词可应用于存在结构、处所结构与领有结构（见表6-2）

藏缅语中存在类动词功能多不是单一的，可用于多种结构中，呈现不同的语义。黄成龙（2013）对藏缅语的处所结构、存在结构和领有结构中的存在类动词的用法作了总结：

（i）处所结构：存在物+处所+存在类动词

（ii）存在结构：处所+存在物+存在类动词

（iii）领有结构：领有者+被领有者+存在类动词

葛颇彝语中的存在类动词 dzo³⁵、bo²¹既可用于处所结构、存在结构，也可应用于领有结构；ɳi³⁵、tʂo³⁵、dɛ³⁵则可用于处所结构、存在结构。非典型的存在类动词 tʂʰɛ³³、tu⁵⁵、dzɛ²¹只出现在处所结构中（见表6-2）。

表6-2　　存在类动词可应用于存在结构、处所结构与领有结构

语言 \ 结构	处所	存在	领有
葛颇彝语	dzo³⁵、bo²¹		
	ɳi³⁵、tʂo³⁵、dɛ³⁵		
	tʂʰɛ²¹、tu⁵⁵、dzɛ²¹		

dzo³⁵、bo²¹、ɳi³⁵、tʂo³⁵、dɛ³⁵五个存在类动词均可在小句中出现。在处所结构中表示某物存在于某处；于存在结构中表示某处存在某物；

dẕo³⁵、bo²¹还可以在领有结构中表示领有者领有某物。tʂʰɛ³³、tu⁵⁵、dẕɛ²¹可用于复杂结构中的处所结构中，表示某物经过某种途径以何种方式存在于某处，具体例句见上文。

值得注意的是，在葛颇彝语中，处所结构和存在结构的不同仅在于论元的位置发生变化，语义上无论是"某处存在某物""某物存在于某物"都表达了存在义。广义上讲，存在结构包括处所结构和存在结构两种类型，本书列举的例句也是如此。

dẕo³⁵、bo²¹表达领有义的例句如下：

（18）a³³ba³³tsʰɿ²¹ta²¹tʂʰɛ³³ dẕo³⁵.
爷爷　狗　一　只　有
爷爷有一只狗。

（19）a³³nɛ³³mɛ²¹pɛ³³ta²¹tɤ³³ bo²¹.
叔叔　枪　一　杆　有
叔叔有一杆枪。

例（18）（19）中领有者a³³ba³³"爷爷"、a³³nɛ³³"叔叔"都是人，在其他例句中也可以是动物，要求领有者生命度等级较高；被领有者则可以是有生命的tsʰɿ²¹"狗"，也可以是无生命的mɛ²¹pɛ³³"枪"，对生命度无要求。

葛颇彝语中的存在类动词一般有两个论元。在存在结构和处所结构中有一个核心论元和一个间接论元，核心论元即存在物，是无标记的，间接论元，如处所论元等可带处所标记。在领有结构中，存在类动词有两个核心论元，即领有者和被领有者。

（三）受否定标记修饰

典型的存在类动词与其他类型动词一样，均能受否定标记ma²¹修饰，否定标记ma²¹位于存在类动词前，表示"不在""没有"等的概念。

(20) ŋ̍⁵⁵kʰa³³ sʅ³⁵so³³hɛ̃³⁵ma²¹ dzo³⁵.
我弟弟　学校　　　否定　在
我弟弟不在学校。

(21) m̩³³pʰɛ²¹kɯ⁵⁵hɯ⁴⁴ma²¹ bo²¹.
水瓢　这里　　否定　在
水瓢不在这里。

(22) ɦo²¹tʂa³⁵ sa⁴⁴pa³³hɯ⁴⁴ ma²¹ ȵi³⁵.
菜　　碗里　　　　否定　在
菜不在碗里。

(23) tʂʰo³⁵ɣɯ⁵⁵gʁ³³hɯ⁴⁴ŋ̍²¹vi³³ a⁵⁵pɯ⁵⁵ma²¹ tʂʰo³⁵.
人那群里　　　　　我家　哥哥　否定　有
我哥哥没有（掺和）在那群人里面。

(24) tʂʰu²¹ dɯ³⁵ tsʰʅ²¹ ȵɛ³⁵ ma²¹ dɛ³⁵.
地方　丑　地糖果　聪明　否定　有
穷的地方没有（吃了使人变）聪明的地糖果。

例（20）—例（24）中，存在类动词 dzo³⁵、bo²¹、ȵi³⁵、tʂʰo³⁵、dɛ³⁵前均可以加否定标记 ma²¹表示"不在"或者"没有"的概念，与动作行为类动词的句法特征相同。

(25) ti³³no⁴⁴ȵɛʐʅ³⁵lɛ³³ a³³ku³³tɕʰɛ²¹⁴ma²¹ tu⁵⁵.
他东西　拿连接词　门　前　否定　放
他拿了东西没放在门前。

(26) ti³³ la²¹hɯ⁴⁴mo⁴⁴ nɛ³³tɯ⁵⁵ma²¹ dzɛ²¹.
他　手里　什么　也　拿　否定　持续体
他手里什么也没拿。

但例（25）（26）中的存在类动词 tu^{55}、$dz\varepsilon^{21}$ 也受否定副词修饰，但表达的意义与其他类型的存在类动词稍有不同。$ma^{21}tu^{55}$ 表达的不仅是"不在"的意义，还包含了 tu^{55} 作为动词时的"放置"意义，表达"没放在"的意义；单独的 $ma^{21}dz\varepsilon^{21}$ 没有具体的意义，只能结合句中动词的实义进行表达，如例（26）中，$tɯ^{55}ma^{21}dz\varepsilon^{21}$ 表达"没拿着"的意义。

二 形态特征

存在类动词与其他类型（如行为动作、姿势类）动词相比在形态方面有许多动词的共同特征，也有其特殊性。下文我们从与体标记的搭配、动词重叠等内容进行考察。

（一）存在类动词与体标记的搭配

1. 存在类动词与持续体标记

"存在"的概念本身就包含了某种状态持续的内涵，因此葛颇彝语中的存在类动词后无须也不能加持续体标记。部分存在类动词加了体标记后，动词本身的存在义就不明显，更加突出其动作义，在这种结构中，就不能称其为存在类动词。存在类动词的这一特点，也是其与其他类型动词区分的重要因素。

存在类动词与其他类型动词在表示存在概念时的差别在于是否在动词后加持续体标记来表示存在。葛颇中部分行为动作类、姿势类的动词也可以在句中表达存在的概念，但动词后需加持续体标记 tu^{55}、$dz\varepsilon^{21}$，如：

(27) $mi^{33}di^{33}tʂ^{h}o^{35}ta^{21}tʂ^{h}\varepsilon^{33}z_{\text{\textsubring{}}}i^{21}$ tu^{55}.
　　　地　人　一　个　躺　持续体
　　地上躺着一个人。

（28） a³³di⁴⁴tʂʰo³⁵ta²¹ tʂʰɛ³³hɤ̃²¹tu⁵⁵.
门外　　　人　一　个　站　持续体
门外站着一个人。

（29） xɛ²¹tʂʰɛ³³hɯ⁴⁴va²¹fu²¹ ta²¹kʰɛ³³ tʂɑ²¹⁴tu⁵⁵.
锅　里　猪肉　　一　块　煮　持续体
锅里煮着一块肉。

（30） dzu³⁵m̩³³piɛ²¹⁴ɕi⁴⁴dɯ²¹ta²¹ tɤ³³ tu⁵⁵ tu⁵⁵.
路　边　木头　　一　段　放　持续体
路边放着一段木头。

例（27）—例（29）中 zi²¹ "躺"、hɤ̃²¹ "站"、tʂɑ²¹⁴ "煮" 等姿势、行为类动词与持续体标记 tu⁵⁵ 搭配，表示动作状态的持续，以及存在物是以什么方式存在的。此类动词单独用时不能表达存在的概念，只能与持续体标记 tu⁵⁵ 搭配才有存在义。例（30）两个 tu⁵⁵，前一个是动词"放置"，后一个是持续体标记，表示存在物被一直放置于某处，也表达了物体存在的概念。

（31） no⁴⁴tʂɛ³³ta²¹tʂʰɛ³³ti³³dzo³⁵　no³³po³³kʰɛ³³dʐ̩²¹dzɛ²¹.
耳环　一　只　她领属　耳朵　上　戴　持续体
一只耳环戴在她耳朵上。

（32） a³³ku³³tɕʰɛ²¹⁴tsʰɿ²¹ta³³tʂʰɛ³³pa²¹⁴dzɛ²¹.
门　前　狗　一　只　趴　持续体
门前趴着一只狗。

（33） a²¹dzɛ³³xɛ²¹dzɛ²¹　 lɛ³³　so³³ sɛ⁵⁵ dzɛ³³tɯ⁵⁵ dzɛ²¹.
互相　领　持续体　连接词　香　三　根　拿　持续体
（大家）互相领着，（手里）拿着三炷香。

（34） va²¹n̥ɛ²¹⁴gu³³tʂɑ³³ ɣɯ⁵⁵dzɛ³³go³⁵ dzɛ²¹.
猪　嘴　绳子　那　根　挣　持续体

（其中一个人）挣着猪嘴里那根绳子。

例（31）—例（34）中，动词 dɣ²¹ "戴"、pa²¹⁴ "趴"、tɯ⁵⁵ "拿"、go³⁵ "挣"等与持续体标记 dʐɛ²¹ 搭配表达事物以某种方式存在着，此类动词单独使用也是只能表达行为动作义，不能表达存在义。

2. 存在类动词与状态变化体标记

葛颇彝语中有一个状态变化体标记 dia²¹，一般位于句末动词或其他体标记之后，表示事件的状态发生了变化。葛颇彝语中的存在类动词与行为动作类型动词一样，可在其后加状态变化体标记。如：

(35) mɛ⁴⁴nɛ³³tsɣ⁴⁴tsɣ³³kʰɛ³³dʐo³⁵dia²¹.
　　　猫　　桌子　　　上　在　状态变化体
　　　猫在桌子上了。

(36) lɯ⁴⁴pɯ⁴⁴ɣɯ⁵⁵kʰɛ³³ɕi⁴⁴dzɛ³³tɕan²¹⁴bo²¹ dia²¹.
　　　石头　那块　　树　　前　在　状态变化体
　　　那块石头在树前了。

例（35）句末加了状态变化体标记 dia²¹，语义发生了一些变化，由客观描述"猫在桌子上"的客观事实，变成了包含一定外延意义的"猫在桌子上了"，后者适用的语境一般为"猫原来不在桌子上，现在它不知何时，通过什么方法到了桌子上"，事物/事件的状态发生了变化。同理例（36），加了状态变化体标记后，适用的语境发生变化，"那块石头原来不在树前面，现在它在了"，强调状态发生了改变。

3. 存在类动词与其他体标记、示证标记等

葛颇彝语中除了持续体标记、状态变化体标记，还有曾行体、将行体、完成体、完整体标记等。这些体标记与持续体标记都是描述事件发展的过程，或是曾经发生过、马上要发生、动作行为完成了、事件结束了等，与持续体所表达的"事件在持续"意义冲突，不可叠加使用。

存在类动词本身就与持续体关系密切，存在类动词本身也包含着"状态持续"的内涵。只可与表达事件状态发生变化的标记 dia²¹ 叠加，表达"开始了""完成了"等状态变化概念。因此，存在类动词在葛颇彝语的体标记中，基本只可与状态变化体标记搭配。

葛颇彝语中没有明显的示证范畴，此类语义的表达与存在类动词无密切关系。

（二）存在类动词的重叠形式

葛颇彝语典型的存在类动词与其他类型动词一样均可重叠，重叠之后表示询问，这也是葛颇彝语主要的疑问形式之一。如：

(37) a⁵⁵pɯ⁵⁵sɿ³⁵so³³hẽ³⁵dʐo³⁵dʐo³⁵?
　　 哥哥　学校　　在　在
　　 哥哥在学校吗？

(38) bo³⁵kʰɛ³³ɕi⁴⁴dzɛ³³bo²¹bo²¹?
　　 山　上　树　有　有
　　 山上有树吗？

(39) ʐa⁴⁴dɯ²¹hɯ⁴⁴ʐa⁴⁴ȵi³⁵ȵi³⁵?
　　 池塘　里　水　有　有
　　 池塘里有水吗？

(40) ɦo²¹tʂa³⁵hɯ⁴⁴dʐɤ²¹tʂʰo³⁵tʂʰo³⁵?
　　 菜　里　花椒　有　有
　　 菜里有花椒吗？

(41) bo³⁵vɛ³³du²¹piɛ³⁵dɛ³⁵dɛ³⁵?
　　 山坡　龙爪菜　有　有
　　 山坡上有龙爪菜吗？

例（37）—例（41）中，存在类动词 dʐo³⁵、bo²¹、ȵi³⁵、tʂʰo³⁵、

dɛ³⁵均可以在句末重叠表示询问的概念,"在不在""有没有"等,与其他类型动词形态变化相同。

(42) na²¹ no⁴⁴ ŋɛ²¹⁴ hẽ³⁵ hɯ⁴⁴ tu⁵⁵ tu⁵⁵?
　　 你　东西　房子　里　放　放
　　 你把东西放在家里吗?

(43) na²¹ tɯ⁵⁵ dzɛ²¹ dzɛ²¹?
　　 你　拿　持续体　持续体
　　 你拿着（东西）吗?

而对于非典型的存在类动词 tu⁵⁵ 和 dzɛ²¹,若对其进行重叠,则表达的意义是具体的动词义和存在义的结合。如例（42）中的 tu⁵⁵ tu⁵⁵ 就是"放没放在"的意义,例（43）里的 dzɛ²¹ dzɛ²¹ 则需要结合句中的实义动词 tɯ⁵⁵ "拿",表达"拿着没拿着"的意义。

从存在类动词的句法功能及形态特征来看,典型的存在类动词与行为动作等类型的动词基本相同,而非典型的存在类动词在形态与功能方面与前者有一定差异。对存在类动词 tu⁵⁵ 进行否定和重叠时,既包含了其本身的动词义,又有体的意义存在;对存在类动词 dzɛ²¹ 进行否定和重叠,表达的则是对事物存在的状态的否定和疑问。

第三节　存在类动词多功能性及语法化

在一种语言中,存在类动词很多不是单一用法,而是多功能的,不同的功能之间有一定的联系。部分存在类动词有行为动作、姿势类动词的用法,有的还承担体标记的功能。这种词性上的差异,意义上的相互关联,说明语言内部的语义和功能正在发生变化,存在类动词正处于变化的某个阶段。

从跨语言来看,藏缅语中的存在类动词很多都是由"姿势"类、

"居住"义、"放置"义、"跟随"义等动词发展而来,并且有逐渐虚化的趋势,部分存在类动词由于缺乏文献记载,历时上很难找到其源流,但从共时的跨语言、方言对比来看,其总的发展趋势大致相同。

一 存在类动词的多功能性

葛颇彝语中的大多数存在类动词除了表达存在动词义之外,还有其他功能。

（一）dzo^{35}的多功能性

dzo^{35}除了表达有生命的物体（人、动物）存在的概念外,还可以做动词用表达"居住"的意义,以及表示领属义,做领属标记用。

(44) tʂʰo^{35}nɛ^{33} tɑ^{21}no^{21}no^{21}dzo^{35}ɦo^{44}ko^{214}.
　　 人　话题　很多　　住　得　可以
　　 （这里）住得下好多人。

(45) ko^{44}vi^{33}tu^{55}kɯ^{55}sɯ^{55}vi^{33}tʰɣ̱^{21}, tu^{55}kɯ^{55}sɯ^{55}dzo^{35}tu^{55}.
　　 葛颇　就这样　　分开　　就这样　住　持续体
　　 葛颇人就这样分开,就这样住着了。

例（44）dzo^{35}在句中表示"居住"的意义,在此例句中不做存在类动词用。例（45）中,动词dzo^{35}后加了一个持续体标记tu^{55},更突出了dzo^{35}"居住"的意义。一般而言,存在类动词不需要和体标记搭配使用,添加了体标记则更突出行为动作义。

(46) ʐi^{21}tɕɛ^{35}m̩^{33}dzo^{35} no^{44}no^{21}tʂʰu^{33}.
　　 妻子　　领属　活　多　很
　　 妻子的活很多。

例（46）中，dʐo³⁵做领属标记用，表示 no⁴⁴ "活" 是 zi²¹tɕɛ³⁵m̩³³ "妻子" 的。

（二）ŋi³⁵的多功能性

ŋi³⁵除了做存在类动词用，也做行为动作类动词用，表示"坐"和"居住"的意义。

(47) tsɤ⁴⁴tsɤ³³go³⁵tʰɤ̠²¹, tʂʰo³⁵hĩ²¹po³³tɑ²¹dʐɤ²¹ŋi³⁵.
桌子　拉　出　人　八　个　一　张　坐
拉出桌子，八个人坐一张（桌子）。

(48) kʰo⁴⁴vi³³　tʂʅ⁴⁴ʂʅ⁴⁴　bo³⁵　dʑɛ²¹　ŋi³⁵.
葛颇人家　东山　山　山梁　居住
葛颇人居住在东山梁子上。

例（47）的表达的是八个人围着一张桌子坐，ŋi³⁵"坐"作为动作类动词位于句末。例（48）中，ŋi³⁵作为行为动作类动词位于句末，表示"居住"的意义。关于ŋi³⁵的多功能性，我们在多动词结构章节也会有论述。

（三）dɛ³⁵的多功能性

dɛ³⁵除了做存在类动词，还可以做"生长、站立"义的动词。

(48) bo³⁵kʰɛ³³　du²¹piɛ³⁵　dɛ³⁵tu⁵⁵.
山　上　龙爪菜　长　持续体
山上长着龙爪菜。

dɛ³⁵的情况与tʂʰo³⁵类似，加了持续体标记tu⁵⁵更凸显了dɛ³⁵的"生长、直立"的意义，但在现代葛颇彝语中，dɛ³⁵的使用频率较低，基本只出现在歌谣、叙事史诗中。

(四) tʂʰɛ²¹的多功能性

tʂʰɛ²¹做存在类动词，强调事物存在的方式是"插、戳"以外，还有持续体标记的用法，但在语料中出现的频率较低，不如 tu⁵⁵和 dʐɛ²¹常见。

(49) tʂa³³ ta²¹dzɛ³³tiɛ³³ va³³ ɲɛ²¹⁴gu³³ɣɛ³³ɲi²¹⁴lɛ³³ li⁴⁴ tʂʰɛ²¹,
绳子 一 根 工具 话题 嘴 那 栓 连接词 绕 持续体
li⁴⁴ lɛ³³ ɲi²¹⁴tʂʰɛ²¹.
绕 连接词 栓 持续体
用一根绳子拴在（猪）嘴那绕着，绕着拴住。

例（11）（12）中，tʂʰɛ²¹作为非典型的存在类动词位于包含连接词 lɛ³³的复杂结构的后一小句末，tʂʰɛ²¹作为 lɛ³³后小句的主要动词，表示存在的意义。而例（49）中，包含连接词 lɛ³³的复杂结构的后一个小句中 tʂʰɛ²¹不作为主要动词出现，分别位于 lɛ³³后的 li⁴⁴ "绕"与 ɲi²¹⁴之后，不做动词用，失去了动词意义，表现出包含动作持续含义的体标记的用法。

(五) tu⁵⁵的多功能性

tu⁵⁵的意义类型最为全面。既可以做行为动作动词，又可以做存在类动词，还可以做体标记用。

(50) va²¹fu²¹pɛ⁴⁴tʰɤ̠²¹, fu²¹pu⁵⁵nu³³ fu²¹pu³³m̩³³ tu⁵⁵,
猪肉 剥 出 肉肥 语调单位 肉肥 名物化 放
va⁴⁴kɯ²¹⁴nu³³ va⁴⁴kɯ²¹⁴ m̩³³ tu⁵⁵.
骨头 语调单位 骨头 名物化 放
猪肉剥开后，肥肉放一起，骨头放一起。

例（50）中，tu⁵⁵做行为动作动词，表示把物体放置于某处的意义。tu⁵⁵除了做"放置"义动词及存在类动词用，也作为持续体标记与

"躺、站、坐、放"等动词搭配,见上文例句（27）—例（30）。

（六）$dz\varepsilon^{21}$的多功能性

$dz\varepsilon^{21}$除了做存在类动词,其主要用法是作为持续体标记与"领、拿、戴、挣"等义动词搭配,见上文例句（31）—例（34）。

二 语法化的过程

从类型学跨语言的角度看,存在类动词的发展是有具体意义的行为动作、姿势类动词在结构中逐渐功能固定,表存在义,做存在类动词用,并在此基础上进一步发展为体标记的过程。

葛颇彝语存在类动词的来源和发展路径相对清晰,部分存在类动词的发展路径虽然不能通过现存语言的状况来展现全貌,但也是有迹可循的。总结如（见图6-1）：

$dz_{\iota}o^{35}$："居住"义动词⇨存在类动词；

ηi^{35}："居住、坐"义动词⇨存在类动词；

$tʂ^h o^{35}$："掺杂"义动词⇨存在类动词；

$d\varepsilon^{35}$："生长"义动词⇨存在类动词；

tu^{55}："放置"义动词⇨存在类动词⇨持续体标记；

$dz\varepsilon^{21}$：存在类动词⇨隐含存在意义的持续体标记；

$tʂ^h\varepsilon^{21}$：存在类动词⇨持续体标记；

bo^{21}：存在类动词（在现存的葛颇彝语中尚未发现其他用法）。

图6-1 存在类动词的语法化路径1

存在类动词bo^{21}在葛颇彝语中尚未发现其他用法,但我们从存在类动词整体的发展路径来看,其存在类动词功能可能也是由有具体意义的行为动作动词或姿势类动词等发展而来的。

融合而得（见图6-2）：

动作/行为类动词⇨存在类动词 $\begin{cases} dz_{\iota}o^{35}、\eta i^{35}、tʂ^h o^{35}、d\varepsilon^{35}、(bo^{21}) \\ \Rightarrow 持续体标记：tu^{55}、dz\varepsilon^{21}、tʂ^h\varepsilon^{21} \end{cases}$

图6-2 存在类动词的语法化路径2

葛颇彝语中的存在类动词大多都处于演变的某一阶段，这些存在类动词的发展是不平衡的。有的发展得较快，已经发展为没有实义的体标记；有的则还处于行为动作、姿势类动词向存在类动词过渡的状态，并没有进一步虚化的痕迹。这与语言的内部发展的经济性原则与葛颇彝族对世界的认识相关。

本章描写了葛颇彝语包含 $dz̞o^{35}$、bo^{21}、$ȵi^{35}$、$tʂ^ho^{35}$、$dɛ^{35}$、$tʂ^hɛ^{21}$、tu^{55}、$dz̞ɛ^{21}$ 八个不同存在类动词的存在结构，对其语义特征、形态句法功能及存在类动词语法化的相关问题进行了探讨。

葛颇彝语的存在类动词语义上分工明确，$dz̞o^{35}$、bo^{21} 强调存在物的生命度等级；$ȵi^{35}$ 强调存在的处所是容器；$tʂ^ho^{35}$、$dɛ^{35}$、$tʂ^hɛ^{21}$、tu^{55}、$dz̞ɛ^{21}$ 强调事物存在的方式。在特定语境中部分存在类动词可以互相替换，有交叉使用的现象，但强调的内容不同。

八个存在类动词中，$dz̞o^{35}$、bo^{21}、$ȵi^{35}$、$tʂ^ho^{35}$、$dɛ^{35}$ 与行为动作类、姿势类动词的形态句法功能大致相同，均能重叠表疑问，与否定标记搭配，与状态变化体标记 $diɑ^{21}$ 搭配等，我们称为典型的存在类动词。但 $tʂ^hɛ^{21}$、tu^{55}、$dz̞ɛ^{21}$ 三者形态句法功能与前者不同，动词性较弱，但考虑到其仍然在特定的结构（如添加了连接词 le^{33} 的复杂结构）中保留了一定的动词用法，我们仍将其认定为存在类动词，称为非典型的存在类动词。

存在类动词不是在语言形成之初就有的，而是后期慢慢发展而来。藏缅语中的存在类动词发展路径大致相似，但不同语言、方言又由于分化较早的缘故后期的发展路径各有特色。葛颇彝语的存在类动词大部分是多功能的，其演变路径都是由实义动词发展为存在类动词，部分存在类动词又逐渐发展成为体标记的过程。

第七章

疑问结构

葛颇彝语中表疑问语义的形式多样,本章将从疑问结构的类型及疑问词的构成来探讨葛颇彝语的疑问结构。

第一节 疑问结构的类型

葛颇彝语的疑问结构从语义上来看有三种类型:1. 是非问;2. 特指问;3. 选择问。不同的语义类型对应着不同的形式类型,如表7-1所示。

表7-1　　　　　　　　　　疑问结构的类型

语义类型	形式类型
是非问	动词重叠表疑问
	"V不V"形式的疑问结构
特指问	疑问词疑问结构
选择问	包含并列标记 nu[44] 的疑问结构

一 是非问的疑问结构

葛颇彝语是非问的语义类型对应了两种形式类型:1. 动词重叠表

疑问；2. "V 不 V" 形式的疑问结构。其中，动词重叠表疑问是主要的疑问形式之一，这里的动词指所有类型的动词，也包括形容词和特定结构中有动词用法的体标记等。

（一）动词重叠表疑问

动词可分为行为动作/姿势类动词、趋向动词、判断动词、存在类动词、能愿动词、心理活动动词、形容词等。

1. 行为动作、姿势类动词重叠表疑问

(1) na^{21} dzu^{35} dzu^{21} dzu^{21} a^{21}？
你 饭 吃 吃 语气
你吃饭了吗？

(2) ti^{33} na^{21} dɛ^{21} dɛ^{21}？
他 你 打 打
他打你了吗？

例（1）（2）中，行为动词 dzu^{21} "吃"、dɛ^{21} "打" 重叠表示 "吃没吃" "打没打" 的意义。

(3) a^{55}k^{h}a^{33}sɿ^{35} na^{44} na^{44}？
弟弟 书 看 看
弟弟看书了吗？

(4) ti^{33} ʐi̠^{21} ʐi̠^{21}？
他 睡 睡
他睡了吗？

例（3）（4）中，姿势类动词 na^{44} "看"、ʐi̠^{21} "睡" 重叠表示 "看没看" "睡没睡" 的意义。例（4）不能表达施事是不是正在睡的意义，而是表达某时间段施事睡没睡过觉，如医生进病房问护士，某个病人上午睡没睡过觉，护士回答的是睡过了，或者没睡过，而不能表达病人是不是正在睡觉。

2. 趋向动词重叠表疑问

(5) ti³³ lu³⁵ hɯ⁴⁴ li³³ li³³?
　　他　城　里　去　去
　　他去城里了吗？

(6) ʐi̠²¹n̠i³³ a⁵⁵ko³³ gu̠²¹ li³³ li³³?
　　今天　哥哥　回　去　去
　　今天哥哥回去了吗？

例（5）中，趋向动词 li³³ "去"作为主要动词重叠，表示"去没去"的意义。例（6）中趋向动词 gu̠²¹li³³ "回去"，最后一个音节 li³³ 重叠，表示"回去没回去"的意义。

(7) na²¹dʐo³⁵ tʂʰo³⁵tʂʰo²¹ va²¹fu²¹dzu³⁵ dzu²¹liɛ³³liɛ³³?
　　你　领属　朋友　猪　杀　饭　吃　来　来
　　你的朋友来吃杀猪饭吗？

(8) na²¹tʂʰɯ⁴⁴kʰɛ³³du⁴⁴liɛ³³liɛ³³?
　　你　街　上　过　来　来
　　你来街上了吗？

例（7）中，趋向动词 liɛ³³ "来"作为主要动词重叠，表示"来没来"的意义。例（8）中趋向动词 du⁴⁴liɛ³³ "过来"，最后一个音节 liɛ³³ 重叠，表示"过来没过来"的意义。

3. 判断动词重叠表疑问

(9) na²¹ ko⁴⁴ pʰu²¹ ŋɣ³⁵ ŋɣ³⁵?
    你 葛颇人 是 是
    你是葛颇人吗？

(10) ti³³ sʅ³⁵ na⁴⁴ ŋɣ³⁵ ŋɣ³⁵?
    他 书 看 是 是
    他在看书吗？

例（9）中，判断动词 ŋɣ³⁵ 作为句中唯一动词重叠表"是不是"的意义。例（10）中，句中除了判断动词外还有姿势类动词 na⁴⁴ "看"，但判断动词位于句末，句末动词重叠表"是不是在看书"的意义。葛颇彝语中还有一个判断动词 ŋa³³，在肯定结构和否定结构中出现较多，也可重叠表疑问，但出现频率较低。

4. 存在类动词重叠表疑问

(11) ti³³ bɯ³³ sʅ³⁵ so³³ hɛ̃³⁵ dʐo³⁵ dʐo³⁵?
    他们 学校 在 在
    他们在学校吗？

(12) bo³⁵ kʰɛ³³ sʅ⁴⁴ bo²¹ bo²¹?
    山 上 草 有 有
    山上有草吗？

例（11）（12）中，存在类动词 dʐo³⁵、bo²¹ 重叠表示"在不在""有没有"的概念。葛颇彝语中存在类动词丰富，有关存在类动词重叠在《存在结构》的章节已叙述。

5. 能愿动词重叠表疑问

能愿动词一般需与其他类型动词搭配使用，与其他动词搭配时一般位于其他动词之后。葛颇彝语在表达疑问概念时，一般只重叠句中最后一个动词。在有能愿动词出现的句中，重叠能愿动词表示疑问。

(13) ʂu³³ ɕɛ⁴⁴di̠²¹di̠²¹（a²¹）?
麦子 割 得 得 （语气）
麦子能割了吗？

(14) na²¹tsʅ³⁵ ku⁴⁴ kɯ²¹⁴kɯ²¹⁴?
你 字 写 会 会
你会写字吗？

(15) na²¹tsʅ³⁵ku⁴⁴ tʂɛ̠²¹ ko²¹⁴ ko²¹⁴?
你 字 写 好 可以 可以
你字写得好吗？

(16) a⁵⁵ko³³ du⁴⁴ liɛ³³mɛ³³mɛ³³?
哥哥 过 来 能 能
哥哥能来吗？

例 (13) 重叠能愿动词 di̠²¹ "得"，表示"割得还是割不得"的疑问概念。例 (14) 重叠能愿动词 kɯ²¹⁴ "会"，表示"会不会写字"的概念。例 (15) 重叠能愿动词 ko²¹⁴ "可以"，表示"能不能写得好"的意义。例 (16) 重叠能愿动词 mɛ³³ "能"，表示"能不能来"的意义。

6. 心理活动动词重叠表疑问

心理活动动词可以单独使用，也可以与其他类型动词搭配使用。与其他类型搭配使用时，除了能愿动词外，基本位于其他类型动词之后。因此，在与除了能愿动词外的动词类型搭配时，如果要表达疑问的概念，也基本都需要重叠心理活动动词。

(17) ti³³ su⁵⁵ m̩²¹ pʰu²¹tɕi⁴⁴　tɕi⁴⁴?
　　　他　老师　害怕　害怕
　　　他害怕老师吗?

(18) na²¹ tian³⁵ ʂɿ³³ na⁴⁴ ʑi⁵⁵　ʑi⁵⁵?
　　　你　电视　看　喜欢　喜欢
　　　你喜欢看电视吗?

例（17）中，心理活动动词 tɕi⁴⁴"害怕"作为句中主要动词重叠表示"害不害怕"的意义。例（18）中，心理活动动词与姿势类动词 na⁴⁴"看"搭配，重叠心理活动动词，表示"喜不喜欢看"的意义。

7. 形容词重叠表疑问

(19) ti³³　dzo³⁵　nu³⁵　tʂʰa³³　tʂʰa³³?
　　　他　领属　病　痊愈　痊愈
　　　他的病好了吗?

(20) ŋ̩²¹bɯ³³dzo³⁵　a⁵⁵kʰa³³zu²¹ȵɛ⁴⁴ȵɛ⁴⁴?
　　　我们　领属　孩子　　好　好
　　　我们的孩子乖吗?

(21) ŋ̩²¹bɯ³³dzo³⁵　ʂɿ⁵⁵dɯ²¹lu̠²¹lu̠²¹?
　　　我们　领属　种子　够　够
　　　我们的种子够了吗?

(22) ti³³　mo⁴⁴mo⁴⁴?
　　　他　高　高
　　　他高吗?

例（19）—例（22）均是形容词重叠表疑问的例句。例（19）中 tʂʰa³³"好"是形容人或动物病好了或者痊愈，重叠 tʂʰa³³，表示"好没好"的疑问概念。例（20）中 ȵɛ⁴⁴ "好" 是形容孩子乖巧可爱，重叠 ȵɛ⁴⁴，表示 "乖不乖" 的疑问概念。例（21）中 lu̠²¹ "够" 是形容东西够不够或容器、时间满没满，重叠 lu̠²¹，表示 "够不够" 的疑问概念。例（22）mo⁴⁴ "高" 是形容人或物的高度很高，重叠 mo⁴⁴，表示 "高不高" 的疑问概念。

8. 双音节动词重叠表疑问

葛颇彝语中有部分双音节的动词，双音节动词重叠表疑问概念时不需要重叠两个音节，而只需要重叠最后一个动词音节。

(23) ŋ̠²¹ na²¹ dɯ⁴⁴ mɛ³³ lɛ³³   lu³⁵ hɯ⁴⁴li³³ŋ⁵⁵ di̠²¹di̠²¹？
     我 你 与事 跟 连接词   城   里 去 要 得 得
     我能跟着你去城里了吗？

(24) na²¹ dzu³⁵ dzu²¹ na⁴⁴ dɯ²¹ dɯ²¹？（na⁴⁴dɯ²¹ 为动词原形）
     你 饭   吃   想
     你想吃饭吗？

例（23）中双音节动词 ŋ⁵⁵di̠²¹ "要得/可以" 重叠只需重叠最后一个音节 di̠²¹，变成 ŋ⁵⁵di̠²¹di̠²¹ 的形式，表达 "能不能、可不可以" 的意义。例（24）中，双音节能愿动词 na⁴⁴dɯ²¹ "想" 重叠表疑问只需要重叠最后一个音节 dɯ²¹，变成 na⁴⁴dɯ²¹dɯ²¹ 的形式，表示 "想不想" 的疑问概念。

9. 具有动词用法的体标记重叠表疑问

葛颇彝语中的体标记主要有：状态变化体 dia²¹、将行体标记 tiɛ³³、持续体标记 dzɛ²¹、持续体标记 tu⁵⁵、完整体标记 gɤ³⁵、完成体标记 fu³³、曾行体标记 no⁵⁵、连续体标记 ɕi²¹ 等。其中除了状态变化体 dia²¹、连续体标记 ɕi²¹ 外，其他的体标记在与动词搭配时均可以在句末重叠表疑问，有的体标记重叠表疑问后还可加连续体标记。我们认为，这些体标记在疑问结构中与动词的句法功能相近，说明其在发展过程中在特定结构（如疑问结构、否定结构等）中仍保留了动词用法，在葛颇彝语中，这些体标记是多功能的，处于语法化过程的过渡阶段。

(25) na²¹ li³³ tiɛ³³ tiɛ³³?
你 去 将行体 将行体
你去吗？

(26) na²¹sɿ³⁵ po³³kɛ³³ pʁn³³ vɯ²¹ tiɛ³³ tiɛ³³?
你 书 这 本 卖 将行体 将行体
这本书你卖吗？

例（25）（26）中将行体标记 tiɛ³³，分别与动词 li³³ "去"、vɯ²¹ "卖"搭配，位于句末重叠，表示"去不去""卖不卖"的意义。

(27) ti³³tɯ⁵⁵ dzɛ²¹ dzɛ²¹?
他 拿 持续体 持续体
他拿着吗？

(28) sɿ³³ kɛ³³ tʂʰɛ³³ ti³³zɿ⁵⁵dzɛ²¹ dzɛ²¹?
事 这 个 他 认 持续体 持续体
这件事他认吗？

例（27）（28）中持续体标记 dzɛ²¹，分别与动词 tɯ⁵⁵ "拿"、zɿ⁵⁵ "认"搭配位于句末重叠，表示"（手里）拿没拿着（某物）""承认不承认"的意义。

(29) na²¹ dzo³⁵ la²¹nu³⁵ tu⁵⁵ tu⁵⁵ ɕi²¹?
你 领属 手 疼 持续体 持续体 连续体
你手还疼吗？

(30) kʰɑ⁴⁴ m̩³³　mi³³di³³　ʂu⁴⁴　tu⁵⁵　　tu⁵⁵　　ɕi²¹?
　　 直邑 大称　村　　 穷　 持续体　持续体　连续体
　　 大直邑村还穷吗?

例（29）中持续体标记 tu⁵⁵ 与形容词 nu³⁵ "疼" 搭配位于句末重叠，后可加连续体标记 ɕi²¹，表示"还疼不疼"的意义，询问疼痛的状态是否还在持续。例（30）中持续体标记 tu⁵⁵，与形容词 ʂu⁴⁴ "穷" 搭配位于句末重叠，后可加连续体标记 ɕi²¹，表示"还穷不穷"的意义，询问贫穷的状态是否还在持续。

(31) nɑ²¹　mɯ³⁵　gɤ³⁵　　gɤ³⁵?
　　 你　 做　　完整体　完整体
　　 你做完了吗?

(32) nɑ²¹ mi³³ hɯ⁴⁴no⁴⁴ mɯ³⁵　gɤ³⁵　　gɤ³⁵?
　　 你　 地　 里　活　 做　　完整体　完整体
　　 你地里的活做完了吗?

例（31）（32）中完整体标记 gɤ³⁵，分别与动词 mɯ³⁵ "做"搭配位于句末重叠，表示"做没做完（活）"的意义，这里表示的是工作是否全部完成。

(33) nɑ²¹ ʐi⁵⁵ go²¹ tɕʰi²¹　fu³³　　fu³³?
　　 你　 头　 洗　　　　完成体　完成体
　　 你洗完头了吗?

(34) nɑ²¹ ʐi⁵⁵ go²¹ kɯ⁴⁴　fu³³　　fu³³?
　　 你　 头　 　磕　　　完成体　完成体
　　 你磕完头了吗?

例（33）（34）中完成体标记 fu^{33}，分别与动词 tɕʰi^{21} "洗"、kɯ^{44} "磕" 搭配位于句末重叠，表示 "洗没洗完" "磕没磕完" 的意义，这里是指询问动作是否完成。

(35)　ti^{33}　ba^{44}no^{55}　　no^{55}？
　　　他　说　曾行体　曾行体
　　　他说过了吗？

(36)　a^{33}ba^{33}lu^{35}hɯ^{44}li^{33}no^{55}　　no^{55}？
　　　爷爷　城　里　去　曾行体　曾行体
　　　爷爷去过城里吗？

例（35）（36）中曾行体 no^{55}，分别与动词 ba^{44} "说"、li^{33} "去" 搭配，位于句末重叠表示 "说没说过" "去没去过" 的意义。

通过对上述动词性词语重叠表疑问概念的列举和分析，我们发现对同一件事情不同状态的表述是通过对不同的体标记的重叠来实现的。

(37a)　na^{21}　dzu^{35}　dzu^{21}　dzu^{21}　a^{21}？
　　　　你　饭　吃　吃　语气
　　　　你吃饭了吗？

(37b)　na^{21}　dzu^{35}　dzu^{21}　tiɛ^{33}　　tiɛ^{33}？
　　　　你　饭　吃　将行体　将行体
　　　　你吃饭吗？

(37c)　na^{21}　dzu^{35}　dzu^{21}　tu^{55}　　tu^{55}　　ɕi^{21}？
　　　　你　饭　吃　持续体　持续体　连续体
　　　　你还在吃饭吗？

(37d)　na^{21}　dzu^{35}　dzu^{21}　fu^{33}　　fu^{33}？
　　　　你　饭　吃　完成体　完成体
　　　　你吃完饭了吗？

(37e) nɑ²¹dzu³⁵dzu²¹gɤ³⁵ gɤ³⁵?
你 饭 吃 完整体 完整体
你饭吃完了吗?

例（37）表达的是对"你吃饭"这件事情的疑问，但提问的内容在时间、完成度方面略有差异。例（37a）表达的是"你吃过饭没有"，是对吃饭这件事情是否发生过的提问；例（37b）表达的是"你要不要吃饭"，是对接下来要不要吃饭的提问；例（37c）表达的是"你是不是还在吃饭"，是对吃饭这件事情是否正在发生的提问；例（37d）表达的是"你吃没吃完饭"，是对吃饭行为动作是否结束的提问；例（37e）表达的是"你是否吃完了饭"，是对这些饭是否都吃完，没有剩下的提问。

动词（包括形容词、有动词用法的体标记）重叠表疑问时，重叠的动词音节的声调均变化为降调，若动词音节本身为降调，则保持不变。

（二）V 不 V 形式的疑问结构

V 不 V 形式的疑问结构在葛颇彝语中也较为常见，其基本形式为动词的肯定形式与其添加否定标记的否定形式并列，作为两个地位相等的并列项，并且共享同一个话题。在比较复杂的并列项之间需添加并列标记 nu⁴⁴ "或者/还是"来连接两个并列成分。

(38) ti³³tʰɛ³⁵mɑ²¹ tʰɛ³⁵?
他 跑 否定 跑
他跑没跑?

(39) ti³³ hɛ̃³⁵kɯ³³ dʐo³⁵mɑ²¹ dʐo³⁵?
他 家里 在 否定 在
他在不在家里?

例（38）中，动词 tʰɛ³⁵"跑"及其否定形式 ma²¹tʰɛ³⁵"没跑"并列，例（39）中，存在类动词 dʐo³⁵"在"及其否定形式 ma²¹ dʐo³⁵"不在"并列，二例均形成正反形式的是非疑问结构，答话人需在其中选择一种肯定或否定形式来回答。

  （40）na²¹ dʐo³⁵ la²¹ fi²¹⁴ma²¹ fi²¹⁴.
     你   领属 手   麻   否定 麻
     你的手还麻不麻？
  （41）na²¹ dʐa⁴⁴ma²¹ dʐa⁴⁴?
     你   冷   否定 冷
     你冷不冷？

  例（40）中，形容词 fi²¹⁴"麻"及其否定形式 ma²¹fi²¹⁴"不麻"并列，例（41）中，形容词 dʐa⁴⁴"冷"及其否定形式 ma²¹dʐa⁴⁴"不冷"并列，二例均形成正反形式的是非疑问结构，答话人需在这种正反的状态中选择一种来回答。

  （42）na²¹ li³³ tiɛ³³   nu⁴⁴   li³³   ma²¹ tiɛ³³?
     你 去 将行体 还是 去 否定 将行体
     你去还是不去？

  例（42）中，li³³tiɛ³³"（将要）去"和 li³³ma²¹tiɛ³³"不去"也构成了正反形式的是非疑问结构，但与前四例不同，这两个正反的并列项中包含体标记 tiɛ³³，变成省略了部分成分的小句形式的并列，这使该疑问结构变得稍微复杂了一点，在复杂的正反问句中需要添加选择并列标记 nu⁴⁴来连接两个成分比较复杂的并列项。
  V 不 V 形式的疑问结构与动词重叠表疑问的结构（也可看作 VV 形式），从形式上来看，最大的差别在于两个同形式的动词间是否有否定标记 ma²¹，二者表达的意义相同，作为问句，得到的回答也是相同的，并且 V 不 V 形式可以省略为 VV 形式，而 VV 形式也可以通过添加否定标记 ma²¹ 变成 V 不 V 形式的疑问结构来表达疑问意义。但二者也不完全相同，具有动词用法的体标记重叠表疑问时，就不能在两个体标记之间添加否定标记 ma²¹ 表疑问。综合上述分析，我们认为 V 不 V 形式的疑问结构和 VV 形式的疑问结构二者有发生学上的关系，VV 形式来源于 V 不 V 形式的省略。但随着语言内部的发展变化等因素的影响，VV 形式的疑问结构已经成为葛颇彝语中最为常见的疑问结构，已经约定俗成为固定的结构，发展出形态的性质，属于重叠的范畴，并不是简单的 V 不 V 形式的省略。

二 特指问疑问结构

特指问对应疑问词疑问结构，是葛颇彝语中表达疑问的主要方式之一。疑问词疑问结构中的疑问词可出现在句首，可出现在句中。葛颇彝语的疑问词十分丰富，其来源和内部组合规律也有迹可循，我们将在本章第二节着重讨论，此部分简单列举如下：

(43) na²¹ mo⁴⁴tʰa²¹ba⁴⁴？
你　什么　说
你说什么？

(44) kʰɯ²¹sɯ⁵⁵dia²¹？
怎么　状态变化体
怎么了？

(45) sʅ³⁵po³³ka⁵⁵la⁵⁵bo²¹？
书　哪里　在
书在哪里？

(46) na²¹ kɛ⁵⁵lɛ⁵⁵ pɛ³³ sɯ²¹⁴ tiɛ³³?
　　　 你　什么 时间　　走　 将行体
　　　 你什么时候走?

例(43)—例(46)均为疑问词疑问结构,疑问词出现在句中,即说明该句是疑问结构。例(43)中,疑问词为 mo⁴⁴tʰa²¹,出现在句中,表示"什么(话)"的疑问意义。例(44)中,疑问词为 kʰɯ²¹sɯ⁵⁵,出现在句首,表示"怎么"的疑问意义。例(45)中,疑问词为 ka⁵⁵la⁵⁵,出现在句中,表示"哪里"的疑问意义。例(46)中,疑问词为 kɛ⁵⁵lɛ⁵⁵,出现在句中,表现"什么(时间)"的疑问意义。

三　选择问疑问结构

选择问则对应的是包含并列标记 nu⁴⁴ 词的疑问结构。选择问的疑问结构顾名思义就是说话人提出了两个可供选择的并列项,而答话人可以在两个并列项之间做出选择,也可以均不选。选择问的疑问结构与正反问的疑问结构在形式上相近,不同之处在于正反问的疑问结构并列项为动词(包括形容词)或小句的正反两个方面,而选择问的疑问结构并列项多为小句形式,涉及两个内容相近或不同的两个事件,可共享也可不共享同一个话题,但两个并列项中间均需要添加表示疑问的选择型并列标记 nu⁴⁴。

(46) kau²¹⁴ kʰa⁴⁴zu²¹mi³³di³³ŋɤ³⁵ nu⁴⁴ kʰa⁴⁴m̩³³ mi³³ di³³?
　　　 上方 直邑　小称　村　是 还是　直邑　大称　村
　　　 上面(那个村子)是小直邑村还是大直邑村?

(47) ŋ̍²¹bɯ³³sɯ²¹⁴tiɛ³³　　nu⁴⁴ no⁴⁴ tiɛ³³?
　　　 我们　走　将行体　　 还是　休息　将行体

我们走还是休息？

例（46）中，两个并列项分别为 $k^ha^{44}zu^{21}mi^{33}di^{33}ŋɤ^{35}$ "是小直邑村" 和 $k^ha^{44}m̩^{21}mi^{33}di^{33}$ "（是）大直邑村"，两个并列项共享同一个话题 $kɑu^{214}$ "上面（那个村子）"。例（47）中，两个并列项分别为加了将行体标记的 $suɯ^{214}tiɛ^{33}$ "走" 和 $no^{44}tiɛ^{33}$ "休息"，二者共享同一个话题 $ŋ^{21}buɯ^{33}$ "我们"。

(49) $ɑ^{33}ɣuɯ^{33}li^{33}$　$tiɛ^{33}$　　nu^{44}　$ɑ^{33}ɬa^{214}piɛ^{214}$　li^{33}　$tiɛ^{33}$？
　　舅父　去　　将行体　还是　舅母　致使　　　去　将行体
　　舅父去还是让舅母去？

(50) $ŋ^{21}$　$mo^{214}tiɛ^{33}$　　nu^{44}　$nɑ^{21}mo^{214}tiɛ^{33}$？
　　我　教　将行体　还是　你　教　将行体
　　我教还是你教呢？

例（49）中的两个并列项分别为自带话题的小句 $ɑ^{33}ɣuɯ^{33}li^{33}tiɛ^{33}$ "舅父去" 和 $ɑ^{33}ɬa^{214}piɛ^{214}li^{33}tiɛ^{33}$ "让舅母去"，第二个并列项的施事不一定是舅父，也可能是其他人，并列项不一定共享话题。例（50）中的两个并列项分别为 $ŋ^{21}mo^{214}tiɛ^{33}$ "我教" 和 $nɑ^{21}mo^{214}tiɛ^{33}$ "你教" 两个小句，两个并列项各有各自的话题，不共享论元。以上选择问的疑问结构中间必须添加表示疑问的选择型并列标记 nu^{44}。

以上为葛颇彝语疑问结构的三种形式，呈现的方式和所表达的意义均不相同。在汉藏语中，有的语言还可以通过句末语气词来表示疑问的概念，如同汉语的"吗"等，如"你吃了吗？"有的还通过句调来表示疑问，如同汉语在表示疑问时，有的结构只需句末语调上扬，如"你吃了？"但这两种情况在葛颇彝语中均体现不明显。葛颇彝语中没有特定的表示疑问概念的句末语气词，有时语气词 $ɑ^{21}$ 可出现在动词重叠表疑问的结构中，但是可省略，省略后不影响疑问义的表达，并且其不具备单独出现表达疑问概念的条件。句末音节降调可作为葛颇彝语动词重叠疑问结构的句调特征，但其也不能单独作为葛颇彝语疑问结构的一种类型。如表 7-2 所示。

表 7-2　　　　　　　　疑问结构主要特征及伴随特征

疑问结构的形式类型 主要特征及伴随特征	动词重叠表疑问	正反疑问结构	选择疑问结构	疑问词疑问结构	句末语气词表疑问	句调变化表疑问
主要特征	重叠形式	正反并列项	选择型并列标记 nu^{44}	疑问词		
伴随特征：						
句末音节降调	+	+/-	+/-	-		
可出现语气词	+	-	-	-		

第二节　疑问词的构成

葛颇彝语中的动词重叠表疑问和疑问词疑问句是最主要的两种疑问形式。其中疑问词疑问句中的疑问词有多种形式，有表示人的疑问词 a^{33}sɯ^{33}，表示事物的疑问词 mo^{44}、mo^{44}tʰa^{21}，表示事件的 kʰɯ^{21}sɯ^{55}，表示时间的 kɛ^{55}lɛ^{55}，表示地点的 ka^{55}la^{55}，表示数量的 kʰo^{21}no^{21}等。疑问词的构成有可循的规律，一般通过表示疑问的语素与表示相应特征的语素结合产生新的疑问词，并且有一定的能产性，如 kʰo^{21}li^{21}（dzo^{35}），表示"（有）多重"。句中出现疑问词并不一定该句就是疑问句，也可能是陈述句等。

一　疑问词的类型

疑问词疑问句在上文中已有简要介绍，此部分将进一步拓展。

(51) tʂʰo³⁵kɛ³³tʂʰɛ³³ɑ³³sɯ³³ŋɤ³⁵?
　　 人　 这　个　谁　是
　　 这个人是谁？

(52) ɑ³³sɯ³³hɛ̃³⁵kɯ³³ dʐo³⁵?
　　 谁　 房子里　在
　　 谁在房子里？

例（51）（52）中疑问词为 ɑ³³sɯ³³ "谁"，分别位于句中和句首位置，疑问词 ɑ³³sɯ³³ 的出现使得该小句成为疑问结构。

(53) kɛ³³ mo⁴⁴ ŋɤ³⁵ lɯ²¹?
　　 这　什么　是　语气
　　 这是什么啊？

(54) nɑ²¹ mo⁴⁴ nɑ⁴⁴tʰɤ²¹liɛ³³?
　　 你　什么　看　出　来
　　 你看出什么来？

(55) nɑ²¹mo⁴⁴tʰɑ²¹mɯ³⁵?
　　 你　什么　做
　　 你在做什么？

(56) nɑ²¹mo⁴⁴tʰɑ²¹dzu²¹ tu⁵⁵?
　　 你　什么　吃　持续体
　　 你在吃什么？

例（53）（54）中的疑问词为单音节的 mo⁴⁴ "什么"，例（55）（56）中的疑问词为双音节的 mo⁴⁴tʰɑ²¹ "什么"，二者在大多数情况下可以互换使用，不影响句意。

(57) kʰɯ²¹ sɯ⁵⁵ mɯ³⁵ ma²¹ tʰɛ²¹?
怎么　做　否定　成
为什么做不成？

(58) kʰɯ²¹ sɯ⁵⁵ mɯ³⁵ ŋ̍⁵⁵?
怎么　做　要
要怎么做？

例（57）（58）中的疑问词为 kʰɯ²¹sɯ⁵⁵ "怎么"，两个句中均省略了施事，也均可以在句首添加施事论元，仍表示疑问的概念。

(59) ti³³ kɛ⁵⁵lɛ⁵⁵ pɛ³³ ka⁵⁵kʰɛ³³ du⁴⁴liɛ³³ no⁵⁵?
他　什么　时间　这　上　过来　曾行体
他什么时候来过这？

(60) ti³³ na²¹ bo³⁵ lɛ³³ kɛ⁵⁵lɛ⁵⁵ tʂʰɛ³³ dɛ²¹.
他　你　告诉　连接词　哪　个　打
他让你打哪个？

例（59）（60）中，疑问词为 kɛ⁵⁵lɛ⁵⁵ "什么"。kɛ⁵⁵lɛ⁵⁵ 必须与量词搭配才能体现其疑问意义，与例（59）中的 pɛ³³ "时间段" 搭配，表示"什么时间"的意义，与例（60）中的 tʂʰɛ³³ "个" 搭配，表示"哪个"的意义。

(61) na²¹ ka⁵⁵la⁵⁵kʰɛ³³ li³³ tiɛ³³?
你　哪里　上　去　将行体
你去哪？

(62) ti³³ ka⁵⁵la⁵⁵mo⁵⁵ du⁴⁴liɛ³³?
他　哪　从由　过来
他从哪里来？

例（61）（62）中，疑问词为 kɑ⁵⁵lɑ⁵⁵ "哪里"，kɑ⁵⁵lɑ⁵⁵ 在句中可以与处所标记 kʰɛ³³ 搭配，如例（61），多数情况下可以省略，如例（62）。

(63) ʐi̠²¹ȵi³³kʰu²¹tʰu²¹kɤ⁴⁴?
今天　几　　到
今天是什么日子了？

(64) tʂʰo³⁵ɣɛ³³tʂʰɛ³³kʰu²¹li³³mi³³di³³ŋɤ³⁵?
人　那　个　哪　　村　是
那个人是哪个村子的？

例（63）（64）中，疑问词分别为 kʰu²¹tʰu²¹ 和 kʰu³³li³³，分别表示"什么日子""哪个村子"的意义，即使在疑问词后不添加时间和村寨意义的量词或名词，这两个疑问词表达的疑问意义也是如此，用法较为固定。tʰu²¹ 在葛颇彝语中仍有表示"某一段时间"的用法，但 li³³ 单独使用时只有趋向动词"去"的意义，在现代葛颇彝语中无"村寨"的相关意义。

(65) ŋɑ⁴⁴kiɛ³³kʰo²¹no²¹po³³bo²¹?
鸡蛋　　多少　个　有
有多少个鸡蛋？

(66) dɯ²¹lɯ²¹pa³³ɣɯ⁵⁵tʂʰɛ³³kʰo²¹nɑ²¹⁴dʐo³⁵?
井　　　　那　个　多深　　有
那口水井有多深？

(67) ti³³kʰo²¹mo⁴⁴dʐo³⁵?
他　多高　有
他有多高？

（68） dzu²¹ dzɛ³³ kiɛ²¹ ɛ³³ kʰo²¹ li²¹ dʐo³⁵？
庄稼　这些　多重　有
这些庄稼有多重？

上述四个例句中的疑问词分别是 kʰo²¹no²¹ "多少"、kʰo²¹nɑ²¹⁴ "多深"、kʰo²¹mo⁴⁴ "多高"、kʰo²¹li²¹ "多重"，这四个疑问词的共同特征在于都是由同一个疑问语素搭配量词或状态形容词构成，这些状态形容词 no²¹ "多"、nɑ²¹⁴ "深"、mo⁴⁴ "高"、li²¹ "重" 均可单独使用。

二 疑问词的构成

孙宏开（1995）通过对藏缅语六十多种语言或方言中的四个典型的疑问代词（谁、什么、哪、多少）进行比较分析，发现虽然各语言、方言的疑问词在各自的发展中已经变化为多种形式，但表疑问的基本语素却有明显的一致关系。摘取部分语料①内容如表7-3所示。

表7-3　　　　　　　　彝语各方言土语的疑问词

	谁	什么	哪	多少
喜德彝语	kʰa⁴⁴di³³	ɕi⁴⁴	kʰa⁴⁴ko³³	kʰɯ²¹n̩i⁴⁴
大方彝语	a³³ɕe³³	mɯ³³lɯ³³	sa⁵⁵na³³	kʰo²¹ŋo²¹
南涧彝语	a²¹sa³¹	a⁵⁵tsa⁵⁵	o¹³	a²¹tɑ³⁵n̩（ɹ）²¹sʅ²¹
南华彝语	A³³se²¹	A³³tsA³³mo³³	A²¹du³³kA⁵⁵	ɣo²¹mo³³sʅ⁵⁵
弥勒彝语	A²¹si³³	A²¹mi⁵⁵	xA³³, tA³³xA³³lɯ³³	no²¹ṣo²¹
墨江彝语	A²¹su³³	A²¹xɯ³³	xA⁵⁵ne̠³³	kʰɯ²¹no̠²¹
傈僳语	a²¹mɛ³³	a⁵⁵ʃɹ²¹	a⁴⁴kua⁴⁴	a⁴⁴miɛ⁴⁴, a⁴⁴n̩ɛ⁴⁴

---

① 孙宏开：《藏缅语疑问方式试析——兼论汉语、藏缅语特指问句的构成和来源》，《民族语文》1995年第5期。

表 7-2 中为六个彝语点和一个傈僳语点的语料，对比可看出，亲属语言、方言、土语之间的疑问词形式各异，但从词根语素来看，应该都是同源的。大部分方言点内部的疑问词也有比较强的一致性，如喜德彝语中 $k^ha^{44}di^{33}$ "谁"、$k^ha^{44}ko^{33}$ "哪"、$k^hɯ^{21}ȵi^{44}$ "多少" 这三个疑问词的第一个音节都由辅音 k^h 开头，大方彝语中 $mɯ^{33}lɯ^{33}$ "什么"、$sa^{55}na^{33}$ "哪"、$k^ho^{21}ŋo^{21}$ "多少" 这三个疑问词的两个音节的元音均一致；有的因为语料不充足规律性不明显，如弥勒彝语和墨江彝语，但从各土语点的四个疑问词来看，规律性不强，需要进一步收集语料进行分析。

上述对喜德彝语、大方彝语疑问词规律的推断也需要进一步收集语料进行确认。本章此部分主要描写葛颇彝语的疑问词，通过从长篇语料中获取例句，并通过诱导式调查的补充，发现疑问词的构成是有迹可循的，这种规律主要体现在三个方面：1. 部分双音节疑问词的第一个音节都由辅音 k 或 k^h 开头；2. 部分双音节疑问词的两个音节的元音均一致（元音和谐）；3. 能产性高。

葛颇彝语疑问词列表（见表 7-4）：

表 7-4　　　　　　　　葛颇彝语的疑问词

表示人、事物		表示事件、地点、时间、个体对象		表示状态	
$a^{33}sɯ^{33}$	谁	$k^hɯ^{21}sɯ^{55}$	怎样	$k^ho^{21}no^{21}$	多少
mo^{44}、$mo^{44}t^ha^{21}$	什么（事、东西）	$kɛ^{55}lɛ^{55}$（$pɛ^{33}$、$tʂ^hɛ^{33}$）	什么（时候）、哪个	$k^ho^{21}li^{21}$	多重
		$ka^{55}la^{55}$（$k^hɛ^{33}$）	哪里	$k^ho^{21}hiɛ^{33}$	多大
		$k^hu^{21}t^hu^{21}$	什么日子	$k^ho^{21}na^{214}$	多深
		$k^hu^{21}li^{33}$	哪个村子	$k^ho^{21}mo^{44}$	多高

通过表 7-3 可知，葛颇彝语中表示人的疑问词 $a^{33}sɯ^{33}$ "谁" 与彝语其他方言、彝语支语言是同源的，核心语素为 $sɯ^{33}$。表示人的疑问词是所有亲属语言、方言、土语的疑问词中最具有一致性的，这与其常用

词的性质相关,使用频率高,稳固性强。

表示事件、地点、时间、个体对象的疑问词在葛颇彝语中特点鲜明,除了第一个音节的辅音为 k 或 k^h 开头外,其两个音节的元音趋同,有元音和谐的特征,如 $kɛ^{55}lɛ^{55}$、$kɑ^{55}lɑ^{55}$ 等。当然也有例外,如 $k^hu^{21}li^{33}$ 表示"哪个(村子)"的意义,并且只有与 $mi^{33}di^{33}$ "村子"搭配时,才能表义清晰,详见例(64)。这类疑问词词的产生也与指示词相关,如表 7-5 所示。

表 7-5　　　　　　　　　　指示词与疑问词

指示词	$kɯ^{55}sɯ^{55}$	这样	$kɛ^{33}$	这(个)	$kɑ^{55}$	这(里)
疑问词	$k^hɯ^{21}sɯ^{55}$	怎样	$kɛ^{55}lɛ^{55}$	哪(个)	$kɑ^{55}lɑ^{55}$	哪(里)

$kɯ^{55}sɯ^{55}$ 表示"这样",通过送气、变换声调为 $k^hɯ^{21}sɯ^{55}$ 表达疑问的概念"怎样";$kɛ^{33}$ 表示"这(个)"的意义,通过变换声调、添加元音和谐的音节变为 $kɛ^{55}lɛ^{55}$ 表达"哪(个)"的意义;$kɑ^{55}$ 表示"这(里)"的意义,通过添加元音和谐的音节变为 $kɑ^{55}lɑ^{55}$ 表达"哪(里)"的意义。

表状态的疑问词一般不能单说,需要在其后添加 $dz̩o^{35}$ "有",才能体现其状态疑问词的意义,如 $k^ho^{21}no^{21}(dz̩o^{35})$ "(有)多少",单独说 $k^ho^{21}no^{21}$,则母语人很难明白这个词是什么意思。表状态的疑问词第一个音节一般为表疑问的语素 k^ho^{21},第二个音节为表示状态的形容词。这也决定了表状态的疑问词能产性高,可根据表达需求灵活组合。

三　非疑问句中的疑问词

葛颇彝语的疑问结构中的一种类型为疑问词疑问句,即这种类型的疑问结构中能表达疑问功能的成分为句中的疑问词。但并不是只要有疑问词出现的句子即为疑问结构,也可能是陈述结构等。疑问词可做不定指的指示词，表示任指和虚指的意义。

（一）否定结构中的疑问词表达任指的意义

任指是指疑问代词所涉范围均无例外。

(69) ti³³ mo⁴⁴ nɛ³³ mɯ³⁵ma²¹ kʰa⁴⁴.
他　什么　也　　做　　　否定　厉害
他什么也做不好。

(70) dʑi⁴⁴ma²¹ tɕʰi⁴⁴ nɛ³³ a³³sɯ³³nɛ³³kʰɯ²¹sɯ⁵⁵ma²¹ ʐa⁴⁴.
砍　　　否定断 连接词　谁　也　怎么　否定　样
（砍香）砍不断呢，谁也没怎么样。

例（69）（70）均为否定结构，句中的疑问词失去了提问的功能。例（69）中，"什么也做不好"，并不是提问做不好的到底是"什么"，这里的 mo⁴⁴ 只做不定指代词用，表示所有的事情都做不好。例（70）中包含两个疑问词 a³³sɯ³³ "谁"、kʰɯ²¹sɯ⁵⁵ "怎么"，但该句并没有提出问题，表示疑问的意义，"谁也没怎么样"既不是提问"谁"，也不是问事情"怎样"了，而实际上是指"所有的人都挺好"。

（二）处于复杂句中的疑问词表达虚指的意义

虚指是指疑问代词所代指的时间、事物不是特定的，是无定的。

(71) hõ³⁵ lɛ³³ mo⁴⁴tʰu²¹kɤ⁴⁴nɛ³³ tʂʰo³⁵ɬa³⁵zu²¹du⁴⁴ma²¹ liɛ³³.
等　连接词　什么　到　连接词　　小伙子　过　否定　来
等到什么时候，小伙子（也）没来。

例（71）是由两个小句组成的复杂句，mo⁴⁴tʰu²¹处于前一个小句中，如果单说第一个小句，该小句为一个疑问结构，听话人听到该疑问结构常理中是需要作答的，但在该例句中，第一个疑问结构添加了连接词 nɛ³³，引出了第二个小句"小伙子（也）没来"，这说明第一个小句失去了疑问的功能，并不需要听话人作答。

(72) mɛ⁴⁴nɛ³³nɛ³³　　ka⁵⁵la⁵⁵kʰɛ³³mɯ⁴⁴，ka⁵⁵la⁵⁵kʰɛ³³dʐo³⁵.
　　 猫　 话题 哪　 上　暖和　哪　 上　在
　　 猫呢，哪里暖和待在哪。

例（72）中，ka⁵⁵la⁵⁵分别位于表示顺承关系的两个小句中，在这种复杂结构中，疑问词ka⁵⁵la⁵⁵丢失了表示疑问的用法，而表示虚指的意义，ka⁵⁵la⁵⁵"哪里"在句中并不是提问具体的地点，而是虚指"某个地方、某些地方"。

葛颇彝语的疑问结构从语义上看主要有三种类型：是非问、特指问、选择问。从形式上来看，特指问对应疑问词疑问结构，选择问对应包含并列标记 nu⁴⁴ 的疑问结构。是非问对应两种形式类型：1.动词重叠表疑问（VV形式）；2.V不V形式的疑问结构。我们认为，VV形式来源于V不V形式的省略，但已经约定俗成为固定的结构，属于形态中的动词重叠的范畴。

葛颇彝语的疑问词疑问结构类型多样，并且其构成有迹可循。表示事件、地点、时间、个体对象的疑问词，除了第一个音节的辅音为k或kʰ开头外，其两个音节的元音趋同，有元音和谐的特征，如 kɛ⁵⁵lɛ⁵⁵、ka⁵⁵la⁵⁵ 等，并且这类疑问词词的产生也与指示词相关。表状态的疑问词第一个音节一般为表疑问的语素 kʰo²¹，第二个音节为表示状态的形容词，这类疑问词能产性高，可根据表达需求灵活组合。疑问词除了表示疑问的概念外还可以表任指和虚指的概念，这与其出现的结构和语境相关。

第 八 章

否定结构

否定结构包括一般否定结构和禁止式否定结构，一般否定结构用否定标记 ma²¹ 表示，禁止式否定用禁止否定标记 ta²¹ 表示。本章将从否定结构的类型、否定的辖域、双重否定三个方面来考察葛颇彝语否定结构的特征。

第一节 否定结构的形式类型

汉语普通话中的否定标记除了禁止否定用"别"以外，一般的否定标记还有"没"和"不"的区分："没"可用于表示对于过去发生的行为的否定，以及对当下正在发生的行为的否定；"不"可用于对于当下正在发生的行为的否定，对于将要发生的行为的否定，以及对于事物性质、状态的否定。

汉语中表达不同的否定意义，可以依靠不同的否定标记，也可以依靠不同的结构，如：

(1) 我没吃饭。
(2) 我没在吃饭/我不在吃饭。
(3) 我不吃饭了。
(4) 我吃不完（这些饭）。

（5）我没吃完饭。
（6）你别吃饭了。

葛颇彝语否定标记较为单一，除了禁止否定标记用 ta^{21} 之外，其他的否定形式均用一个否定标记 ma^{21}。对于不同否定意义的表达，主要是依靠不同的句子结构和上下文语境。

葛颇彝语不同结构表达不同的否定意义（见表8-1）：

表8-1　　　　　　　　　否定结构所表达的意义

	对于过去发生的行为的否定	对于当下正在发生的行为的否定	对于未来可能发生的行为的否定	否定结构本身就是客观事实	对于事物性质、状态的否定
ma^{21}+单音节动词；ma^{21}位于双音节动词的后一个音节前	+	+		+	+
动词+ma^{21}+$tiɛ^{33}$			+		
动词+ma^{21}+fu^{33}	+某事没做完（动作行为没结束）				
动词+ma^{21}+$gʁ^{35}$	+某事没做完（事儿没完）				
动词+ma^{21}+$dʐɛ^{21}$	+对持续状态的否定	+			
动词+ma^{21}+no^{55}	+没做过某事				

由表8-1可知，ma^{21}搭配单音节动词或者 ma^{21} 位于双音节动词的后一个音节前时，可以表达：对于过去发生的行为的否定；对于当下正在发生的行为的否定；否定结构本身就是客观事实；对于事物性质、状态的否定。"动词+ma^{21}+将行体标记 $tiɛ^{33}$" 的结构可以表达对未来可能发生的行为的否定。"动词+ma^{21}+完成体标记 fu^{33}" 的结构表示某事没做完，特指的是动作行为没结束。"动词+ma^{21}+完整体标记 $gʁ^{35}$" 的结构表示某事没做完，特指的是事儿没完。"动词+ma^{21}+持续体标记 $dʐɛ^{21}$"

的结构表示对于过去或现在持续状态的否定。"动词+ma^{21}+曾行体标记 no^{55}"的结构表示没做过某事。后三者都是对过去发生的事情的否定。

下面我们将葛颇彝语否定结构分为三个结构类型来举例考察：1. 否定标记 ma^{21} 与动词搭配，位于单音节动词前或双音节动词的后一个音节前；2. 否定标记 ma^{21} 位于动词后，体标记前；3. 禁止否定标记 ta̠^{21} 的应用情况。

一 否定标记 ma^{21} 位于单音节动词前或双音节动词的后一个音节前

葛颇彝语的动词有的是单音节的，有的是双音节，但无论单音节还是双音节，其否定标记的位置，都是位于小句中动词的最后一个音节前。如果句中只有一个单音节动词，否定标记就位于单音节动词前，如果有两个及以上动词就位于最后一个单音节动词前。如果小句中只有一个双音节动词或者最后一个动词是双音节的，那么否定标记就位于最后双音节动词的最后一个音节前。

（一）否定标记 ma^{21} 位于单音节动词前

葛颇彝语的否定标记均位于句末单音节动词（包括形容词和具有动词用法的体标记）前的位置。

1. 对于过去发生的行为的否定

(1) ŋ̊^{21} dzu^{35} ma^{21} dzu^{21}.
　　我　饭　否定　吃
　　我没吃饭。

(2) ti^{33} mo^{44} nɛ^{33} ma^{21} ba^{44}.
　　她　什么　也　否定　说
　　她什么也没说。

例（1）否定标记 ma²¹ 位于句末动词 dzu²¹ "吃"之前，表示没吃的意义。例（2）否定标记 ma²¹ 位于句末动词 bɑ⁴⁴ "说"之前，表示施事 ti³³ "她"什么也没说。

2. 对于当下正在发生的行为、事件的否定

(3) Q: nɑ²¹　nɑ⁴⁴sɛ²¹nu³⁵　tu⁵⁵　　tu⁵⁵　　ɕi²¹？
　　　　你　眼睛　疼　持续体　持续体　连续体

A1: ŋ̍²¹　nɑ⁴⁴sɛ²¹nu³⁵　tu⁵⁵.
　　　我　眼睛　疼　持续体

A2: ŋ̍²¹　nɑ⁴⁴sɛ²¹ma²¹　nu³⁵.
　　　我　眼睛　否定　疼

你的眼睛还疼吗？我的眼睛不疼。

(4) a. ŋ̍²¹　nɑ²¹sɛ²¹⁴.
　　　　我　你　知道
　　　我认识你。

b. ŋ̍²¹　nɑ²¹　ma²¹　sɛ²¹⁴.
　　　我　你　否定　知道
　　　我不认识你。

例（3）是问答的例句形式，问话人问对方"你的眼睛还疼吗"，问的是当下对方的眼睛是否还疼，答话人的肯定回答如例（3A1），形容词 nu³⁵ "疼"与持续体 tu⁵⁵ 搭配，表示仍然在疼；否定回答如例（3A2），否定标记 ma²¹ 位于形容词 nu³⁵ "疼"之前，表示"我的眼睛不疼"，意思是现在，说话的时候是不疼了，有可能以前疼，但当下不疼。例（4a）是肯定结构，表示"我认识你"；例（4b）其否定结构，发生的情况应该是两个人对话的场景中，无论是当面或者电话或者网络，否定结构"我不认识你"无论在哪种场景中都表达的是"我跟你说话的以前及现在都是不知道你是谁的"，可能通过这次谈话以后就知道，但

以前和目前都不知道。例（3A2）（4b）都包含了对当下正在发生的情况的否定，其中例（4b）还包含了对说话之前发生的事件、行为的否定。

3. 否定结构本身就是客观事实

(5) $k^hu^{21}\,\underset{\sim}{\varepsilon i}^{21}$ $sɯ^{33}ŋ̩i^{33}$, $ʑi^{21}tɕɛ^{35}m̩^{33}dzu^{35}$ ma^{21} $mɯ^{35}$.
年 新 三 天 妻子 饭 否定 做
过年那三天，妻子不做饭。

(6) $ŋ̩^{21}$ $ʑi^{33}$ ma^{21} do^{35}.
我 烟 否定 抽
我不抽烟。

例（5）（6）都是在肯定结构的句末动词前添加否定标记 ma^{21} 成为否定结构，例（5）出现在讲述新年习俗的长篇语料中，"过年那三天，妻子不做饭"是当地葛颇人的习俗，是既成的事实；例（6）可能出现的场景为问话人要抽烟，问答话人抽不抽，答话人说他不抽烟，"我不抽烟"表明答话人一直都不抽烟，或以前抽但现在戒烟了，这里的"我不抽烟"是陈述一个事实。

4. 对于事物性质、状态的否定

(7) lu^{35} $hɯ^{44}mɯ^{21}sa^{21}ma^{21}$ $tʂ\underset{\sim}{\varepsilon}^{21}$.
城 里 天气 否定 好
城天气不好。

(8) $ti^{55}piɛ^{214}ma^{21}$ hu^{35}.
衣服 否定 干净
衣服不干净。

例（7）（8）都是对事物性质、状态的否定。否定标记 ma²¹ 位于 tʂɛ̠²¹ "好"、hu³⁵ "干净"之前。

(9) ti³³ŋ̩²¹ vi³³ tʂʰo³⁵ma²¹ ŋɤ³⁵.
他 我 家 人 否定 是
他不是我们家人。

(10) sʅ³⁵po³³ ɣɛ³³ti³³ dzo³⁵ ma²¹ ŋa³³.
书 那 他 领属 否定 是
那本书不是他的。

例（9）（10）是对判断结构的否定，葛颇彝语中判断动词有 ŋɤ³⁵ 和 ŋa³³ 两个。否定标记位于判断动词之前。

5. 对心理活动动词的否定

(11) ti³³ na⁴⁴nɯ³³ma²¹ tɕi⁴⁴.
她 鬼 否定 怕
她不怕鬼。

(12) ŋ̩²¹ ti³³ ma²¹ zi⁵⁵.
我 他 否定 喜欢
我不喜欢他。

例（11）（12）是对于心理活动动词的否定，否定标记 ma²¹ 位于心理活动动词 tɕi⁴⁴ "怕"、zi⁵⁵ "喜欢"之前。

6. 对能愿动词的否定

(13) ŋ̩²¹ ma²¹ mɛ³³.
我 否定 能
我不能。

(14) ti³³　ma²¹　kɯ²¹⁴.
　　他　否定　不会
　　他不会。

例（13）（14）是对能愿动词的否定，当句中能愿动词作为主要动词出现时，否定标记位于能愿动词之前。

（二）否定标记 ma²¹ 位于双音节动词/形容词的两个音节之间

(15) a. ŋ̍²¹sa²¹⁴lɯ³³dia²¹.
　　　我　生气　状态变化体
　　　我生气了。

　　b. ŋ̍²¹　sa²¹⁴　ma²¹　lɯ³³.
　　　我　生气-　否定　-生气
　　　我没生气。

(16) a. ti³³　sʅ³⁵　so³³　vu²¹dza²¹.
　　　他　书　读　努力
　　　他读书很努力。

　　b. ti³³　sʅ³⁵　so³³　va³³　vu²¹　ma²¹　dza²¹.
　　　他　书　读　话题　努力-　否定　-努力
　　　他读书不努力。

例（15ab）中的 sa²¹⁴lɯ³³ "生气"是一个双音节的动词，拆开这个双音节的词，单个音节都没有意义，例（15a）为肯定结构，意为"我生气了"，如果要表达"我没生气"的意思，如例（15b），否定标记 ma²¹ 位于 sa²¹⁴lɯ³³ 的两个音节之间，变成 sa²¹⁴ma²¹lɯ³³。例（16ab）中 vu²¹dza²¹ 是努力的意思，这是对未出现的施事者状态的描写，其肯定结构如例（16a），否定结构如例（16b），要说明施事者在学习方面不努力,则否定标记 ma^{21} 位于两个音节之间,变成 vu^{21}ma^{21}dza^{21}。

(三)否定标记 ma^{21} 位于多个动词连用的最后一个动词的最后一个音节前

多个动词连用,否定标记位于最后一个动词前,或最后一个双音节动词的最后一个音节前,连用的动词除了语义上呈时间顺序的连用形式外,其他的动词连用结构中,后置的动词大多都是固定的,可能是趋向动词"来""去""过来""回去"等,也可能是形容词(本书将其归为动词的一个类别),也可能是心理活动动词、能愿动词等。

(17) a. a^{55}ʑɛ^{21} dzu^{35} mɯ^{35} dzu^{21}.
妈妈 饭 做 吃
妈妈做饭吃。

b. a^{55}ʑɛ^{21} dzu^{35} mɯ^{35} ma^{21} dzu^{21}.
妈妈 饭 做 否定 吃
妈妈没做饭吃。

(18) a. a^{33}ba^{33} dzu^{35} dzu^{21} du^{44} liɛ^{33} dia^{21}.
爷爷 饭 吃 过来 状态变化体
爷爷过来吃饭了。

b. a^{33}ba^{33} dzu^{35} dzu^{21} du^{44} ma^{21} liɛ^{33}.
爷爷 饭 吃 过 否定 来
爷爷不过来吃饭。

例(17a)(18a)的肯定形式均为多动词结构,对上述多动词结构进行否定,否定标记需添加在句末单音节动词前,如果句末动词为双音节形式,则需添加在句末双音节动词的两个音节之间。如例(17b)否定标记 ma^{21} 位于句末动词 dzu^{21} "吃"前,例(18b)否定标记 ma^{21} 位于最后一个组合趋向动词 du^{44}liɛ^{33} "过来"之间。即无论多动词结构中有几个动词,在同一个小句中,否定标记都位于最后一个动词的最后一个音节前。

葛颇彝语中的心理活动动词和能愿动词一般都位于句末,与藏缅语其他语言相同。否定结构中,当只出现心理活动动词时,否定标记位于心理活动动词之前。当否定结构中既有心理活动动词又有一般动词时,否定标记一般出现在句末的心理活动动词之前。当否定结构中既有能愿动词又有一般动词时,能愿动词均位于句末动词位置,否定标记只出现在句末的能愿动词之前。如:

(19) a. ŋ̩^{21} ko^{44} do^{21} ba^{44} kɯ^{214}.
　　　 我　葛颇 话　说　会
　　　 我会说葛颇话。
　　b. ŋ̩^{21} ko^{44} do^{21} ba^{44} ma^{21} kɯ^{214}.
　　　 我　葛颇 话　说　否定　会
　　　 我不会说葛颇话。
(20) a. ŋ̩^{21} no^{44} mɯ^{35} na^{44} dɯ^{21}.
　　　 我　活　做　想
　　　 我想干活。
　　b. ŋ̩^{21} no^{44} mɯ^{35} na^{44} ma^{21} dɯ^{21}.
　　　 我　活　做　想-否定　-想
　　　 我不想干活。

例(19b)中,能愿动词 kɯ^{214} "会"位于句末,言说动词 ba^{44} "说"搭配名词短语 ko^{44}do^{21} "葛颇话"位于其前,否定标记 ma^{21} 位于句末能愿动词之前,表示"不会说葛颇话"的意义。例(20b)中,双音节的能愿动词 na^{44}dɯ^{21} "想"位于句末,行为动作动词 mɯ^{35} "做"搭配名词 no^{44} "活"位于能愿动词前,其否定形式为否定标记 ma^{21} 位于句末双音节能愿动词的最后一个音节前,即双音节动词的两个音节之间,表示"不想干活"的意义。

二 否定标记 ma²¹ 位于动词后、体标记前

能与否定标记 ma²¹ 搭配的体标记主要有将行体标记 tiɛ³³、完成体标记 fu³³、完整体标记 gʁ³⁵、持续体标记 dʐɛ²¹、曾行体标记 no⁵⁵。

（一）否定标记 ma²¹ 位于动词后、将行体标记 tiɛ³³ 之前

我们认为，否定标记 ma²¹ 位于动词后、将行体标记前，在这种结构中，体标记是保留一定动词用法的。因此，在这种特定结构中，这种否定形式也符合葛颇彝语否定结构中否定标记位于句末单音节动词前的规则。否定标记位于动词后、体标记前的否定结构，否定的是体标记所呈现动作行为进展的时间、完成的情况。

（21）a. ŋ̍²¹ dzu³⁵ dzu²¹ ma²¹ tiɛ³³.
我 饭 吃 否定 将行体
我不吃饭了。

（22）ʑi²¹ ȵi³³ ti³³ du⁴⁴ liɛ³³ ma²¹ tiɛ³³.
今天 他 过 来 否定 将行体
今天他不过来。

例（21）（22）都是对于动作、行为即将发生的状态否定，这类结构中都包含将行体标记 tiɛ³³，其否定形式都是否定标记 ma²¹ 位于句末将行体标记之前、动词之后。如果将上述例句中的否定标记挪到动词前，该例句则不成立。

（二）否定标记位于动词后、完成体标记 fu³³ 之前

（23）tʰɛ³⁵ ma²¹ fu³³ va³³ nu³³, ȵi⁴⁴ tɕʰi⁴⁴ gʁ³⁵.
跑 否定 完成体 连接词 语调单位 沤 断 完整体

（麻线）跑不完，就沤完。

(24) ti³³ sɿ³⁵ so³³ ma²¹ fu³³ nu³³, mo⁴⁴nɛ³³mɯ³⁵ma²¹ko²¹⁴.
　　 她 书 读 否定 完成体 连接词 什么 也 做 否定 可以
　　 她没读完书，什么也做不了。

例（23）（24）都是对施事者的某个动作是否完成的否定，这类结构中都包含完成体标记 fu³³，否定形式都是在完成体标记 fu³³ 前、动词后插入否定标记 ma²¹。例（23）中，tʰɛ³⁵ma²¹fu³³ 是指跑麻线跑不完，是动作的尚未完成。例（24）中，sɿ³⁵so³³ma²¹fu³³ 是指读书的动作没完成，干不了别的事情。

（三）否定标记位于动词后、完整体标记 gɤ³⁵ 之前

(25) ŋa⁴⁴ mɯ³³ pu⁵⁵tu³³du³⁵ ma²¹ gɤ³⁵.
　　 鸡 毛 火 燃烧 否定 完整体
　　 鸡毛没烧完。

(26) ʑi²¹ɲi³³ŋ̩²¹ nu³⁵ dia²¹, no⁴⁴nɛ³³mɯ³⁵ma²¹ gɤ³⁵.
　　 今天 我 病 状态变化体 活 也 做 否定 完整体
　　 我今天病了，活儿都没做完。

例（25）（26）是对事件完成度的否定，这类结构中都包含完整体标记 gɤ³⁵，否定形式都是在完整体标记 gɤ³⁵ 前、动词后插入否定标记 ma²¹。例（25）表达的是鸡毛没烧完，而不是指的是烧的动作，例（26）表达的是活没做完，可能还剩了一部分。

(27) ta²¹ʐo²¹ ma²¹ gɤ³⁵ 全部
　　 一样 否定 完整体

在葛颇彝语中，有一种常用的结构，如例（27），表示"全部"的意义，但单独分解这个四字短语，每个音节的意义都比较明确，但组合起来与"全部"的意义难以重合，四字短语最后两个音节为 $ma^{21}gɤ^{35}$，是否定标记搭配完整体标记，与上例（25）（26）的结构相同，我们将其在此列出，短语组合形式的内涵以后再加以分析。

（四）否定标记位于动词后、持续体标记 $dʑɛ^{21}$、tu^{55} 之前

（28） ti^{33}　　$la^{21}hɯ^{44}$　　mo^{44}　　$nɛ^{33}tɯ^{55}$　　ma^{21}　　$dʑɛ^{21}$.
　　　 他　　 手里　　 什么　　 也　　 拿　　 否定　　 持续体
　　　 他手里什么也没拿。

（29） $ŋ̍^{21}$　　$ʑi̩^{21}$　　ma^{21}　　tu^{55}.
　　　 我　　 睡　　 否定　　 持续体
　　　 我没在睡觉。

例（28）（29）是对动作持续状态的否定，这类结构中都包含持续体标记 $dʑɛ^{21}$ 或 tu^{55}，否定标记 ma^{21} 位于持续体标记之前、动词之后。但这类结构在葛颇彝语中较为少见，这与其表达的语义相关。

（五）否定标记位于动词后、曾行体标记 no^{55} 之前

（30） $ŋ̍^{21}$　　$tsʰ ɿ^{21}fu^{21}dzu^{21}$　　ma^{21}　　no^{55}.
　　　 我　　 狗 肉 吃　　 否定　　 曾行体
　　　 我没吃过狗肉。

（31） $ŋ̍^{21}$　　$kɯ^{55}$　　$kʰu^{21}$　　$du^{44}liɛ^{33}$　　$ma^{21}no^{55}$.
　　　 我　　 这　　 年　　 过来　　 否定 曾行体
　　　 我今年没来过。

例（30）（31）是对于施事者曾经发生的事情的否定。这类结构中

都包含曾行体标记 no⁵⁵，否定标记 ma²¹ 位于曾行体标记之前、动词之后。例（30）表示施事"我"从来没吃过狗肉；例（31）表示施事"我"今年没来过某处。

通过上述分析可知，否定标记在葛颇彝语中可以出现在体标记之前，与不同的体标记搭配表达不同的意义，体标记本身没有实义，但在与否定标记搭配结构中，仍保留着动词用法。为了表述清晰，我们仍将 tiɛ³³、fu³³、gɤ³⁵、dzɛ²¹、no⁵⁵ 称为体标记，只是这些体标记在否定标记搭配的结构中，仍作动词用。

三 禁止否定标记 ta̠²¹ 的应用情况

（32） na²¹ ta̠²¹ tʰɛ³⁵.
你 禁止 跑
你别跑。

（33） na²¹ du⁴⁴ ta̠²¹ liɛ³³.
你 过 别 来
你别过来。

（34） na²¹ sɑ²¹⁴ ta̠²¹ lɯ³³.
你 生气- 禁止 -生气
你别生气。

例（32）—例（34）中，禁止否定标记 ta̠²¹，只能用于对未发生、将要发生的动作行为的禁止否定，不能用于对表示过去发生事件及事物性质、状态的词的否定，并且对于未发生的事件的否定，否定标记不能位于将行体标记之前，只能出现在动词之前，这与一般否定形式略有差异。其出现的位置，既可以在单音节动词前，如例（32）；也可以在组合音节、双音节动词最后一个音节前，如例（33）（34）。

第二节　否定的辖域

否定结构有的是针对全句的否定，有的是针对谓语的否定，有的是针对句子成分的否定，还有在主从结构中，有针对主句、从句不同形式的否定，这些都是否定的辖域问题。本节将根据葛颇彝语否定结构的形式类型探讨其否定的辖域。

一　小句的否定的辖域

葛颇彝语中的限定动词和非限定动词界限不清，否定标记的位置又较为固定，一般位于句末单音节动词（包括形容词和有动词用法的体标记）前，或句末双音节动词的两个音节之间，所以难以区分在小句中，究竟是针对句子层面的否定还是针对谓语/动词短语的否定。如果要针对句子成分（如论元）进行否定，则需要变成判断结构，再对其进行否定。

（一）一个动词

当句中只有一个动词时，否定的辖域为整个谓语。

(35) a. ʑi²¹ tɕɛ³⁵ m̩³³ dzu³⁵ mɯ³⁵ dia²¹.
　　　 妻子　　 饭　做　 状态变化体
　　　 妻子做饭了。
　　b. ʑi²¹ tɕɛ³⁵ m̩³³ dzu³⁵ ma²¹ mɯ³⁵.
　　　 妻子　　饭　做　否定 做
　　　 妻子不做饭。
　　c. dzu³⁵ mɯ³⁵ zu²¹　　 ʑi²¹ tɕɛ³⁵ m̩³³ ma²¹　 ŋa³³.
　　　 饭　做　名物化　妻子　　 否定　是

做饭的人不是妻子。
d. ʐi²¹tɕɛ³⁵m̩³³tiɛ³³ mɯ³⁵lɛ³³   ɣɛ³³dzu³⁵ma²¹ ŋa³³.
   妻子   施事 做 连接词   那 饭 否定 是
   妻子做的不是饭。

例（35a）为肯定结构，表示"妻子做饭了"，事件已然发生了。例（35b）对该事件进行否定，否定标记 ma²¹ 位于动词前，表示该动作行为实际上并没有发生，否定的范围为谓语 dzu³⁵mɯ³⁵ "做饭"。

如果谈话需要对例（35a）中的单个论元进行否定，在葛颇彝语中需要把小句变换形式，使其成为判断句，再对其进行否定，如上例（35c）（35d），例（35c）是判断句的否定形式，表示"做饭的人不是妻子"，可能另有其人；例（35d）也是判断句的否定形式，表示"妻子做的不是饭"，可能是别的东西。二者都是对例（35a）的句子成分，即施受论元的否定。

(36) ti³³ ʐɛ³⁵m̩³³ma²¹ bo²¹.
     他 钱   否定 有
     他没有钱。

例（36）为存在类动词的否定结构，否定标记位于存在类动词 bo²¹ 之前，否定动词短语 ʐɛ³⁵m̩³³bo²¹ "有钱"，表示"没有钱"的意义。

（二）连动结构

当句中有多个动词时，即使多动词结构有不同类型，葛颇彝语的否定标记只能出现在句末动词的最后一个音节前。

值理注意的是连动结构的否定。连动结构中的多个动词一体性强，在句中相当于一个动词，对其整体否定时，否定的辖域是多动词短语。对葛颇彝语的连动结构进行否定，否定的内容不同，否定的结构形式和否定辖域则不同，对整个连动结构进行否定，其否定辖域也为整个多动词短语。

1. 典型的多动词结构的否定

(37) a. a^{55}ʑɛ^{21}ɦo^{21}tʂa^{35}tʂa^{214}dzu^{21}.
　　　妈妈　蔬菜　煮　吃
　　　妈妈煮菜吃。

b. a^{55}ʑɛ^{21}ɦo^{21}tʂa^{35}tʂa^{214}ma^{21}　dzu^{21}.
　　妈妈　蔬菜　煮　否定　吃
　　妈妈没煮菜吃。

c. a^{55}ʑɛ^{21}ɦo^{21}　tʂa^{35}ma^{21}tʂa^{214}，va^{35}fu^{21}tʂa^{214}dzu^{21}
　　妈妈　蔬菜　否定　煮　猪肉　煮　吃
　　妈妈没煮菜，煮了猪肉吃。

d. a^{55}ʑɛ^{21}ɦo^{21}tʂa^{35}tʂa^{214}lɛ^{33}　　ma^{21}　dzu^{21}
　　妈妈　蔬菜　煮　连接词　否定　吃
　　妈妈煮了菜没吃。

例（37a）是包含两个动词的连动结构，动词 tʂa^{214} "煮"、dzu^{21} "吃" 共享同一个施事 a^{55}ʑɛ^{21} "妈妈"，共享同一个受事 ɦo^{21}tʂa^{35} "蔬菜"。在葛颇彝语中，当要对连动结构进行否定时，其表达形式可以为例（37b）、例（37c）、例（37d）三种，例（37b）表达的是施事"妈妈"没煮菜吃，否定的辖域为多动词短语；例（37c）表达的是施事"妈妈"没煮菜吃，煮了猪肉吃，否定的内容为受事；例（37d）表达的是施事"妈妈"煮了菜没吃，否定的辖域为动词 dzu^{21} "吃"。

(38) a. ŋ^{21}　lu^{35}　hɯ^{44}　no^{44}ȵɛ^{214}vɛ^{35}　li^{33}.
　　　我　城　里　东西　买　去
　　　我去城里买东西。

b. ŋ̩²¹lu³⁵hɯ⁴⁴ no⁴⁴ȵɛ²¹⁴vɛ³⁵ma²¹ li³³.
　　我 城　里　 东西　 买 否定 去
　　我没去城里买东西。

c. ŋ̩²¹lu³⁵hɯ⁴⁴li³³no⁴⁴ȵɛ²¹⁴ma²¹vɛ³⁵, tʂʰo³⁵tʂʰo²¹ ʂu³³ lɛ³³gu³³.
　　我 城　里 去 东西　 否定 买 朋友　　 找　 玩
　　我去城里没买东西，找朋友玩了。

例（38）也是如此，例（38a）都是包含两个动词的连动词结构，对其进行否定时，可以是例（38b）施事"我"没去城里买东西，否定的辖域为整个多动词短语；也可以对句中其他成分进行否定，如例（38c），表示施事"我"去了城里没买东西，去找朋友玩了，否定的辖域为事件的目标"买东西"。

2. 动结式多动词结构的否定

多动词结构中有一种形式类型为动结式，即动词与形容词搭配，因为在葛颇彝语中性质形容词的功能多与动词相近，我们将形容词看作动词的一个小类，主要表示事物的状态与性质，可称作状态动词类。对这类多动词结构进行否定，否定标记也位于句末动词（包括形容词前）或句末具有动词用法的体标记前。

(39) a. ti³³ sɑ⁴⁴pa³³dɛ²¹ ʂɛ⁴⁴ fu³³.
　　　　他　 碗　　 打　　　烂 完成体
　　　　他把碗打烂了。

b. ti³³sɑ⁴⁴pa³³dɛ²¹ ma²¹ ʂɛ⁴⁴.
　　他　碗　 打　否定　 烂
　　他没把碗打烂。

(40) a. ŋ̩²¹ lo⁵⁵zi³³ti⁴⁴ tʂɛ²¹dia²¹.
　　　　我　 茶　　 泡　 好 状态变化体
　　　　我把茶泡好了。

b. ŋ̊²¹ lo⁵⁵ʐi³³ ti⁴⁴ ma²¹ tʂɛ²¹.
　我　茶　　泡　否定　好
　我没泡好茶。

例（39）中，例（39a）为肯定结构，表示"他把碗打烂了"；（39b）为其否定形式，否定标记 ma²¹ 位于句末形容词 ʂɛ⁴⁴ "烂"之前，否定的辖域整个连动结构，表示"他没把碗打烂"。例（40a）为肯定结构，表示"我把茶泡好了"；例（40b）为其否定形式，否定标记 ma²¹ 位于句末形容词 tʂɛ²¹ "好"之前，否定的辖域为整个连动结构，表示"我没泡好茶"。

如果只对连动结构的后一动词/形容词进行否定，则需要在例（39b）（40b）中的第一个动词音节 dɛ²¹ "打"，ti⁴⁴ "泡"后插入连接词 lɛ³³，表示"碗打了，没烂""茶泡了，但还没好"的意义。

二　补语结构的否定

补语结构也可看作广义的多动词结构的一种，主要动词为心理活动动词、能愿动词等与其补语搭配。其否定形式依然为在句末单音节动词前或句末双音节动词之间添加否定标记，否定的辖域为带补语的动词。

(41) a. n̠i⁴⁴ ɣiɛ²¹ʐi²¹　　va³³　dzɛ²¹tɕi⁴⁴.
　　　心　大　名物化　话题　骑　敢
　　　胆子大的人敢骑。
　　b. n̠i⁴⁴ n̠ɛ³³ ʐi²¹　　va³³　dzɛ²¹ ma²¹ tɕi⁴⁴.
　　　心　小　名物化　话题　骑　否定　敢
　　　胆子小的人不敢骑。
(42) a. lo²¹⁴　ɣɛ³³tʂʰɛ³³tʂʰo³⁵ dzu²¹ na⁴⁴dɯ²¹.
　　　老虎　那　个　人　　吃　想

那个老虎想吃人。

b. lo²¹⁴ ɣɛ³³tʂʰɛ³³tʂʰo³⁵dzu²¹na⁴⁴ma²¹ dɯ²¹.
   老虎 那 个 人   吃 想-否定 -想
   那个老虎不想吃人。

例（41a）（42a）为肯定结构，句末动词分别为单音节的心理活动动词和双音节的能愿动词，其否定形式如例（41b）在心理活动动词 tɕi⁴⁴ "敢"前添加否定标记，表示"不敢骑"，否定的辖域 tɕi⁴⁴ "敢"。例（42）在句末双音节的能愿动词 na⁴⁴dɯ²¹ "想"两个音节之间添加否定标记变成 na⁴⁴ma²¹dɯ²¹，表示"不想吃人"，否定辖域为能愿动词 na⁴⁴dɯ²¹ "想"。

三　并列结构否定的辖域

并列结构包括词内语素的并列，短语内部词的并列，小句内部成分的并列，句子的并列等。讨论并列结构的否定，一般从小句内部成分的并列开始考察，然后是复杂句式内部小句的并列。由于葛颇彝语的否定标记只能位于动词前，不能直接对论元进行否定，我们在探讨小句内部并列结构的否定，一般也只能通过复句的形式来体现。小句与小句的并列结构的否定辖域只是否定标记出现的该小句，并不能覆盖整个并列结构。

(43) a. ŋ̍²¹ tʂʰɛ²¹⁴nɛ³³mɛ²¹pɛ³³nɛ³³bo²¹.
   我 箭 并 枪 并 有
   我有箭和枪。

b. ŋ̍²¹ tʂʰɛ²¹⁴nɛ³³mɛ²¹pɛ³³nɛ³³ ma²¹ bo²¹.
   我 箭 并 枪 并 否定 有
   我没有箭和枪。

c. ŋ̩²¹ tʂʰɛ²¹⁴ nɛ³³ bo²¹, mɛ²¹ pɛ³³ nɛ³³ bo²¹.
　　我　箭　并　有　　枪　　并　有
　　我有箭，还有枪。

d. ŋ̩²¹ tʂʰɛ²¹⁴ nɛ³³ ma²¹　bo²¹, mɛ²¹ pɛ³³ nɛ³³ bo²¹.
　　我　箭　并　否定　有　枪　　并　有
　　我没有箭，有枪。

e. ŋ̩²¹ tʂʰɛ²¹⁴ nɛ³³ bo²¹, mɛ²¹ pɛ³³ nɛ³³ ma²¹　bo²¹.
　　我　箭　并　有　　枪　　并　否定　有
　　我有箭，没有枪。

f. ŋ̩²¹ tʂʰɛ²¹⁴ nɛ³³ ma²¹ bo²¹, mɛ²¹ pɛ³³ nɛ³³ ma²¹ bo²¹.
　　我　箭　并　否定　有　枪　　并　否定　有
　　我没有箭，也没有枪。

例（43b）是对例（43a）小句的否定，否定标记位于句末动词之前，表示"箭和枪都没有"的意义。例（43c）均是小句的并列，其义与例（43a）相同，只是以小句并列的形式呈现。例（43de）都是对其中的一个小句进行否定，另一个小句保留了原义，由此可见，对于小句的并列结构进行否定，否定的辖域只限于单个小句。例（43f）是对两个小句分别进行了否定，否定的辖域分别是否定标记存在的单个小句。

四　主从结构的否定辖域

主从结构一般包含一个主句和一个从句，主要包括表时间关系、因果关系、条件与假设关系、目的关系、让步关系的五种类型的主从结构。主从结构的否定可以是针对主句的否定，也可以是针对从句的否定。无论是针对主句的否定还是针对从句的否定，其否定的辖域都仅限于否定标记所在的主句或从句，不能覆盖整个复句。

(44) ti³³ gu̠²¹liɛ³³pɛ³³, tiɛ⁵⁵ko³³ma²¹ dz̻o³⁵dia²¹.
　　他　回来　时间　他哥哥　否定　在　状态变化体
　　当他回来时，他哥哥已经不在了。

例（44）是表示时间关系的主从结构，否定标记 ma²¹ 位于主句的存在类动词 dz̻o³⁵ 前，表示"他哥哥已经不在了"的意义，否定的辖域为主句，并不覆盖从句部分。

(45) mɯ²¹xũ³⁵ dɯ³³n̻i³³nu³³, ŋ̩²¹ li³³ ma²¹ tiɛ³³.
　　天　下雨　因为 连接词　我　走　否定　将行体
　　因为下雨，我不走了。

例（45）是表示因果关系的主从结构，否定标记位于主句的趋向动词 li³³ 后、将行体标记 tiɛ³³ 前，否定的辖域仍为主句，不覆盖从句。

(46) ti³³pa⁴⁴lɛ³³　tʂʰu²¹ti³³li³³nu³³, ɕi⁴⁴nɯ³³dzu²¹nɛ³³ma²¹dzu²¹.
　　他 忙 连接词　车　撵 去 连接词 早晨　吃　也 否定 吃
　　他为了赶车子，早晨也没吃（饭）。

例（46）为表示目的的主从结构，否定标记位于主句的句末动词 dzu²¹ "吃"前，否定的范围为主句，也不覆盖从句。

(47) ti³³ sɿ³⁵mɯ³⁵va³³mɯ³⁵nɯ⁴⁴tʂʰa³³, mɯ³⁵tʂɛ̠²¹ma²¹ ko²¹⁴.
　　他 事 做 助词 做 快　很　做 好 否定 可以
　　他做事是快，但做得不怎么好。

例（47）为表示让步的主从结构，否定标记位于主句的句末能愿动词 ko²¹⁴ "可以" 前，否定的范围为主句，不覆盖从句。

(48) a³³ sɯ³³vu²¹ma²¹ɣiɛ²¹, a³³sɯ³³tiɛ³³no⁴⁴ ŋɛ²¹⁴lo³⁵ʑi²¹ tɯ⁵⁵dzɛ²¹.
谁 力气 否定 大　谁 施事 东西 轻 名物化 拿 持续体
谁力气不大，谁就拿轻的东西。

例（48）为表示条件的主从结构，否定标记位于从句的句末形容词 ɣiɛ²¹ "大" 前，否定的范围为从句，不覆盖主句。

(49) ʑi²¹ȵi³³mɯ³⁵ma²¹xũ³⁵　va³³,　ŋ²¹tu⁵⁵bo³⁵da⁴⁴li³³tiɛ³³.
今天 天 否定 下雨 连接词 我 就 山 上 去 将行体
如果今天不下雨，我就上山去。

例（49）为表示假设的主从结构，否定标记位于从句的句末动词 xũ³⁵ "下雨" 前，否定的范围为从句，不覆盖主句。

五　包含连接词 lɛ³³ 的句子的否定辖域

葛颇彝语中的多动词结构类型较彝语北部方言、东部方言等形式上较为单一，在表达目的、方式等语义内容等的结构中，必须添加连接词 lɛ³³ 构成复杂结构，与小句形式略有差异。包含连接词 lɛ³³ 的结构的否定的辖域也只能是 lɛ³³ 前或 lɛ³³ 后的单个动词短语或小句成分，不能覆盖整个复杂结构。

(50) a. ti³³　lu³⁵hɯ⁴⁴　li³³lɛ³³　　no⁴⁴ŋɛ²¹⁴vɛ³⁵.
他 城 里 去 连接词 东西 买
他进城去买东西。

b. ti^{33}　lu^{35}　hɯ^{44} li^{33}　lɛ^{33}　　no^{44}ȵɛ^{214}ma^{21}　vɛ^{35}.
　　他　城　里　去　连接词　东西　否定　买
　他进城去没买东西。

c. ti^{33}　lu^{35}　hɯ^{44}ma^{21}　li^{33}　nɛ^{33}　　no^{44}ȵɛ^{214}　vɛ^{35}　ɦo^{44}.
　　他　城　里　否定　去　连接词　东西　买　得
　他没进城去买东西。

（51）a. ti^{33}　nu^{35} tʂʰa^{33}　lɛ^{33}　　sʅ^{35}so^{33}hɛ̃^{35}li^{33}.
　　　　　他　病　痊愈　连接词　学校　　去
　　　他病好了去学校。

b. ti^{33}　nu^{35}　lɛ^{33}　　sʅ^{35}so^{33}hɛ̃^{35}ma^{21}　li^{33}.
　　他　病　连接词　学校　　否定　去
　他病了没去学校。

c. ti^{33}　tso^{35}ʐɛ^{21}ma^{21}　mɯ^{35}nɛ^{33}　　tu^{55}　sʅ^{35}so^{33}hɛ̃^{35}li^{33}.
　　他　作业　否定　做　连接词　就　学校　　去
　他没做作业就去学校了。

（52）a. ti^{33}　lu^{55}m̩^{21}tʂʰu^{21}ȵi^{35}lɛ^{33}　　lu^{35}　hɯ^{44} li^{33}.
　　　　　他　马　车　坐　连接词　城　里　去
　　　他坐马车去城里。

b. ti^{33}　lu^{55}m̩^{21}tʂʰu^{21}ȵi^{35}lɛ^{33}　　lu^{35}　hɯ^{44}ma^{21}　li^{33}.
　　他　马　车　坐　连接词　城　里　否定　去
　他坐马车没去城里。

c. ti^{33}　lu^{55}m̩^{21}tʂʰu^{21}ma^{21}　ȵi^{35}nɛ^{33}　　lu^{35}　hɯ^{44} li^{33}.
　　他　马　车　否定　坐　连接词　城　里　去
　他没坐马车去城里。

　　例（50a）（51a）（52a）是葛颇彝语中添加了连接词的复杂结构，分别表示目的、因果、方式等意义。对例（50a）（51a）（52a）的否定，如果要保持原句式不变，则只能否定连接词 lɛ³³ 后的动词短语或小句，如例（50b）（51b）（52b），例（50b），在动词 vɛ³⁵ "买"前添加否定标记 ma²¹，表示"他进城了，但没买东西"，如果对 lɛ³³ 前一个动词短语进行否定，则连接词 lɛ³³ 消失，由连接词 nɛ³³ 替代，变成了两个更加独立的小句，如例（50c），表示"他没进城去买东西"。同理，对例（51a）（52a）的否定也是如此，如例（51b）（52b），只能对 lɛ³³ 后的动词短语进行否定，分别表示"他病了没去学校""他坐马车没去城里（可能去了别的地方）"，如果针对前一个小句进行否定，如例（51c）（52c），则连接词 lɛ³³ 消失，由连接词 nɛ³³ 替代，分别表示"他没写作业就去了学校（因原句变化后语义不通，遂换了其他表义通顺的动词短语）""他没坐马车去城里"。

例（50c）（51c）（52c），与原句例（50a）（51a）（52a）和例（50b）（51b）（52b）最大的不同之处在于，已经不能表达目的、因果、方式的意义，因此连接词 lɛ³³ 消失。可见，连接词 lɛ³³ 很可能与表达目的、因果、方式的意义相关。

第三节　双重否定

双重否定是指小句中有两个否定成分分别作用于不同的句子成分。双重否定在大多数语言中都表达的是肯定的意义，只是与肯定句的语气和程度不同，只有小部分语言（如豪萨语、罗曼语等）的双重否定仍表达否定的意义，并且起强调否定义的作用[1]。葛颇彝语的否定标记只能位于动词（包括形容词和具有动词用法的体标记）前，针对动词短语进行否定。葛颇彝语中的双重否定表示肯定，并且伴有必须、强制的意义。

---

[1] 刘丹青编著：《语法调查研究手册（第二版）》，上海教育出版社 2017 年版，第 147 页。

(53) a. na²¹ lu³⁵ hɯ⁴⁴li³³ ko²¹⁴.
　　　你　城　里　去　可以
　　　你可以去城里。

b. na²¹ lu³⁵ hɯ⁴⁴li³³ ma²¹ ko²¹⁴.
　　你　城　里　去　否定　可以
　　你不可以去城里。

c. na²¹ lu³⁵ hɯ⁴⁴ma²¹ li³³ ma²¹ tʰɛ²¹.
　　你　城　里　否定　去　否定　成
　　你不去城里不行。

d. na²¹ lu³⁵ hɯ⁴⁴ma²¹ li³³ ŋ̍⁵⁵ ma²¹ di̱²¹.
　　你　城　里　否定　去　要　否定　得
　　你不去城里不行。

例（53a）为肯定结构，表示"你可以去城里"，例（53b）为其否定结构，否定的是能愿动词 ko²¹⁴ "可以"，表示"你不可以去城里"。例（53c）（53d）为双重否定，例（53c）的主要动词 tʰɛ²¹ "成、合"，否定标记位于其前，例（53d）的第二个动词为双音节的 ŋ̍⁵⁵ di̱²¹ "要得"，否定标记位于两个音节之间，两个例句都表示"不去不行"，即"必须去"的意义。

(54) a. na²¹ du⁴⁴liɛ³³ ko²¹⁴.
　　　你　过来　可以
　　　你可以过来。

b. na²¹ du⁴⁴ ma²¹ liɛ³³ ŋ̍⁵⁵ ma²¹ di̱²¹.
　　你　过　否定　来　要　否定　得
　　你不过来不行。

例（54a）为肯定结构，例（54b）为双重否定结构，第一个动词为组合双音节动词 du⁴⁴liɛ³³ "过来"，否定标记 mɑ²¹ 位于两个音节之间；第二个动词主要动词为能愿动词ŋ̍⁵⁵di̠²¹ "要得" 否定标记 mɑ²¹ 位于两个音节之间，双重否定表示肯定的意义 "你不过来不行"，即 "你必须过来"，起强调、强制的作用。

（55）a. sɿ³⁵　kɯ⁵⁵zo²¹ ŋ̍²¹　mɯ³⁵gɤ³⁵　　ko²¹⁴.
　　　　事　这　样　我　做　完整体　可以
　　　　这件事我可以做完。

　　　b. sɿ³⁵　kɯ⁵⁵zo²¹ ŋ̍²¹　mɯ³⁵gɤ³⁵　　mɑ²¹　ko²¹⁴.
　　　　事　这　样　我　做　完整体　否定　可以
　　　　这件事我不能做完。

　　　c. sɿ³⁵　kɯ⁵⁵zo²¹ ŋ̍²¹　mɯ³⁵mɑ²¹　gɤ³⁵　mɑ²¹　ko²¹⁴.
　　　　事　这　样　我　做　否定　完整体　否定　可以
　　　　这件事我不能不做完。

例（55a）为肯定结构，表示 "这件事我可以做得"；例（55b）为否定结构，否定标记 mɑ²¹ 位于能愿动词 ko²¹⁴ "可以" 之前，表示 "这件事我不能做完"；例（55c）为双重否定结构，否定标记分别位于完整体标记 gɤ³⁵ 前和能愿动词 ko²¹⁴ "可以" 前，表示 "这件事我不能不做完"，即 "这件事我必须做完" 的意义，起强调的作用。

本章我们从否定结构的形式类型、否定的辖域、双重否定三个方面探讨了葛颇彝语否定结构的特点。否定是语言中重要的语义和语用功能，在句法上也有突出的特点。否定标记在藏缅语中只能位于动词之前的句法特征，可以帮助我们测试许多句子成分的属性。在只包含一个动词（包括形容词）的小句中，葛颇彝语的否定标记位于该动词前；在包含动词和有动词用法的体标记的小句中，否定标记位于该动词后、体标记之前；在多个动词连用的连动结构中，对整个连动结构进行否定，否定标记一般位于最后一个动词（包括形容词）前，否定的辖域为整个连动结构；在补语结构中，否定标记位于句末的主要动词前，否定的辖域为主要动词。

在包含连接词 lɛ^{33} 的复杂句中，如果想保持原句式不变，否定标记只能出现在 lɛ^{33} 连接的后一个动词短语中；如果要否定前一个动词短语，则连接词 lɛ^{33} 消失，连接词 nɛ^{33} 替换连接词 lɛ^{33} 出现，使之成为更独立的两个小句。在并列结构和主从结构中，否定的辖域为否定标记出现的小句，不能覆盖其他小句。

双重否定结构在葛颇彝语中表示肯定的意义，但语气更加强烈，带有强制、强调的语义色彩。葛颇彝语中无禁止否定与否定搭配的双重否定情况。

第 九 章

比较结构

  比较结构是世界语言中基本的结构类型之一。比较结构的形式复杂多样，不同的语言、方言间比较结构差异较大。关于比较结构的研究，国内最早可追溯到1898年，马建忠在《马氏文通》中参照了印欧语的语法，提出了汉语比较结构的定义及类型，"凡色相之丽于体也，至不齐也。同一静字，以所肖者浅深不能一律，而律其不一，所谓比也。象静为比有三，曰平比，曰差比，曰极比"[①]。《马氏文通》的研究范例受到早期拉丁语语法研究的影响，并不完全符合我国的语言国情，但比较结构的分类"平比""差比""极比"的比较结构的分类仍有类型学上的意义。

  本章将沿用《马氏文通》中比较结构的分类，将其分为"差比结构""平比结构""极比结构"三个类型进行分析。

  关于比较结构的研究起步较早，汉语和少数民族语言的比较结构的研究都取得了一定的成果，但主要集中在差比结构。平比结构（也称等比结构）和极比结构的研究则相对滞后。本章将从形式类型、语义及句法特征比较标记的来源三个方面对葛颇彝语的比较结构进行研究。

---

① 马建忠：《马氏文通》，商务印书馆2008年版，第135页。

第一节　差比结构

差比结构是体现两个或两个以上成分在同一属性上存在差异的语法结构。差比结构的构成要素主要包括比较主体、比较基准、比较参项、比较结果、比较标记等。比较主体主要指比较结构中占主导地位的成分，在葛颇彝语中一般位于比较基准之前；比较基准主要指被比较的成分；比较参项指比较结构中所比较的内容；比较结果一般为形容词；比较标记是指用来引出比较基准或标识比较结构的标记。

一　差比结构的形式类型

葛颇彝语中的差比结构主要包括以下几种类型：1. N1+N2+$k^h\varepsilon^{33}$/$k^h\mathrm{u}^{44}$+（数量短语）+形容词+（持续体 $dz\varepsilon^{21}$）；2. N1+N2+$no^{44}ma^{21}bu^{21}$+形容词；3. N1+N2+形容词+$ma^{21}bu^{21}$+dz_o^{35}"有"；4. N1+话题+N2+$no^{44}ma^{21}bu^{21}$+形容词，N+N1+no^{44}（$ma^{21}bu^{21}$）+N2+$no^{44}ma^{21}bu^{21}$+形容词；5. N1+N2+no^{44}+ma^{21}+形容词；6. N1+N2+形容词+ma^{21}+dz_o^{35}"有"；7. N1+VP/NP+N2+$t^h a^{33}ma^{21}t\varepsilon^h i^{35}$"不如"。上述七种类型的差比结构中，N1 一般为比较主体，N2 为比较基准，N1、N2 多为名词性短语，也可以是动词性短语。

（一）N1+N2+$k^h\varepsilon^{33}$/$k^h\mathrm{u}^{44}$+（数量短语）+形容词+（持续体 $dz\varepsilon^{21}$）

此类型的差比结构 N1 一般为比较主体，N2 为比较基准，$k^h\varepsilon^{33}$/$k^h\mathrm{u}^{44}$为比较标记，比较结果一般为数量短语+形容数量、时间、高度、长度、距离、体积/容量等的形容词，数量短语可以省略，形容词后可加持续体标记 $dz\varepsilon^{21}$，也可以不加，意义差别不明显。

(1) $k^h a^{44}$　$\gamma\varepsilon^{33}t\mathrm{ş}^h\varepsilon^{33}ma^{21}$　$k^h a^{44}$　$\gamma\varepsilon^{33}t\mathrm{ş}^h\varepsilon^{33}k^h\varepsilon^{33}$

厉害　那　个　否定　厉害　那　个　差比
kʰo²¹no²¹po³³no²¹dʐɛ²¹.
多少　个　多　持续体
赢那个比没赢那个多几个。（数量）

例（1）中，比较主体为 kʰa⁴⁴ɣɛ³³tʂʰɛ³³ "赢那个（人）"，比较基准为 ma²¹kʰa⁴⁴ɣɛ³³tʂʰɛ³³ "没赢那个（人）"，比较结果为 kʰo²¹no²¹po³³no²¹dʐɛ²¹ "多着几个"，比较标记为 kʰɛ³³。

(2) ŋ̍²¹ ŋ̍⁵⁵ɲi⁵⁵　kʰɛ³³ ɲi²¹kʰu²¹　yiɛ²¹ dʐɛ²¹.
　　我　我妹妹　差比　二　年　大　持续体
　　我比我妹妹大两岁。（年龄）

例（2）中，比较主体为 ŋ̍²¹ "我"，比较基准为 ŋ̍⁵⁵ɲi⁵⁵ "我妹妹"，比较结果为 ɲi²¹kʰu²¹yiɛ²¹dʐɛ²¹ "大两岁"，比较标记为 kʰɛ³³。

(3) na²¹ ti³³ kʰɛ³³　ta²¹la²¹pɯ⁴⁴mo⁴⁴.
　　你　他　差比　一拳　高
　　你比他高一拳。（高度）

例（3）中，比较主体为 na²¹ "你"，比较基准为 ti³³ "他"，比较结果为 ta²¹la²¹pɯ⁴⁴mo⁴⁴ "高一拳"，比较标记为 kʰɛ³³。

(4) ŋ̍²¹ vi³³ na²¹vi³³　kʰɛ³³　viɛ²¹.
　　我家　你家　差比　远
　　我家比你家远。（距离）

例（4）中，比较主体为 ŋ̩²¹vi³³ "我家"，比较基准为 nɑ²¹vi³³ "你家"，比较结果为 viɛ²¹ "远"，比较标记为 kʰɛ³³。

例（1）（2）（3）（4）中的比较标记均为 kʰɛ³³，与 kʰɛ³³ 搭配的比较结果（形容词）均为积极语义的"多""大""高""远"，这与 kʰɛ³³ 本身的用法和语义相关，kʰɛ³³ 在葛颇彝语中可作为处所标记使用，表示"……上"，其作为差比结构的比较标记则表示"……上"的比较意义。通过上述例句可知，比较结果可以是单独的形容词，如例（4）中的 viɛ²¹ "远"，也可以是例（1）（2）（3）中的短语 kʰo²¹no²¹po³³no²¹dʐɛ²¹ "多着几个"、ŋ̩i²¹kʰu²¹ɣiɛ²¹dʐɛ²¹ "大两岁"、tɑ²¹lɑ²¹pɯ⁴⁴mo⁴⁴ "高一拳"。比较结果的形容词后可加持续体标记，如例（1）（2），也可以不加，如例（3）（4），在这类差比结构中，加体标记 dʐɛ²¹ 有一定的强调意义。

(5) ŋ̩²¹　dʐo³⁵ zɛ³⁵m̩³³ nɑ²¹dʐo³⁵　kʰɯ⁴⁴ ʂo²¹.
　　我　领属 钱　　你　领属　差比 少
　　我的钱比你的少。

例（5）中，比较主体为 ŋ̩²¹dʐo³⁵zɛ³⁵m̩³³ "我的钱"，比较基准为 nɑ²¹dʐo³⁵ "你的（钱）"，比较结果为 ʂo²¹ "少"，比较标记为 kʰɯ⁴⁴。

(6) ti³³　nɑ²¹kʰɯ⁴⁴ sɛ³³ kʰu²¹ ȵɛ³³.
　　他　你　差比　三　年　小
　　他比你小三岁。

例（6）中，比较主体为 ti³³ "他"，比较基准为 nɑ²¹ "你"，比较结果为 sɛ³³kʰu²¹ȵɛ³³ "小三年"，比较标记为 kʰɯ⁴⁴。

(7) ti³³ ŋ̩²¹ kʰɯ⁴⁴ lɑ²¹ tʂʅ³³ tɑ²¹ tʂʰɛ³³ nɛ³⁵ dzɛ²¹.
　　他　我　差比　手指　一　个　矮　持续体
　　他矮我一个指头。

例（7）中，比较主体为 ti³³ "他"，比较基准为 ŋ̩²¹ "我"，比较结果为 lɑ²¹ tʂʅ³³ tɑ²¹ tʂʰɛ³³ nɛ³⁵ dzɛ²¹ "矮着一个手指头"，比较标记为 kʰɯ⁴⁴。

＊（8）ʂʅ³⁵ so³³ hɛ̃³⁵ ŋ̩²¹ vi³³ kʰɯ⁴⁴ nɛ²¹.
　　　学校　　我　家　差比　近
　　　学校比我家近。

例（5）（6）（7）的比较结果可以是单独的形容词，如例（5）的 ʂo²¹ "少"，也可以是谓词短语，如例（6）的 sɛ³³ kʰu²¹ ɳɛ³³ "小三岁"，比较结果的形容词后可加持续体标记，如例（7）中的 nɛ³⁵ dzɛ²¹ "矮着"，也可以不加。

例（5）（6）（7）（8）是对例（1）（2）（3）（4）的对应。例（1）（2）（3）（4）的比较标记为 kʰɛ³³，对应的是相加性语义的比较结果内容，如"多""大""高""远"；例（5）（6）（7）（8）的比较标记为 kʰɯ⁴⁴，对应的是相减性语义的比较结果内容，如"少""小""矮""近"，其中例（8）不能成立，这说明 kʰɛ³³ 与 kʰɯ⁴⁴ 的对应关系也不是严整的。通过对语料的分析可发现，在葛颇彝语中比较标记 kʰɛ³³ 出现的频率很高，而比较标记 kʰɯ⁴⁴ 出现的频率非常低，基本只有在表达"少""小""矮"的比较参项的语义时才会出现，并有可能被其他比较结构替代，不作为常用结构使用。

（二）N1+N2+no⁴⁴mɑ²¹bu²¹+形容词

第二种类型的差比结构由比较主体 N1、比较基准 N2、比较标记

no⁴⁴ma²¹bu²¹（不是一个词，准确地说是一个短语，但目前难以考察其具体意义）、比较结果组成。

  （9）hɛ̃³⁵ kɯ⁵⁵dɛ²¹ hɛ̃³⁵ ɣɯ⁵⁵dɛ²¹ no⁴⁴ma²¹bu²¹mo⁴⁴.
    房子 这 栋 房子 那 栋 差比 高
    这座房子比那座房子高。

例（9）中，比较主体为hɛ̃³⁵kɯ⁵⁵dɛ²¹"这栋房子"，比较基准为hɛ̃³⁵ɣɯ⁵⁵dɛ²¹"那栋房子"，比较标记为no⁴⁴ma²¹bu²¹，比较结果为mo⁴⁴"高"。

  （10）ti³³ dʐo³⁵ ti⁵⁵piɛ²¹⁴ ŋ̍²¹ dʐo³⁵ no⁴⁴ma²¹bu²¹ʐo⁵⁵.
    他 领属 衣服 我 领属 差比 漂亮
    他的衣服比我的衣服漂亮。

例（10）中，比较主体为ti³³dʐo³⁵ti⁵⁵piɛ²¹⁴"他的衣服"，比较基准为ŋ̍²¹dʐo³⁵"我的（衣服）"，比较标记为no⁴⁴ma²¹bu²¹，比较结果为ʐo⁵⁵"漂亮"。

  （11）ŋ̍²¹ dʐo³⁵ tsɣ⁴⁴tsɣ³³ti³³ dʐo³⁵ no⁴⁴ma²¹bu²¹hu³⁵.
    我 领属 桌子 他 领属 差比 干净
    我的桌子比他的干净。

例（11）中，比较主体为ŋ̍²¹dʐo³⁵tsɣ⁴⁴tsɣ³³"我的桌子"，比较基准为ti³³dʐo³⁵"他的（桌子）"，比较标记为no⁴⁴ma²¹bu²¹，比较结果为hu³⁵"干净"。

(12) kɯ⁵⁵pi⁵⁵ ɕi⁴⁴dzɛ³³ ɣa⁵⁵pi⁵⁵ no⁴⁴ma²¹bu²¹no²¹.
　　 这边　树　　 那边　 差比　　 多
　　这边的树比那边的多。

例（12）中，比较主体为 kɯ⁵⁵pi⁵⁵ɕi⁴⁴dzɛ³³ "这边的树"，比较基准为 ɣa⁵⁵pi⁵⁵ "那边（的树）"，比较标记为 no⁴⁴ma²¹bu²¹，比较结果为 no²¹ "多"。

第二种类型的差比结构形式上较为简单，比较结果只涉及物体的属性，而不涉及具体的度量差异。比较结果，即形容词后不可加持续体标记。这种结构在日常对话中使用频率也比较高。

（三）N1+N2+形容词+ma²¹bu²¹+dʐo³⁵ "有"

第三种差比结构形式上略微复杂，由比较主体、比较基准、比较结果（形容词）、比较标记 ma²¹bu²¹（短语结构，难以考察其具体意义）、存在类动词 dʐo³⁵ "有" 依次构成。

(13) dzu³⁵m̩³³ tʂʰu²¹ dɛ³⁵ ma²¹bu²¹ dʐo³⁵.
　　 路　　车　　宽　 差比　　有
　　路比车宽。

例（13）中，比较主体为 dzu³⁵m̩³³ "路"，比较基准为 tʂʰu²¹ "车"，比较结果为 dɛ³⁵ "宽"，比较标记为 ma²¹bu²¹。表达的语义为 "路比车宽"，根据字面意义理解，"路有车宽，比车更宽" 的意义。

(14) tsʰɿ²¹kɛ³³tʂɛ³³tsʰɿ²¹ɣɛ³³tʂɛ³³hiɛ³³ma²¹bu²¹dʐo³⁵.
　　 狗　这只狗　　那只　　大　 差比　 有
　　这只狗比那只狗大。

例（14）中，比较主体为 tsʰʅ²¹kɛ³³tʂʰɛ³³ "这只狗"，比较基准为 tʂʰʅ²¹ɣɛ³³tʂʰɛ³³ "那只狗"，比较结果为 hiɛ³³ "大"，比较标记为 mɑ²¹bu²¹。

（15）nɑ²¹ dzo³⁵ gɤ³⁵dɤ²¹ ti³³ dzo³⁵ gɤ³⁵dɤ²¹ mo⁴⁴ mɑ²¹bu²¹ dzo³⁵.
你 领属 身材 他 领属 身材 高 差比 有
你的个头比他高。

例（15）中，比较主体为 nɑ²¹dzo³⁵gɤ³⁵dɤ²¹ "你的个头"，比较基准为 ti³³dzo³⁵gɤ³⁵dɤ²¹ "他的个头"，比较结果为 mo⁴⁴ "高"，比较标记为 mɑ²¹bu²¹。

（16）ŋ̩²¹ vi³³ nɑ²¹ vi³³ viɛ²¹ mɑ²¹bu²¹ dzo³⁵.
我 家 你 家 远 差比 有
我家比你家远。

例（16）中，比较主体为 ŋ̩²¹vi³³ "我家"，比较基准为 nɑ²¹vi³³ "你家"，比较结果为 viɛ²¹ "远"，比较标记为 mɑ²¹bu²¹。

第三种差比结构的主要特征是包含存在类动词 dzo³⁵，有的语法描写著作中也称这一类型为"'有'字类差比结构"，在葛颇彝语中这类差比结构除了包含存在类领有义动词 dzo³⁵，还包含了差比标记 mɑ²¹bu²¹，与第二类差比结构中的差比标记不同的是，少了一个音节 no⁴⁴，该位置由比较结果替代，而存在类动词 dzo³⁵ 则替代了第二类差比结构中比较结果的位置，如表 9-1 所示。

表 9-1　　　　　　　第二、三类差比结构的比较

| 第二类差比结构： | N1 | N2 | no⁴⁴ | mɑ²¹bu²¹ | 形容词 |
| 第三类差比结构： | N1 | N2 | 形容词 | mɑ²¹bu²¹ | dzo³⁵ "有" |

（四）N1+话题+N2+no^{44}ma^{21}bu^{21}+形容词

N+N1+no^{44}（ma^{21}bu^{21}）+N2+no^{44}ma^{21}bu^{21}+形容词

第四种差比结构是双话题形式的差比结构。此类差比结构又可分两种形式：第一种形式，句首话题省略，第二个话题后需要添加话题标记；第二种形式句首话题不省略，话题标记位于其后，话题标记也可以省略，但第二个话题则需搭配比较标记 no^{44}/no^{44} ma^{21}bu^{21}。

(17) ta^{21}tʂʰε^{33}　nε^{33}　　　ta^{21}tʂʰε^{33}no^{44}ma^{21}bu^{21}ʐo^{55}.
一　个　话题　　一　个　差比　漂亮
（这些姑娘）一个比一个漂亮。

例（17）中，句首第一个话题"这些姑娘"省略，第二个话题 ta^{21}tʂʰε^{33} "一个"作为比较主体，后加话题标记，比较基准为 ta^{21}tʂʰε^{33} "一个"，二者词汇形式相同，但代表了不同的人，比较标记为 no^{44}ma^{21}bu^{21}，比较结果为 ʐo^{55} "漂亮"。

(18) ti^{33}bɯ^{33}ta^{21}tʂʰε^{33}no^{44}ma^{21}bu^{21}ta^{21}tʂʰε^{33}no^{44}ma^{21}bu^{21}tʰε^{35}nɤ^{44}.
他们　一　个　差比　　一　个　差比　　跑　快
他们一个比一个跑得快。

例（18）中，是双话题结构，第一个话题 ti^{33}bɯ^{33} "他们"位于句首，第二个话题 ta^{21}tʂʰε^{33} "一个"作为比较主体，比较基准为 ta^{21}tʂʰε^{33} "一个"，比较主体比较基准二者词汇形式相同，分别代表了不同的人，比较主体后添加比较标记 no^{44} 或 no^{44}ma^{21}bu^{21}，比较基准后添加比较标记 no^{44}ma^{21}bu^{21}，比较参项为 tʰε^{35} "跑"，比较结果为 nɤ^{44} "快"。

此类型差比结构是双话题形式的差比结构。例（17）从长篇语料中选取，受上下文语境的影响，省略了第一个话题。例（18）则为典型的双话题差比结构，句中有两个话题存在，话题标记可以省略。

（五）N1+N2+no^{44}+ma^{21}+形容词

第五种差比结构的差比标记为 no^{44}，与上述比较结构不同的是，该差比结构包含否定标记 ma^{21}，否定标记位于形容词之前。与第二、三、四类差比结构进行比较，如表 9-2 所示。

表 9-2　　　　　　　　第二至五类差比结构的比较

第二类差比结构：	N1		N2		no^{44}ma^{21}bu^{21}	形容词
第三类差比结构：	N1		N2	形容词	ma^{21}bu^{21}	dz̩o^{35} "有"
第四类差比结构：	（N+话题+）N1	no^{44}/no^{44}ma^{21}bu^{21}	N2		no^{44}ma^{21}bu^{21}	形容词
第五类差比结构：	N1		N2		no^{44}	ma^{21}+形容词

第五类差比结构将第二类差比结构的比较标记 no^{44}ma^{21}bu^{21}，省略了 ma^{21}bu^{21}，只保留了 no^{44}，在比较参项（形容词）前添加了否定标记 ma^{21}。形式上看，第五类比较结构与第二类比较结构相比只差了一个音节 bu^{21}，但表达了相反的意义。no^{44}ma^{21}bu^{21}、ma^{21}bu^{21} 和 no^{44} 是出现在不同结构中的差比标记，而 ma^{21} 却是否定标记。第五类差比结构的具体例句如下：

（19）a^{55}k^{h}a^{33}a^{55}vi^{21}　no^{44}　ma^{21}　z̩o^{55}.
　　　妹妹　姐姐　差比　否定　漂亮
　　　妹妹没有姐姐漂亮。

例（19）中，比较主体为 a^{55}k^{h}a^{33}"妹妹"，比较基准为 a^{55}vi^{21}"姐姐"，比较标记 no^{44}。

（20）kɯ^{55}k^{h}u^{21}dz̩o^{35}　tʂu^{33}m̩^{33}bɯ^{33}a^{21}n̩i^{33}k^{h}u^{21}no^{44}　ma^{21}　tʂɛ̠^{21}.

这　年　领属　玉米棒　　去年　　差比　否定　好
今年的苞谷不如去年的好。

例（20）中，比较主体为 kɯ⁵⁵kʰu²¹dʐo³⁵tʂu³³m̩³³bɯ³³ "今年的苞谷"，比较基准为 a²¹ɲi³³kʰu²¹ "去年（的苞谷）"，比较标记 no⁴⁴。

（21）ŋa⁴⁴ŋa⁴⁴pi⁴⁴no⁴⁴　pʰɯ²¹　ma²¹　kʰa⁴⁴.
　　　鸡　鸭　差比　价格　否定　好
　　　鸡没有鸭贵。

例（21）中，比较主体为 ŋa⁴⁴ "鸡"，比较基准为 ŋa⁴⁴pi⁴⁴ "鸭"，比较标记 no⁴⁴。

（22）ʑi²¹ɲi³³a²¹ɲi³³no⁴⁴　ma²¹　dʐa⁴⁴.
　　　今天　昨天　差比　否定　冷
　　　今天没有昨天冷。

例（22）中，比较主体为 ʑi²¹ɲi³³ "今天"，比较基准为 a²¹ɲi³³ "昨天"，比较标记 no⁴⁴。

第五类差比结构的差比标记为 no⁴⁴，此类差比结构与前几类不同之处在于添加了否定标记 ma²¹，否定标记的添加使得差比结构的语义发生了改变，由比较主体比比较基准在某一属性上程度深，发展为比较主体在某一属性上没有比较基准程度深。也有学者把这一类差比结构认为是差比结构的否定。

（六）N1+N2+形容词+ma²¹+dʐo³⁵ "有"

第六种差比结构从语义上可看作第二、三类和部分第一类差比结构的否定版本，从形式上看，与第三类差比结构最为相近。不同的是，第六类差比结构将第三类差比结构的比较标记 ma^{21}bu^{21} 变成了否定标记 ma^{21}，二者虽只差一个音节，但意义却是天壤之别（见表 9-3）。

表 9-3　　　　　　　　　五类差比结构的比较

第二类差比结构：	N1		N2	no^{44}	ma^{21}bu^{21}	形容词
第三类差比结构：	N1		N2	形容词	ma^{21}bu^{21}	dz̩o^{35} "有"
第四类差比结构：	（N+话题+）N1	no^{44}/no^{44} ma^{21}bu^{21}	N2	no^{44}	ma^{21}bu^{21}	形容词/短语
第五类差比结构：	N1		N2	no^{44}	ma^{21}	形容词
第六类差比结构：	N1		N2	形容词	ma^{21}	dz̩o^{35} "有"

第六类差比结构的具体例句如下：

(23) ŋ̍^{21}　na^{21}　mo^{44}　ma^{21}　dz̩o^{35}.
　　　我　你　高　否定　有
　　　我没有你高。

例（23）中，比较主体是 ŋ̍^{21} "我"，比较基准为 na^{21} "你"，这里没有典型的比较标记，只有存在类动词 dz̩o^{35} 搭配否定标记 ma^{21}，表达比较主体与比较基准在 mo^{44} "高" 这种属性上，比较主体是 ŋ̍^{21} "我" 没有比较基准 na^{21} "你" 的程度深。

(24) ŋ̍^{21}vi^{33}　dz̩o^{35}　hẽ^{35}　na^{21}vi^{33}　dz̩o^{35}　hẽ^{35}　hiɛ^{33}ma^{21}　dz̩o^{35}.
　　　我家　领属　房子　你家　领属　房子　大　否定　有
　　　我家的房子没有你家的大。

例（24）中，比较主体是 ŋ̍^{21}vi^{33}dz̩o^{35}hẽ^{35} "我家的房子"，比较基准为 na^{21}vi^{33}dz̩o^{35}hẽ^{35} "你家的房子"，存在类动词 dz̩o^{35} 搭配否定标记 ma^{21}，表达比较主体与比较基准在 hiɛ^{33} "大" 这种属性上，比较主体

"我家的房子"没有比较基准"你家的房子"程度深。

(25) ŋ̍²¹ dzo³⁵ la²¹ na²¹ dzo³⁵ ʂɛ³³ ma²¹ dzo³⁵.
　　 我　领属　手　你　领属　长　否定　有
　　 我的手没有你的长。

例（25）中，比较主体是ŋ̍²¹dzo³⁵la²¹"我的手"，比较基准为na²¹dzo³⁵"你的（手）"，存在类动词dzo³⁵搭配否定标记ma²¹，表达比较主体与比较基准在ʂɛ³³"长"这种属性上，比较主体没有比较基准程度深。

(26) na²¹ dzo³⁵ ʐɛ³⁵m̩³³ ti³³dzo³⁵ no²¹ ma²¹ dzo³⁵.
　　 你　领属　钱　　他　领属　多　否定　有
　　 你的钱没有他的多。

例（26）中，比较主体是na²¹dzo³⁵ʐɛ³⁵m̩³³"你的钱"，比较基准为ti³³dzo³⁵"他的（钱）"，存在类动词dzo³⁵搭配否定标记ma²¹，表达比较主体与比较基准在no²¹"多"这种属性上，比较主体没有比较基准程度深。

第六种差比结构可看作存在结构的否定形式，表达差比的意义。本节将其列为差比结构，便于与其他类型相较。

通过观察表9-3，我们发现no⁴⁴ma²¹bu²¹并不是一个关系紧密的词，并且也不符合彝语单音节词为主的词汇特征，不如说是一个结合紧密的短语，但从目前的资料和发音人的理解来看，并不能较好地分析该短语的组合方式和每个词素的意义，我们暂且将其归在一起考察。

（七）N1+VP/NP+N2+tʰa³³ma²¹tɕʰi³⁵ "不如"

第七种差比结构与前六种在结构上有较大差异，比较主体与比较基准之间插入了比较参项，比较标记位于句末。该类型的差比结构，比较参项可以是名词、动词短语等。

（27）na²¹ vu²¹　ti³³　tʰa³³ma²¹tɕʰi³⁵.
　　　你 力气　他　 不如
　　　你力气不如他。

例（27）中，比较主体 na²¹ "你"，比较基准 ti³³ "他"，比较参项 vu²¹ "力气"，比较标记 tʰa³³ma²¹tɕʰi³⁵ "不如"。tʰa³³ma²¹tɕʰi³⁵ "不如" 自带否定意义。

（28）na²¹ dzu³⁵mɯ³⁵　ti³³　tʰa³³ma²¹tɕʰi³⁵.
　　　你 饭 做　他　 不如
　　　你做饭不如他。

例（28）中，比较的主体是事件 na²¹ "你"，比较基准是事件 ti³³ "他"，比较参项为 dzu³⁵mɯ³⁵ "做饭"，比较标记 tʰa³³ma²¹tɕʰi³⁵。

（29）na²¹ ʐo⁵⁵　ti³³　tʰa³³ma²¹tɕʰi³⁵.
　　　你 漂亮 他　 不如
　　　你不如他漂亮。

例（29）中，比较的主体是事件 na²¹ "你"，比较基准是事件 ti³³ "他"，比较标记是 tʰa³³ma²¹tɕʰi³⁵。

除此之外，tʰa³³ma²¹tɕʰi³⁵ 可用于表示建议性选择的并列结构中，如：

（30）na²¹kɯ⁵⁵ pi⁵⁵dʐo³⁵bo²¹vi³³ gu̠²¹li³³tʰa³³ma²¹tɕʰi³⁵.
你 这 边 在 与其 回去 不如
你在这边还不如回去。

例（30）是建议性选择结构，说话人在比较了两个选项"在这边"和"回去"后，对听话人提出了建议：gu̠²¹li³³"回去"。

比较标记 tʰa³³ma²¹tɕʰi³⁵ 与 no⁴⁴ma²¹bu²¹ 相似，是一个结合紧密的短语，在日后的研究中将对其构成进一步分析。

二 语义及句法特征

葛颇彝语的差比结构的语义和句法特征较为典型，以下我们将从这两方面对差比结构进行进一步分析。

（一）差比结构的语义特征

差比结构不同的形式类型表达不同的比较概念，通过上述分类，我们发现类型 1. N1＋N2＋kʰε³³/kʰɯ⁴⁴＋数量短语＋形容词＋（持续体 dʐε²¹）、2. N1＋N2＋形容词＋ma²¹bu²¹＋dʐo³⁵ "有"、3. N1＋N2＋no⁴⁴ma²¹bu²¹＋形容词、4. N1＋话题＋N2＋no⁴⁴ma²¹bu²¹＋形容词，N＋N1＋no⁴⁴（ma²¹bu²¹）＋N2＋no⁴⁴ma²¹bu²¹＋形容词，与类型 5. N1＋N2＋no⁴⁴＋ma²¹＋形容词、6. N1＋N2＋形容词＋ma²¹＋dʐo³⁵ "有"、7. N1＋VP/NP＋N2＋tʰa³³ma²¹tɕʰi³⁵ "不如"在语义上是有差别的。类型 1-4 表达的是乌尔坦（Ultan，1972）提出的差比结构的次类 "comparative of superiority"（优极比较结构）的语义分类，类型 5-7 则是 "comparative of inferiority"（次级比较结构）的语义分类。

这里需要注意的是 superiority "优级"和 inferiority "次级"并不是我们认知上的积极语义和消极语义，而是指程度上的差异。举例说明，在类型 1. N1＋N2＋kʰε³³/kʰɯ⁴⁴＋数量短语＋形容词＋（持续体 dʐε²¹）中，

$k^h\varepsilon^{33}$表达在探讨某种积极的语义属性时，N1 比 N2 程度深，而 $k^h\mathrm{uu}^{44}$ 表达在探讨某种消极的语义属性时，N1 比 N2 程度深，如：

(31) a. $a^{55}m̩^{21}$ $a^{55}z\varepsilon^{21}k^h\varepsilon^{33}$ mo^{44}.
　　　 爸爸　 妈妈　 差比　 高
　　　 爸爸比妈妈高。
　　b. $a^{55}k^ha^{33}a^{55}ko^{33}k^h\mathrm{uu}^{44}$ $n\varepsilon^{35}$.
　　　 弟弟　 哥哥　 差比　 矮
　　　 弟弟比哥哥矮。

例（31ab）两个例句看起来语义上是南辕北辙，但实际上都是在表达当我们讨论一种属性时，比较主体的程度比比较基准要深。在例（31a）中，比较主体 $a^{55}m̩^{21}$ "爸爸" 在比较参项 mo^{44} "高" 这方面，是比比较基准 $a^{55}z\varepsilon^{21}$ "妈妈" 程度深的，这里用差比标记 $k^h\varepsilon^{33}$，与比较结果的正向/积极的语义相关。在例（31b）中，比较主体 $a^{55}k^ha^{33}$ "弟弟" 在比较结果 $n\varepsilon^{35}$ "矮" 这方面，是比比较基准 $a^{55}ko^{33}$ "哥哥" 程度深的，这里用差比标记 $k^h\mathrm{uu}^{44}$，也与比较参项的逆向/消极的语义相关。因此，这两个例句在语义上虽然决然不同，但从宏观的语义类别来看，二者同属于 superiority "优级" 的大语义类别。再看例（32ab）：

(32) a. η^{21} na^{21} no^{44} ma^{21} $z\gamma^{35}$.
　　　 我　 你　 比较　 否定　 瘦
　　　 我没有你瘦。
　　b. $a^{55}k^ha^{33}a^{55}p\mathrm{uu}^{55}no^{44}$ ma^{21} $ts^h\mathrm{uu}^{35}$.
　　　 弟弟　 哥哥　 比较　 否定　 胖
　　　 弟弟没有哥哥胖。

例（32ab）也是属于同一种大的语义类别的，例（32a）在比较参项 $z̩ɤ^{35}$"瘦"这种属性上，比较主体 $ŋ̍^{21}$"我"不如比较基准 $nɑ^{21}$"你"，例（32b）在比较结果 $tsʰɯ^{35}$"胖"这种属性上，比较主体 $ɑ^{55}kʰɑ^{33}$"弟弟"不如比较基准 $ɑ^{55}pɯ^{55}$"哥哥"。与例（32ab）不同的是，例（32ab）在讨论一种属性时，比较主体的程度不如比较基准深，属于"comparative of inferiority"（次级比较结构）。一种是程度的加深，一种是程度的衰减，这种大的语义类别差异才是比较结构的核心语义差异，而不是具体比较参项的积极、消极语义之别。

（二）差比结构的句法特征

葛颇彝语差比结构的类型丰富、形式多样，在句法上的表现也是有特点的。接下来，我们从句首话题的类型、成分的省略、比较主体和比较基准的性质及比较结果的性质等方面来考察差比结构的句法特征。

1. 话题结构类型

葛颇彝语的差比结构中，比较主体一般作为话题成分出现在句首，此时该差比结构为常见的单一话题结构，上述大部分例句都是此类型。但也有话题成分单独出现位于句首，比较主体和比较基准位于其后的情况，此时该差比结构为双话题结构，如下例：

(33) $gɤ^{35}dɤ^{21}$　$ŋ̍^{21}$　$ti^{33}mo^{44}$　$mɑ^{21}bu^{21}dz̩o^{35}$.
身材　　我　他　高　　差比　有
论个头，我比他高。

(36) $kʰu^{21}tʰiɛ^{21}$　ti^{33}　$ŋ̍^{21}$　$kʰɛ^{33}$　$ɣiɛ^{21}$.
年纪　　　他　我　差比　大
论年纪，他比我大。

例（33）中，话题 $gɤ^{35}dɤ^{21}$"身材"位于句首，比较主体 $ŋ̍^{21}$"我"作为第二个话题成分位于句首话题之后，例（34）中，$kʰu^{21}tʰiɛ^{21}$"年纪"位于句首，比较主体 ti³³ "他"作为第二个话题成分位于句首话题之后。ŋ̍²¹ "我"、ti³³ "他"与 gɤ³⁵dɤ²¹ "身材"、kʰu²¹tʰiɛ²¹ "年纪"分别为领属关系，该例句为领属关系的双话题结构。

2. 比较成分的省略

比较结构中比较主体和比较基准的成分复杂，内容有重复时，在不影响句义的情况下，比较基准会省略与比较主体相重复的内容。

（35）ŋ̍²¹ dz̩o³⁵ lu⁵⁵m̩²¹ nɑ²¹kʰɛ³³ no²¹.
我 领属 马 你 差比 多
我的马比你的多。

（36）ti³³ kʰu²¹tʰiɛ²¹ŋ̍²¹ kʰɛ³³ ʑiɛ²¹.
他 年纪 我 差比 大
他年纪比我大。

例（35）中，比较主体为 ŋ̍²¹dz̩o³⁵lu⁵⁵m̩²¹ "我的马"，比较基准为 nɑ²¹ "你（的马）"，比较两方的同一事物，在语言使用经济性原则的影响下，比较基准的重复部分内容省略。因为在句首没有单独的话题成分出现，比较主体位于句首做话题，成分一般不能省略，否则表意不清。例（36）也是如此，比较主体 ti³³kʰu²¹tʰiɛ²¹ "他的年龄"，比较基准 ŋ̍²¹ "我（的年龄）"，由于个体的年龄像身体部位一样对于个体而言是紧密相关的，在短语 ti³³kʰu²¹tʰiɛ²¹ "他的年龄"中省略了领属标记 dz̩o³⁵，比较基准则直接用人称代词表示。

在葛颇彝语的比较结构中，除了比较基准外，其他成分一般情况下不能省略。

3. 比较主体和比较基准的性质

比较主体与比较基准的性质是一致的，不同性质的事物一般不会对其进行比较，可进行比较的成分一般为名词性短语或动词性短语，也可能是小句成分。比较结果以形容词居多，也可以是形容词加体标记。

我们上述所有的例句比较的主体和基准都是名词性短语（包括名词），接下来我们看一下动词性短语成分的比较结构。

(37) va²¹ɦo²¹ʂu³³ ti⁵⁵piɛ²¹⁴tsʰɿ²¹ no⁴⁴ma²¹bu²¹ zɛ²¹kɤ³⁵.
　　 猪草 找　　衣服　洗　　　 差比　　　　累
　　 找猪草比洗衣服累。

(38) tʰɛ³⁵ sɯ²¹⁴ no⁴⁴ma²¹bu²¹ nɯ⁴⁴.
　　 跑　走　差比　　　　快
　　 跑步比走路要快。

(39) tsʰɯ³⁵ zɤ³⁵ no⁴⁴ma²¹bu²¹ tʂɛ²¹.
　　 胖　 瘦　差比　　　　好
　　 胖比瘦好。

(40) dzu³⁵m̩³³ sɯ²¹⁴tʂʰu²¹ȵi³⁵ no⁴⁴　ma²¹　pɯ⁵⁵.
　　 路　　 走　车　坐　　差比　否定　慢
　　 走路没有坐车慢。

例（37）中，比较主体为动词短语 va²¹ɦo²¹ʂu³³ "找猪草"，比较基准为动词短语 ti⁵⁵piɛ²¹⁴tsʰɿ²¹ "洗衣服"。例（38）中，比较主体为动词 tʰɛ³⁵ "跑"，比较基准为动词 sɯ²¹⁴ "走"。例（39）中，比较主体为形容词 tsʰɯ³⁵ "胖"，比较基准为形容词 zɤ³⁵ "瘦"。例（40）中，比较主体为动词短语 dzu³⁵m̩³³sɯ²¹⁴ "走路"，比较基准为动词短语 tʂʰu²¹ȵi³⁵ "坐车"。以上四例，每个例句中的两个动词短语性质均相同，并且不存在重复的内容，没有成分的省略。例（37）（38）（39）中，比较标记为 no⁴⁴ma²¹bu²¹，语义上属于优级比较结构，例（40）中的比较标记为 no⁴⁴，比较结果 pɯ⁵⁵ "慢"前添加了否定标记，语义上属于次级比较结构。

三 差比标记的来源

差比结构中除了第六类"N1+N2+形容词+ma^{21}+dz_o^{35}'有'"中包含存在类动词 dz_o^{35}"有"之外,其他几种类型的差比结构都包含不同形式的差比标记,如 $k^h\varepsilon^{33}$ 与 $k^hɯ^{44}$、$no^{44}/ma^{21}bu^{21}/no^{44}ma^{21}bu^{21}$、$t^ha^{33}ma^{21}tɕ^hi^{35}$ 等。这些不同形式的差比标记来源各不相同,有的能比较清晰地在现存语言葛颇彝语中找寻其规律,有的可以通过亲属语言或方言进行探寻,但具体意义不详。

(一) 差比标记 $k^h\varepsilon^{33}$ 与 $k^hɯ^{44}$ 的来源

$k^h\varepsilon^{33}$ 除了做差比标记外,在葛颇彝语中还有处所标记的用法,如下例:

(41) $m\varepsilon^{44}n\varepsilon^{33}$　$tsɤ^{44}tsɤ^{33}k^h\varepsilon^{33}ʑi^{21}$　tu^{55}.
　　　猫　　　桌子　上　睡　持续体
　　　猫在桌子上睡觉。

(42) $ɕi^{44}dz\varepsilon^{33}k^h\varepsilon^{33}s\varepsilon^{21}pɯ^{55}bo^{21}$.
　　　树　　　上　　水果　有
　　　树上有水果。

例(41)(42)中,$k^h\varepsilon^{33}$ 位于处所之后有表示"……之上"的处所概念,例(41)是位于处所名词 $tsɤ^{44}tsɤ^{33}$"桌子"之后,表示某物在"桌子上",例(42)是位于 $ɕi^{44}dz\varepsilon^{33}$"树"之后,表示某物在"树上"。在跨语言和方言中,处所标记都是比较标记的重要来源之一,如拉祜语中的比较标记 t^ha^{31} 表示"上面和下面"的处所概念,哈尼语的比较标记 $xu^{55}tɑ^{33}$ 来自表示"上面"的处所标记,$xu^{55}a^{33}$ 来自表示"下面"的处所标记。因此,通过对亲属语言、方言的比较,我们认为葛颇

彝语中的比较标记 $k^hɛ^{33}$ 也是从位格标记发展而来的。

在葛颇彝语中有个与 $k^hɛ^{33}$ 对应的比较标记 $k^hɯ^{44}$，表示"……下"的差比概念，但其不在目前现存的葛颇彝语中承担处所标记的功能，只残存在特定的比较结构中，母语人能识别出其"……下"的语义，但无其他用法。

（二）差比标记 $no^{44}ma^{21}bu^{21}/ma^{21}bu^{21}/no^{44}$、$t^ha^{33}ma^{21}tɕ^hi^{35}$ 的来源

$no^{44}ma^{21}bu^{21}$、$ma^{21}bu^{21}$、no^{44} 三者都可以作为比较标记使用，表示的都是差比的概念，但在不同的句子结构中使用，不可以随意替换。$no^{44}ma^{21}bu^{21}$ 在现存的葛颇彝语的第二类差比结构"N1+N2+$no^{44}ma^{21}bu^{21}$+形容词"中是整体作为比较标记使用的，三个音节均不可省略，如例（9）—例（12）。而在第三类"N1+N2+形容词+$ma^{21}bu^{21}$+dz_o^{35}'有'"和第五类"N1+N2+no^{44}+ma^{21}+形容词"差比结构中做差比标记的 $ma^{21}bu^{21}$、no^{44} 也不可省略内容或添加内容。$no^{44}ma^{21}bu^{21}$、$ma^{21}bu^{21}$、no^{44} 中，除了 ma^{21} 可以明确其属于否定标记外，其他音节成分均在葛颇彝语中难以探寻其来源和意义。$t^ha^{33}ma^{21}tɕ^hi^{35}$ 作为差比标记，用汉语翻译为"不如"，其中 ma^{21} 作为否定标记使用，其他音节单独出现则无意义。

我们发现，除了葛颇彝语中有如 $no^{44}ma^{21}bu^{21}$、$t^ha^{33}ma^{21}tɕ^hi^{35}$ 此类三个音节的差比标记外，其他彝语支语言或方言中也普遍存在相似结构的差比标记，如彝语南部方言的山苏彝语的 $na^{33}ma^{21}ba^{21}$、三官寨彝语中的 $de^{55}ma^{31}bu^{33}$、泰国阿卡语（与中国境内哈尼族同源）中的 $na̱^{33}ma^{31}tsʰe^{55}$ 等，均是三个音节形式的差比标记（有的文献称比较助词），中间的音节均为否定标记。杨艳（2016）中提到这一类比较标记来源于表"超越""不止"的词语，由虚词和连词一起构成，词义可以拆析，这些比较标记已趋于一体化，并存放于人们的心理词库之中。结合葛颇彝语的否定结构，否定标记位于句末单音节动词（包括形容词和具有动词用法的体标记）前或句末双音节动词之间的特性，我们认为其来

源也可能是否定标记位于双音节之间构成三音节形式的动词性短语，进而演化成差比标记。但这些具有此类三音节形式差比标记的语言中都已经难以探索其原始意义，究竟这些三音节形式的差比标记来源何处，需要更多的不同语言、方言的资料进行进一步分析。

第二节 等比结构

等比结构也称平比结构。等比结构是体现两个或两个以上成分在同一属性上相同或相似的语法结构。等比结构与差比结构一样，其构成要素也包括比较主体、比较基准、比较结果等。接下来，我们将从等比结构的形式类型、语义和句法特征等方面探讨葛颇彝语等比结构的特点。

一 等比结构的形式类型

葛颇彝语中的等比结构主要包括以下两种类型：1. N1+（nɛ^{33}）+N2+（nɛ^{33}）+a^{21}dʑɛ^{33}+形容词+dʐo^{35}"有"；2. N1+（nɛ^{33}）+N2+（nɛ^{33}）+（a^{21}dʑɛ^{33}）+sɯ^{55}+形容词/动词性短语。N1 一般为比较主体，N2 为比较基准，N1、N2 也可以是动词性短语，在等比结构中 N1、N2 也可以合起来用"我们两个、你们两个、一群小鸡"等集体数量短语代指。两种类型的等比结构均没有典型的比较标记。

（一）N1+（nɛ^{33}）+N2+（nɛ^{33}）+a^{21}dʑɛ^{33}+形容词+dʐo^{35}"有"

这一类型的等比结构，N1、N2 属于并列的关系，或者合二为一，用复数形式代替。N1、N2 后搭配 a^{21}dʑɛ^{33}"一样"，和性质形容词，句末添加存在类动词 dʐo^{35}"有"。

(43) na^{21} nɛ^{33} ŋ̍^{21} nɛ^{33} a^{21}dʑɛ^{33}mo^{44}dʐo^{35}.

你 并　我 并　一样　高 有
咱们俩一样高。

例（43）的等比结构，两个参与比较的内容是并列的关系，分别后加并列标记 nɛ³³，并列项为单音节人称代词 nɑ²¹ "你"、ŋ²¹ "我"，音节较短，一般需要添加并列标记使得句子更通顺。ɑ²¹ dzɛ³³ "一样"与形容词 mo⁴⁴ "高"组成"一样高"的短语结构，句末搭配动词 dzo³⁵ "有"，表示比较主体与比较基础在"高"的程度上相同。

(44) du²¹ zɑ²¹ dzɛ²¹ tʂʰo³⁵ kɯ⁵⁵ ȵi²¹ po³³ gʁ²¹ po³³ ɑ²¹ dzɛ³³ li²¹ dzo³⁵.
　　 窜秋　骑　人　这　两个　身体　一样　重 有
骑窜秋的这两个人要有一样的重量。
ɑ²¹ dzɛ³³ li²¹ mɑ²¹ dzo³⁵ vɑ³³, tʂɯ⁴⁴ dɑ⁴⁴ dɯ²¹ mɑ²¹ ko²¹⁴.
一样 重 否定 有 连接词 跳 上 去 否定 得
如果不一样重，就跳不上去。

例（44）的等比结构中，N1、N2 合二为一，用复数形式的代词替代，为 du²¹ zɑ²¹ dzɛ²¹ tʂʰo³⁵ kɯ⁵⁵ ȵi²¹ po³³ "骑窜秋的这两个人"。这种形式的等比结构两个相比较的内容不是并列结构，不能添加并列标记。后接动词短语 ɑ²¹ dzɛ³³ li²¹ dzo³⁵ "有一样的重量"，存在类领有义动词 dzo³⁵ 位于动词短语之后。

（二）N1+（nɛ³³）+N2+（nɛ³³）+ɑ²¹ dzɛ³³+sɯ⁵⁵+形容词/动词性短语

第二类的等比结构比较主体和比较基准可以是名词性短语也可以是动词性短语，也是并列的关系，并列标记在某些情况下可以省略。比较主体和比较基准后接 ɑ²¹ dzɛ³³ "一样"，与第一类等比结构不同的是，ɑ²¹ dzɛ³³ 后接 sɯ⁵⁵ "像"与比较结果（形容词或动词性短语）。

(45) sɯ²¹⁴nɛ³³　tʂʰu²¹ȵi³⁵nɛ³³　　ɑ²¹dzɿɛ³³sɯ⁵⁵nɯ⁴⁴.
　　　走　并　　车　坐　并　　一样　　像　快
　　　走路和坐车一样快。

(46) ti³³　nɛ³³　ti³³　vi²¹　nɛ³³　ɑ²¹dzɿɛ³³sɯ⁵⁵nɑ⁴⁴ȵɛ⁴⁴.
　　　她　并　她　姐姐　并　一样　像　看　好
　　　她跟她姐姐一样好看。

例（45）（46）中的比较主体和比较基准属于后添加了并列标记 nɛ³³，N1、N2 后接 ɑ²¹dzɿɛ³³ "一样"、sɯ⁵⁵ "像" 与比较结果。例（45）的比较结果为形容词 nɯ⁴⁴ "快"，例（46）的比较结果为动词性短语 nɑ⁴⁴ȵɛ⁴⁴ "好看"。

(47) pɑ⁴⁴ti³³ fu⁴⁴tʂʰu³³ ɑ²¹dzɿɛ³³sɯ⁵⁵ piɛ⁴⁴.
　　　刀　　斧头　　一样　　像　锋利
　　　刀跟斧头一样锋利。

(48) ɑ⁵⁵pɯ⁵⁵ɑ⁵⁵kʰɑ³³ ɑ²¹dzɿɛ³³sɯ⁵⁵mɯ³⁵kʰɑ⁴⁴.
　　　哥哥　弟弟　　一样　　像　做　厉害
　　　哥哥像弟弟一样能干。

例（47）（48）的比较主体和比较基准后的并列标记省略，后接 ɑ²¹dzɿɛ³³ "一样"、sɯ⁵⁵ "像" 与比较结果。例（47）的比较结果为形容词 piɛ⁴⁴ "锋利"，例（48）的比较参项为动词 mɯ³⁵ "做"（这里指做事），比较结果为 kʰɑ⁴⁴ "厉害"。

二　语义及句法特征

葛颇彝语的等比结构较差比结构相对来说形式较为简单，只有上述两种类型。接下来，我们从语义和句法特征两方面来进一步对等比结构进行分析。

(一) 等比结构的语义特征

两种形式类型的等比结构在语义上也有一定差异。

1. 并列式的等比结构

通过观察上例（43），可发现相比较的两个内容没有明显的比较主体与比较基准之分，说话人在说这一类型的等比结构时，并不一定突出谁是比较主体，两个相比较的内容是并列的，顺序互换也不影响句意。例（44）更是如此，两个相比较的内容已经合二为一，用复数形式的代词替代，不分比较主体与比较基准。从语义上看，第一种类型的等比结构是并列式的等比结构，并列项为两个相比较的名词性或动词性短语，互换位置不影响句意。

2. 比较主体、比较基准清晰的等比结构

与第一类等比结构不同，第二类等比结构的比较主体和比较基准非常明确、清晰。如例（45）—例（48），在这四个例句中，比较主体位于句首、比较基准位于比较主体之后，位置不能颠倒，否则影响句意。

第二类等比结构的形式：N1+（nɛ^{33}）+N2+（nɛ^{33}）+ɑ^{21}dʐɛ^{33}+sɯ^{55}+形容词/动词性短语。使得第二类等比结构的 N1、N2 不能互换位置的主要为句中的 sɯ^{55} "像"，离 sɯ^{55} 最近的比较项为比较基准。虽然此类结构的比较主体和比较基准后也可添加并列标记 nɛ^{33}，但其与第一类型的等比结构相比更突出比较主体和比较基准，在语义上差别还是非常明显的。

(二) 等比结构的句法特征

等比结构的句法特征与差比结构相似，也有部分不同。我们从比较成分的省略、各个成分的性质等方面进行分析。

1. 比较成分的省略

等比结构的两个比较成分后一般都能添加并列标记 nɛ^{33}，第一类的等比结构两个比较成分不分比较主体和比较基准，就是两个并列成分并列，互相调换而不影响句意；第二类等比结构要明确地区分比较主体和比较基准，比较主体在前，比较基准在后，但二者后也可以添加并列标记，这一类型的等比结构也有并列结构的形式特点，但并列不是其主要的特征。

两种类型的等比结构内容省略如下例：

(49) a. ŋ̍^{21}dz̻o^{35}　gɤ^{21}po^{33}na^{21}dz̻o^{35}　gɤ^{21}po^{33}a^{21}dz̻ɛ^{33}li^{21}dz̻o^{35}.
　　　我　领属　身体　你　领属　身体　一样　重　有
　　　我跟你一样重。

b. ŋ̍^{21}　dz̻o^{35}　gɤ^{21}po^{33}na^{21}　dz̻o^{35}　a^{21}dz̻ɛ^{33}li^{21}dz̻o^{35}.
　　　我　领属　身体　你　领属　一样　重　有
　　　我跟你一样重。

例（49ab）是第一类型的等比结构。例（49a）中，ŋ̍^{21}dz̻o^{35}gɤ^{21}po^{33}"我的身体"和na^{21}dz̻o^{35}gɤ^{21}po^{33}"你的身体"是两个地位相同的并列项，在完整的并列结构中一般不省略，并列标记nɛ^{33}省略。例（49b）并列项ŋ̍^{21}dz̻o^{35}gɤ^{21}po^{33}"我的身体"和na^{21}dz̻o^{35}"你的（身体）"是并列的，但第二个并列项的内容有省略，该例句也说得通，但不如例（49a）使用频率高，表意完整。

(50) a. kɯ^{55}k^{h}u^{21}dz̻o^{35}　tʂu^{33}m̩^{33}bɯ^{33}
　　　这　年　领属　玉米棒
　　　a^{21}n̻i^{33}k^{h}u^{21}dz̻o^{35}　tʂu^{33}m̩^{33}bɯ^{33}a^{21}dz̻ɛ^{33}sɯ^{55}tʂɛ^{21}.
　　　去年　领属　玉米棒　一样　像　好
　　　今年的玉米跟去年的一样好。

b. kɯ^{55}k^{h}u^{21}dz̻o^{35}　tʂu^{33}m̩^{33}bɯ^{33}
　　　这　年　领属　玉米棒
　　　a^{21}n̻i^{33}k^{h}u^{21}dz̻o^{35}　a^{21}dz̻ɛ^{33}sɯ^{55}tʂɛ^{21}.

去年　　领属　一样　像　好
今年的玉米跟去年的一样好。

例（50ab）是第二类型的等比结构。例（50a）是内容完整的等比结构，例（50b）省略了比较参项的部分重复性内容，两个例句均能说得通。相比于第一种类型的等比结构，第二种等比结构的省略更容易被母语人所接受。

2. 比较主体、比较基准和比较结果的性质

第一类等比结构的两个比较成分基本都为名词性短语，第二类等比结构的比较主体、比较基准可以是名词性短语也可以是动词性短语，动词性短语的例句如例（45）。

第一类等比结构的比较结果均为形容词，如例（43）—例（45）；第二类等比结构的比较结果可以是形容词，如例（45）（47）；也可以是动词性短语，如例（46）。

3. 等比结构中的 $a^{21}dz_{\textsubring}ε^{33}$

通过上述分析我们发现，基本上所有的等比结构均在两个相比较的内容（有的区分比较主体和比较参项，有的不区分）后存在 $a^{21}dz_{\textsubring}ε^{33}$ "一样"。$a^{21}dz_{\textsubring}ε^{33}$ 在葛颇彝语中可做互动标记使用，也可与 pa^{33} 结合用于动词性短语之前表示"一起"的意思。

(1) 互动标记 $a^{21}dz_{\textsubring}ε^{33}$

(51) $ŋ^{21}bɯ^{33}a^{21}dz_{\textsubring}ε^{33}piε^{214}dz_{\textsubring}o^{35}\ lε^{33}\quad dzu^{35}dzu^{21}$.
我们　互相　旁边　在　连接词　饭　吃
我们在一起吃饭。

(52) $ts^hɿ^{21}ɣɯ^{55}ŋ_{.}i^{21}\ po^{33}a^{21}dz_{\textsubring}ε^{33}lε^{214}$.
狗　那　二　个　互相　舔
那两个狗互相舔。

例（51）中，ɑ²¹dʐɛ³³作为互动标记位于复数人称代词ŋ²¹bɯ³³ "我们"后、动词短语piɛ²¹⁴dzo³⁵ "在旁边"之前表示"我们互相在彼此旁边"的意义。例（52）中，ɑ²¹dʐɛ³³作为互动标记位于名词性短语（名词+指示代词+数量短语）tsʰʅ²¹ɣɯ⁵⁵ȵi²¹po³³ "那两只狗"之后、动词lɛ²¹⁴ "舔"之前，表示"那两只狗互相舔"的意义。

（2）ɑ²¹dʐɛ³³pɑ³³ "一起"

(53) dzu²¹fu³³　　vɑ³³　　gu̠²¹liɛ³³，ɑ²¹dʐɛ³³pɑ³³kʰu²¹ɕi²¹mɯ³⁵.
　　　吃　　完成体　连接词　回来　　一起　　年　新　过
　　　（大家）吃完（饭）回来，一起过新年。

(54) tʂʰo³⁵tʂʰo²¹ɯ⁴⁴du⁴⁴liɛ³³lɛ³³　　ɑ²¹dʐɛ³³pɑ³³vɑ²¹fu²¹ liɛ³³.
　　　朋友　　　喊　　过来　连接词　一起　　猪　杀　来
　　　喊朋友过来一起杀猪。

例（53）（54）为长篇中选取的例句，例句的部分内容有省略。例（53）中，ɑ²¹dʐɛ³³pɑ³³位于动词短语kʰu²¹ɕi²¹mɯ³⁵ "过新年"之前，表示"（大家）一起过新年"的意义。例（54）中，ɑ²¹dʐɛ³³pɑ³³位于动词短语vɑ²¹fu²¹liɛ³³ "来杀猪"之前，表示"（大家）一起来杀猪"的意义。两个截取的例句均省略了施事，但从上下文语境中可知晓。

第三节　极比结构

极比结构即某一事物与两个以上同类事物相比，在某方面达到最高值或某种属性上程度最深。极比结构也包括比较主体、比较基准、比较参项等内容。其中，比较主体一般为单数或一个群体，比较基准一般为两个以上的同类个体或群体等复数形式。葛颇彝语的极比结构没有特定的格式，形式上与判断结构和差比结构相似。本节将从极比结构的形式类型、语义和句法特征等方面探讨葛颇彝语极比结构的特点。

一 极比结构的形式类型

葛颇彝语中没有"最"的概念，要表达极比概念时，一般通过判断结构和差比结构来表达。与差比结构最大的差别在于比较主体或比较参项的不同，具体表现如下。

（一）判断式的极比结构

葛颇彝语中表示肯定的典型的判断句中无判断动词。

(55) $k^ha^{44}ko^{33}hɯ^{44}$, $ti^{33}k^hu^{21}t^hiɛ^{21}ɣiɛ^{21}ɣɛ^{33}tʂ^hɛ^{33}$.
    村子里　里　他　年纪　大　那　个
    他在村子里年纪最大。

(56) $sʅ^{35}so^{33}zu^{21}ɣɯ^{55}gɤ^{44}hɯ^{44}$, $ti^{33}sʅ^{35}$ so^{33} k^ha^{44} $ɣɛ^{33}tʂ^hɛ^{33}$.
    学生　　那　群　里　他　书　读　厉害　那　个
    他在班上学习最好。

例（55）中，要表示"他在村子里年纪最大"的语义时，葛颇彝语中没有"最大"的概念，可以通过判断结构来表示，$k^ha^{44}ko^{33}hɯ^{44}$"村子里"，ti^{33}"他"是$k^hu^{21}t^hiɛ^{21}ɣiɛ^{21}ɣɛ^{33}tʂ^hɛ^{33}$"年纪大那个"就相当于"他年纪最大"。例（56）也是如此，要表示"他在班上学习最好"，可以通过判断结构来表示，$sʅ^{35}so^{33}zu^{21}ɣɯ^{55}gɤ^{44}hɯ^{44}$"那群学生里"，$ti^{33}$"他"是$sʅ^{35}so^{33}k^ha^{44}ɣɛ^{33}tʂ^hɛ^{33}$"那个读书厉害的"，就相当于"他学习最好"。

（二）差比式的极比结构

除了判断式表示极比意义，差比结构也可以表达极比义。葛颇彝语的差比结构共有七种，除了第四种外，其余的六种差比结构均可以表达极比的意义。

1. N1+N2+$k^h\epsilon^{33}$/$k^h\mturn^{44}$+数量短语+形容词+(持续体 $dz_o\epsilon^{21}$)

(57) ti^{33}　dz_o^{35}　$k^hu^{21}t^hi\epsilon^{21}ta^{21}$$tṣ^h\epsilon^{33}ma^{21}g\gamma^{35}$$k^h\epsilon^{33}$$\gamma i\epsilon^{21}$.
　　　他　领属　年纪　　全部（指人）　差比　大
　　　他比所有人年纪都大/他的年纪最大。

(58) $tṣ^ho^{35}\gamma i\epsilon^{21}\epsilon^{33}$$ti^{33}$$k^h\mturn^{44}$　$\eta\epsilon^{33}$.
　　　人　那些　他　差比　小
　　　那些人都比他小。

例（57）（58）是第一种类型的差比结构，当表示"他的年纪最大""他最大"等概念时，也可以用此类型的差比结构表达。例（57）的比较主体为单数形式的 ti^{33} "他"，比较基准为全称量化词 ta^{21} $tṣ^h\epsilon^{33}ma^{21}g\gamma^{35}$ "所有人"，当比较主体"比其他所有人年纪都大"时，即与"他年纪最大"表达相同的语义。例（58）比较主体为复数形式的 $tṣ^ho^{35}\gamma i\epsilon^{21}\epsilon^{33}$ "那些人"，比较基准为单数形式的 ti^{33} "他"，"那些人比他都小"即相当于，在那些人中他最大。

2. N1+N2+$no^{44}ma^{21}bu^{21}$+形容词

(59) $no^{44}m\mturn^{35}$　$ti^{33}ki\epsilon^{21}\epsilon^{33}$　$no^{44}ma^{21}bu^{21}$$n\gamma^{44}$.
　　　活　做　他　这些　　差比　　　快
　　　他比大家干活都快/他干活最快。

(60) ti^{33}　$a^{55}k^ha^{33}zu^{21}\gamma i\epsilon^{21}\epsilon^{33}$$no^{44}ma^{21}bu^{21}$$\eta\epsilon^{21}$.
　　　他　孩子　　那些　差比　　乖
　　　他比每个孩子都乖/他最乖。

例（59）（60）为第二类型的差比结构，比较主体均为单数形式 ti^{33} "他"，比较基准为复数形式 $ki\epsilon^{21}\epsilon^{33}$ "这些（人）"、$a^{55}k^ha^{33}zu^{21}$

ɣiɛ²¹ɛ³³"那些孩子",当比较主体比一个群体的比较基准在某种属性上程度要深时,即表达了极比的概念,在特定群体中比较主体是"最快""最乖"的。

3. N1+N2+形容词+ma²¹bu²¹+dz̩o³⁵ "有"

(61) tsʰŋ²¹kɛ³³tʂʰɛ³³tsʰŋ²¹ɣiɛ²¹ɛ³³hiɛ³³ma²¹bu²¹dz̩o³⁵.
狗 这只狗 那些 大 差比 有
这只狗比那些狗都大/这只狗最大。

(62) ti³³ a²¹sɯ⁵⁵bɯ³³li²¹ma²¹bu²¹dz̩o³⁵.
他 我们 重 差比 有
他比我们重/他最重。

例(61)(62)是第三种类型的差比结构,与前两类差比结构相同,表达极比的概念也只能通过对比较主体或比较基准的数量调节,当差比结构表示"这只狗比那些狗都大"时,在葛颇彝语中就能表示"这只狗最大",同样的,"他比我们重"也就表示"他最重"的意义。

4. N1+N2+no⁴⁴+ma²¹+形容词

(63) a⁵⁵kʰa³³zu²¹ɣiɛ²¹ɛ³³ti³³no⁴⁴ ma²¹ ŋɛ²¹.
孩子 那些 他 差比 否定 乖
那些孩子都没他乖/他最乖。

(64) tsʰŋ²¹ɣiɛ²¹ɛ³³tsʰŋ²¹kɛ³³tʂʰɛ³³no⁴⁴ ma²¹ hiɛ³³.
狗 那些 狗 这只 差比 否定 大
那些狗都没这只狗大/这只狗最大。

例(63)(64)属于第五类的差比结构,属于"次级比较结构"的大语义类别。例（63）中，比较主体 a⁵⁵kʰa³³zu²¹ɣiɛ²¹ɛ³³ "那些孩子" 在 ɳɛ²¹ "乖" 这种属性上，都不如比较基准 ti³³ "他"，表达了 "他最乖" 的意义。例（64）中，比较主体 tsʰʅ²¹ɣiɛ²¹ɛ³³ "那些狗" 在 hiɛ³³ "大" 这个属性上，不如比较基准 tsʰʅ²¹kɛ³³tʂʰɛ³³ "这只狗"，表达了 "这只狗最大" 的意义。

5. N1+N2+形容词+ma²¹+dzo³⁵ "有"

(65) sʅ³⁵so³³zu²¹ɣiɛ²¹ɛ³³ti³³ kʰɛ³³ kʰa⁴⁴ zi²¹ ma²¹ dzo³⁵.
　　 学生　　那些　他　差比　厉害　名物化　否定　有
　　 那些学生都没他学习好/他在班上学习超过所有人。

(66) tʂʰo³⁵ɣiɛ²¹ɛ³³ti³³ɣiɛ²¹ ma²¹ dzo³⁵.
　　 人　那些　他　大　否定　有
　　 那些人都没有他大/他大过所有人。

例（65）（66）是第六种类型的差比结构，第六类的差比结构在语义上都属于 "次级比较结构" 的大语义类别。例（62）中，比较主体是复数形式的 sʅ³⁵so³³zu²¹ɣiɛ²¹ɛ³³ "那些学生"，比较基准是单数的 ti³³ "他"，"那些学生没他学习好" 在葛颇彝语中可用来表达 "他学习最好"。同理例（63），"那些人都没他大" 即 "他大过所有人"。

6. N1+VP/NP+N2+tʰa³³ma²¹tɕʰi³⁵ "不如"

(67) tʂʰo³⁵kiɛ²¹ɛ³³zo⁵⁵ ti³³ tʰa³³ma²¹tɕʰi³⁵.
　　 人　这些　漂亮　他　　不如
　　 这些人不如他漂亮/他最漂亮。

(68) a⁵⁵kʰa³³zu²¹kiɛ²¹ɛ³³ɳɛ²¹ ti³³ tʰa³³ma²¹tɕʰi³⁵.
　　 孩子　　这些　乖　他　不如
　　 这些孩子都没他乖/他最乖。

例（67）—例（68）也属于"次级比较结构"的大语义类别。都是通过差比结构表达极比的意义。比较主体"这些人""这些孩子"在某种属性上都没有/不如"他""他"程度深，即表达"他最漂亮""他最乖"的概念。

二 语义及句法特征

（一）语义特征

葛颇彝语中没有"最"的概念，如果想表达极比的意义，只能通过判断结构和差比结构的形式进行表达。但判断结构和差比结构表达的，不一定是极比的意义，即使比较主体或比较基准其中某一个是复数形式，代表同类群体的全部或大多数，当说话者说出该判断句或差比句时，不一定是表达的"最"的概念。这与葛颇彝族对数量、性质等属性的认知密切相关。

（二）句法特征

通过上述极比结构形式和意义的分析，我们与其说上述结构是极比结构，不如说是判断结构和差比结构表达的极比的意义。

因此，这些不典型的极比结构的句法特征，除了在特定结构中的比较主体或比较基准是复数形式外，其他句法特征与判断结构、差比结构相同，在此不再赘述。

综上所述，本章主要涉及葛颇彝语的三种比较结构：差比结构、等比结构、极比结构。这三种比较结构基本都包含比较主体、比较基准、比较参项、比较结果、比较标记等内容。比较主体用 N1 表示，比较基准用 N2 表示，N1、N2 也可以是名词性或动词性短语。比较结果一般为形容词，也可为动词性短语。

差比结构比较典型，主要包括七种不同的形式类型：1. N1＋N2＋

$k^h\varepsilon^{33}/k^h\mathrm{u}^{44}$+（数量短语）+形容词+（持续体 $dz_{\!}\varepsilon^{21}$）；2. N1+N2+no^{44} $ma^{21}bu^{21}$+形容词；3. N1+N2+形容词+$ma^{21}bu^{21}$+$dz_{\!}o^{35}$ "有"；4. N1+话题+N2+$no^{44}ma^{21}bu^{21}$+形容词或 N+N1+no^{44}（$ma^{21}bu^{21}$）+N2+$no^{44}ma^{21}bu^{21}$+形容词；5. N1+N2+no^{44}+ma^{21}+形容词；6. N1+N2+形容词+ma^{21}+$dz_{\!}o^{35}$ "有"；7. N1+VP/NP+N2+$t^ha^{33}ma^{21}tɕ^hi^{35}$ "不如"。从大的语义范畴上可以分为"优级比较结构"（类型1-4）和"次级比较结构"（类型5-7）。从句法特征来看，比较主体一般作为话题成分出现在句首，但也有话题成分单独出现位于句首，比较主体和比较基准位于其后的情况，当比较主体和比较参项的成分复杂、内容有重复时，比较基准可以省略与比较主体相重复的内容。差比标记主要有 $k^h\varepsilon^{33}$ 与 $k^h\mathrm{u}^{44}$、$no^{44}/ma^{21}bu^{21}/no^{44}ma^{21}bu^{21}$、$t^ha^{33}ma^{21}tɕ^hi^{35}$ 等，$k^h\varepsilon^{33}$ 来自葛颇彝语的处所标记 "上"；$k^h\mathrm{u}^{44}$ 只在比较结构中残存了 "……下" 的意义，并不作处所标记使用；$no^{44}/ma^{21}bu^{21}/no^{44}ma^{21}bu^{21}$、$t^ha^{33}ma^{21}tɕ^hi^{35}$ 等具体意义、来源不详，需要结合其他语言、方言进一步分析。

等比结构较之差比结构形式上稍微简单，只有两种形式类型：1. N1+（$n\varepsilon^{33}$）+N2+（$n\varepsilon^{33}$）+$a^{21}dz_{\!}\varepsilon^{33}$+形容词+$dz_{\!}o^{35}$ "有"、2. N1+（$n\varepsilon^{33}$）+N2+（$n\varepsilon^{33}$）+$a^{21}dz_{\!}\varepsilon^{33}$+$su^{55}$+形容词/动词性短语。第一种类型的等比结构中 N1、N2 也可以合起来用数量短语的复数形式，如 $\eta^{21}bu^{33}\eta_i^{21}zu^{21}$ "我们两个" 代指。从语义上看，第一种类型的等比结构是并列式的等比结构，并列项为两个相比较的名词性或动词性短语，互换位置不影响句义。与第一类等比结构不同，第二类等比结构的比较主体和比较基准非常明确、清晰，位置不能颠倒，否则影响句义。两种类型的等比结构均没有典型的比较标记。

葛颇彝语中没有 "最" 的概念，其极比结构没有特定的格式，与判断结构和差比结构相似。如果想表达极比的意义，只能通过判断结构和差比结构的形式，调整比较主体和比较基准的单复数形式进行表达。其句法特征与判断结构和差比结构基本一致。

第 十 章

致使结构

致使是指致使者通过某个行为或某种力量作用于被致使者,达到了某种目的或得到了某种结果。表达致使意义的结构为致使结构。从形式上来看,致使结构可分为词汇性致使、形态性致使和分析性致使。在藏缅语族的语言中,多数语言均存在这三种类型的致使结构,但并不是每一种都比较常见。本章将从葛颇彝语致使结构的形式类型、语义机制、句法特征、致使标记的来源等方面探讨其特征。

第一节 致使结构的形式类型

葛颇彝语中词汇性的致使、形态性的致使只残存于个别词汇中,最丰富的是分析性的致使结构。

一 词汇性与形态性的致使

葛颇彝语中词汇性的致使与形态性的致使均不太典型,本章简单列举如下。

(一) 词汇性的致使

(1) 非致使动词　　　　　　致使动词

ʑi̠^{21}	睡	ɕi^{214}	使（小孩）睡
du^{35}	燃烧	tɤ^{214}	点着
dzu^{21}	吃	tʂu^{55}	喂
xɤ^{214}	惊吓	tʂu^{44}	吓唬

例（1）列举了葛颇彝语中的几组非致使动词和词汇性致使动词形式对比，非致使动词有的是人或动物本身自主发出的动作，如 ʑi̠^{21} "睡"、dzu^{21} "吃"，有的是一种状态，如 du^{35} "燃烧"、xɤ^{214} "惊吓"；致使动词则包含一定的外力因素，如 ɕi^{214} 表达的是使小孩睡，哄孩子睡的意义，tɤ^{214} 表达的是人为的点燃，使被致使者燃烧的意义，tʂu^{55} 表达的是使被致使者吃东西的意义，tʂu^{44} 表达的是致使者有意地通过某种手段使被致使者受到惊吓的意义。

（二）形态性的致使

（2）非致使动词　　　　　　　　致使动词
　　 miɛ̠^{21} （小孩）喝（奶）　miɛ̠^{21} 喂（小孩奶）

葛颇彝语中的形态性致使目前仅发现了上例一组，由松音 miɛ̠^{21} 表示"喝（奶）"，紧音 miɛ̠^{21} 表示"喂（小孩奶）"。

二　分析性的致使结构

分析性的致使结构是葛颇彝语中最典型的致使结构。从形式上来看，又可分为连动式（serial verb construction）致使和迂说式致使（periphrastic causatives）两种类型。葛颇彝语中连动式致使标记为 gɯ^{33}，迂说式致使标记为 piɛ^{214}、bo^{35} 和 kɑ^{44}。下面我们将依次对这两种分析性致使结构进行分析。

(一) 连动式致使结构

连动结构是跨语言中比较常见的结构类型，葛颇彝语中也有相当数量和类型的连动结构，其中有一部分可以表达致使的意义，我们将能表达致使意义的称为连动式致使结构。

连动式致使结构中，致使标记为 gɯ³³，可以用在大部分形容词前，表示"使……发生变化"的意义。除此之外，gɯ³³ 也可位于动词前，但位于动词前的 gɯ³³ 不能做致使标记用，不表达致使意义，只表达动词义"做、整"，是典型的动词用法。

(3) kʁ²¹⁴ ŋ̍²¹ tiɛ³³ gɯ³³ ʂɛ⁴⁴ fu³³ dia²¹.
皮肤 我 施事 致使 烂 完成体 状态变化体
我把皮肤弄破了。

(4) na²¹ ɕi⁴⁴tʰɯ²¹pa³³ gɯ³³ ɬi²¹⁴ fu³³ dia²¹.
你 棍子 受事 致使 断 完成体 状态变化体
你把棍子弄断了。

例 (3) (4) 中均为"致使标记 gɯ³³+形容词"搭配，表示在致使者的作用下，被致使者的状态发生变化。例 (3) 致使标记 gɯ³³ 与形容词 ʂɛ⁴⁴ "烂"搭配，表示致使者 ŋ̍²¹ "我"弄烂了被致使物体 kʁ²¹⁴ "（我的）皮肤"。例 (4) 致使标记 gɯ³³ 与形容词 ɬi²¹⁴ "断"搭配，表示致使者 na²¹ "你"弄断了被致使物体 ɕi⁴⁴tʰɯ²¹ "棍子"。

(5) a. a⁵⁵kʰa³³zu²¹ɬo³⁵piɛ²¹⁴vi̠²¹.
孩子 裤子 穿
孩子穿裤子。（自己穿）

b. a⁵⁵kʰa³³zu²¹ɬo³⁵piɛ²¹⁴gɯ³³vi̠²¹.
孩子 裤子 弄 穿

孩子穿裤子。（自己弄来穿）

(6) a. a⁵⁵kʰa³³dzu³⁵dzu²¹dia²¹.
妹妹　饭　吃　状态变化体
妹妹吃饭了。

b. a⁵⁵kʰa³³dzu³⁵gɯ³³dzu²¹.
妹妹　饭　做　吃
妹妹吃饭。（自己做饭吃）

例（5b）（6b）中的 gɯ³³ 均出现在及物动词之前，表达"做、弄"的动词义，两个动词有共同的施事和受事。例（5a）中，动词 vi̠²¹ "穿"为及物动词，搭配施事论元 ti³³ "他"和受事论元 ɬo³⁵piε²¹⁴ "裤子"。例（5b）中，gɯ³³ 与动词 vi̠²¹ "穿"共享论元，gɯ³³ vi̠²¹ 表示"（自己整来）穿"的意义，而不能表示"使……穿"的意义，句中不能再增加其他论元成分。例（6a）中，dzu²¹ "吃"也是及物动词，搭配施事论元 a⁵⁵kʰa³³ "妹妹"和受事论元 dzu³⁵ "饭"。例（6b）中，dzu³⁵gɯ³³dzu²¹ 表示"做饭吃"的意义，动词 gɯ³³ 与 dzu²¹ 共享论元，而不能表达"使……吃"的致使意义。

（二）迂说式致使结构

黄成龙（2014）提到，在世界语言中迂说式致使结构很常见，如英语中的"let、make"表示迂说式致使。在葛颇彝语中，迂说式致使标记主要有 piε²¹⁴、bo³⁵ 和邀约式致使标记 ka⁴⁴。

1. 包含致使标记 piε²¹⁴ 的迂说式致使结构

致使标记 piε²¹⁴ 一般位于与事之后，动词或动词短语之前。包含标记 piε²¹⁴ 的迂说式致使结构中致使者在语义上并没有明确的指向性，在结构中也基本不出现。

(7) ʑi²¹tɕε³⁵m̩³³dz̪o³⁵　no⁴⁴ no²¹tʂʰu³³,
妻子　领属　活　多　很

$k^hu^{21}ɕi^{21}$ $sɛ^{33}ɳ̍i^{33}$ $vɑ^{33}$ ti^{33} $piɛ^{214}$ no^{44} tu^{55}.
年　　新　三　天　布景　她　致使　休息　持续体

$ʑi^{21}tɕɛ^{35}p^hu^{21}piɛ^{214}$ $mɯ^{35}liɛ^{33}$.
丈夫　　　　　　　　　致使　做　来

妻子的活很多，新年三天让她休息，让丈夫来做（饭）。

例（7）中，包含三个小句，两个致使结构。第一个致使结构是第二个小句中的 $ti^{33}piɛ^{214}no^{44}tu^{55}$ "让她休息"，致使标记 $piɛ^{214}$ 位于不及物动词 no^{44} "休息"前、与事成分 ti^{33} "她"之后，表示"让/使她休息"的意义。第二个致使结构为第三个小句本身 $ʑi^{21}tɕɛ^{35}p^hu^{21}piɛ^{214}mɯ^{35}liɛ^{33}$ "让丈夫来做（饭）"，致使标记 $piɛ^{214}$ 位于及物动词 $mɯ^{35}$ "做"前、与事成分 $ʑi^{21}tɕɛ^{35}p^hu^{21}$ "丈夫"之后，表示"让/使丈夫来做（饭）"的意义。两个致使结构中的致使者均不太明显。

(8) $ɑ^{55}mɛ̠^{21}tʂ^ho^{35}ɕi^{35}$ fu^{33} $ʑi^{21}$ $piɛ^{214}$ dzu^{21}.
　　自己　人　　　　　死　完成体　名物化　致使　吃
让自己家去世的人吃（水饭）。

(9) $k^ho^{21}no^{21}vɑ^{33}ɣɯ^{35}zɑ^{21}liɛ^{33}$, $ʐ̩^{35}lɛ^{33}$, $ʂ̩^{33}$ $piɛ^{214}ɕi^{214}li^{33}$.
　　多少　只　划　下　来　　拿　连接词　别人　致使　腌去
划几只（猪腿）下来，拿去让别人腌。

例（8）（9）的致使结构中，原施事者论元 $ɑ^{55}mɛ̠^{21}tʂ^ho^{35}ɕi^{35}fu^{33}ʑi^{21}$ "自己家去世的人"和 $ʂ̩^{33}$ "别人"变成与事论元，致使标记 $piɛ^{214}$ 均位于省略了受事的及物动词 dzu^{21} "吃"和 $ɕi^{214}$ "腌"之前、与事论元之后，受事成分"水饭"和"猪腿"也被省略。句中致使者也不太明显。

(10) z̩^{35} lɛ^{33} pʰɯ^{35} hẽ^{35}hɯ^{44} tu^{55},
     拿 连接词 公社 房里   放
     pu^{55}tu^{33}sɛ^{33} ɕɛ^{33}kɯ^{214}z̩^{21} piɛ^{214} pu^{55}tu^{33}ɕɛ^{33}.
     火   神 献 会 名物化   致使   火   献
     拿到公房里来，让会献火神的人献火。

例（10）与（8）（9）大致相同，不同的是受事论元 pu^{55}tu^{33} "火"没有省略，没被省略的受事论元位于致使标记 piɛ^{214} 之后和及物动词 ɕɛ^{33} "献"之前。

通过上述分析可知，包含致使标记 piɛ^{214} 的致使结构基本是针对动词的致使。致使标记 piɛ^{214} 可与不及物动词搭配，如 no^{44} "休息"，也可以与及物动词搭配，如 dzu^{21} "吃"、ɕi^{214} "腌"、ɕɛ^{33} "献" 等。致使标记 piɛ^{214} 与不及物动词搭配时，piɛ^{214} 直接与动词相邻，中间不插入其他成分。致使标记 piɛ^{214} 与及物动词搭配时，当及物动词的受事论元省略时，piɛ^{214} 直接与动词相邻，若及物动词的受事论元没有省略，则受事论元位于 piɛ^{214} 与及物动词之间。

通过对上述例句的观察和分析，我们认为：1. 致使标记 piɛ^{214} 与与事者的紧密度更高，致使标记 piɛ^{214} 永远出现在与事者之后，但不一定永远出现在动词前，在动词是不及物动词或及物动词的受事论元省略的情况下，才直接与动词相邻，位于动词之前；2. 在长篇语料中，致使标记 piɛ^{214} 出现在动词前的情况较为典型，及物动词的受事经常由于上下文语境的影响而被省略，这使得致使标记 piɛ^{214} 与动词的关系也更加紧密，但也不排除有及物动词的受事不省略的情况，如上例（10）。

2. 包含致使标记 bo^{35} 的迂说式致使结构

致使标记 bo^{35} 一般位于与事者之后、动词之前。

(11) a. ŋ̍^{21} sɯ^{214}tiɛ^{33}.
        我 走 将行体

我要走了。

b. ti³³ ŋ̩²¹ bo³⁵ suɯ²¹⁴.

他 我 致使 走

他让我走。

(12) a. ti³³ no⁴⁴ŋɛ²¹⁴ ʐɿ³⁵ du⁴⁴liɛ³³.

他 东西 拿 过来

他拿东西过来。

b. ti³³ bo³⁵ no⁴⁴ŋɛ²¹⁴ʐɿ³⁵du⁴⁴liɛ³³.

他 致使 东西 拿 过来

让他把东西拿过来。

例（11a）为不及物动词句，动词 suɯ²¹⁴"走"为不及物动词，ŋ̩²¹"我"作为句中单一论元出现。例（11b）为致使结构，例（11a）句中的施事论元ŋ̩²¹"我"变为被致使者、与事论元，致使标记 bo³⁵ 位于被致使者、与事论元ŋ̩²¹"我"之后，不及物动词 suɯ²¹⁴"走"之前，致使者 ti³³"他"位于句首，表达"他让我走"的意义。例（12a）为及物动词句，动词 ʐɿ³⁵"拿"为及物动词，ti³³"他"为施事论元，no⁴⁴ŋɛ²¹⁴"东西"为受事论元。例（12b）为致使结构，在例（12b）中，原来的施事论元 ti³³"他"变为被致使者、与事论元，致使标记 bo³⁵ 位于被致使者 ti³³"他"之后，及物动词短语 no⁴⁴ŋɛ²¹⁴ʐɿ³⁵"拿东西"之前。

由此可见，致使标记 bo³⁵ 也是与被致使者的关系更紧密。

3. 邀约式致使结构

邀约式致使结构一般出现在第一人称后。

(13) na²¹ dʐo³⁵ ti⁵⁵piɛ²¹⁴ŋ̩²¹ ka⁴⁴ ta²¹ pɛ³³ vi̱²¹.

你 领属 衣服 我 邀约 一 时间 穿

你的衣服让我穿一会儿。

（14）ŋ̩²¹ kɑ⁴⁴ dzu³⁵mɯ³⁵li³³.
　　　我　邀约　饭　做　去
　　让我去做饭。

例（13）（14）中，邀约式致使标记 kɑ⁴⁴ 位于第一人称 ŋ̩²¹ "我"之后，位于动词短语 tɑ²¹pɛ³³ vi̩³ "穿一下"、dzu³⁵mɯ³⁵li³³ "去做饭"之前，表示说话人 ŋ̩²¹ "我"向听话人主动提出诉求，表示"让我穿一下""让我去做饭"的意义。致使标记 kɑ⁴⁴ 与第一人称 ŋ̩²¹ "我"的关系更紧密。

邀约式致使标记 kɑ⁴⁴ 虽然也是与动词相关，并且与其中的某一论元关系密切，但与致使标记 piɛ²¹⁴、bo³⁵ 不同的是，piɛ²¹⁴、bo³⁵ 是与被致使者、与事论元关系密切，被致使者、与事论元是有被动发生改变的意思，而 kɑ⁴⁴ 是说话人主动提出的邀约和申请。

第二节　形态句法标记和语义机制

致使结构可以增加动词的论元，在新的论元加入之后，原来的论元在语用上有的也发生相应的变化，施受标记的位置可能会发生改变，本节所提及的致使结构的形态句法标记主要指致使结构中论元施受关系的变化而体现出的标记特色。致使结构的语义机制简单来讲是指不同类型的致使结构在句法中所呈现的直接与间接的致使意义。

本节将从致使结构的形态句法标记和语义机制两方面来探讨葛颇彝语致使结构的特点。

一　形态句法标记

通过第一节形式类型的分析，可知葛颇彝语的致使结构可分为连动式（serial verb construction）致使和迂说式致使（periphrastic causatives）两种类型。其中连动式致使标记为 gɯ^{33}，迂说式致使标记为 piɛ^{214}、bo^{35} 和 ka^{44}。

（一）连动式致使结构的形态句法标记

进一步观察可发现，包含 gɯ^{33} 标记的连动式致使结构中除了 gɯ^{33} 以外的第二个动词一般为形容词，这也可看作传统语法的动补结构。但我们从葛颇彝语的句法特征来看，形容词与动词用法相近，可以单独做谓语，我们将其看作连动结构的一种。此类型的连动结构能产性高，并且已经形成了"gɯ^{33}+形容词"表达致使意义的句法特征，这是其他动词没有的特点，虽然它仍然保留了动词的用法和语义，但我们也称 gɯ^{33} 为致使标记。

连动式致使结构中施受关系变化如下：

（15）a. tsʰai^{35}tɕʰi^{44}fu^{33}　　dia^{21}.
　　　　线　断　完成体　状态变化体
　　　　线断了。

b. na^{21}tsʰai^{35}pa^{33}　　**gɯ^{33}**　tɕʰi^{44}fu^{33}　　dia^{21}.
　　你　线　受事　致使　断　完成体　状态变化体
　　你把线弄断了。

c. tsʰai^{35}na^{21}tiɛ^{33}　　**gɯ^{33}**tɕʰi^{44}　fu^{33}　　dia^{21}.
　　线　你　施事　致使　断　完成体　状态变化体
　　你把线弄断了。

例（15a）为非致使结构，句中唯一论元为 tsʰai^{35} "线"，谓语为表示、状态的形容词 tɕʰi^{44} "断"。当将例（15a）变换为致使结构时，如例（15b），句中增加了致使者 na^{21} "你"，原句中的单一论元 tsʰai^{35} "线"变为受事，句中添加受事标记 pa^{33}。也可以将受事提到句首做话题，此时致使者即施事位于受事之后，致使动词短语之前，需添加施事标记 tiɛ³³，如例（15c）。

（二）迂说式致使的形态句法标记

葛颇彝语的迂说式致使结构的一大特点就是致使标记与被致使者关系更为紧密，迂说式致使标记位于被致使者之后、动词或动词短语之前，致使标记 piɛ²¹⁴、bo³⁵ 的位置及其与被致使者的紧密关系使得语序相对固定，句中无需再添加其他语义标记。

(16) a. ɑ⁵⁵kʰɑ³³zu²¹ ɬo³⁵piɛ²¹⁴vi̠²¹.
　　　孩子　　裤子　　穿
　　　孩子穿裤子。

b. ɑ⁵⁵kʰɑ³³zu²¹ **piɛ²¹⁴**　ɬo³⁵piɛ²¹⁴vi̠²¹.
　　孩子　　　致使　裤子　穿
　　让孩子穿裤子。

c. nɑ²¹ɑ⁵⁵kʰɑ³³zu²¹ **piɛ²¹⁴**　ɬo³⁵piɛ²¹⁴vi̠²¹.
　　你　孩子　　　致使　裤子　穿
　　你让孩子穿裤子。

例（16a）为及物动词句，及物动词 vi̠²¹ "穿" 搭配施事论元 ɑ⁵⁵kʰɑ³³zu²¹ "孩子" 和受事论元 ɬo³⁵piɛ²¹⁴ "裤子"，表达"孩子（自己）穿裤子"。例（16b）（16c）为致使结构，致使者可省略，如例（16b），致使者可出现，如例（16c）中的 nɑ²¹ "你"，被致使者为原句例（16a）的 ɑ⁵⁵kʰɑ³³zu²¹ "孩子"，致使标记 piɛ²¹⁴ 位于被致使者之后，与被致使者关系紧密。

(17) a. ti³³　zʅ³⁵du⁴⁴liɛ³³.
　　　他　拿　过来
　　　他拿过来。

b. ti^{33}　bo^{35}　　ʐʅ^{35}　du^{44}liɛ^{33}.
他　致使　拿　　过来
让他拿过来。

c. ti^{33}　　bo^{35}　　no^{44}ȵɛ^{214}ʐʅ^{35}du^{44}liɛ^{33}.
他　致使　　东西　　拿　过来
让他把东西拿过来。

d. nɑ^{21}　ti^{33}　bo^{35}　　no^{44}ȵɛ^{214}ʐʅ^{35}　du^{44}liɛ^{33}.
你　他　致使　东西　　　拿　过来
你让他把东西拿过来。

例（17a）为省略受事的及物动词句，动词 ʐʅ^{35} "拿"为及物动词，ti^{33} "他"为施事论元。例（17b）（17c）（17d）为致使结构，原来的施事论元 ti^{33} "他"变为被致使者、与事论元，致使标记 bo^{35} 位于被致使者 ti^{33} "他"之后，表示"让他做某事"的意义，例句中受事 no^{44}ȵɛ^{214} "东西"和施事 nɑ^{21} 你均可省略，如例（17b），也可只省略施事，如（17c），最完整的句式为（17d），施事 nɑ^{21} "你"、与事 ti^{33} "他"、受事 no^{44}ȵɛ^{214} "东西"均出现，表达意义完整"你让他把东西拿过来"。

（18）a. ŋ̩^{21}　　lo^{55}ʑi^{33}ti^{44}　li^{33}.
我　茶　　泡　去
我去泡茶。

b. ŋ̩^{21}　kɑ^{44}　　lo^{55}ʑi^{33}ti^{44}　li^{33}.
我　邀约　茶　　泡　去
让我去泡茶。

例（18b）也是如此，致使标记 kɑ^{44} 位于第一人称 ŋ̩^{21} "我"之后，表示"我"主动请缨去做某事，ŋ̍²¹ "我"后不再添加其他标记。

通过上述分析可知，"gɯ³³+形容词"式致使结构，致使者一般为人，不位于句首做话题时需加施事标记，被致使者后可以添加受事标记；迂说式致使结构的被致使者与致使标记关系紧密，不能添加其他施受标记，这可能与致使标记的来源有关，我们将在第三节中着重分析。

二 语义机制

有的语言学著作将致使结构的语义分为致使、致动、役使三类。致使标记与形容词搭配表达致使义，与动词搭配表达致动义，表达命令、允许等意义则称为役使义。我们认为这种意义上的分类与致使标记及致使标记所搭配的谓词类型相关。下文将从更宏观的角度考察致使结构语义的直接与间接的致使意义。

更具体地说，黄成龙（2014）总结狄克森（Dixon：2000：74，2012：281）的观点认为致使类型与语义机制之间不是简单的直接与间接的致使关系，他们之间存在着紧密度阶的关系：词汇性致使——形态性致使——复杂谓语——迂说式致使，这四种致使结构类型的紧密度与语义机制之间的紧密度是由高降低的。

（19）a. ɑ³³bɑ³³ ɑ²¹mɑ²¹ dzu³⁵dzu²¹.
　　　　爷爷　奶奶　饭　吃
　　　　爷爷奶奶吃饭。

b. dzu²¹biˀ⁴⁴pʰi³³lɛ³³　　ɑ³³bɑ³³ ɑ²¹mɑ²¹ tʂu⁵⁵.
　　水饭　泼　连接词　爷爷　奶奶　喂
　　泼水饭让（去世的）爷爷奶奶吃。

（20）a. ɑ⁵⁵kʰɑ³³zu²¹ miɛ²¹miɛ²¹.
　　　　孩子　　奶　喝

孩子喝奶。
b. ti³³ a⁵⁵kʰa³³ zu²¹ miɛ²¹ miɛ̠²¹.
　她　孩子　　奶　喂
　她喂孩子奶。

例（19a）（20a）为一般及物动词句，例（19b）为词汇性致使的例句，例（20b）为形态性致使的例句，二者都是直接致使，是以单个词汇 tʂu⁵⁵ "喂（饭）"、miɛ̠²¹ "喂（奶）" 的形式表达致使意义。

(21) a. fio²¹ tʂa³⁵ mɛ³³ dia²¹.
　　　菜　　熟　状态变化体
　　　菜熟了。
b. ŋ²¹ fio²¹ tʂa³⁵ pa³³ gɯ³³ mɛ³³ dia²¹.
　　我　菜　　　受事　致使　熟　状态变化体
　　我把菜弄熟了。

例（21a）为形容词做谓语的句子，例（21b）为连动式致使结构，此类致使结构是由 "gɯ³³+形容词" 构成，结构较词汇性致使和形态性致使较为复杂，但 gɯ³³ 和形容词仍密不可分。

(22) a. ti³³　ta³³li³³ gɯ³³ lɛ³³　　ɲɛ²¹⁴lu³³kʰɛ³³tu⁵⁵　tu⁵⁵.
　　　他　包　　挂　连接词　墙　　上　放　持续体
　　　他把包挂在墙上。
b. ti³³　piɛ²¹⁴ gɯ³³ lɛ³³　　ɲɛ²¹⁴lu³³kʰɛ³³tu⁵⁵.
　　他　致使　挂　连接词　墙　　上　放　持续体
　　让他挂在墙上。
c. ti³³　piɛ²¹⁴ ta³³li³³ gɯ³³ lɛ³³　　ɲɛ²¹⁴lu³³kʰɛ³³tu⁵⁵.
　　他　致使　包　挂　连接词　墙　　上　放　持续体

让他把包挂在墙上。

例（22a）为较为复杂的非致使结构，例（22bc）为包含致使标记 $piɛ^{214}$ 的迂说式致使结构，例（22c）与例（22b）的不同之处在于及物动词的受事论元 $ta^{33}li^{33}$ "包"出现，位于致使标记 $piɛ^{214}$ 和及物动词 $gɯ^{33}$ 之间。迂说式致使结构致使标记与被致使者关系紧密，与动词之间可插入受事成分，距离较远，紧密度较低。

通过上述分析，我们发现葛颇彝语的致使类型和语义机制之间的关系是符合 Dixon 紧密度阶的理论，词汇性致使、形态性致使、复杂谓语、迂说式致使的紧密度是从高到低的。葛颇彝语中上述四种致使类型均包含，但形态性致使只残存于个别词汇中，词汇性致使能产性低也不是非常典型，复杂谓语式（即连动式）致使结构"$gɯ^{33}$+形容词"能产性高，但结构单一，迂说式致使结构能产性最高，句式上也较为灵活，类型较多。

第三节　致使标记的多功能性

葛颇彝语的致使标记来源大部分比较清晰，致使标记 $gɯ^{33}$ 来源于动词 $gɯ^{33}$ "做、放"；$piɛ^{214}$ 来源于动词 bi^{21} "给"，形式上发生了变化；bo^{35} 来源于与事标记 bo^{35}，而与事标记 bo^{35} 又源自言说类动词 bo^{35} "告诉"。这三个致使标记的发展路径均比较清晰，只有迂说式致使结构中的邀约式致使标记 $kɑ^{44}$ 暂时尚未发现其出处。下文我们将结合例句进行详细介绍。

一　致使标记 $gɯ^{33}$ 的多功能用法及语法化

$gɯ^{33}$ 除了在连动式致使结构中做致使标记外，其在葛颇彝语中仍然保留着典型的动词用法，如：

(23) a⁵⁵mɛ̱²¹mo⁴⁴ dzu²¹nu³³, nɤ⁴⁴ lɛ³³ vu⁴⁴tʰiɛ²¹hɯ⁴⁴gɯ³³.
　　自己　什么　吃　连接词　捏　连接词　大碗　里　放
　　自己吃什么，就捏在大碗里放着。

(24) ʐa⁴⁴ ta²¹ sɛ³³kʰɯ²¹lɛ³³ tʂɛ²¹⁴vɛ³³kʰɛ³³gɯ³³.
　　水　一　碗　舀　连接词　供桌　上　放
　　舀一碗水放在供桌上。

例（23）（24）中的 gɯ³³ 做动词用，表示"放置"的意义。例（23）中，vu⁴⁴tʰiɛ²¹hɯ⁴⁴gɯ³³ 表示"放在大碗里"，例（24）中，tʂɛ²¹⁴vɛ³³kʰɛ³³gɯ³³ 表示"放在供桌上"。

(25) ɕi⁴⁴tʂo³³tʰo²¹dzɛ³³tiɛ³³ gɯ³³ʑi²¹.
　　磨秋　松树　工具　做　名物化
　　磨秋是用松树做的。

(26) ta²¹kʰu²¹ɲi⁴⁴dʑi³⁵, ti⁵⁵piɛ²¹⁴ta²¹ɬɯ⁴⁴ɬo²¹⁴piɛ²¹⁴ta²¹ɬɯ⁴⁴kiɛ²¹ɛ³³
　　一　年　四　季　衣服　一　件　裤子　一　件　这些
　　ʑi⁵⁵ gɯ³³ɦo⁴⁴ ko²¹⁴.
　　只　做　得　可以
　　一年四季，只做得一件衣服和一条裤子。

例（25）（26）中，gɯ³³ 做动词用，表示"做"的意义。例（25）是个判断句，gɯ³³ʑi²¹ 是动词加名物化标记，表示"做的（某物）"的意思。例（26）中 gɯ³³ɦo⁴⁴ 表示"做得"的意思，gɯ³³ 表示"做"，ɦo⁴⁴ 表示"得到"。

通过上述分析可知，gɯ³³ 在葛颇彝语中既可做动词用，也有致使标记的用法。gɯ³³做致使标记用时，所形成的致使结构为连动式致使，其实本质上仍然为动词性质，但由于用法固定，能产性强，并且不能被替换，已经形成了一种特定的结构"gɯ³³+形容词"，我们也将其称为致使标记。这种在同一语言中既有动词用法，又可作为致使结构中的致使标记的多功能的用法，正说明了gɯ³³正处于语法化的过程中，目前仍是在发展变化的。

二 致使标记 piɛ²¹⁴的多功能用法及语法化

在葛颇彝语中致使标记 piɛ²¹⁴与动词 bi²¹ "给"密切相关，致使标记 piɛ²¹⁴在致使结构中也经常被翻译成"给"的意义，并且动词"给"在跨语言、方言中也是致使标记的主要来源之一。因此，我们推测 piɛ²¹⁴与 bi²¹的语音差异可能受二者在葛颇彝语中的位置影响，动词 bi²¹主要出现在句末，致使标记 piɛ²¹⁴只出现在句中，句中的单元音在语流中逐渐元音复合化，声调和辅音也受到影响，在使用中，逐渐固化导致。

(27) ŋ̩²¹ ti⁵⁵piɛ²¹⁴sɯ³³ɬɯ⁴⁴ ti³³ bi²¹.
我 衣服 三 件 他 给
我给他三件衣服。

(28) ti³³ no⁴⁴ŋɛ²¹⁴kiɛ²¹ɛ³³ŋ̩²¹ bi²¹.
他 东西 这些 我 给
他给我这些东西。

例（27）（28）中，双及物动词 bi²¹作为主要动词出现在句末，句中三个参与者的顺序以此为"源点""客体""目标"。例（27）中的"源点"即句中施事ŋ̩²¹"我"，"客体"即句中 ti⁵⁵piɛ²¹⁴sɯ³³ɬɯ⁴⁴"三件衣服","目标"即句中的与事 ti³³ "他"。例（28）中，"源点"即句中施事 ti³³ "他"，"客体"即句中 no⁴⁴ȵɛ²¹⁴kiɛ²¹ɛ³³ "这些东西"，"目标"即句中与事 ŋ̍²¹ "我"。这两个例句中，动词 bi²¹ 都是位于句末，并且紧随与事之后。

(29) do²¹ çi̠²¹ tʰiɛ³⁵ lɛ³³   a⁵⁵mɛ̠²¹tʂʰo³⁵bi²¹.
话   新   告诉   连接词   自己人   给
给自己人通知信息。

(30) a⁵⁵mɛ̠²¹ɬɤɯ⁵⁵tsɯ³³hɯ⁴⁴ta²¹tʂʰɛ³³ ta²¹lɯ⁵⁵zu²¹m̠³³
姑娘   那 对 里   一 个   悄悄
ta³³li³³hɯ⁴⁴ mo⁵⁵   na⁴⁴ʐɿ²¹ta²¹tʂʰɛ³³ʐɿ³⁵ lɛ³³ su⁵⁵m̠³³pʰu²¹bi²¹.
包包 里 从由   眼镜 一 个   拿 连接词 老师 给

例（29）（30）与例（27）（28）的不同之处在于，句中除了动词 bi²¹ 之外，还有其他动词出现，两个动词不相邻，动词短语之间用连接词 lɛ³³ 连接，这符合葛颇彝语句法结构的规则。例（29）中动词 tʰiɛ³⁵ "告诉"与动词 bi²¹ 之间有名词性成分，故有连接词 lɛ³³ 位于 do²¹ çi̠²¹ tʰiɛ³⁵ "通知信息"和 a⁵⁵mɛ̠²¹tʂʰo³⁵bi²¹ "给自己人"两个动词短语之间。例（30）也是如此，连接词 lɛ³³ 位于 na⁴⁴ʐɿ²¹ta²¹tʂʰɛ³³ʐɿ³⁵ "拿一个眼镜"和 su⁵⁵m̠³³pʰu²¹bi²¹ "给老师"两个动词短语之间。

(31) mɛ²¹pɛ³³gɯ³³na²¹bi²¹, pa⁴⁴di³³gɯ³³na²¹ bi²¹.
枪 做 你 给 刀 做 你 给
做枪给你，做刀给你。

(32) na²¹tian³⁵xua³³dɛ²¹ ŋ̍²¹ bi²¹.
你 电话   打 我 给
你打电话给我。

例（31）（32）与例（29）（30）的不同之处在于，两个动词短语之间的连接词 lɛ³³ 消失，这种句式从葛颇彝语整体的句法规则来看是特殊的，是不符合规律的。例如，例（31）中除了动词 bi²¹ "给"以外，gɯ³³ 在此例句中也做动词用，表示"做、制作"的意义，例（32）中，除了动词 bi²¹ "给"，还有动词 dɛ²¹，表示"打"的意义，这两个例句中，动词 bi²¹ 不与动词 gɯ³³、dɛ²¹ 相邻，而是在中间插入与事成分，也没有添加连接词 lɛ³³，这与葛颇彝语中典型的连动结构规则（动词间不插入其他成分）相冲突。

但这种特殊性并不是没有规律可循，例（29）（30）中的与事成分为多音节名词或名词短语，而例（31）（32）中的与事成分为单音节的人称代词，经测试，当例（31）（32）中的受益成分为多音节的名词短语时，连接词 lɛ³³ 仍然需要出现，否则语句不通顺，如：

（33）mɛ²¹ pɛ³³ gɯ³³　lɛ³³　　　nɯ⁵⁵ dʑɛ²¹ di³³ zu²¹　bi²¹,
　　　 枪　做　连接词　　猎人　　　　给
　　　pa⁴⁴ di³³ gɯ³³ lɛ³³　　　ȵi²¹ ɬu²¹⁴ zu²¹　bi²¹.
　　　 刀　做　连接词　　放牛人　　给
　　　做枪给猎人，做刀给放牛人。

（34）nɑ²¹ tiɑn³⁵ xuɑ³³ dɛ²¹ lɛ³³　　　su⁵⁵ m̩³³ pʰu²¹ bi²¹.
　　　 你　电话　打　连接词　老师　　给
　　　你打电话给老师。

在例（33）（34）中，当与事成分为多音节的名词或名词短语时，如 nɯ⁵⁵ dʑɛ²¹ di³³ zu²¹ "猎人"、ȵi²¹ ɬu²¹⁴ zu²¹ "放牛人"、su⁵⁵ m̩³³ pʰu²¹ "老师"，连接词 lɛ³³ 则必须出现在两个动词短语之间。

上述例（27）—例（34）中，都是 bi²¹ 的典型动词用法，只有例（31）（32）与葛颇彝语的典型的多动词结构（连动结构）规则略有不同。动词 bi^{21} 在上述例句中均出现在句末，与与事紧密搭配，不可分割。除此之外，也有特殊情况，如：

(35) zi^{55} bu^{55} ba^{44} dia^{21}： "ta^{21} tʂʰɛ^{33} ŋ̍^{21} bi^{21} zi^{21} tɕɛ^{35} m̩^{33} mɯ^{35}."
　　 蛤蟆   说　 状态变化体   一个　 我   给   媳妇　 做
　　 蛤蟆说："给我一个做媳妇。"

(36) ti^{33}　ŋ̍^{21}　bi^{21}　ɕaŋ^{21} pian^{35} na^{44}.
　　 他　 我　 给　 相片　　 看
　　 他给我看照片。

例（35）（36）中，动词 bi^{21} 与与事搭配并没有位于句末，而是位于句中，bi^{21} 在这里也表达的是动词"给予"的意义。例（39）中，ŋ̍^{21} bi^{21} "给我"位于动词短语 zi^{21} tɕɛ^{35} m̩^{33} mɯ^{35} "做媳妇"之前，例（35）中，ŋ̍^{21} bi^{21} "给我"位于动词短语 ɕaŋ^{21} pian^{35} na^{44} "看照片"之前。这种情况在葛颇彝语中较为少见，但也是存在的。

例（35）（36）中，动词 bi^{21} 的位置就与致使标记 piɛ^{214} 在句中的位置相同，参见上例（8）（9）（10）（16bc）等。通过上述分析，我们认为葛颇彝语的动词 bi^{21} "给"与致使标记 piɛ^{214} 关系密切，致使标记 piɛ^{214} 是从动词 bi^{21} "给"发展而来的，这在跨语言（如拉祜语、哈尼语、彝语其他方言等）中也比较常见。其语法化的路径也较为清晰，在葛颇彝语的共时层面，致使标记 piɛ^{214} 仍保留了动词用法，形式为 bi^{21}，并且可存在于多种类型的句法结构中，从这些不同的结构中的功能和意义大致可以看出其发展、演化的路径，是由典型的句末核心动词开始，受到其他动词加入的影响，动词地位逐渐弱化，开始不受规则限制，继而在特定结构中语法化为致使标记的过程。

三　致使标记 bo^{35} 的多功能用法及其语法化

bo^{35} 除了做致使标记用外，还有言说类动词和与事标记的用法。

(37) a. ti³³ ŋ̩²¹ bo³⁵ lɛ³³ sʅ³⁵nɑ⁴⁴.
　　　他　我　告诉　连接词　书　看
　　　他让我看书。

b. ti³³ ŋ̩²¹ bo³⁵ lɛ³³ sʅ³⁵tɑ̠²¹ nɑ⁴⁴.
　　他　我　告诉　连接词　书　禁止　看
　　他不让我看书。

(38) a. ti³³ ŋ̩²¹ bo³⁵ lɛ³³ dzu³⁵mɯ³⁵.
　　　他　我　告诉　连接词　饭　做
　　　他让我做饭。

b. ti³³ ŋ̩²¹ bo³⁵ lɛ³³ dzu³⁵tɑ̠²¹ mɯ³⁵.
　　他　我　告诉　连接词　饭　禁止　做
　　他不让我做饭。

例（37a）中，bo³⁵在句中可看作言说类动词"告诉"，句中两个动词短语 ŋ²¹bo³⁵ "告诉我"、sʅ³⁵nɑ⁴⁴ "看书"由连接词 lɛ³³ 连接，表示"他告诉我看书或他让我看书"，符合葛颇彝语的句式特征，有一定的致使意义，但是连接词 lɛ³³ 的出现使得该句并不是典型的致使结构的句式。当对该句进行否定，想要表达"他不让我看书"的意义时，如例（37b），禁止否定标记 tɑ̠²¹ 只能添加在连接词 lɛ³³ 后的动词短语中的动词 nɑ⁴⁴ "看"前。例（38ab）也是如此，例（38a）表达的是"他让我做饭"的意义，bo³⁵在句中为动词用法，可翻译为"告诉"，但对该句进行否定，则否定标记只能添加在连接词 lɛ³³ 后的动词短语中，位于动词 mɯ³⁵ "做"之前，而不能对 bo³⁵ "告诉"进行否定。这说明，bo³⁵在上述两个例句中虽然仍处于动词的位置，但该位置较为固定，在与事之后，并已经有一定程度的虚化，不能作为动词对其进行否定。

bo³⁵在葛颇彝语中还可以做与事标记用，但只能出现在言说类动词之前、与事之后，如：

(39) ko⁴⁴ ʂɛ³³tu⁵⁵ zu²¹ȵi³³bo³⁵ bɑ⁴⁴:
祖先　就　儿女　与事　说
"kɛ³³pɛ³³vɑ³³, kɯ⁵⁵hɯ⁴⁴dzo³⁵ŋ̍⁵⁵ diɑ²¹."
现在　　布景　这　里　在　要　状态变化体
祖先就对他的儿女说："现在呢，就要在这了。"

(40) ɑ⁵⁵kʰɑ³³tu⁵⁵ ti³³ bo³⁵ do²¹nu³³:
弟弟　就　他　与事　问
"ŋ̍²¹ dzo³⁵ tsʰɿ²¹nɛ³³mɛ⁴⁴nɛ³³nɛ³³kɑ⁵⁵lɑ⁵⁵ kʁ⁴⁴dɯ²¹?"
我　领有　狗　并　猫　并　哪里　到　去
弟弟就问他："我的狗和猫去哪了？"

(41) ti³³ sɯ²¹⁴tiɛ³³ tʰɑ²¹lɑ²¹ŋ²¹ bo³⁵ tʰiɛ³⁵.
他　走　将行体　刚　我　与事　告诉
他要走时，才告诉我。

例（39）（40）（41）中，bo³⁵在与事标记分别位于言说类动词 bɑ⁴⁴ "说"、do²¹nu³³ "问"、tʰiɛ³⁵ "告诉"之前，与事 zu²¹ȵi³³ "儿女"、ti³³ "他"、ŋ̍²¹ "我"之后。在这三个例句中，bo³⁵只有与事标记的用法，无致使意义。但在上例（17bcd）中，bo³⁵作为致使标记，同时也有一定的与事标记的意义。

黄成龙（2014）中提到世界语言中致使标记主要有六种来源，其中一种即言说义动词发展为致使标记。我们从 bo³⁵ 在葛颇彝语中的情况来看，其不典型的言说义动词用法是其现存功能的一种，并且与致使标记、与事标记的功能并存，这种虚实共存的使用现状就是其语法化的表征，葛颇彝语的 bo³⁵ 也是从言说义动词发展为致使标记，其后可能还经历了与事标记的一环，或者与之同步。

综上所分析，我们将葛颇彝语致使标记的语法化路径总结如下：
动词 gɯ³³ "做、放" —— 致使标记 gɯ³³

动词 bi^{21} "给" ——致使标记 piε^{214}

动词 bo^{35} "叫、喊、说" ——致使标记 bo^{35} ——与事标记 bo^{35}

邀约式致使中的 kɑ^{44} 标记暂时找不出其他用法，看不出其来源。

本章主要探讨了葛颇彝语致使结构的相关内容，从致使结构的形式类型、形态句法标记和语义机制、致使标记的来源等方面对葛颇彝语的致使结构进行了详细介绍。

葛颇彝语的致使结构从形式上可以分为词汇性、形态性和分析性致使三种类型，但其中形态性致使只残存在个别词汇当中，词汇性致使也并不典型，分析性致使最为丰富，这与葛颇彝语的分析性的句法特征相关。

分析性致使结构可以细分为连动式致使和迂说式致使两种类型，连动式致使与传统语法中的"动结式"异曲同工，但所涉及的动词只有一个 gɯ^{33} "做、放"，并且能产性极高，已经形成"gɯ^{33}+形容词"表达致使意义的固定模式，在这个结构中，我们将 gɯ^{33} 也称作致使标记。但"gɯ^{33}+动词"不能表达致使意义。迂说式致使又根据致使标记的不同可分为包含致使标记 piε^{214} 的致使结构、包含致使标记 bo^{35} 的致使结构和包含致使标记 kɑ^{44} 的邀约式致使结构。迂说式致使是致使者针对被致使者动作行为的致使，能产性也很高，并且位置上不如连动式致使结构紧密，在致使标记和动词间可插入名词性成分，即受事。分析性致使结构使得句中增加了论元成分，即致使者，原句中的施事或单一论元会成为与事，连动式致使结构中的被致使者可以带与事标记，而迂说式致使结构中的被致使者与致使标记关系极其紧密，可以说这一类致使标记本身就承担了一部分与事标记的功能，则不需再添加标记。

从致使标记的来源上看，葛颇彝语的致使标记大部分来源都比较清晰，只有邀约式致使标记 kɑ^{44} 暂时看不出其出处。致使标记 gɯ^{33} 来自动词 gɯ^{33} "做、放"；致使标记 piε^{214} 来自动词 bi^{21} "给"；致使标记 bo^{35} 来自动词 bo^{35} "告诉"，并且可能由此产生了与事标记的用法。

第十一章

多动词结构

多动词结构是指由多个动词组成的表达单一事件的语法组织结构。多动词结构包含连动结构以及补语结构。

第一节 连动结构

综合各位学者［马提索夫（Matisoff, 1969、1973）；艾亨瓦尔德（Aikhenvald, 2006）；马丁·哈斯普马特（Martin Haspelmath, 2016）等］对连动结构的定义，结合藏缅语的特点，我们将其特征归纳如下：多动词结构是指两个或以上动词（包括形容词）连用；动词间不可以插入连词、助词等成分；时体一致；表达单一事件。以往的研究中，连动结构研究的范围多有争议，尤其是传统语法概念中的动结式和兼语结构是否属于连动结构，各家说法不一。本节将其二者认定为连动结构进行讨论。

由于葛颇彝语形容词与动词的形态句法功能相近（如上文提到的可重叠表疑问、被否定标记修饰、单独做谓语等），本书将形容词看作动词的一种类型。

本节从连动结构的形式类型、语义特征与语法化等方面，探讨葛颇彝语连动结构的特点。

一　形式类型

根据句中论元的数量及位置分布，我们又将葛颇彝语的连动结构分为四大类型：S-V1-V2、A-P-V1-V2、S-LOC-P-V1-V2、A-P1-V1-P2-V2-（V3），第二种类型又根据动词的及物性、句中论元的施受关系分为若干小类。具体如下：

（一）S-V1$_{不及物}$-V2$_{不及物}$

此类型的连动结构，句中有且只有一个论元，两个动词均为不及物动词，共享同一个施事论元，且位置固定，中间不能插入其他成分。

（1）ti^{33}　pi^{44}　liɛ^{33}　tiɛ^{33}.
　　　他　　跳　　来　　将行体
　　　他来跳舞。

（2）ŋ^{21}　dzu^{21}bu^{44}dia^{21}.
　　　我　吃　饱　状态变化体
　　　我吃饱了。

例（1）中，pi^{44}"跳"、liɛ^{33}"来"是不及物动词，共享同一个施事论元 ti^{33}"他"；例（2）中 dzu^{21}"吃"是及物动词做不及物动词用，bu^{44}"饱"是形容词，二者共享同一个施事论元ŋ^{21}"我"。

（二）A-P-V1-V2

此类型的多动词结构，句中有两个论元，两个动词连用，中间不插入其他成分，根据动词的及物性特征及论元的共享性差异，又可以细分为三小类：

a. A-P-V1$_{及物}$-V2$_{及物}$

a 类多动词结构中，两个及物动词连用，共享同一个施事论元以及同一个受事或与事论元。动词的位置受当前语义因素制约，较为固定。

  (3) ŋ̍^{21}dzu^{35}mɯ^{35}dzu^{21}.
    我　饭　做　吃
    我做饭吃。

  (4) ti^{33}dzʅ^{35}dɛ^{21}do^{35}.
    他　酒　打　喝
    他打酒喝。

例（3）中，mɯ^{35}"做"、dzu^{21}"吃"在句中均是及物动词，有共同的施事ŋ̍^{21}"我"，共同的受事dzu^{35}"饭"；例（4）中dɛ^{21}"打"、do^{35}"喝"是及物动词，共享同一个施事ti^{33}"他"，同一个受事dzʅ^{35}"酒"。

b. A-P-V1$_{及物}$-V2$_{不及物}$

b类结构中，两个动词连用，位置固定，第一个动词为及物动词，第二个动词为不及物动词，句中受事论元与第一个动词搭配，两个动词共享同一个施事论元。

  (5) ti^{33}　ȵi^{35}pɑ^{21}　zʅ^{35}　sɯ^{214}.
    他　凳子　拿　走
    他拿凳子走。

  (6) ti^{33}　ŋ̍^{21}　dɯ^{44}　mɛ^{33}　li^{33}.
    他　我　与事　跟　去
    他跟我去。

例（5）中，受事ȵi^{35}pɑ^{21}"凳子"与及物动词zʅ^{35}"拿"搭配，zʅ^{35}"拿"与姿势类动词sɯ^{214}"走"连用，共享同一个施事ti^{33}"他"；

例（6），伴随动词 mɛ³³"跟"和趋向动词 li³³"去"连用，与事 ŋ̍²¹"我"与动词 mɛ³³"跟"搭配，两个动词共享同一个施事 ti³³"他"。

c. S-LOC-V1不及物-V2不及物

c 类多动词结构中，两个动词连用，位置固定，不可调换。两个动词均为不及物动词，两个动词同样共享同一个施事论元。第二个动词与句中处所/位置论元搭配，句中处所论元可以省略，省略后与第一大类型多动词结构相同。

(7) ɑ⁵⁵kʰɑ³³zu²¹ sɿ³⁵so³³hɛ̃³⁵ lɛ³³gu³³ liɛ³³.
小孩　　　学校　　玩　来
小孩来学校玩。

(8) ti³³ lu³⁵huɯ⁴⁴ lɛ³³gu³³ li³³.
他　城里　　玩　去
他去城里玩了。

例（7）中，lɛ³³gu³³"玩"、liɛ³³"来"两个不及物动词连用，处所论元 sɿ³⁵so³³hɛ̃³⁵"学校"与句末趋向动词 liɛ³³"来"搭配，两个动词共享同一个施事 ɑ⁵⁵kʰɑ³³zu²¹"小孩"。例（8）中，lɛ³³gu³³"玩"、li³³"去"两个不及物动词连用，处所论元 lu³⁵huɯ⁴⁴"城里"与句末趋向动词 li³³"去"搭配，两个动词共享同一个施事 ti³³"他"。该二例的处所论元"学校""城里"可以省略，省略后不突出处所信息，结构与第一大类型 S-V1 不及物-V2 不及物多动词结构相同。

d. A-P-V1及物-V2不及物

d 类多动词结构，形式上与 b 类相同，但在动词及物性及共享论元方面却大不相同。两个动词中，前一个为及物动词，句末动词为不及物动词或形容词，二者不共享施事，受事也不同。

(9) ti³³　tsɤ⁴⁴tsɤ³³pa³³　dɛ²¹　ʂɛ⁴⁴　fu³³.
　　他　桌子　　　受事　打　烂　完成体
　　他把桌子打烂了。

(10) a³³nɛ³³ tʰo²¹bɯ³³ xa²¹ za²¹liɛ³³.
　　叔叔　　松苞　　钩　下来
　　叔叔把松苞钩下来。

例（9）中动作类动词 dɛ²¹"打"和状态类动词 ʂɛ⁴⁴"烂"连用，动词"打"的施事是 ti³³"他"，受事是 tsɤ⁴⁴tsɤ³³"桌子"，而与形容词 ʂɛ⁴⁴"烂"搭配的是 tsɤ⁴⁴tsɤ³³"桌子"，是"桌子"烂掉了，不是"他"烂掉了。例（10）中，动作类动词 xa²¹"钩"和趋向动词 za²¹liɛ³³"下来"连用，动词"钩"的施事是 a³³nɛ³³"叔叔"，但"下来"的是 tʰo²¹bɯ³³"松苞"。因此两个例句中两个动词共享的不是同一个施事论元，这种语法现象艾亨瓦尔德（Aikhenvald）将其称为转指功能，也称为功能切换连动式。（switch-function。Aikhenvald，2006：14）

（三）S-LOC-P-V1及物-V2不及物

此类型多动词结构中，两个动词连用，共享同一个施事，但分别搭配不同的受事或处所论元。位置固定，不可调换。位置论元一般出现在受事、与事、时间论元前，与之搭配的不及物动词处于句末，这类不及物动词一般是趋向动词。

(11) ŋ̩²¹　sɿ³⁵so³³ hɛ̃³⁵sɿ³⁵　na⁴⁴　liɛ³³.
　　我　学校　　　书　看　来
　　我来学校看书。

(12) ŋ̩²¹bɯ³³ti³³　dzo³⁵　hɛ̃³⁵　dzu³⁵dzu²¹　li³³.
　　我们　他　领属　房子　饭　　　吃　去
　　我们去他家吃饭。

例（11）中，动作类动词 nɑ⁴⁴"看"搭配受事 sʅ³⁵"书"，趋向动词 liɛ³³"来"搭配处所论元 sʅ³⁵so³³hɛ̃³⁵"学校"，二者共享同一个施事 ŋ̍²¹"我"；例（12）动作类动词 dzu²¹"吃"搭配受事论元 dzu³⁵"饭"，趋向动词 li³³"去"搭配处所论元 ti³³dzo³⁵hɛ̃³⁵"他家"，句中施事为 ŋ̍²¹bɯ³³"我们"。

（四）A-P1-V1_{及物}-P2-V2_{及物/不及物}-（V3）

第四类多动词结构与前三类大有不同，除了两个或三个动词不共享施事、受事外，第四类多动词结构的部分论元可以穿插在动词之间。在句末动词是非趋向动词、姿势类动词的情况下，还可以添加趋向动词、情态动词等，形成三个动词连用的结构，添加的趋向动词、情态动词等一般与第一个动词共享同一个施事。

(13) ti³³　ŋ̍²¹tʰiɛ²¹ dzu³⁵dzu²¹（liɛ³³）.
　　　他　我　陪　　饭　吃　（来）
　　　他（来）陪我吃饭。

(14) ŋ̍²¹ ɑ⁵⁵mɛ²¹tɑ²¹tʂʰɛ³³ nɑ²¹bi²¹ ʑi²¹tɕɛ³⁵ m̍³³mɯ³⁵.
　　　我　女儿　一　个　　你给　　媳妇　　做
　　　我给你一个女儿做媳妇。

例（13）中，动词 tʰiɛ²¹"陪"的施事是 ti³³"他"，受事是 ŋ̍²¹"我"，动词 dzu²¹"吃"的施事是 ŋ̍²¹"我"，受事是 dzu³⁵"饭"，可在句末添加趋向动词 liɛ³³"来"，施事是 ti³³"他"，三个动词搭配的施事、受事不尽相同。例（14）中动词 bi²¹"给"的源点是 ŋ̍²¹"我"，目标是 nɑ²¹"你"，客体是 ɑ⁵⁵mɛ²¹tɑ²¹tʂʰɛ³³"一个女儿"，动词 mɯ³⁵"做"的施事是文中的 ɑ⁵⁵mɛ²¹tʂʰɛ³³"一个女儿"，目标是 ʑi²¹tɕɛ³⁵m̍³³"媳妇"，动词的施事、受事、源点、目标也不同。

通过上文对葛颇彝语多动词结构的形式类型的总结，我们发现，四大类型仍可以继续划分为两大类：句中动词和论元不穿插搭配、动词和论元穿插搭配。简略表述为 NV 有界型和 NV 交叉型，除了外在表现形式，二者的最大区别在于：

NV 有界型：动词大部分都共享施事，A-P-V1$_{及物}$-V2$_{不及物}$除外；

NV 交叉型：动词均不共享施事。

为了更好地观察葛颇彝语的多动词结构的特征，我们对彝语其他方言的多动词结构材料进行简要梳理，发现彝语方言的多动词结构最大的差别在于共享施事论元的多动词结构是分为 NV 有界型和 NV 交叉型两种，还是只能是 NV 有界型。

彝语六大方言中，其他方言的多动词情况与葛颇彝语大多数比较相似，但部分方言、土语存在共享施事的 NV 交叉型多动词结构，如：

(15) tsʰɿ³³ɣo³³ xi³³ʑi³¹ɲi³³.（北部方言：四川圣乍诺苏话）

   他 挪动 外面 坐

   他挪到外面坐。

(16) tʰi³³tʰe³³ɲi²¹so³³so⁵⁵ ko³³ di³³go²¹.（东部方言：云南禄劝纳苏话）

   他 车 坐 学校 趋向 去 玩

   他坐车去学校玩。

(17) tʰi²¹da³³ bu²¹ lɤ⁵⁵sei³³tʰo³³.（东部方言：贵州三官寨水西土语）

   他 上 山 去 柴 砍

   他上山去砍柴。

(18) tsʰu²¹ko⁵⁵ni³³kʰie²¹ʑi²¹pœ²¹kʰɤ⁵⁵ni³⁵a⁵⁵ŋo³³ŋœ²¹.（东南部方言：阿扎话）

   人 那 两 个 河 边 在 鱼 捉

   那两个人在河边捉鱼。

例（15）中彝语北部方言诺苏话中，行为动词 ɣo³³ "挪动" 与姿势动词 ɲi³³ "坐" 虽然中间插入了处所名词 xi³³ʑi³¹ "外面"，但仍共享同一个施事 tsʰɿ³³ "他"。例（16）中彝语东部方言纳苏话中，动词 ɲi²¹ "坐" 与 di³³ "去"、go²¹ "玩" 连用，中间插入处所名词 so³³so⁵⁵ "学校"，姿势类动词 ɲi²¹ "坐" 搭配工具 tʰe³³ "车"，di³³ "去" 搭配处所论元 so³³so⁵⁵ "学校"，符合 OV 语序的特征，动词紧挨着所搭配的论元后，动词与论元穿插呈现，动词共享施事 tʰi²¹ "他"。例（17）中东部方言水西土语中，动词与名词论元穿插搭配；例（18）东南部方言阿扎话中，存在动词与处所论元 ʑi²¹pœ²¹kʰɤ⁵⁵ "河边" 搭配，行为动词ŋœ²¹ "捉" 与受事 ɑ⁵⁵ŋo³³ "鱼" 搭配，动词与名词论元穿插搭配，动词紧挨着所搭配的论元后。

具体归纳如表 11-1 所示。

表 11-1　　　　　彝语各方言连动结构的比较

各大方言土语 \ 形式类型	动词共享同一个施事 A-P-V1-V2	动词共享同一个施事 A-V1-P-V2	动词不共享同一个施事（兼语） A-P1-V1-P2-V2
葛颇彝语	+	-	+
西部方言腊罗话	+	-	+
南部方言山苏话	+	-	+
中部方言腊鲁话	+	-	+
北部方言诺苏话	+	+	+
东部方言纳苏话	+	+	+
东部方言水西土语	+	+	+
东南部方言阿扎话	+	+	+

二　语义特征

葛颇彝语的多动词结构可表达多种语义特征，主要包括表时间先后、表方式、表目的、表结果等。不同语义类型的表达与不同的形式类型及动词的性质有关。

1. 表时间先后

(19) a⁵⁵ʑɛ²¹ dzu³⁵ mɯ³⁵ dzu²¹.
妈妈　饭　做　吃
妈妈做饭吃。

例（19），施事 a⁵⁵ʑɛ²¹ "妈妈"，连续发出两个动作 mɯ³⁵ "做"、dzu²¹ "吃"，两个动作是先后发生的。通过对葛颇彝语多动词结构不同形式类型的考察，我们发现只有 A-P-V1$_{及物}$-V2$_{及物}$ 型才能只表达时间先后的语义关系。

2. 表方式

(20) a³³ba³³ mi³³go²¹dʐʅ²¹ ʐʅ³⁵ sɯ²¹⁴.
爷爷　　犁　　　拿　走
爷爷拿犁走。

例（20）中，施事 a³³ba³³ "爷爷"是拿着工具 mi³³go²¹dʐʅ²¹ "犁"走的，动词 ʐʅ³⁵ "拿"和 sɯ²¹⁴ "走"连用，"拿犁"是"走"的方式。

3. 表目的

(21) ti³³ lɛ³³ gu³³ liɛ³³ tiɛ³³.
他　玩　　来　将行体
他来玩。

例（21）中，施事 ti³³ "他"连续发出两个动作 liɛ³³ "来"、lɛ³³ gu³³ "玩"，"玩"是"来"的目的。

4. 表结果

(22) a⁵⁵ʑɛ²¹ dzu²¹ bu⁴⁴ diɑ²¹.
    妈妈   吃   饱   状态变化体
    妈妈吃饱了。

例（22）中，施事 a⁵⁵ʑɛ²¹ "妈妈"发出 dzu²¹ "吃"的动作后，达到 bu⁴⁴ "饱"的状态，因此，"饱"是"吃"的结果。

5. 表伴随

(23) ti³³ ŋ̍²¹ dɯ⁴⁴ mɛ³³ li³³.
    他   我   与事 跟   去
    他跟我去。

例（23）中，施事 ti³³ "他"是跟着我做某事的，动词 mɛ⁴⁴ "跟"与 li³³ "去"连用，"跟"表伴随义。

因此，A-P-V1及物-V2及物 主要表达时间先后的语义概念外，其他的形式类型可表达方式、目的、结果、伴随等意义。

彝语六大方言中，北部方言诺苏话、东部方言纳苏话、东部方言水西土语、东南部方言阿扎话与葛颇彝语在形式类型上的不同，主要体现在有共享施事的 NV 交叉型的多动词结构：A-V1-P-V2，如例（15）—例（18）。这些共享施事的 NV 交叉型的多动词结构体现的语义关系主要为目的、方式等。如上例（15）诺苏话，施事发出动作"挪动"，然后"坐"到某处，因此"坐"是目的，"挪动"是方式；例（16）中"坐车去学校玩"，"坐车"是方式，"去学校玩"是目的；例（17），"砍柴"是"上山"的目的，"上山"是"砍柴"的方式；例（18）"捉鱼"是"在河边"的目的，"在河边"是"捉鱼"的处所条件。

在葛颇彝语中表达这种内容稍微丰富的语义，其句子形式就要发生变化，必须通过在两个动词或动词短语间加连接词 lɛ³³ 来表达，如：
a. 表因果

(24) ti³³　nu³⁵lɛ³³　　sʅ³⁵so³³hɛ̃³⁵ma²¹　li³³.
　　　他　病　连接词　　学校　　　否定　去
　　　他病了没去学校。

(25) ti³³　hɤ²¹⁴lɛ³³　　ȵi³⁵za²¹　dɯ²¹.
　　　她　吓　连接词　　坐　下　去
　　　她吓得坐了下去。

例 (24) 中，"没去学校"的原因是"病了"，"没去学校"是"病了"的结果；例 (25)，施事受到了惊吓，结果是"坐下去"，反过来，施事"坐下去"的原因是受到了惊吓。

b. 表目的

(26) ti³³　lu³⁵　　hɯ⁴⁴li³³　lɛ³³　　no⁴⁴ȵɛ²¹⁴vɛ³⁵.
　　　他　城　　里　去　连接词　　东西　买
　　　他进城去买东西。

(27) ŋ̍²¹　kʰa⁴⁴tɕɛ³⁵　lɤ²¹tʰɤ²¹liɛ³³lɛ³³　　lɛ³³gu³³dia²¹.
　　　我　村头　　　钻　出来　连接词　　玩　状态变化体
　　　我来村头玩了。

例 (26) 中，"买东西"是"进城"的目的；例 (27)，"来村头"的目的是"玩"。

c. 表方式

(28) ŋ̍²¹　ɕi⁴⁴ka²¹⁴tʂʰa⁴⁴dzɛ²¹　lɛ³³　　da⁴⁴li³³.
　　　我　树枝　抓　持续体　连接词　　上　去

我抓着树枝往上爬。

(29) ti³³ lu⁵⁵ m̩²¹ tʂʰu²¹ n̩i³⁵ lɛ³³ lu³⁵ huɯ⁴⁴li³³.
他 马 车 坐 连接词 城 里 去
他坐马车去城里。

例(28)中,施事"我"是"抓着树枝"达到"上去"的目的,"抓着树枝"是方式,是句中强调的内容;例(29)中,施事"他"是通过"坐马车"的方式进城里的。以上例句,在表达上述语义时添加了连接词 lɛ³³。

综上,葛颇彝语的多动词结构与北部方言诺苏话、东部方言纳苏话、东部方言水西土语、东南部方言阿扎话等土语相比,在形式类型上较为单一,与腊鲁话、腊罗话和山苏话比较接近,在表达稍微复杂的语义时,必须通过加连接词的方式实现。由于多动词结构并不是在语言产生之初就有的,而是后期语言发展出来的,因此,我们推断,共享施事的 NV 交叉型的多动词结构:A-V1-P-V2,是彝语内部分化后,不同的方言各自发展产生的。彝语葛颇话、腊鲁话、腊罗话和山苏话等则在发展中没有分化出此类型的多动词结构,而是通过添加连接词等方式填补了空缺。

三 语法化

多个动词连用的多动词结构是语法化发生的沃土。众所周知,语法化是结构的语法化,是特定结构在一定环境下发生改变,使得结构中的词性发生变化,脱离结构的词的变化是说不清的。多动词结构的产生,使句子语义变得丰富,但多个动词同时存在使得谓语焦点结构的焦点不好凸显,因此,在多动词结构中更容易发生语法化。

通过上文的分析,我们发现,彝语中大部分的多动词结构都是二项式的,并且在二项式的多动词结构中后一项的动词类型较为固定,有的是趋向动词"来""去",有的是能愿动词"能""可以""敢"等等。这些位置固定,位于后者的动词类型最容易在多动词结构中发生语法化,或者有的已经在结构中产生了词性、动词类型的变化。在不同语言和方言中,语法化的进程和环节参差不同。例如,彝语支语言哈尼语中,趋向动词"来""去"不仅在多动词结构中位置固定,并且由于多动词结构的作用,已经产生了情态及体标记的用法(李泽然,2013);而在葛颇彝语中,趋向动词"来""去"只是在多动词结构中位于二项式的后项,位置固定,并没有体标记的用法。

在葛颇彝语的多动词结构中,已经发生语法化的现象主要有:姿势类动词 ȵi³⁵ "坐"发展为存在类动词"在";放置类动词 tu⁵⁵ "放"发展为存在类动词"在",并继续发展出持续体标记的用法;给予类动词 bi²¹ "给"发展出致使标记 piɛ²¹⁴的用法;工具类动词 ti³³ "用"发展出工具 tiɛ³³的用法等。

(一)姿势类动词 ȵi³⁵ "坐"——存在类动词"在"

ȵi³⁵在葛颇彝语中最常见的语义为"坐",可指人或动物坐或蹲在某处,在部分例句中有"居住"的语义。姿势类动词"坐/居住"可以用在多动词结构中,用于二项式的后者,位置固定,随着语言的发展,逐渐产生存在类动词的用法,可单独使用表示存在的意义。

(30) tʂʰo³⁵ ɣɛ³³ tʂʰɛ³³ mi³³ di³³ ȵi³⁵ tu⁵⁵.
     人 那 个 地 坐 持续体
     那个人坐在地上。

(31) ko⁴⁴ vi³³ sɿ³³ hɛ̃³⁵ zi⁵⁵ tʂu⁴⁴ ȵi³⁵ ko²¹⁴.
     葛颇 人家 草房 只 盖 住 得
     葛颇人家只盖得起草房住。

(32) bo³⁵ kʰɛ³³ tʂʰo³⁵ ta²¹ ȵi²¹ ɣɤ²¹ ȵi³⁵.
     山 上 人 一 二 家 住/有

山上住着几家人/山上有几家人。

(33) ʐa⁴⁴dɯ²¹hu⁴⁴　ʐa⁴⁴ȵi³⁵.
　　　池塘　里　水　有
　　　池塘里有水。

例（30）中，ȵi³⁵在句中是明显的姿势类动词，表达人"坐"在地上的意义，后与持续体标记 tu⁵⁵ 搭配，表示是"坐"的状态的持续，而不是瞬间的动作。例（31）中，ȵi³⁵ 表达的是居住的意义，并且与动词 tʂu⁴⁴ "盖"连用，是同一个施事发出的连续动作。例（32）中，ȵi³⁵ 位于句末可以表达存在的概念，但根据语境的不同，也可以理解成居住的概念，这说明在葛颇彝语中，结构带来的语法化并不一定是界限清晰的，有的功能尚处于过渡阶段。例（33）中，ȵi³⁵ 位于句末做存在类动词用，表示容器里有某物或某物在容器中，例句中的物体是 ʐa⁴⁴ "水"，存在的处所是 ʐa⁴⁴dɯ²¹ "池塘"，存在类动词 ȵi³⁵ 的使用对存在的处所有要求。

（二）放置类动词 tu⁵⁵ "放"——存在类动词"在"——持续体标记

tu⁵⁵ 在葛颇彝语中最常见的用法是作为持续体标记出现在句末，也保留着放置类动词的用法，表达"放置"的意义，在部分结构中还有存在义，但与葛颇彝语其他存在类动词不同，其动词性较弱，不能作为典型的存在类动词应用在存在结构中。

(34) vɑ³⁵ fu²¹ pɛ⁵⁵ tʰɤ̱²¹, fu²¹pu³³nu³³　　　　fu²¹pu³³m̩³³tu⁵⁵,
　　　猪　肉　剥　出　　肥肉　语调单位　　　肥肉　　放
　　　vɑ⁴⁴kɯ²¹⁴nu³³　　　vɑ⁴⁴kɯ²¹⁴m̩³³tu⁵⁵.
　　　骨头　语调单位　　骨头　　放
　　　猪肉剥开后，肥肉放一起，骨头放一起。

(35) a²¹di³³ no⁴⁴ɲɛ²¹⁴ pʰa²¹gu²¹liɛ³³lɛ³³　　hẽ³⁵kɯ³³tu⁵⁵liɛ³³.
　　 外面　东西　　搬　　回来　连接词　房里　　放　来
　　 把我外面的东西搬回来，放在屋内。

(36) sʅ³⁵po³³zʅ³⁵lɛ³³　　　tsɤ⁴⁴tsɤ³³kʰɛ³³tu⁵⁵.
　　 书　拿　连接词　　桌子　　上　放/在
　　 把书放在桌子上。

(37) ti³³ lɤ²¹ kɯ³³liɛ³³tu⁵⁵ no⁴⁴ɲɛ²¹⁴lu⁴⁴lɛ³³　　mi³³di³³tu⁵⁵.
　　 他　钻　进来　　就　东西　扔　连接词　地　　在
　　 他一进门就把东西扔在地上。

(38) ʑi̠²¹tɕʰi³³kʰɛ³³ tʂʰo³⁵ta²¹tʂʰɛ³³ ʑi̠²¹　tu⁵⁵.
　　 床　　上　　人　一　个　躺　持续体
　　 床上躺着一个人。

(39) dzu³⁵m̩³³piɛ²¹⁴ɕi⁴⁴dɯ²¹ta²¹ tɤ³³ tu⁵⁵ tu⁵⁵.
　　 路　边　木头　一　根　放　持续体
　　 路边放着一根木头。

例（34）中，tu⁵⁵作为放置类动词用，在小句中作为唯一动词出现，没有存在义或其他用法。例（35）中，tu⁵⁵仍作放置类动词用，与例（34）不同的是，此句中tu⁵⁵"放"与liɛ³³"来"连用，其中趋向动词"来"比"放"位置更固定，位于连用的动词的后项。葛颇彝语中暂未发现，放置类动词tu⁵⁵与其他类型动词连用的情况，除非中间插入连接词lɛ³³，如例（36）（37）。例（36）中，tu⁵⁵在包含连接词lɛ³³的小句中，表达放置的意义，但在跟母语人交流时，他们认为既可以表放置义，也可以表达在某处的意义，而在例（37）中，tu⁵⁵则表达了更明显的存在义。因此，tu⁵⁵在葛颇彝语中可以作为存在类动词用，但其特征不如其他存在类动词明显，一般都出现在包含连接词lɛ³³的结构中。tu⁵⁵除了有动词用法，也已经语法化为体标记，如例（38）（39）。例

(38) 中，tu^{55} 作为持续体标记出现在句末，表达 ʑi^{21} "睡/躺" 这种状态的持续，例（39）tu^{55} 作为持续体标记与其动词本义搭配，表达"放置"这种状态的持续。持续体标记的用法是 tu^{55} 语法化的最高阶段。

（三）给予类动词 bi^{21} "给"——致使标记

给予类动词"给"在葛颇彝语中使用场合较为多样，与上文提到的前几类动词类型不同，其位于多动词结构中也并不是严格的 NV 有界式。其目前存在的用法主要有做给予类动词和致使标记。

(40) tʂʰo^{35} mo^{21} tiɛ^{33}　　tʰiɛ^{35}　bi^{21}：……
　　　老人　　施事　　告诉　给
　　　老人说：……

(41) dzɛ^{35} vɛ^{21} tiɛ^{33}　va^{33}　　nu^{33}　　kʰa^{44} ko^{33} hɯ^{44} ŋ^{55} dzɯ^{21} tʂʰo^{35}
　　　摔跤　将行体 连接词 语调单位　村子　里　要紧　人
　　　kiɛ^{21} ɛ^{33} ɯ^{44} du^{44} liɛ^{33} lɛ^{33}　　a^{21} dzɛ^{33} pa^{33} dzɤ^{35} liɛ^{33}，no^{44} vi^{33} bi^{21}.
　　　那些　喊　过来　连接词 一起　　商量　来　　任务分 给
　　　摔跤的时间到了，把村子里要紧的人都喊过来商量，分任务。

例（40）（41），动词 tʰiɛ^{35} "告诉"、vi^{33} "分"与给予义动词 bi^{21} "给"连用，bi^{21} "给"位于后项，与事省略。

(42) tʂʰo^{35} mo^{21} tiɛ^{33}　　tʰiɛ^{35}　ŋ^{21}　bi^{21}：……
　　　老人　　施事　　告诉　我　给
　　　老人跟我说：……

(43) ta^{21}　tʂʰɛ^{33} ŋ^{21}　bi^{21}　ʑi^{21} tɕɛ^{35} m^{33} mɯ^{35}.
　　　一个　我　　　给　媳妇　　做
　　　给我一个做媳妇。

例（42）中，仍然是动词 $t^hiɛ^{35}$ "告诉"和给予义动词 bi^{21} "给"连用，不同的是与事出现，并且出现在两个动词之间，共享施事和与事论元。这与葛颇彝语多动词结构的 NV 有界型的多动词结构特征冲突，属于特殊的一种多动词结构。例（43）是不共享施事的 NV 交叉型多动词结构，与葛颇彝语这一类型结构的特征一致。

(44) $zi^{35}ɕi^{21}kɛ^{33}tʂ^hɛ^{33}va^{33}$, $t^hiɛ^{35}\ lɛ^{33}$ $sɿ^{35}so^{21}zu^{21}bi^{21}$：……
　　　道理　这　个　话题　告诉　连接词　读书人　　给
　　　这个道理呢，告诉读书人：……

例（44）与例（42）的最大不同在于两个动词连用，插入与事成分，又在动词间插入了连接词 $lɛ^{33}$，这种结构也符合葛颇彝语两个动词连用，在需要表达更丰富的语义时，中间必须加入连接词变成复杂结构的特点。因此，我们推断，例（42）的这种情况可能是后期发展出来的新的用法，可能和与事的特点、特定的句式相关，或者只是个别情况下的连接词的省略，其具体原因还有待考究。

(45) $zɿ^{35}lɛ^{33}$　　　$ȵi^{33}dzɿ^{33}piɛ^{214}\ ɬɯ^{214}$.
　　　拿　连接词　　太阳　　致使　晒
　　　拿给太阳晒。

(46) $mɯ^{21}tɕɛ^{35}fu^{33}$　　　nu^{33}, $nu^{35}na^{44}zu^{21}piɛ^{214}na^{44}nɛ^{33}$
　　　吹　瞎　完成体　连接词　医生　　致使　看　也
　　　$gɯ^{33}tʂ^ha^{33}ma^{21}\ ko^{214}$.
　　　弄　好　否定　可以
　　　吹瞎了呢，让医生看也治不好。

通过对"给"出现的例句进行总结，我们发现，"给"作为动词时一般会读为 bi²¹，并且一般位于句末，也有出现在句中做动词读为 bi²¹ 的情况，但如果出现在句中做致使标记则读音为 piɛ²¹⁴。例（45）和例（46）中，piɛ²¹⁴出现在动词前，表达"让……做某事"的意义，是致使标记的用法。到了这个阶段，给予类动词已经过渡为致使标记。

（四）动词 ti³³ "使用"——工具标记 tiɛ³³

葛颇彝语的 ti³³ 做动词表达"使用"义，tiɛ³³ 可做工具标记位于工具名词之后，二者实际上是同一个词，这种语音上的差异可能也与词在句中的位置相关。

(47) kɛ⁵⁵lɛ⁵⁵pɛ³³dzɯ²¹tiɛ³³va³³, kɛ⁵⁵lɛ⁵⁵pɛ³³dɛ⁴⁴za²¹liɛ³³lɛ³³ti³³.
什么时候 缝 将行体连接词什么时候 剪 下来连接词用
什么时候缝，什么时候剪下来用。

(48) sʅ³⁵ku⁴⁴ dɯ⁵⁵ nɛ³³ ɕi⁴⁴pʰi²¹tiɛ³³ gɯ³³ zi²¹ di³³.
字 写 名物化 话题 木板 工具 做 名物化 确信
黑板是用木板做的。

上述二例是 ti³³/tiɛ³³ 在现代葛颇彝语中的两种用法，从例（47）中看出，ti³³ 是有动词用法的，表达"使用"的意义；例（48）中，tiɛ³³ 做工具标记使用，构成"工具名词+工具标记+动作类动词"的用法，其动词性逐渐减弱。我们推断，工具标记 tiɛ³³ 是由动词 ti³³ "使用"发展而来的。葛颇彝语中复合元音 iɛ 是从 i 发展过来的，这种单元音向复合元音发展的例词在词汇中占比较大，此处暂不详述。

本节主要考察葛颇彝语的连动结构。连动结构根据句中论元的数量及位置分布，可分为四大类型：S-V1-V2、A-P-V1-V2、S-LOC-P-V1-V2、A-P1-V1-P2-V2-（V3），第二种类型又根据动词的及物性、句中论元的施受关系分为若干小类。通过与彝语其他方言、土语进行对比，我们发现方言间多动词结构大多数比较相似，最大的差异在于葛颇彝语、西部方言腊罗话、南部方言山苏话、中部方言腊鲁话与北部方言诺苏话、东部方言纳苏话及水西土语、东南部方言阿扎话相比，缺少一种共享施事的 NV 交叉型连动结构。

从语义方面来看，葛颇彝语的多动词结构可表达多种语义类型，主要包括表时间先后、表方式、表目的、表结果等。不同语义类型的表达与不同的形式类型及动词的性质有关。上述方言、土语间形式类型上的不同，主要体现在有共享施事的 NV 交叉型的多动词结构（A-V1-P-V2）上。这些共享施事的 NV 交叉型的多动词结构体现的语义关系主要为目的、方式等。我们以葛颇彝语为例，发现在葛颇彝语中表达这种内容稍微丰富的语义，其句子形式就要发生变化，必须通过在两个动词或动词短语间加连接词 lɛ^{33} 来表达，变成复杂结构。

多动词结构是产生语法化的主要结构类型之一。在葛颇彝语的多动词结构中，我们从现存的语料看，已经发生语法化的现象主要有：姿势类动词 ŋi^{35}"坐"发展为存在类动词"在"；放置类动词 tu^{55}"放"发展为存在类动词"在"，并继续发展出持续体标记的用法；给予类动词 bi^{21}"给"发展出致使标记 piɛ^{214} 的用法；工具类动词 ti^{33}"用"发展出工具标记 tiɛ^{33} 的用法等。除此之外，仍有很多我们找不到踪迹的演变，后续我们将结合其他方言、支系亲属语言进行探讨。

第二节　补语结构

动词可分为多种类型，主要有动作行为/姿势类动词、存在类动词、趋向动词、判断动词、能愿动词、心理动词、感官动词等，不同语义功能的动词形态句法特征也不尽相同。上一节连动结构主要涉及的动词类型为动作行为/姿势类动词、存在类动词、趋向动词等，这些动词大多动作性或状态性比较强，可互相搭配构成连动结构，在小句中相当于一个动词的功能。但能愿动词、心理动词、感官动词等构成的多动词结构，在句中功能有别于其他类型动词，是可以带补语的动词类型，而其他类型动词多为其补足语的成分,与连动结构有别,我们将这种结构称为补语结构。

本节对补语结构的类型、形态句法特征等方面进行简单介绍。

一 形式类型

能愿动词、心理动词、感官动词等构成的补语结构是多动词结构的一种。下面我们将分别对不同类型动词构成的补语结构进行列举分析。

(一) 感官动词、言说动词构成的补语结构

葛颇彝语的感官动词主要包括 nu^{44} "听"、nɑ^{44} "看"、nu^{44} dzu^{21} "听见"、ŋo^{35} "看见"、bɑ^{44} "说" 等动词,在多动词结构、补语结构中有一定的独特性,处于发展的过程中,部分感官动词的位置发生了变化。

(49) ti^{33}　ŋ̍^{21}　sʅ^{35}　ku^{44}　nɑ^{44}.
　　 他　 我 　字 　 写 　 看
　　 他看我写字。

(50) tsʰʅ^{21} nɛ^{33} mɛ^{44} nɛ^{33} nɛ^{33} mi^{33} go^{21}　ŋo^{35}.
　　 狗 　并 　猫 　并 　地 　犁 　看见
　　 看见狗和猫在犁地。

(51) ɑ^{55} pɯ^{55} tiɛ^{55} kʰɑ^{33} kɯ^{55} sɯ^{55} bɑ^{44}　nu^{44} dzu^{21}.
　　 哥哥　 他弟弟 　 这样 　 说 　 听见
　　 哥哥听见他弟弟这样说。

例(49)(50)(51)中感官动词 nɑ^{44} "看"、ŋo^{35} "看见"、nu^{44} dzu^{21} "听见" 均分别位于行为动作类动词或言说动词 ku^{44} "写"、go^{21} "犁"、bɑ^{44} "说" 之后。动词的位置与语义相关性不大,与感官动词的

性质相关，上述三例，语义上应该是感官动词在前，其他动词类型在后，但实际话语中，都是感官动词位于行为动作动词之后。这是符合葛颇彝语多动词结构和感官动词性质特征的。但在我们所调查的葛颇彝语的语料中，并非所有情况都如此，如例（52）（53）（54）：

(52) ŋ̩²¹ nu⁴⁴dzu²¹ti³³ nu³⁵ dia²¹.
　　 我　 听说　　 他　病　状态变化体
　　 我听说他病了。

(53) ti³³ tiɛ³³ ba⁴⁴: "ŋ̩²¹ du⁴⁴liɛ³³dia²¹".
　　 他　施事　说　　我　过来　 状态变化体
　　 他说："我过来了"。

(54) ti³³ ba⁴⁴ti³³ du⁴⁴liɛ³³dia²¹.
　　 他　 说　 他　 过来　 状态变化体
　　 他说他过来了。

例（52）中的感官动词 nu⁴⁴dzu²¹ "听说/听到" 没有位于动词 nu³⁵ "（生）病"之后，而位于动词及其施事组成的小句 ti³³nu³⁵dia²¹ "他病了"之前。例（53）（54）为引语结构，例（53）为直接引语，例（54）为间接引语，这两个例句中，言说类动词均位于句中，后接小句形式。

（二）心理活动动词构成的补语结构

葛颇彝语的心理活动动词主要有 ʑi⁵⁵ "喜欢"、tɕi⁴⁴ "敢"、li⁵⁵ "高兴"、nɤ²¹ "想"等。

(55) ŋ̩²¹ sʅ³⁵ na⁴⁴ ʑi⁵⁵.
　　 我　书　看　喜欢
　　 我喜欢看书。

(56) ɕɛ³⁵bo³³ti³³dzu³⁵m̩³³sɯ²¹⁴tɕi⁴⁴.
　　 晚上　他　路　走　敢
　　 他敢走夜路。

例（55）（56）为包含心理活动动词的补语结构，当心理活动动词与行为动作、姿势类动词搭配时，心理活动动词位于其后，例（55）中 na⁴⁴ "看" 与 ʑi⁵⁵ "喜欢" 搭配，例（56）中 sɯ²¹⁴ "走" 与 tɕi⁴⁴ "敢" 搭配，均如此。

（三）能愿动词构成的补语结构

能愿动词与其他类型动词搭配，位于其他动词类型之后。

(57) kʰa⁴⁴ko³³tʂʰo³⁵ɬa³⁵zu²¹tiɛ³³　a²¹mɛ²¹ɬa³⁵dɛ²¹kɯ²¹⁴.
　　 村里　小伙子　施事　小姑娘　打　会
　　 村子里的小伙子会打小姑娘。

(58) tʂʰo³⁵ko⁴⁴du⁴⁴liɛ³³mɛ³³, tʂʰo³⁵tʂʰo²¹du⁴⁴liɛ³³mɛ³³.
　　 亲戚　过来　能　亲戚　过来　能
　　 亲戚能过来，朋友能过来。

(59) ti³³　dzu³⁵mɯ³⁵mɛ³³ko²¹⁴.
　　 他　饭　做　熟　可以
　　 他可以做熟饭。

(60) lo²¹⁴　ɣɛ³³tʂʰɛ³³tʂʰo³⁵dzu²¹na⁴⁴dɯ²¹.
　　 老虎　那　个　人　吃　想
　　 那个老虎想吃人。

例（57）（58）（59）（60）均为能愿动词与其他类型动词搭配组成的多动词结构。例（57）行为动作动词 dɛ²¹ "打" 与 kɯ²¹⁴ 能愿动词 "会" 连用，能愿动词位于行为动作动词之后；例（58）趋向动词 du⁴⁴ liɛ³³"过来"与能愿动词mɛ³³"能"连用，能愿动词位于趋向动词之后；例（59）行为动作动词mɯ³⁵"做"、形容词mɛ³³"熟"与能愿动词ko²¹⁴"可以"连用，能愿动词位于其后；例（60）行为动作动词dzu²¹"吃"与双音节能愿动词na⁴⁴dɯ²¹"想"连用，能愿动词位于其后。

二 句法特征

葛颇彝语的补语结构在形态上的特征不明显。此部分从补语结构中动词的组合情况、受否定标记修饰等句法特征对补语结构进行考察。

（一）补语结构中多个动词的组合情况

上述三类可以带补语的动词在句中的位置基本都位于句末，除了个别感官、言说类动词语序发生了变化，其他类型动词均为这三类动词的补语成分。并且这三类可以带补语的动词相互之间也可以搭配，有一定的规律性：

1. 感官、言说类动词可以与心理活动动词搭配，做其补语成分，如例（55），但反之不成立。

2. 感官、言说类动词可以与能愿动词搭配，作其补语成分，如下例：

（61） ti³³　ko⁴⁴　do²¹　ba⁴⁴　kɯ²¹⁴.
　　　 他　 葛颇　话　 说　 会
　　　 他会说葛颇话。

例（61）中，言说类动词ba⁴⁴"说"做能愿动词kɯ²¹⁴"会"的补语成分，kɯ²¹⁴"会"完整的补语成分为ko⁴⁴do²¹ba⁴⁴"说葛颇话"。感官、言说类动词可以与能愿动词搭配，做其补语成分，但反之不成立。

3. 心理活动动词与能愿动词搭配，做其补语成分，如下例：

(62) ti^{33}　nɑ^{21}ʑi^{55}　kɯ^{214}.
　　　他　你　喜欢　会
　　　他会喜欢你。

例（62）中，心理活动动词 ʑi^{55} 与能愿动词 kɯ^{214} 搭配，做其补语成分，该句完整的补语为 nɑ^{21}ʑi^{55} "喜欢你"。心理活动动词可以与能愿动词搭配，做其补语成分，但反之也不成立。

（二）受否定标记修饰

补语结构的否定形式一般在句末带补语的动词前加否定标记 mɑ^{21}。

补语结构与连动结构的否定形式在外在表现上相同，均可以在句末动词前加否定标记，但不同的是否定的辖域。对补语结构的否定是指针对带补语的动词的否定，不涉及补语成分中的动词；而连动结构的否定，否定的辖域是连动结构中的所有动词性成分。

(63) a. ko^{44}　vi^{33}　sʅ^{33}　hɛ̃^{35}　tʂu^{44}ȵi^{35}.
　　　葛颇　家　草　房　盖　住
　　　葛颇人家盖草房住。

　　b. ko^{44}　vi^{33}　sʅ^{33}　hɛ̃^{35}　tʂu^{44}mɑ^{21}　ȵi^{35}.
　　　葛颇　家　草　房　盖　否定　住
　　　葛颇人家没盖草房住。

(64) a. ko^{44}　vi^{33}　[sʅ^{33}　hɛ̃^{35}ʑi^{55}　tʂu^{44}ȵi^{35}]$_{补语}$ko^{214}.
　　　葛颇　家　草　房　只　盖　住　　可以
　　　葛颇人家只盖得起草房住。

　　b. ko^{44}　vi^{33}　[sʅ^{33}　hɛ̃^{35}tʂu^{44}　ȵi^{35}]$_{补语}$mɑ^{21}　ko^{214}.
　　　葛颇　家　草　房　盖　住　　否定　可以
　　　葛颇人家盖不起草房住。

例（63a）是连动结构，动词 tʂu⁴⁴ "盖"与 ȵi³⁵ "住"连用，其否定形式是在第二个动词，即句末动词前加否定标记 mɑ²¹，表示否定的概念，如例（63b）。例（64a）是补语结构，连动结构 sɻ³³ hɛ̃³⁵ tʂu⁴⁴ ȵi³⁵ "盖草房子住"为能愿动词 ko²¹⁴ 的补语成分，对该补语句的否定是在能愿动词前加否定标记 mɑ²¹，表示不可以做某事，其否定的辖域为能愿动词本身。连动结构与补语结构的否定形式外在表现是相同的，都是在句末动词前添加否定标记 mɑ²¹，但否定的辖域大不相同，这与二者在句法上的性质相关，连动结构中多个连用的动词功能为一个动词，而补语结构中的动词在句法上地位并不相等，动作行为/姿势类动词、存在类动词、趋向动词等多为能愿动词、心理动词、感官动词的补语成分，二者有本质差别。

本节主要考察葛颇彝语的补语结构。我们根据补语结构中动词的性质，将其分为三个小类：感官、言说类动词构成的补语结构，心理活动动词构成的补语结构和能愿动词构成的补语结构。这三类动词多与其他类型动词搭配构成补语结构，其他类型动词作为其补语成分出现，并且这三类动词之间也可互相搭配，构成补语结构，其规律既受各类词的句法功能影响，也受到语义的制约。

句法上，补语结构中上述三类可以带补语的动词在句中的位置基本都位于句末，都可以受否定标记 mɑ²¹ 修饰，与连动结构不同的是，补语结构否定的辖域为带补语的动词，而连动结构为其中的所有动词性成分。

第十二章

并列结构

并列是指由两个或两个以上意义相关、层次相同、句法功能也相同,并由连接词或其他并列手段连接起来的结构序列。并列结构涉及的范围广泛,从不同的角度可以划分为不同的类型。从并列标记的有无来看,可分为有标记的并列结构和无标记的并列结构;从并列项的数目来看,可以分为二项式、三项式以及多项式的并列;从并列项的语法单位层级来看,可分为词内语素的并列、小句内句法成分的并列、小句的并列等。

葛颇彝语中无标记的并列结构主要是词内语素的并列(即并列复合词)和靠意合法组合的小句的并列。除此之外,小句内句法成分的并列和部分类型的小句的并列基本都需要添加并列标记,但某些情况下并列标记可以省略。

本章的研究范围主要为有标记的小句内句法成分的并列和小句的并列,以葛颇彝语中常见的二项式并列结构为主,三项式和多项式并列结构为辅,暂不涉及并列复合词的描写。

本章我们将从并列结构的形式类型、形态句法特征、语义特征和并列标记的多功能性等方面考察葛颇彝语并列结构的特征。

第一节　形式类型

哈斯普马特（Haspelmath，2004）把并列结构分为合取型（conjunction）、选择（析取）型（disjunction）、转折型（adversative coordination）、因果型（causal coordination）四种类型。

合取型并列结构在英语中对应的并列标记为 and，and 除了连接两个相同层次、互相独立的并列项，也表示顺承的关系，因此本章将表示顺承关系的小句的并列也列入考察的范围；选择型并列结构在英语中对应的并列标记为 or，也称析取型并列结构，是说话人提出两个或多个并列的选项，但不同取，要进行选择的结构；转折型并列结构在英语中对应的并列标记为 but，在葛颇彝语中无对应的并列结构；因果型并列结构在英语中对应的并列标记为 for，这类并列结构在葛颇彝语中对应的也不是并列结构，而是表示因果关系的主从结构，原因状语从句与表示结果的主句之间是从属关系，这一部分我们放在《主从结构》中讨论。

综上，本章所考察的葛颇彝语的并列结构包括合取型、选择型两大类型。本节将从并列标记的形式、并列标记的数量，以及并列标记是否可以省略、并列项的性质等方面了解葛颇彝语的并列结构。

一　合取型并列结构

我们根据不同的并列标记将合取型并列结构分为不同的形式类型，合取型并列标记主要有 nɛ^{33}、va^{33}、fio^{21}…fio^{21}…、ta^{21}pi^{55}…ta^{21}pi^{55}…、ta^{21}pɛ^{33}…ta^{21}pɛ^{33}…、ta^{21}tʰo^{21}va^{33}…ta^{21}tʰo^{21}va^{33}…等，其中 nɛ^{33}、va^{33} 在葛颇彝语中最为常见，也更符合哈斯普马特定义的并列结构中合取型并列标记的特征，我们将其称为典型的合取型并列标记，包含这类并列标记的并列结构称为典型的合取型并列结构，其余的并列标记称为非典型的合取型并列标记，对应的并列结构称为非典型的合取型并列结构。

(一) 典型的合取型并列结构

1. 包含并列标记 nɛ^{33} 的并列结构

并列标记 nɛ^{33} 可用于名词性短语（包括名词）、动词性短语（包括动词）、小句等的列举式的并列，大多数情况下不可省略。

(1) ŋ̍^{21}　dz̪o^{35}　lu^{55}m̩^{21}**nɛ^{33}**　tɕʰi^{21}**nɛ^{33}**tʂɛ̠^{21}tʂʰa^{33}.
　　我　领属　马　并　羊　并　好　很
　　我的马和羊都很强壮。

(2) ti^{33}　sɿ^{35}　so^{33}　**nɛ^{33}**no^{44}　mɯ^{35}**nɛ^{33}**kʰa^{44}.
　　他　书　读　并　活　干　并　厉害
　　他读书和干活都很厉害。

上述二例都是名词性短语和动词性短语的并列结构。例（1）中，并列项为名词性短语 ŋ̍^{21} dz̪o^{35} lu^{55} m̩^{21} "我的马" 和 (ŋ̍^{21} dz̪o^{35}) tɕʰi^{21} "（我的）羊"，两个并列项的被领属者都是 ŋ̍^{21} "我"，故第二个并列项的领属者和领属标记 dz̪o^{35} 可以省略，并列项之后需要分别添加并列标记 nɛ^{33}，在该例句中，并列标记不可省略，省略则语句不通顺。例（2）中，并列项为动词性短语 sɿ^{35} so^{33} "读书"、no^{44} mɯ^{35} "干活"，二者共享同一个施事，并列项之后分别添加并列标记 nɛ^{33}，并列标记大多数情况下不可省略，省略则句义表达不通顺。有部分情况可以省略，如亲属称谓的并列、多项式的列举式并列等，具体情况在下文"并列标记的省略"部分会详细描述。

(3) ti^{33}　**nɛ^{33}**z̪o^{55},　na^{21}**nɛ^{33}**　hu^{35}.
　　她　并　漂亮　你　并　干净
　　她漂亮，你清秀。

(4) na^{21}kɯ^{55}kʰu^{21}du^{44}liɛ^{33}**nɛ^{33}**ŋ̍^{55}di̠^{21},　ȵa^{44}kʰu^{21}du^{44}liɛ^{33}**nɛ^{33}**ŋ̍^{55}di̠^{21}.

你 今 年 过来 并 要得 明年 过来 并 要得
你今年来也行，明年来也行。

例（3）(4) 为小句的并列。例（3）中，并列项分别为两个小句 ti³³nɛ³³ʐo⁵⁵ "她漂亮"、na²¹nɛ³³hu³⁵ "你清秀"，两个小句施事各不相同，但形式上对应一致，并列标记 nɛ³³ 位于施事之后，形容词做谓语分别位于两个小句末。例（4）也是两个小句的并列，两个小句施事相同，施事位于句首做话题，句中除了句首的施事话题，还有布景话题 kɯ⁵⁵kʰu²¹ "今年"、ŋa⁴⁴kʰu²¹ "明年"，这也是两个小句的不同之处，并列项为 kɯ⁵⁵kʰu²¹du⁴⁴liɛ³³ŋ̍⁵⁵di̠²¹ "今年来行"、ŋa⁴⁴kʰu²¹du⁴⁴liɛ³³ŋ̍⁵⁵di̠²¹ "明年来行"，并列标记 nɛ³³ 分别位于小句中的趋向动词之后、能愿动词前，一般情况下不可省略。

2. 包含并列标记 va³³ 的并列结构

并列标记 va³³ 用于小句的对比式并列，一般情况下不可省略。

(5) ti³³ va³³zɯ³³, na²¹va³³ ma²¹ zɯ³³.
他 并 坏 你 并 否定 坏
他坏，你不坏。

(6) hɛ̃³⁵ ɣɯ⁵⁵dɛ̠²¹va³³ɦo³⁵ɕi̠²¹, hɛ̃³⁵ kɯ⁵⁵dɛ̠²¹va³³ɦo³⁵mo²¹.
房子 那 所 并 新 房子 这 所 并 旧
那所房子新，这所房子旧。

例（5）(6) 是包含并列标记 va³³ 的小句层次的并列结构。例（5）中，两个小句并列项为 ti³³va³³zɯ³³ "他坏"、na²¹va³³ma²¹zɯ³³ "你不坏"，分别有独立的论元 ti³³ "他"、na²¹ "你"，并列标记位于话题论元后，谓语结构之前，表示对比列举的意义。例（6）也是两个独立的小句的并列，并列项为 hɛ̃³⁵ɣɯ⁵⁵dɛ̠²¹va³³ɦo³⁵ɕi̠²¹ "那所房子新"、hɛ̃³⁵ kɯ⁵⁵de̠²¹va³³ɦo³⁵mo²¹ "这所房子旧"，并列标记 va³³ 分别位于两个小句的话题 hẽ³⁵ɣɯ⁵⁵de̠²¹ "那所房子"、hẽ³⁵kɯ⁵⁵de̠²¹ "这所房子"之后，形容词谓语 ɦo³⁵ɕi̠²¹ "新"、ɦo³⁵mo²¹ "旧"之前，表示对比列举的并列意义。

（二）非典型的合取型的并列结构

1. 包含并列标记 ɦo²¹…ɦo²¹…的并列结构

副词性并列标记 ɦo²¹…ɦo²¹… "边……边……/越……越……"连接的并列项多为动词性短语（包括动词），也有小句，但因为包含连接词性质的并列标记，我们均将其看成是小句的并列，并列标记不可省略。

（7）ti³³　ɦo²¹ba⁴⁴　ɦo²¹　xɑ²¹⁴.
　　　他　边 说　边　笑
　　　他边说边笑。

（8）ti³³bɯ³³ɦo²¹bɛ²¹　ɦo²¹　tɕʰi²¹kɤ²¹⁴hɯ⁴⁴z̠i²¹tu⁵⁵.
　　　他们　边 打　边 羊皮卦 里　睡 持续体
　　　他们边打边睡到了羊皮卦里。

例（7）中，并列项为动词 ba⁴⁴ "说"、xɑ²¹⁴ "笑"，并列标记位于并列项之前，并列标记 ɦo²¹…ɦo²¹…不可省略。例（8）中，并列项为动词 bɛ²¹ "打"、动词性短语 tɕʰi²¹kɤ²¹⁴hɯ⁴⁴z̠i²¹tu⁵⁵ "睡到羊皮卦里"，并列标记位于动词和动词性短语之前，不可省略。两个例句均表示两个动作或事件同时进行。

（9）zɛ³⁵m̠³³lu⁴⁴tsʰo³⁵ɦo²¹　no²¹　ɦo²¹tʂɛ̠²¹.
　　　钱　扔 人 越　多　越 好
　　　扔钱的人越多越好。

（10）ti³³ ɦo²¹nɯ²¹ ɦo²¹sɑ²¹⁴lɯ³³.
　　　 他　越　想　越　　生气

他越想越生气。

例（9）的并列项为形容词 no²¹ "多" 和 tʂɛ²¹ "好"，例（10）的并列项为动词 nɯ²¹ "想" 和 sɑ²¹⁴lɯ³³ "生气"，两例句的并列标记位于并列项之前，不可省略。

例（7）（8）与例（9）（10）形式上相同，但意义上有差别，例（7）（8）表示两个动作或事件同时进行，例（9）（10）表示事件的递进或顺承发展。

2. 包含并列标记 tɑ²¹pi⁵⁵⋯tɑ²¹pi⁵⁵⋯的并列结构

并列标记 tɑ²¹pi⁵⁵⋯tɑ²¹pi⁵⁵⋯ "一边……一边……" 与并列标记 ɦo²¹⋯ɦo²¹⋯ "边……边……" 功能相同，只能用于小句之中表示句法成分的并列，并列项为动词性短语或小句，我们也将这种并列结构看成是小句的并列，并列标记不可省略。

（11）ti³³tɑ²¹pi⁵⁵ʐɛ̃³³, tɑ²¹pi⁵⁵pi⁴⁴.
　　　 他　一边　唱　　一边　跳

他一边唱一边跳。

例（11）为包含并列标记 tɑ²¹pi⁵⁵⋯tɑ²¹pi⁵⁵⋯的并列结构，tɑ²¹pi⁵⁵⋯tɑ²¹pi⁵⁵⋯为汉语借词，与并列标记 ɦo²¹⋯ɦo²¹⋯功能相同，并列项为 ʐɛ̃³³ "唱"、pi⁴⁴ "跳"，并列标记位于并列项之前，表示动作同时进行，并列标记不可省略。

3. 包含并列标记 tɑ²¹pɛ³³⋯tɑ²¹pɛ³³⋯的并列结构

并列标记 tɑ²¹pɛ³³⋯tɑ²¹pɛ³³⋯ "一会儿……一会儿……" 用于小句之中表示句法成分的并列，这种并列结构也是小句的并列，并列标记也不可省略。

(12) a⁵⁵kʰa³³zu²¹kɛ³³tʂʰɛ³³ta²¹pɛ³³ ŋɤ⁴⁴ ta²¹pɛ³³xa²¹⁴.
　　　孩子　　这　个　一会儿　哭　一会儿　笑
　　这个孩子一会儿哭，一会儿笑。

例（12）为包含并列标记 ta²¹pɛ³³…ta²¹pɛ³³…的并列结构，并列项为 ŋɤ⁴⁴"哭"、xa²¹⁴"笑"，并列标记位于并列项之前，不可省略。该并列结构形式上与包含并列标记 ta²¹pi⁵⁵…ta²¹pi⁵⁵…与 ɦo²¹…ɦo²¹…的并列结构相同，但却并不表达动作同时进行的意义，而是表达动作轮换进行，事件切换发生的意义。

4. 包含并列标记 ta²¹tʰo²¹va³³…ta²¹tʰo²¹va³³…的并列结构

并列标记 ta²¹tʰo²¹va³³…ta²¹tʰo²¹va³³…"一方面……一方面……"用于小句的并列，并列标记不可省略。

(13) ŋ̍²¹bɯ³³ta²¹tʰo²¹va³³sʐ̍³⁵mo²¹⁴pʰu²¹ba⁴⁴do²¹nu⁴⁴,
　　　我们　一方面　　老师　　话　听
　　ta²¹tʰo²¹va³³(nu³³)　　　　vu²¹dza²¹so³³.
　　一方面　（语调单位）　努力　学
　　我们一方面要听老师的话，另一方面要努力学习。

例（13）中，两个小句并列，共享同一个施事 ŋ̍²¹bɯ³³"我们"，第二个小句的施事省略，并列标记 ta²¹tʰo²¹va³³…ta²¹tʰo²¹va³³…位于两个小句施事后，谓语之前，表示两个事件要同时进行，并列标记不可省略。

5. 包含助词 nɛ³³"也"的并列结构

助词 nɛ³³ 可出现在两个并列的小句的第二个小句中，包含助词 nɛ³³ 的并列结构在形式上可能并不对称，但语义上是并列的。助词 nɛ³³ 与并列标记 nɛ³³ 是同源的，虽然都能出现在并列结构中，甚至在部分并列结构中难以区分，但二者的语义和功能并不完全相同。因此，我们不将助词 nɛ³³ 看作并列标记。

(14) ɣɯ⁵⁵kʰu²¹va³³ tʂʰo³⁵nu³⁵ ma²¹ kɯ²¹⁴,
那 年 布景 人 病 否定 会
dzu²¹dzɛ³³**nɛ³³**tʂɛ²¹kɯ²¹⁴.
庄稼   也 好 会
那年，人不会生病，庄稼也会好。

(15) tʂa²¹⁴dɯ⁵⁵   bo²¹, ɫɯ³³ dɯ⁵⁵   bo²¹,
煮 名物化 有 炒 名物化 有
ta²¹ kʰu²¹miɛ³⁵**nɛ³³**vɛ³⁵ ma²¹ tʂʰɯ³³.
一 年 油 也 买 否定 需要
有煮的（肉），有炒的（肉），一年的油也不需要买。

例（14）中，nɛ³³出现在第二个小句的话题论元 dzu²¹dzɛ³³ "庄稼"和谓语 tʂɛ²¹kɯ²¹⁴ "会好"之间，做助词 "也" 用，该例句的第一个小句 tʂʰo³⁵nu³⁵ma²¹kɯ²¹⁴ "人不会生病" 与第二个小句在语义上是并列的关系，nɛ³³出现在第二个小句中做助词用，从并列结构的语义分类来看有 "添义" 的意义。例（15）中，助词 nɛ³³出现在第三个小句的论元成分 miɛ³⁵ "油" 之后，谓语 vɛ³⁵ma²¹tʂʰɯ³³ "不需要买" 之前，做助词 "也" 用，三个小句在语义上是并列关系。

二 选择型并列结构

选择型并列结构的并列标记主要有 nu⁴⁴ "还是"、bo²¹vi³³…tʰa³³ma²¹tɕʰi³⁵ "与其……不如……"、ma²¹…tu⁵⁵… "不……就……" 三个。其中并列标记主要有 nu⁴⁴ "还是" 作为选择型并列标记比较常见，两个并列项在形式上对等，语义上相关，我们称为典型的选择型并列标记，对应的并列结构称为典型的选择型并列结构，bo^{21}vi^{33}…t^{h}a^{33}ma^{21}tɕ^{h}i^{35} "与其……不如……"、ma^{21}…tu^{55}…"不……就……"所对应的并列结构称为非典型的选择型并列结构。

（一）典型的选择型并列结构

nu^{44}"还是"作为典型的选择型并列标记连接的并列项一般为小句，并列标记 nu^{44}语感上与第二个小句结合更紧密，并列标记不可省略。

（16）na^{21}mɛ^{44}mɛ^{21}dzu^{35}ŋ^{55} **nu^{44}** ba^{33}da^{33}ŋ^{55}.
你 米 饭 要 还是 粑粑 要
你要米饭还是要粑粑？

（17）na^{21}dzu^{35}dzu^{21}tiɛ^{33} **nu^{44}** dzŋ^{35}do^{35}tiɛ^{33}？
你 饭 吃 将行体 还是 酒 喝 将行体
你吃饭还是喝酒？

例（16）中，并列项为 na^{21}mɛ^{44}mɛ^{21}dzu^{35}ŋ^{55}"你要米饭"和 ba^{33}da^{33}ŋ^{55}"（你）要粑粑"，例（17）中，并列项为 na^{21}dzu^{35}dzu^{21}tiɛ^{33}"你吃饭"和 dzŋ^{35}do^{35}tiɛ^{33}"（你）喝酒"两个小句。选择型并列标记 nu^{44}位于两个并列的小句中间，表示提供选择的意义，并列标记在语感上与第二个小句结合更紧密，不可省略。

（二）非典型的选择型并列结构

1. 包含并列标记 bo^{21}vi^{33}…t^{h}a^{33}ma^{21}tɕ^{h}i^{35}的选择型并列结构

并列标记 bo^{21}vi^{33}…t^{h}a^{33}ma^{21}tɕ^{h}i^{35}"与其……不如……"所搭配的并列项为小句，bo^{21}vi^{33}紧随第一个并列小句之后，t^{h}a^{33}ma^{21}tɕ^{h}i^{35}紧随第二个并列小句之后，并列标记不可省略。

（18）na^{21}ʐa^{21}zi^{55}tɛ^{33}**bo^{21}vi^{33}**tʂu^{33}m̩^{33}tɛ^{33}**t^{h}a^{33}ma^{21}tɕ^{h}i^{35}**.

你　洋芋　种　与其　玉米　种　不如

你与其种洋芋，不如种玉米。

(19) na²¹kɯ⁵⁵ẓo²¹mɯ³⁵bo²¹vi³³ɣɯ⁵⁵ẓo²¹mɯ³⁵tʰa³³ma²¹tɕʰi³⁵.

你　这样　做　与其　那样　做　不如

你与其做这样，不如做那样。

例（18）中，并列标记 bo²¹vi³³…tʰa³³ma²¹tɕʰi³⁵ 所搭配的并列项为 ẓa²¹ẓi⁵⁵tɛ³³ "种洋芋"和 tʂu³³m̩³³tɛ³³ "种玉米"，这种选择型并列结构，说话人同时表达了自己的选择倾向，并列标记不能省略。例（19）中两个并列项为 kɯ⁵⁵ẓo²¹mɯ³⁵ "做这样"和 ɣɯ⁵⁵ẓo²¹mɯ³⁵ "做那样"，tʰa³³ma²¹tɕʰi³⁵ "与其"前搭配的"做那样"是说话人所倾向的选择项。

2. 包含并列标记 ma²¹…tu⁵⁵…的析取型并列结构

并列标记 ma²¹（ŋɤ³⁵）…tu⁵⁵… "不（是）……就……"所搭配的并列项为两个动词性短语或小句，否定标记 ma²¹ 位于第一个并列项的动词之前，tu⁵⁵ 位于第二个并列项之前，并列标记 ma²¹…tu⁵⁵…不可省略。

(20) ti³³　ẓi³³　ma²¹　do³⁵　tu⁵⁵　dzŋ³⁵do³⁵.

他　烟　否定　抽　就　酒喝

他不是抽烟就是喝酒。

(21) ti³³　ẓi̠²¹　tu⁵⁵　ma²¹　ŋɤ³⁵tu⁵⁵　n̠i³⁵tu⁵⁵.

他　躺　持续体　否定　是　就　坐　持续体

他不是躺着就是坐着。

例（20）中，第一个并列项为 ẓi³³do³⁵ "抽烟"，否定标记 ma²¹ 位于动词 do³⁵ "抽"之前，第二个并列项为 dzŋ³⁵do³⁵ "喝酒"，副词 tu⁵⁵ "就"位于并列项之前。例（21）中，第一个并列项为 ẓi̠²¹tu⁵⁵ "躺着"，否定标记 ma²¹ 与判断动词 ŋɤ³⁵ "是"搭配位于动词短语之后，副词 tu⁵⁵ 位于第二个并列项 ȵi³⁵ tu⁵⁵ "坐着"之前。包含并列标记 ma²¹…tu⁵⁵…的析取型并列结构表示几个并列项中不是这个就是那个，二者取其一。

第二节 形态句法特征

第一节中我们讨论了葛颇彝语两大类型的并列结构，并根据不同的并列标记细分为若干小类。本节我们将对并列标记和并列项的形态句法特征进行分析。

一 并列标记及并列项的形态句法特征

此部分我们将从并列标记的属性、并列标记的位置和并列项的性质来探讨并列结构的形态句法特征。

通过第一节的梳理，我们了解到并列标记有的是连接词的性质，有的是助词性质，无词缀的形式，现将并列标记汇总如表12-1所示：

表 12-1　　　　　　　　　并列标记的句法特征

并列标记				并列项		
性质			数量	位置			是否可省略	并列项的性质		
助词	副词	连接词 || 并列项之后	并列项内	并列项之前 || 名词性短语	动词性短语	小句
nɛ³³			≤N	+	+	−	+/−	+	+	+
va³³			=N	−	+	−	+/−	−	−	+
	fio²¹…fio²¹…		=N	−	−	+	−	−	+	+
		ta²¹pi⁵⁵…ta²¹pi⁵⁵…	=N	−	−	+	−	−	+	+
		ta²¹pɛ³³…ta²¹pɛ³³…	=N	−	−	+	−	−	+	+
		ta²¹tʰo²¹va³³…ta²¹tʰo²¹va³³	=N	−	−	+	−	−	+	+

续表

并列标记							并列项		
性质			数量	位置			是否可省略	并列项的性质		
助词	副词	连接词		并列项之后	并列项内	并列项之前		名词性短语	动词性短语	小句
		nu⁴⁴	1	-	-	+	-	-	+	+
		bo²¹vi³³··· tʰa³³ma²¹tɕʰi³⁵	1	+	-	-	-	-	+	+
	ma²¹··· tu⁵⁵···		1	-	+	-	-	-	+	+

（注：N为并列项数目，N一般情况下为2，nɛ³³搭配的并列项除外，在特定的列举式并列结构中nɛ³³可省略，句中的并列标记数量则<n）

表12-1就葛颇彝语并列结构的并列标记和并列项的形态句法特征进行了部分总结。

（一）并列标记

1. nɛ³³作为典型的并列标记表示列举的意义，可搭配名词性短语、动词性短语和小句，当其搭配名词性短语和动词性短语时，分别位于并列项之后；当其搭配小句时，位于小句的不同话题论元之后，谓语之前。一般有几个并列项就有几个并列标记nɛ³³，并列标记nɛ³³在一般情况下不可省略，两种情况除外：并列项为名词性短语的多项式并列结构以及可清晰表达列举意义的并列小句。但保留并列标记仍然是最完整、语义最清晰的表达方式。

2. vɑ³³作为并列标记多数情况下表达的是对比并列的意义，搭配小句并列项，位于小句的不同话题论元之后，谓语之前，有几个并列项就有几个并列标记vɑ³³，但一般最常见的是二项式的小句并列，偶尔也有三项式的小句并列。vɑ³³作为并列标记在可清晰表达对比意义的小句并列中可以省略。

3. 副词性并列标记fio²¹···fio²¹···"边······边···/越······越······"可搭配动词性短语或小句并列项，并列标记均位于并列项之前，有几个并列项就有几个并列标记,一般为两项并列。

4. 连接词性并列标记 ta²¹pi⁵⁵…ta²¹pi⁵⁵… "一边……一边…"、ta²¹pɛ³³…ta²¹pɛ³³… "一会儿……一会儿……"、ta²¹tʰo²¹va³³…ta²¹tʰo²¹va³³ "一方面……一方面……" 可搭配小句并列项,并列标记均位于并列项之前,有几个并列项就有几个并列标记,常见的是二项式的并列结构,三项式及以上并不多见。

5. nu⁴⁴ "还是" 作为典型的选择型并列标记属于连接词的性质,一般情况下出现在疑问结构中,位于两个并列项之间,语感上与第二个并列项更紧密。包含并列标记 nu⁴⁴ 的选择型并列结构一般为二项式的,并列项为小句,并列标记不可省略。

6. bo²¹vi³³…tʰa³³ma²¹tɕi³⁵ "与其……不如……" 作为并列标记也属于连接词的性质,连接两个并列的小句,bo²¹vi³³ 与 tʰa³³ma²¹tɕi³⁵ 分别位于两个小句的句末,不可省略。

7. ma²¹…tu⁵⁵… "不……就……" 作为副词性并列标记,连接两个并列的小句,其中否定标记 ma²¹ 位于第一个并列的小句句中,tu⁵⁵ 位于第二个并列的小句句首,不可省略。

(二)并列项

葛颇彝语并列结构中的并列项数量上以二项式居多,并列标记 nɛ³³ 可搭配多项式的小句内的句法成分的并列。

从并列项的属性来看,以动词性短语、名词性短语和小句为主,其中只有并列标记 nɛ³³ 可搭配名词性短语,其他的并列标记均以搭配动词性短语或小句为主。除此之外,葛颇彝语的并列项还可以是单纯的形容词成分和副词性成分,但出现的概率较低,并且所属并列结构都是无标记的并列结构,如:

(22) tʂʰo²¹ɬa³⁵zu²¹kɛ³³ tʂʰɛ³³ tʰɯ³⁵bɯ³³bɯ³³ tsʰɯ³⁵dɯ²¹dɯ²¹,
　　　小伙子　　这　个　白白的　　　胖胖的

白白的，胖嘟嘟

mo⁴⁴ nɛ³³ mo⁴⁴.

高　也　高

这个小伙子白白的、胖胖的，也很高。

(23) na²¹ lɤ⁴⁴ lɤ⁴⁴ zu²¹ m̩³³ ta²¹ lɤ⁴⁴ zu²¹ m̩³³ na⁴⁴.

你　慢慢地　　悄悄地　　看

你慢慢地、悄悄地看。

例（22）中的并列项为形容词 tʰɯ³⁵ bɯ³³ bɯ³³ "白白的"、tsʰɯ³⁵ dɯ²¹ dɯ²¹ "胖胖的"，例（23）中的并列项为副词 lɤ⁴⁴ lɤ⁴⁴ zu²¹ m̩³³ "慢慢地" 和 ta²¹ lɤ⁴⁴ zu²¹ m̩³³ "悄悄地"，这两种类型的并列项都不可以添加并列标记，属于无标记的并列结构。

二　并列标记的省略

本节第一部分是对并列标记和并列项的相关形态句法特征进行了总结，此部分将重点考察并列标记的省略问题。

上文提到，葛颇彝语中的并列标记除了在小句的并列时可省略之外，一般情况下不可省略，另有并列标记 nɛ³³ 在并列项是多个名词时特定情况下可省略，但最完整的形式是每个并列项之后均添加并列标记。因 va³³ 标记的省略形式在上文中有提及，下面，我们将重点考察并列标记 nɛ³³ 的省略问题，从其所搭配的并列项入手。

（一）并列标记 nɛ³³ 搭配动词性短语

并列标记 nɛ³³ 可搭配动词性短语（包括动词），但与动词性短语搭配时一般情况下不可省略，如例（24）：

(24) ti³³　sʅ³⁵　so³³ nɛ³³　tɕʰi²¹ ɬu²¹⁴ nɛ³³ ʑi⁵⁵.

第十二章 并列结构　291

他　书　读　并　羊　放　并　喜欢

他喜欢读书和放羊。

例（24）是小句内句法成分（动词短语）的并列，并列标记 nɛ³³ 分别位于两个并列项 sɿ³⁵so³³ "读书"、tɕʰi²¹ɬu²¹⁴ "放羊"后，表示列举，两个并列项地位相同，可以互换位置。但该例句的并列标记不可省略，省略后句子不通顺，表意不清。

我们在本章开始时提到，葛颇彝语中无标记的并列结构主要为词内语素的并列（即并列复合词）和部分表示列举意义的小句的并列，后者的并列形式看似与小句内句法成分的并列相似，但实则有很大差别，举例如下：

(25) tʂu⁴⁴ŋ̍⁴⁴sɛ³³tsʰɛ³³kɯ⁵⁵n̩i³³, ko⁴⁴vi³³ʑi²¹tɕʰɛ³⁵pʰu²¹hɛ̃³⁵kɯ³³dzo³⁵lɛ³³
　　 腊月　三　十　这　天　葛颇人家　男人　　家里　在　连接词
　　[fu²¹pu⁵⁵tʂa²¹⁴, fu²¹ɕi³³tʂa²¹⁴, va⁴⁴kɤ²¹⁴tʂa²¹⁴, ŋa⁴⁴fu²¹tʂa²¹⁴,
　　 肉肥煮　　　肉瘦煮　　骨头　煮　　鸡肉煮
　　xũ⁵⁵fu²¹tʂa²¹⁴, a⁵⁵dzɿ²¹ɬu³³, ɦo²¹tʂa³⁵n̩i³³dɯ³³tʂa²¹⁴, dzu³⁵n̩i⁵⁵].
　　 鱼肉煮　　　豆腐　炒　菜　　绿色　煮　　饭蒸
　　腊月三十这天，葛颇人家的男人们在家里煮肥肉、煮瘦肉、煮骨头、煮鸡肉、煮鱼肉、炒豆腐、煮绿色蔬菜、蒸米饭。

例（25）整体为包含连接词 lɛ³³ 复杂结构，lɛ³³ 前为 hɛ̃³⁵kɯ³³dzo³⁵ "在家里"，lɛ³³ 后为 fu²¹pu⁵⁵tʂa²¹⁴… "煮肥肉……" 等一系列事件，二者是同一个大事件中的两部分，该例句中［……］里的内容为葛颇彝语中的无标记并列结构，并列项为 fu²¹pu⁵⁵tʂa²¹⁴ "煮肥肉"、fu²¹ɕi³³tʂa²¹⁴ "煮瘦肉"、va⁴⁴kɤ²¹⁴tʂa²¹⁴ "煮骨头"、ŋa⁴⁴fu²¹tʂa²¹⁴ "煮鸡肉"、xũ⁵⁵fu²¹tʂa²¹⁴ "煮鱼肉"、a⁵⁵dzɿ²¹ɬu³³ "炒豆腐"、ɦo²¹tʂa³⁵n̩i³³dɯ³³tʂa²¹⁴ "煮绿

色蔬菜"、dzu³⁵ȵi⁵⁵"蒸米饭"八项，该并列结构是小句的并列，而不是小句内句法成分动词短语的并列，因此并列项无需添加表示列举的并列标记nɛ³³。例（24）与例（25）[……]内的并列结构虽然都是表示列举的意义，并列项的结构也相似，但在并列标记的标记情况不同，前者是必须添加，不可省略，后者则无需添加并列标记。

(二) 并列标记 nɛ³³ 搭配名词性短语

并列标记nɛ³³除了搭配动词性短语，还可以搭配名词性短语（包括名词），当其搭配名词性短语时，在某些情况下，如亲属称谓的列举、长篇语料中重复性较高的名词并列时可以省略。

(26) a⁵⁵ko³³（nɛ³³） a⁵⁵vi²¹（nɛ³³） a²¹dzɛ³³tʰiɛ²¹m̩³³tʂʰɯ⁴⁴gɑ²¹li³³.
哥哥 （并） 姐姐（并） 互相 领 街 赶 去
哥哥和姐姐一起去赶集。

(27) a³³ba³³（nɛ³³） a⁵⁵ma²¹（nɛ³³） hɛ̃³⁵ hɯ⁴⁴dzo³⁵.
爷爷 （并） 奶奶 （并） 房子 里 在
爷爷和奶奶在屋里。

例（26）中的并列项为亲属称谓a⁵⁵ko³³"哥哥"、a⁵⁵vi²¹"姐姐"，例（27）中的并列项为亲属称谓a³³ba³³"爷爷"、a⁵⁵ma²¹"奶奶"，此二例中的并列标记nɛ³³可添加也可省略，可省略的内容我们用"（）"来表示，下文同。并列标记省略后不影响列举式并列意义的表达，但添加后列举意义更明显。

(28) ti³³bo³⁵ ba⁴⁴："na²¹dzo³⁵ mɛ⁴⁴nɛ³³（nɛ³³） tsʰɿ²¹（nɛ³³）
他与事 说 你 领属 猫 （并） 狗 （并）
mi³³sɛ³³dzɿ²¹go²¹tʰɤ²¹ go²¹va³³ nu³³, …"
地 三 犁 犁 通 犁 连接词 语调单位

（马帮的人）对他说："你如果犁三犁地犁得通的话，……"

例（28）中，并列项为领属结构中的被领属者 mε⁴⁴ nε³³ "猫"和 tsʰɿ²¹ "狗"，一般情况下除了亲属称谓以外的两个名词性短语或名词并列时，一般都需要在并列项之后分别添加并列标记 nε³³，但在长篇故事的讲述中，如果上文曾多次提及重复的并列内容，则该并列项后的并列标记也可以省略，但省略后以停顿的时间间隔表示列举，这种情况出现的频率较低。总体而言，在二项式的并列结构中，除了亲属称谓的并列以外，并列标记 nε³³ 基本不可省略。

除了二项式的并列结构，并列标记 nε³³ 在小句内多项式的并列结构中出现的频率也很高，多项式的名词的并列，并列标记部分可省略，如例（29ab）：

(29) a. a⁵⁵ ʐε²¹ tsʰɿ⁵⁵ nʁ³³ nε³³ la²¹ dzɿ³³ nε³³ tʂɿ³³ tɯ³³ nε³³ tʂε³³ nε³³ tsʁ⁴⁴ tsʁ³³
妈妈 花鞋 并 手镯 并 被子 并 柜子 并 桌子
nε³³ fɯ³³ dɯ⁵⁵ no⁴⁴ ɳε²¹⁴ ta²¹ ʐo²¹ ma²¹ ʂo²¹ gɯ³³ tʂε²¹ gʁ³⁵ dia²¹.
并 嫁 名物化 东西 一样 否定 少 弄 好 完整体 状态变化体
妈妈把花鞋、手镯、被子、柜子、桌子这些嫁妆一样不少地都准备好了。

b. a⁵⁵ ʐε²¹ tsʰɿ⁵⁵ nʁ³³ (nε³³) la²¹ dzɿ³³ nε³³ tʂɿ³³ tɯ³³ nε³³ tʂε³³ nε³³ tsʁ⁴⁴ tsʁ³³
妈妈 花鞋 （并） 手镯 并 被子 并 柜子 并 桌子
nε³³ fɯ³³ dɯ⁵⁵ no⁴⁴ ɳε²¹⁴ ta²¹ ʐo²¹ ma²¹ ʂo²¹ gɯ³³ tʂε²¹ gʁ³⁵ dia²¹.
并 嫁 名物化 东西 一样 否定 少 弄 好 完整体 状态变化体
妈妈把花鞋、手镯、被子、柜子、桌子这些嫁妆一样不少地都准备好了。

在例（29a）中，并列项分别为 tsʰɿ⁵⁵ nʁ³³ "花鞋"、la²¹ dzɿ³³ "手

镯"、tʂŋ³³tɯ³³"被子"、tʂɛ³³"柜子"、tsɤ⁴⁴tsɤ³³"桌子",并列标记 nɛ³³分别位于各个并列项之后,在此类并列项较多的并列结构中,常用的说法是有几个并列项就有几个并列标记,但在现实语境中,也经常有省略的情况,前省后不省,最后一个一定不能省,如例(29b),如果出现前不省后省的情况,则该句不合法。最常规、最规范的说法应为例(29a)。

综上所述,葛颇彝语的并列标记除了小句的并列外,一般情况下不可省略。另有并列标记 nɛ³³在与名词性短语并列项搭配时,在亲属称谓的并列、多项式名词性短语的并列结构中可以省略,在其他名词性短语、动词性短语搭配时均不可省略。

第三节　语义特征

本节我们将对第一节谈到的不同类型的并列结构进行语义特征的概括。主要分为表对等、表添义、表对比、表选择四大类型。

一　表对等

对等关系指两个处于并列关系的不同的事件是相关的,但并没有假定有时间顺序,其顺序可以互换。

(30) a. ti³³ dzo³⁵ tsʰŋ²¹ nɛ³³ mɛ⁴⁴nɛ³³nɛ³³ çi³⁵ fu³³ dia²¹.
　　　 他 领属 狗　 并　 猫　 并 死 完成体 状态变化体
　　　 他的狗和猫死了。
　　b. ti³³　dzo³⁵mɛ⁴⁴nɛ³³nɛ³³tsʰŋ²¹nɛ³³ çi³⁵ fu³³　dia²¹.
　　　 他 领属　猫　 并　狗　 并 死 完成体 状态变化体
　　　 他的猫和狗死了。

(31) a. ti^{33}　no^{44}mɯ^{35}nɛ^{33} no^{44}ȵɛ^{214}vɯ^{21}nɛ^{33}　k^{h}ɑ^{44}.
　　　　他　活 做 并　东西　　卖 并　厉害
　　　他干活和卖货都很厉害。
　　b. ti^{33}　no^{44}ȵɛ^{214}vɯ^{21}nɛ^{33} no^{44}mɯ^{35}nɛ^{33}　k^{h}ɑ^{44}.
　　　　他　东西　　卖 并　活 做 并　厉害
　　　他卖货和干活都很厉害。

例（30ab）（31ab）是包含并列标记 nɛ^{33} 的合取型并列结构，并列标记 nɛ^{33} 可搭配名词性短语和动词性短语，没有固定的时间顺序，两个或多个并列项一般情况下可以互换位置而不影响意义。例（30a）中，并列项为 ts^{h}ɿ^{21} "狗" 和 mɛ^{44}nɛ^{33} "猫"，在该例句中换成 mɛ^{44}nɛ^{33} "猫" 在前，ts^{h}ɿ^{21} "狗" 在后也是可以的，如例（30b），意义不变。例（31a）中，并列项为动词短语 no^{44}mɯ^{35} "干活" 和 no^{44}ȵɛ^{214}vɯ^{21} "卖货"，两个并列项的位置可以互换，如例（31b），意义相同。

(32) a. ti^{33}　ɦo^{21}sɯ^{214}ɦo^{21}dzɿ^{35}do^{35}　tu^{55}.
　　　　他　边 走 边 酒　喝　持续体
　　　他边走路边喝酒。
　　b. ti^{33}　ɦo^{21}dzɿ^{35}do^{35} tu^{55}　ɦo^{21}sɯ^{214}.
　　　　他　边 酒 喝　持续体 边 走
　　　他边喝酒边走路。

例（32ab）中，并列标记 ɦo^{21}…ɦo^{21}…连接的两个并列项位置也可以互换，例（32a）中的并列项 sɯ^{214} "走" 和 dzɿ^{35}do^{35}tu^{55} "喝酒" 互换位置不影响意义，如例（32b）。

(33) a. ŋ̍^{21}　tɑ^{21}pi^{55}dzu^{35}dzu^{21}tu^{55}　tɑ^{21}pi^{55}sɿ^{35}nɑ^{44}　tu^{55}.
　　　　我　一边 饭 吃 持续体　一边 书 看 持续体

我一边吃饭一边看书。
b. ŋ̩²¹ ta²¹pi⁵⁵sʅ³⁵ na⁴⁴ tu⁵⁵   ta²¹pi⁵⁵ dzu³⁵dzu²¹tu⁵⁵.
   我 一边 书 看 持续体 一边 饭 吃 持续体
   我一边看书一边吃饭。

例（33a）中并列标记 ta²¹pi⁵⁵…ta²¹pi⁵⁵…连接的两个并列项为 dzu³⁵dzu²¹tu⁵⁵ "吃饭"、sʅ³⁵na⁴⁴tu⁵⁵ "看书"，两个事件不受时间的限制，位置可以互换而不影响句子意义，如例（33b）。

(34) a. tʂʰo³⁵nu³⁵zu²¹   ta²¹pɛ³³ va³³ tɕi⁴⁴, ta²¹pɛ³³va³³dzʅa⁴⁴.
        人 病 名物化 一会儿 话题 怕 一会儿 话题 冷
        病人一会儿害怕，一会儿又觉得冷。
     b. tʂʰo³⁵nu³⁵zu²¹   ta²¹pɛ³³ va³³ dzʅa⁴⁴, ta²¹pɛ³³va³³ tɕi⁴⁴.
        人 病 名物化 一会儿 话题 冷 一会儿 话题 怕
        病人一会儿觉得冷，一会儿又害怕。

例（34a）中并列标记 ta²¹pɛ³³…ta²¹pɛ³³…连接的两个并列项 dzʅa⁴⁴ "冷"、tɕi⁴⁴ "害怕"表示的是病人呈现的两种状态，交替出现，没有先后的区别，二者互换位置也不影响意义，如例（34b）。

(35) a. du⁴⁴kɯ²¹⁴ʑi²¹   va³³, ta²¹tʰo²¹va³³ du⁴⁴ mo⁴⁴ŋ̩⁵⁵,
        踢 会 名物化 话题 一方面 踢 高 要
        ta²¹tʰo²¹va³³ du⁴⁴viɛ²¹ŋ̩⁵⁵.
        一方面 踢 远 要
        会踢的人，一方面要踢得高，一方面要踢得远。
     b. du⁴⁴kɯ²¹⁴ʑi²¹   va³³, ta²¹tʰo²¹va³³ du⁴⁴viɛ²¹ŋ̩⁵⁵,
        踢 会 名物化 话题 一方面 踢 远 要

ta²¹tʰo²¹va³³ du⁴⁴ mo⁴⁴ŋ⁵⁵.
一方面　　　　踢　高　要

会踢的人，一方面要踢得远，一方面要踢得高。

例（35a）中，并列标记 ta²¹tʰo²¹va³³…ta²¹tʰo²¹va³³…连接的两个并列项为 du⁴⁴mo⁴⁴ŋ⁵⁵ "要踢得高"、du⁴⁴viɛ²¹ŋ⁵⁵ "要踢得远"，二者属于一种操作的两个要求，也没有时间先后的差别，互换位置也不影响意义，如例（35b）。

二　表添义

表添义的并列结构一般包含助词 nɛ³³ "也"，nɛ³³ "也" 通常出现在两个或多个并列项的位置靠后的并列项中，对前面的并列项作进一步的补充，多个并列项在语义上是并列的。

（36）hẽ³⁵kɯ³³mo⁵⁵　dzu³⁵dʐa⁴⁴bɯ²¹dzɛ²¹　lɛ³³　　li³³,
　　　家里　从由　饭　冷　背　　持续体　连接词　去
sɿ³⁵bo³³nɛ³³　ma²¹　bo²¹.
课本　也　否定　有

从家里面背冷饭去（学校），课本也没有。

例（36）中第一个并列项为"从家里背冷饭去学校"，第二个并列项为"没有课本"，这两个并列项都是对学校条件艰苦的说明，第一个并列项说的是饮食方面，第二个并列项中添加了助词"也"，从学习工具上进一步说明当时读书的困难。

三　表对比

对比的概念在并列结构中，一般只出现在对比话题标记兼做并列标记的小句对比并列的结构中。

(37) va²¹ fu²¹ va³³ nɛ³³, tɕʰi²¹ fu²¹va³³ ma²¹ nɛ³³.
　　　猪　肉　并　香　　羊　肉　并　否定　香
　　　猪肉香，羊肉不香。

例（37）中，话题标记 va³³ 做并列标记，位于两个并列项的单一论元之后、谓语之前，表示对比的意义，该例句并列项为 va²¹fu²¹va³³nɛ³³ "猪肉香" 和 tɕʰi²¹fu²¹va³³ma²¹nɛ³³ "羊肉不香"，两个并列项的单一论元分别为 va²¹fu²¹ "猪肉" 和 tɕʰi²¹fu²¹ "羊肉"，二者是不同的肉类，谓语分别为 nɛ³³ "香" 和 ma²¹nɛ³³ "不香"，这两个形容词谓语是事物同一个属性的两个相反的方面，语义上是对立的，总体来说，此类并列结构是表达相似事物在同一属性方面相对立的状态。

四　表选择

表选择的语义又可分为对称性选择、建议性选择两种语义类型。

（一）对称性选择

对称性选择的并列标记为 nu⁴⁴ 和 ma²¹…tu⁵⁵…，并列的两个小句处于等同地位，位置互换不影响句意。

(38) a. ŋ²¹bɯ³³sɯ²¹⁴tiɛ³³　　nu⁴⁴　no⁴⁴　tiɛ³³?
　　　 我们　走　将行体　还是　休息　将行体
　　　 我们是走还是休息？

　　b. ŋ²¹bɯ³³no⁴⁴　tiɛ³³　　nu⁴⁴　sɯ²¹⁴　tiɛ³³?
　　　 我们　休息　将行体　还是　走　将行体
　　　 我们是休息还是走？

例（38a）中，并列标记 nu⁴⁴ 连接 suɯ²¹⁴tiɛ³³ "走"、no⁴⁴tiɛ³³ "休息" 两个并列项，这两个并列项地位相同，位置可以互换，意义不发生变化，如例（48b）。

(39) a. ti³³tian³⁵ ʂʅ³³ma²¹ na⁴⁴ tu⁵⁵ tʂʰɯ⁴⁴kʰɛ³³lɛ³³gu³³li³³.
他 电视 否定 看 就 街 上 玩 去
他不是看电视就是去街上玩。
b. ti³³tʂʰɯ⁴⁴kʰɛ³³lɛ³³gu³³ma²¹ li³³ tu⁵⁵tian³⁵ ʂʅ³³ na⁴⁴.
他 街 上 玩 否定 去 就 电视 看
他不是去街上玩就是看电视。

例（39a）中，并列标记 ma²¹⋯tu⁵⁵⋯连接的两个并列项为 tian³⁵ʂʅ³³na⁴⁴ "看电视" 和 tʂʰɯ⁴⁴kʰɛ³³lɛ³³gu³³li³³ "去街上玩"，说明句中施事对两个并列项所涉及的事件有同样的意向，并列项互换也不影响句意，如例（39b）。

（二）建议性选择

建议性选择是指当说话人提出一个命题时，已经表达了自己的倾向性，即表达了一种选择比另一种选择更合适。所使用的并列标记为 bo²¹vi³³⋯tʰa³³ma²¹tɕʰi³⁵。

(40) na²¹ tian³⁵ ʂʅ³³ na⁴⁴bo²¹vi³³ʂʅ³⁵ na⁴⁴tʰa³³ma²¹tɕʰi³⁵.
你 电视 看 与其 书 看 不如
你与其看电视，不如看书。

例（40）中，第一个并列项为 tian³⁵ʂʅ³³na⁴⁴ "看电视"，第二个并列项为 ʂʅ³⁵na⁴⁴ "看书"，说话人使用并列标记为 bo²¹vi³³⋯tʰa³³ma²¹tɕʰi³⁵ 连接两个并列项，建议听话人选择后者，两个并列项的位置不可以调换。

本节主要讨论了并列结构所表现的不同的语义特征，主要可以概括为表对等、表添义、表对此、表选择。其中表选择的又可分为对称性选择和建议性选择两类。

从类型学上看，表添义的语义可分为非时序性添义、对比添义、相同事件添义、语义精细等类型，但葛颇彝语属于典型的分析性语言，小句层面的并列连接词并不算丰富，许多语义类型没有典型的连接词来表示，需要靠意合法来表示，本章暂不涉及相关语义的描写。表示选择的语义除了葛颇彝语中包括的对称性选择和建议性选择两类外，在世界语言中还有一种拒绝性选择，即在并列项中明显地排斥其中一种，英语中用 instead of 表示，葛颇彝语中暂未发现这一类型。

第四节　并列标记的多功能性

葛颇彝语中的 $nɛ^{33}$ 和 $vɑ^{33}$ 除了做并列标记外，还有其他多种用法。$nɛ^{33}$ 可以做助词"也"、话题标记、连接词等；$vɑ^{33}$ 除了做并列标记，还可做话题标记和连接词。二者在葛颇彝语中呈现多功能的特征。

一　$nɛ^{33}$ 的多功能性

上文中我们主要介绍了 $nɛ^{33}$ 作为并列标记的用法，也提到了 $nɛ^{33}$ 做助词"也"的用法，除此之外，$nɛ^{33}$ 还可以做话题标记、连接词等。

（一）助词"也"

$nɛ^{33}$ 在葛颇彝语中可以做助词（particle）用，译作"也"，这是 $nɛ^{33}$ 的典型用法之一。在包含 $nɛ^{33}$ 的小句并列结构中，$nɛ^{33}$ 往往可以理解为助词"也"，可以理解为并列标记，也可理解为话题标记，三者在小句的并列结构中三合为一。值得注意的是，并不是所有的并列结构中的 $nɛ^{33}$ 都可以理解成助词"也"，如上述搭配名词性短语并列项的并列标记 nɛ³³；也并不是所有包含 nɛ³³ 的小句成分都是并列结构，nɛ³³ 也可以出现在单独的小句中，仅表达"也"的概念或仅做话题标记或仅做为连接词出现，如：

(41) so³³ dʑi⁴⁴ **nɛ³³** dʑi⁴⁴ ma²¹ tɕʰi⁴⁴,
　　　香　 砍　 也　 砍　 否定　断
　　　dʑi⁴⁴ ma²¹ tɕʰi⁴⁴ **nɛ³³**,　　a³³ sɯ³³ **nɛ³³** kʰɯ²¹ sɯ⁵⁵ ma²¹ ʐa⁵⁵
　　　砍　 否定　断　 连接词　谁　 也　 怎么　 否定　样
　　　香砍也砍不断，砍不断呢，谁也没怎么样。

例（41）中有三个 nɛ³³ 出现，第一个出现在第一个小句 so³³ dʑi⁴⁴ nɛ³³ dʑi⁴⁴ ma²¹ tɕʰi⁴⁴ "香砍也砍不断"的两个同样的动词 dʑi⁴⁴ "砍"中间，作助词"也"用；第二个出现在复杂结构 dʑi⁴⁴ ma²¹ tɕʰi⁴⁴ nɛ³³ a³³ sɯ³³ nɛ³³ kʰɯ²¹ sɯ⁵⁵ ma²¹ ʐa⁵⁵ "砍不断呢，谁也没怎么样"中的 dʑi⁴⁴ ma²¹ tɕʰi⁴⁴ "砍不断"后，做连接词，表示停顿，并引出下文；第三个 nɛ³³ 出现在最后一个小句中，位于论元和谓语之间，做助词"也"用，也可以理解为话题标记。

（二）话题标记 nɛ³³

话题标记 nɛ³³ 一般出现在小句首的话题之后。

(42) pʰa²¹ tʰu²¹ ta²¹⁴ dɯ⁵⁵　　ŋo³⁵　　nu³³,
　　　叶子　 插　 名物化　 看见　 连接词
　　　tʂʰo³⁵ ɬa³⁵ zu²¹ ɣiɛ²¹ ɛ³³ **nɛ³³**　du⁴⁴ liɛ³³ no⁵⁵　　dia²¹.
　　　小伙子　 那些　 话题　 过来　 曾行体　 状态变化体
　　　（小姑娘）看见插的叶子，（就知道）那些小伙子来过。

(43) ti³³ vi²¹　**nɛ³³**　　nu⁴⁴ dzu²¹ tiɛ⁵⁵ kʰa²¹ tʰɛ²¹ gu²¹ liɛ³³, …
　　　她姐姐　 话题　 听见　 她妹妹　 变　 回来

她姐姐听见她妹妹变回来，……

例（42）（43）中 nɛ^{33} 位于话题 tʂʰo^{35}ɫa^{35}zu^{21}ɣiɛ^{21}ɛ^{33} "那些小伙子"和 ti^{33}vi^{21} "她姐姐"之后，做话题标记用。在本章第一节并列结构的类型介绍中，我们提到，nɛ^{33} 可作为并列标记连接两个及以上小句，如例（3）（4），这两个例句中的 nɛ^{33} 也可看作话题标记，但由于两个例句形式上相同，语义上相关，也表达了并列的意义，在例（3）（4）之类的例句中，我们称 nɛ^{33} 为并列标记，在例（42）（43）之类的小句结构中，称为话题标记。

（三）连接词 nɛ^{33}

nɛ^{33} 做连接词位于两个小句之间，与第一个小句关系紧密，有表顺承、表结果的意义。

(44) ta^{21}bo^{33}na^{44}nɛ^{33},　bɛ^{21}ma^{21}　tʰɛ̠^{21}.
　　　很久　看　连接词　打　否定　倒
　　（他们看两个石头打架）看了很久，（两个石头）都没有（被对方）打倒。

(45) tʂho^{35}ta^{21}m̩^{33}du^{33}liɛ^{33}nɛ^{33},　ȵi^{35}tiɛ^{33}　ma^{21}　bo^{21}.
　　　人　一个　过来　　连接词坐　处所　否定　有
　　（家里）来个人，都没有地方坐。

例（44）中，nɛ^{33} 连接的两个小句分别为 ta^{21}bo^{33}na^{44} "（他们看两个石头打架）看了很久" 和 bɛ^{21}ma^{21}tʰɛ̠^{21} "（两个石头）都没有（被对方）打倒"，两个小句是根据时间先后顺序排列的，nɛ^{33} 后的第二个小句也有表示事件结果的意义。例（45）中，nɛ^{33} 连接的两个小句分别为 tʂho^{35}ta^{21}m̩^{33}du^{33}liɛ^{33} "（家里）来个人" 和 ȵi^{35}tiɛ^{33}ma^{21}bo^{21} "都没有地方坐"，也是根据时间先后顺序排列的，表示顺承的意义。

二 va³³的多功能性

va³³除了做并列标记外,也有做话题标记和条件状语从句连接词等的用法。

(一) 话题标记 va³³

va³³是葛颇彝语中典型的话题标记,并且多出现于对比话题之后。

(46) va²¹fu²¹ɣɯ⁵⁵nɯ⁴⁴ɕi³³va³³, ɣɤ²¹kʰɯ³³va³³ to⁴⁴du⁴⁴liɛ³³
　　　猪　杀　那　早晨　布景　东家　　话题　升　起来
　　nu³³,　　pu⁵⁵tu³³gɯ³³ tɕɛ³³lɛ³³　va²¹ nɯ⁴⁴ʑi³³dʐu³³.
　　语调单位 火　　致使　　扰　连接词　猪　刮　水　烧
　　杀猪那天早晨,东家起床烧烫猪的水。

例(46)中,第一个va³³出现在布景话题va²¹fu²¹ɣɯ⁵⁵nɯ⁴⁴ɕi³³ "杀猪那天早晨"之后,第二个va³³出现在小句的话题ɣɤ²¹kʰɯ³³ "东家"之后,做话题标记使用,话题后为陈述部分。

(47) va²¹ fu²¹ zu²¹　　ɣɛ³³tʂʰɛ³³va³³　nu³³,
　　　猪　杀　名物化　那　个　话题　语调单位
　　tʂa³³　ɣɯ⁵⁵dzɛ³³go³⁵ dʐɛ²¹.
　　绳子　那　根　挣　持续体
　　杀猪的那个人,挣着那根绳子。

例(47)中,va³³出现在话题va²¹fu²¹zu²¹ɣɛ³³tʂʰɛ³³ "杀猪的那个人"之后,话题标记va³³后又有语调单位nu³³,随后才是陈述的内容,在话题标记后添加语调单位nu³³的情况在长篇语料中出现的频率较高,当话题成分较为复杂时，语调上需要停顿。

上述为 va^{33} 做话题标记的用法，在本章第一节的介绍中，va^{33} 作为并列标记使用时，其实也可以当作话题标记来理解，如例（5）（6），并列标记 va^{33} 分别位于两个对比并列的小句句首话题之后。由于例（5）（6）为典型的对比并列结构，两个小句结构相同，意义对立，我们将此类结构里的 va^{33} 也看作并列标记，但仍标注为"话题"。

由此可知，话题标记和并列标记在某些情况下难以区分，或者说 nɛ^{33} 和 va^{33} 在表示并列的小句中，同时具备了话题和并列标记的功能。不同之处在于，nɛ^{33} 表示小句的并列，是列举式的并列，va^{33} 表示的小句的并列是对比式的并列，并且 va^{33} 在话题结构中也经常搭配对比话题使用。

（二）主从结构中的连接词 va^{33}

va^{33} 除了做并列标记、话题标记，还可以位于主从结构中的条件状语从句的小句末，做连接词使用。

(48) ɕi^{214} tṣɛ^{21}va^{33}　ʐɿ^{35}　lɛ^{33}　　a^{33}di^{44}　ɬɤ^{214},
　　　腌　好　连接词　拿　连接词　外边　晒
　　　ɬɤ^{214}tṣɛ^{21}　va^{33},　hɛ̃^{35}kɯ^{33} tu^{55} tu^{55}.
　　　晒　好　连接词　屋里　放　持续体
　　　（猪肉）腌好，拿到外面晒，晒好，放在屋里。

(49) kɛ^{33}lɛ^{33}pɛ^{33}　dzu^{21}na^{44}dɯ^{21}va^{33},
　　　什么　时候　吃　想　连接词
　　　kɛ^{33}lɛ^{33}pɛ^{33}　ʐɿ^{35}　lɛ^{33}　　tṣa^{214}dzu^{21}.
　　　什么　时候　拿　连接词　煮　吃
　　　什么时候想吃，什么时候拿来煮着吃。

例（48）中，ɕi^{214}tṣɛ^{21} "腌好"作为第一个小句与其后的复杂结构

zŋ³⁵lɛ³³a³³di⁴⁴ɬɤ²¹⁴"拿到外面晒"为条件关系，两个结构之间用连接词 va³³连接，表示当前一个事件完成了，才进行下一个事件，小句 ɬɤ²¹⁴ tʂɛ²¹"晒好"也是一个条件状语从句，其主句为 hẽ³⁵kɯ³³tu⁵⁵tu⁵⁵"放在屋里"，也是当猪肉被腌制好以后，再拿到屋里放着，va³³在该例句中有"……的话"的意思。例（49）也是如此，va³³位于条件状语从句 kɛ³³lɛ³³pɛ³³dzu²¹na⁴⁴dɯ²¹"（你）什么时候想吃"之后，与主句 kɛ³³lɛ³³ pɛ³³zŋ³⁵lɛ³³tʂa²¹⁴dzu²¹"什么时候拿来煮着吃"相连接，前者是后者的条件。

有的学者将条件状语从句也看成是话题内容，条件状语从句的连接词也是话题标记，二者在形式上是相同的，语义上相关。在本书中，我们将主从结构中的连接词仍标示为"连接词"，与话题标记区分开来。

关于条件状语从句的部分内容，此处简单介绍，更多内容我们将在第十四章《主从结构》章节详细描写。

本章主要从并列结构的形式类型、形态句法特征、语义特征和并列标记的多功能性等方面考察了葛颇彝语的并列结构的特征。

第一节形式类型部分，将并列结构分为合取型、选择（析取）型两种类型，并根据不同的并列标记分成若干小类。葛颇彝语中典型的并列标记包括：合取型并列标记 nɛ³³、va³³；选择型并列标记 nu⁴⁴。其余的均为非典型的并列标记。

第二节形态句法特征部分，首先对第一节涉及的并列结构的相关要素进行了汇总。葛颇彝语中常见的并列结构为二项式的小句内句法成分的并列和小句的并列，只有并列标记 nɛ³³在搭配名词或名词性短语并列项时，并列项的数目可无限扩增，形成三项式及以上的并列结构。并列标记的属性方面，nɛ³³与 va³³为助词性质，ɦo²¹…ɦo²¹…、ma²¹…tu⁵⁵…为副词性，其他的并列标记均为连接词属性。并列标记的数量方面，一般有几个并列项就有几个并列标记，nu⁴⁴、bo²¹vi³³…tʰa³³ma²¹tɕʰi³⁵、ma²¹…tu⁵⁵…除外，其在二项式的并列结构中只有一个并列标记。并列标记的位置方面，nɛ³³位于名词性短语和动词性短语并列项之后、小句并列项的话题后；va³³位于小句并列项的话题后；ɦo²¹…ɦo²¹…、ta²¹ pi⁵⁵…ta²¹ pi⁵⁵…、ta²¹ pɛ³³…ta²¹ pɛ³³…、ta²¹ tʰo²¹ va³³…ta²¹ tʰo²¹ va³³…；ma²¹…tu⁵⁵…位于并列项内；bo²¹ vi³³…tʰa³³ ma²¹ tɕʰi³⁵位于并列项之后；nu⁴⁴位于第二个并列项之前。其中，并列标记 nɛ³³在搭配动词短语时，不可省略；在搭配名词短语时，部分结构（如亲属称谓的并列，多项式名词性短语的并列）中可以省略。

  第三节主要探讨了葛颇彝语并列结构的语义特征，总体来看可分为表对等、表添义、表对立、表选择四大语义类型。表对等的并列结构中并列项可以互换位置，主要包括包含并列标记 nɛ³³、ɦo²¹…ɦo²¹…、ta²¹ pi⁵⁵…ta²¹ pi⁵⁵…、ta²¹ pɛ³³…ta²¹ pɛ³³…、ta²¹ tʰo²¹ va³³…ta²¹ tʰo²¹ va³³…的并列结构；表对比的并列结构则为包含 va³³的并列结构；表选择的又可分为对称性选择和建议性选择两类，表示对称性选择的为包含标记 nu⁴⁴、ma²¹…tu⁵⁵…的并列结构；建议性选择的为包含 bo²¹ vi³³…tʰa³³ ma²¹ tɕʰi³⁵的并列结构。

  第四节中，我们讨论了葛颇彝语并列标记的多功能性。nɛ³³除了做并列标记，还可以做助词"也"和话题标记、连接词使用；va³³除了做并列标记，还可以做话题标记和主从结构中条件状语从句的连接词。二者在葛颇彝语中呈现多功能的特征。

  葛颇彝语并列结构类型虽然丰富多样，但较为特殊的是并列标记基本不可省略。其"和"类相关并列意义的表达，只能通过在每个并列项后添加并列标记 nɛ³³来表达，这与藏缅语族其他语言有一定的差异。

第十三章

关系子句

关系子句是指在复杂句中修饰中心词的小句成分，并且中心词在小句中也承担句法功能。本章主要从关系子句的位置、关系子句的类型、关系化手段三个方面对葛颇彝语的关系子句进行研究。

第一节　关系子句的位置

关系子句的位置是指句中中心词与关系子句的位置关系，如中心词是否存在，如果存在是有一个中心词还是两个中心词，一个中心词是外置于关系子句还是内置于关系子句，如果中心词外置于关系子句是前置还是后置等内容。

从目前整理的语料来看，葛颇彝语中的关系子句类型如图 13-1 所示。

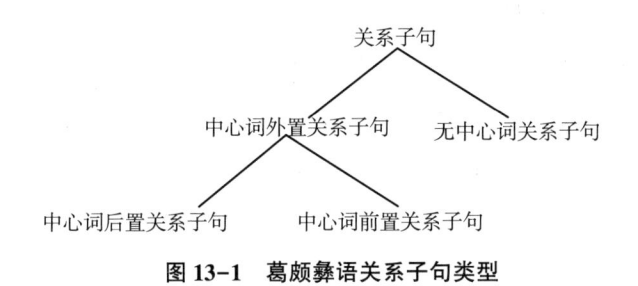

图 13-1　葛颇彝语关系子句类型

葛颇彝语的关系子句从有无中心词的角度来看，可分为有中心词关系子句和无中心词关系子句，其中有中心词的关系子句，其中心词只有一个，并且只能外置于关系子句，中心词外置的关系子句又包括中心词后置关系子句和中心词前置关系子句。葛颇彝语中没有双中心词关系子句和中心词内置的关系子句。

一　中心词外置关系子句

中心词外置的关系子句①又包括中心词后置关系子句和中心词前置关系子句。这两种类型的关系子句在葛颇彝语中均比较常见。

（一）中心词后置关系子句

中心词后置关系子句是指中心词位于关系子句之后。关系子句有的包含名物化标记，如 $ʑi^{21}$ 和 $dɯ^{55}$，有的不包含名物化标记，通过添加体标记来表达。

(1) [ŋ²¹　tie³³　vɛ³⁵　ʑi²¹]　sʅ³⁵po³³ ɣɛ³³ tʂɛ̠²¹ tʂʰa³³.
　　 我　施事　买　名物化　 书　　那　好　很
　　我买的那本书很好。

例（1）中心词为 $sʅ^{35}po^{33}$ "书"，关系子句 $ŋ^{21}tie^{33}vɛ^{35}ʑi^{21}$ "我买的（书）"位于中心词 $sʅ^{35}po^{33}$ "书"之前，关系子句中包含名物化标记 $ʑi^{21}$，$vɛ^{35}ʑi^{21}$ 表示的是"买的（书）"，指示代词 $ɣɛ^{33}$ "那"位于中心词之后，修饰中心词。指示代词 $ɣɛ^{33}$ "那"可搭配量词 $pʁn^{33}$ "本"，在此例句中省略。形容词 $tʂɛ̠^{21}$ "好"与副词 $tʂʰa^{33}$ 搭配做谓语。

---

① 本章将关系子句用方括号标注，中心词字体加粗，予以标示。

(2) [vɑ²¹fu²¹ dɯ⁵⁵]　pɑ⁴⁴di³³piɛ⁴⁴ tʂʰɑ³³.
　　　猪 杀 名物化　刀　　锋利　很
　　杀猪的刀很锋利。

例（2）中心词为 pɑ⁴⁴di³³ "刀"，包含名物化标记 dɯ⁵⁵ 的关系子句 vɑ²¹fu²¹dɯ⁵⁵ "杀猪的（刀）"位于中心词之前。形容词 piɛ⁴⁴ "锋利"与副词 tʂʰɑ³³ 搭配做谓语。

(3) [ti³³tiɛ³³　dɛ²¹ ʂɛ⁴⁴fu³³] sɑ⁴⁴pɑ³³ ɣɛ³³ tʂʰɛ³³ ŋ²¹tiɛ⁴⁴lu⁴⁴diɑ²¹.
　　 他 施事 打 烂 完成体 碗　 那 只 我施事 扔 状态变化体
　　我把他打碎的那只碗扔了。

例（3）中，中心词为 sɑ⁴⁴pɑ³³ "碗"，指示代词 ɣɛ³³ "那"与量词 tʂʰɛ³³ "只"搭配修饰中心词位于中心词之后，关系子句 ti³³tiɛ³³ dɛ²¹ ʂɛ⁴⁴fu³³ "他打烂的"位于中心词之前，无名物化标记，关系子句内包含完成体标记 fu³³。

(二) 中心词前置关系子句

中心词前置关系子句是指中心词位于关系子句之前，关系子句则位于中心词之后。位于中心词之后的关系子句主要有带名物化标记 ʑi²¹ 和 dɯ⁵⁵ 的两种类型。

(4) ɑ³³di⁴⁴ pʰi³³tʰɤ̠²¹, pʰi³³ lɛ³³
　　外边 泼 出 泼 连接词
　　ɑ⁵⁵mɛ̠²¹tʂʰo³⁵[ɕi³⁵fu³³ 　　 ʑi²¹] piɛ²¹⁴dzu²¹.
　　自己 人　死 完成体 名物化 致使 吃
　　往外泼，泼给自己家里去世的人吃。

例（4）的后半段为致使结构，致使者即施事省略，被致使者为

"自己家去世的人",中心词为 tʂʰo³⁵ "人",a⁵⁵mɛ̱²¹ "自己"作为名词修饰语位于中心词之前,带名物化标记 zi²¹ 的关系子句 çi³⁵fu³³zi²¹ "去世的(人)"位于中心词之后。

二 无中心词关系子句

除了上述的中心词外置的关系子句外,葛颇彝语中还有一种无中心词的关系子句,在长篇语料中最为常见。无中心词的关系子句一般为名物化的无中心词关系子句。

(5) [fu²¹ ma²¹ kɯ²¹⁴zi²¹] tiɛ³³ fu²¹ va³³,
　　　杀　否定　会　名物化　　施事　杀　话题
　　sɯ²¹ du⁴⁴ma²¹ kɯ²¹⁴.
　　血　出　否定　会
　　不会杀(猪)的人杀(猪)的话,血不会出。

例(5)是在长篇语料《杀年猪》中选取的例句,表述的是:杀猪先要放血,不会杀的人在放猪血时,猪血流得不顺畅。选取的例句的前半句为及物动词句,受事"猪"因为上下文语境清晰而省略,施事为"不会杀猪的人",其中心词为"人",在该例句中被省略掉了,关系子句 fu²¹ma²¹kɯ²¹⁴zi²¹ "不会杀猪的(人)"作为话题位于句首,施事标记 tiɛ³³ 位于关系子句之后。

(6) [dzu²¹dɯ⁵⁵] nɛ³³ bo²¹,[vi²¹ dɯ⁵⁵] nɛ³³bo²¹.
　　　吃　名物化　也　有　　穿　名物化　也　有
　　吃的也有,穿的也有。

例(6)中领有者省略,被领有者的中心词为"粮食/东西""衣服/东西"，也被省略掉，关系子句 dzu²¹dɯ⁵⁵ "吃的（粮食）"、vi̠²¹ dɯ⁵⁵ "穿的（衣服）" 直接做句中单一论元。

第二节 特征类型

一 名物化关系子句

名物化关系子句又可分为带名物化标记 ʑi²¹ 的关系子句、带名物化标记 dɯ⁵⁵ 的关系子句、带名物化标记 zu²¹ 的关系子句和带名物化标记 m̩³³ 的关系子句。

二者的差别在于处于不同的位置的名物化标记指代的事物不同。名物化标记 ʑi²¹ 出现在中心词之前，与动词搭配，指代的是无生命的物体；出现在中心词之后，与形容词搭配，则指代的是人。名物化标记 dɯ⁵⁵ 出现在中心词之前指代的是无生命的物体。

（一）带名物化标记 ʑi²¹ 的关系子句

1. 中心词外置

(7) [ti³³bɯ³³tiɛ³³　mɯ³⁵ʑi²¹]　dzu³⁵ɣɯ⁵⁵xɛ²¹tʂʰɛ³³
　　 他们　施事　做　名物化　饭　那　锅
　　 ŋ̍²¹　tiɛ³³　dzu²¹gʁ³⁵　　diɑ²¹.
　　 我　施事　吃　完整体　状态变化体
　　 他们做的那锅饭我吃完了。

(8) [ʂɿ⁴⁴　tiɛ³³　ɕi²¹⁴ ʑi²¹]　vɑ²¹fu²¹
　　 别人　施事　腌　名物化　猪　肉
　　 zɿ³⁵gu²¹liɛ³³lɛ³³　　tu⁵⁵ɕi⁵⁵，nɛ³³ nɛ³³nɛ³³.
　　 拿　回来　连接词　搁　容易　香　也　香

别人腌的猪肉拿回来，容易储存，也很香。

例（7）（8）是中心词后置、关系子句前置的结构。名物化标记 ʑi²¹ 位于前置的关系子句中，表示无生命的物体。

例（7）中，及物动词 dzu²¹ "吃"与体标记搭配做谓语，句中受事论元"他们做的那锅饭"出现在句首，施事论元 ŋ²¹ "我"后添加施事标记 tiɛ³³ 位于受事论元之后。受事论元的中心词为 dzu³⁵ "饭"，包含名物化标记 ʑi²¹ 的关系子句 ti³³bɯ³³tiɛ³³mɯ³⁵ʑi²¹ "他们做的（饭）"位于中心词之前，指示代词 ɣɯ⁵⁵ "那"与量词 xɛ²¹tʂʰɛ³³ "锅"搭配位于中心词之后。

例（8）是复杂句中的及物动词 zɿ³⁵ "拿"与趋向动词 gu²¹liɛ³³ "回来"搭配做谓语，位于连接词 lɛ³³ 之前，句中省略了施事论元，受事论元为"别人腌的猪肉"，其中受事论元的中心词为 vɑ²¹fu²¹ "猪肉"，包含名物化标记 ʑi²¹ 的关系子句 ʂɿ⁴⁴tiɛ³³ɕi²¹⁴ʑi²¹ "别人腌的（猪肉）"位于中心词之前。

(9) mo⁴⁴sɛ³³[ȵi⁴⁴tʂɛ²¹　ʑi²¹]　vɑ³³,
　　巫师　　心　好　名物化　　话题
　　ȵi³³ȵi³³　ʂɿ⁴⁴　　tiɛ³³　ɯ⁴⁴　liɛ³³　nu³⁵nɑ⁴⁴li³³.
　　天天　　别人　施事　喊　来　　病　　看　去
　　心地善良的巫师，别人天天喊来看病。

(10) pʰi³³lɛ³³　　ɑ⁵⁵mɛ²¹tʂo³⁵[ɕi³⁵　ʑi²¹]　tsu⁵⁵.
　　 泼　连接词　自己　人　　死　名物化　使吃
　　 泼给自己家里去世的人吃。

例（9）（10）是中心词前置、关系子句后置的结构，名物化标记 ʑi²¹ 位于后置的关系子句中，表示人。

例（9）为话题化的句子，句中的受事"心地善良的巫师"被话题化位于句首，布景话题 ȵi³³ȵi³³ "天天"和施事 ʂɿ⁴⁴ "别人"位于受事话题之后。该句又由两个动词短语组成，一般情况下两个动词短语之间需要添加连接词 lɛ³³，但在该句中，由于第一个动词短语句末为趋向动词，趋向动词 li³³、liɛ³³ 一般情况下都位于句末，本身就有一定的语气停顿作用，所以该例句中连接词 lɛ³³ 省略。句中受事的中心词为 mo⁴⁴sɛ³³ "巫师"，带名物化标记 zi²¹ 的关系子句 ȵi⁴⁴tʂɛ²¹zi²¹ "心地善良的"位于中心词之后。

例（10）中施事省略，连接词 lɛ³³ 连接的第二个小句的受事成分 a⁵⁵mɛ²¹tsʰo³⁵ɕi³⁵zi²¹ "自己（家）去世的人"的"人"，a⁵⁵mɛ²¹ "自己"作为名词修饰语位于中心词之前，关系子句为 ɕi³⁵zi²¹ "去世的（人）"，名物化标记 zi²¹ 指的是人。当中心词是 tʂʰo³⁵ "人"无其他修饰成分时的时候，中心词通常省略。

2. 无中心词

(11) [lɑ²¹ tsʰu³³ zi²¹]　　　　vɑ³³　　　　nu³³,
　　　手　巧　名物化　　话题　语调单位
　　　dzu²¹ɣɯ²¹fu²¹pu⁵⁵ɣɯ⁵⁵tɤ³³　ɣɤ³⁵zɑ²¹liɛ³³.
　　　腰杆　　肉　肥　那　根　　切　下来
　　　手巧的（人），把（猪）腰杆上的肥肉切下来。

例（11）中施事为"手巧的人"，中心词 tʂʰo³⁵ "人"省略，关系子句 lɑ²¹tsʰu³³zi²¹ "手巧的（人）"，直接位于句首做话题，后接话题标记 vɑ³³。

(12) zɿ³⁵lɛ³³　　　　pʰɯ³⁵ hɛ̃³⁵hɯ⁴⁴tu⁵⁵,
　　　拿　连接词　　公社　房　里　放

[pu⁵⁵tu³³ sɛ³³ɕɛ³³kɯ²¹⁴ʑi²¹]　　piɛ²¹⁴ pu⁵⁵tu³³ɕɛ³³.
　火　神　献　会　名物化　　　致使　火　　献

拿到公房里放着，让会献火神的人献。

例（12）中，句中施事省略，中心词为 tʂʰo³⁵ "人"，省略，关系子句 pu⁵⁵tu³³sɛ³³ɕɛ³³kɯ²¹⁴ʑi²¹ "会献火神的（人）" 中名物化标记 ʑi²¹ 指的是人。

（二）带名物化标记 dɯ⁵⁵ 的关系子句

1. 中心词外置

名物化标记 dɯ⁵⁵ 位于动词或动词短语之后，使动词性短语成为名词性短语，带名物化标记 dɯ⁵⁵ 的关系子句一般位于中心词之前。

（13）kɛ³³　[ti⁵⁵piɛ²¹⁴dʐɯ²¹dɯ⁵⁵]　　ɣʁ²¹ di³³.
　　　这　　衣服　　缝　　名物化　　针　确信

这是缝衣服的针。

（14）na²¹　[dzu³⁵mɯ³⁵dɯ⁵⁵]　　no⁴⁴ȵɛ²¹⁴ ʐ̩³⁵ du⁴⁴liɛ³³.
　　　你　　饭　做　名物化　　东西　拿　过来

你把做饭的东西拿过来。

例（13）为肯定形式的判断结构，句末有表确信的标记 di³³。句首为话题论元 kɛ³³ "这"，另一个论元为 "缝衣服的针"，其中心词为 ɣʁ²¹ "针"，包含名物化标记 dɯ⁵⁵ 的关系子句 ti⁵⁵piɛ²¹⁴dʐɯ²¹dɯ⁵⁵ "缝衣服的（针）" 位于中心词之前。

例（14）中，及物动词 ʐ̩³⁵ "拿" 搭配趋向动词 du⁴⁴liɛ³³ "过来" 做谓语，施事论元 na²¹ "你" 作为话题出现在句首，受事论元为 "做饭的东西"，中心词为 no⁴⁴ȵɛ²¹⁴ "东西"，包含名物化标记 dɯ⁵⁵ 的关系子句 dzu³⁵mɯ³⁵dɯ⁵⁵ "做饭的（东西）" 位于中心词之前。

带名物化标记 dɯ⁵⁵ 的关系子句一般位于中心词之前。在长篇语料中基本没出现位于中心词之后的情况，例（15）中，虽然形式上是位于中心词之后，但中心词后添加了话题标记，也可理解成并列标记和助词"也"的 nɛ³³，使得中心词 ȵi²¹ 和 vɑ²¹ 被话题化，中心词和关系子句关联不紧密，不能算作典型的中心词前置关系子句。如：

（15） ȵi²¹ nɛ³³ ［hɣ̃³⁵ dɯ⁵⁵］ mɑ²¹ bo²¹，
　　　 牛　话题　养　名物化　否定　有
　　　 vɑ²¹ nɛ³³ ［hɣ̃³⁵ dɯ⁵⁵］ mɑ²¹ bo²¹.
　　　 猪　话题　养　名物化　否定　有
　　　 没有牛养，也没有猪养。

例（15）也为领有义的存在结构，被领有者为"用来养的牛"和"用来养的猪"，中心词分别为 ȵi²¹ "牛"、vɑ²¹ "猪"，关系子句依次为 hɣ̃³⁵dɯ⁵⁵ "养的（牛）"、hɣ̃³⁵dɯ⁵⁵ "养的（猪）"，均位于添加了话题标记 nɛ³³ 的中心词之后，语气上有停顿。

2. 无中心词

（16）［dzu²¹dɯ⁵⁵］ nɛ³³ bo²¹，［vi̠²¹ dɯ⁵⁵］ nɛ³³bo²¹.
　　　 吃　名物化　也　有　穿　名物化　也　有
　　　 吃的也有，穿的也有。

例（16）中领有者省略，被领有者的中心词为"粮食/东西""衣服/东西"，句中没有出现，关系子句 dzu²¹dɯ⁵⁵ "吃的（粮食）"、vi̠²¹dɯ⁵⁵ "穿的（衣服）"直接位于所在小句的句首做话题。

（17） dʐɑ⁴⁴to⁴⁴du⁴⁴liɛ³³vɑ³³，
　　　 冷　升　起来　连接词

[dzɿ³³dɯ⁵⁵] kʰo²¹ no²¹ pi⁵⁵tʂʰɛ²¹nɛ³³dzɑ⁴⁴ tu⁵⁵ kɯ²¹⁴.
盖 名物化 多少 盖 持续体 也 冷 持续体 会
冷起来，盖多少东西都会冷。

例（17）中，关系子句 dzɿ³³dɯ⁵⁵ "盖的（东西）"作为受事成分位于第二个小句句首，句中无中心词。

（三）带名物化标记 zu²¹ 的关系子句

1. 中心词外置

zu²¹ 在葛颇彝语中有小称标记的用法。除此之外，也做名物化标记位于动词短语之后，多表示某个群体或某种职业的人。也可以用于形容词之后表示某物，但不属于典型用法，出现的频率较少。包含名物化标记 zu²¹ 的关系子句出现在句中位于中心词之后。

(18) dzɛ²¹dzɛ³³kʰɛ³³pɯ⁴⁴dɯ³³di³³ [ŋɛ³³zu²¹] tɑ²¹tʂʰɛ³³dɯ²¹.
场地 上 洞 小 名物化 一 个 挖
在场地上挖一个小洞。

例（18）的中心词为 pɯ⁴⁴dɯ³³di³³ "洞"，关系子句 ŋɛ³³zu²¹ "小的（洞）"修饰中心词，位于中心词之后。

2. 无中心词

名物化标记 zu²¹ 出现在动词性短语之后，表示某一群体或某种职业，该类型的关系子句一般不与中心词共现。

(19) [ŋi²¹ɬu²¹⁴zu²¹] tiɛ³³ gɑ²¹ gu²¹liɛ³³,
牛放 名物化 施事 赶 回来
[ŋi²¹hɤ̃³⁵zu²¹] tiɛ³³ pi⁵⁵ tʂʰɛ²¹.
牛养 名物化 施事 关 持续体

放牛的（人）（把牛）赶回来，养牛的（人）（把牛）关起来。

例（19）中，施事为 ȵi²¹ɬu²¹⁴zu²¹ "放牛的（人）" 和 ȵi²¹hɣ̃³⁵zu²¹ "养牛的（人）"，两个小句均无中心词，句中受事"牛"省略。

(四) 带名物化标记 m̩³³ 的关系子句

1. 中心词外置

m̩³³ 在葛颇彝语中有大称标记的用法。除此之外，也做名物化标记位于形容词之后，可以指人也可以指物。

(20) pʰɑo⁵⁵tʰɛ²¹dɛ²¹, tʂʰo³⁵ ʂo²¹ nu³³,
毛线球 打 人 少 连接词

tʂʰo³⁵ [ʂo²¹m̩³³] dɛ²¹,
人 少 名物化 打

tʂʰo³⁵no²¹nu³³, tʂʰo³⁵ [no²¹m̩³³] dɛ²¹.
人 多 连接词 人 多 名物化 打

打毛线球，人少打人少，人多打人多。（人少的话，就跟人少的队伍打，人多的话，就跟人多的队伍打。）

例（20）中，中心词为 tʂʰo³⁵ "人"，关系子句为 ʂo²¹m̩³³ "少的（人）"，关系子句位于中心词之后。

2. 无中心词

(21) [ɣiɛ²¹m̩³³], [ɣiɛ²¹m̩³³] ȵi³⁵;
大 名物化 大 名物化 拴

[ȵɛ³³m̩³³] [ȵɛ³³m̩³³] ȵi³⁵.
小 名物化 小 名物化 拴

大的（麻线）和大的（麻线）拴在一起，小的（麻线）和小的（麻线）拴在一起。

例（21）中，关系子句分别为 ɣiɛ²¹m̩³³ "大的（麻线）" 和 ȵɛ³³m̩³³ "小的（麻线）"，句中无中心词。

二 非名物化关系子句

可以作为关系子句的一部分位于复杂句中的体标记主要有将行体 tiɛ³³、持续体 tu⁵⁵、曾行体 no⁵⁵ 等。

（22）miɛ²¹xiɛ³⁵tiɛ³³ [ŋ̍²¹ ȵi³⁵ tiɛ³³] hɛ̃³⁵ ɣɯ⁵⁵dɛ²¹
　　　风　　施事　我　住　将行体　房子　那　栋
　　　mɯ⁴⁴tʰɛ²¹dia²¹.
　　　吹　倒　状态变化体
　　　风把我将要住的那栋房子吹倒了。

（23）miɛ²¹xiɛ³⁵tiɛ³³ [ŋ̍²¹ ȵi³⁵ tu⁵⁵] hɛ̃³⁵ ɣɯ⁵⁵dɛ²¹
　　　风　　施事　我　住　持续体　房子　那　栋
　　　mɯ⁴⁴tʰɛ²¹dia²¹.
　　　吹　倒　状态变化体
　　　风把我住的那栋房子吹倒了。

（24）miɛ²¹xiɛ³⁵tiɛ³³ [ŋ̍²¹ ȵi³⁵ no⁵⁵] hɛ̃³⁵ ɣɯ⁵⁵dɛ²¹
　　　风　　施事　我　住　曾行体　房子　那　栋
　　　mɯ⁴⁴tʰɛ²¹dia²¹.
　　　吹　倒　状态变化体
　　　风把我住过的那栋房子吹倒了。

例（22）（23）（24）为我们通过测试所得例句，这三个例句均为动词 mɯ⁴⁴ 与形容词 tʰɛ²¹ 与体标记 diɑ²¹ 搭配做谓语，自然力 miɛ²¹xiɛ³⁵ "风"作为施事论元位于句首，受事论元分别为"我将要住的房子""我住的房子""我住过的房子"，中心词均为 hɛ̃³⁵ "房子"。这三个例句的关系子句中没有名物化标记，但均包含体标记，三个关系子句分别为 ŋ̍²¹n̩i³⁵tiɛ³³ "我将要住"、ŋ̍²¹n̩i³⁵tu⁵⁵ "我住着"、ŋ̍²¹n̩i³⁵no⁵⁵ "我曾经住过"，关系子句位于中心词 hɛ̃³⁵ "房子"之前。经测试，葛颇彝语中只有这三个体标记可以作为关系子句的成分位于复杂句中，其他的体标记暂未发现其相似用法。

第三节　关系化手段

黄成龙（2008）对关系化手段的定义和形式总结如下：关系化手段是标志关系子句中被关系化名词位置的形态手段，一般有留空、完整名词保留/未缩减、专用关系代词或者代词复指/代词保留等形式。

留空的关系化手段在葛颇彝语中比较常见，完整名词保留的关系化手段一般只出现在中心词内置的关系子句中，而葛颇彝语中没有中心词内置的关系子句，完整名词保留的关系化手段则不存在。

(1a) [ŋ̍²¹　tiɛ³³∅①vɛ³⁵ ʑi²¹]　sʅ³⁵po³³ɣɛ³³tʂɛ²¹tʂʰɑ³³.
　　　我　施事　买　名物化　书　　那　好　很
　　　我买的那本书很好。

(1b) [∅ŋ̍²¹　tiɛ³³　vɛ³⁵ ʑi²¹]　sʅ³⁵po³³ɣɛ³³tʂɛ²¹tʂʰɑ³³.
　　　　我　施事　买　名物化　书　　那　好　很
　　　我买的那本书很好。

---

① 文中留空用符号∅表示。

上文第一节中的例（1）是葛颇彝语中典型的中心词后置关系子句，形容词与副词搭配做谓语，句中的单一论元"我买的书"，被关系化的中心词为 sɿ³⁵ po³³ "书"，在关系子句内用零形式∅表示。上例（1a）（1b）是补充了关系子句中中心词留空的例句，由于中心词在关系子句中为受事论元，在施事者后接施事标记的情况下，受事论元既可位于施事之后，如例（1a），又可位于施事之前，如例（1b）。

(22a) miɛ²¹ xiɛ³⁵ tiɛ³³ [ŋ̩²¹ ∅ɳi³⁵ tiɛ³³] hɛ̃³⁵ ɣɯ⁵⁵ dɛ²¹
风　　施事　我　住　将行体　房子　那　栋
mɯ⁴⁴ tʰɛ²¹ dia²¹.
吹　倒　状态变化体
风把我将要住的那栋房子吹倒了。

例（22a）也为中心词后置关系子句，我们将被关系化的中心词 hɛ̃³⁵ "房子"在关系子句中留空的位置标出，中心词在关系子句中是受事/处所论元，位于施事 ŋ̩²¹ "我"后，动词 ɳi³⁵ "坐"前。

(9a) mo⁴⁴ sɛ³³ [∅ɳi⁴⁴ tsɛ²¹ zi²¹] va³³,
巫师　　心　好　名物化　连接词
ɳi³³ ɳi³³ sɿ⁴⁴ tiɛ³³ ɯ⁴⁴ liɛ³³ nu³⁵ na⁴⁴ li³³.
天天　别人　施事　喊　来　病　看　去
心地善良的巫师，别人天天喊来看病。

例（9a）为中心词前置关系子句，我们将被关系化的中心词 mo⁴⁴ sɛ³³ "巫师"在关系子句中留空的位置标出，中心词位于关系子句的句首，是关系子句中的双话题结构的第一个话题成分。

(5a) [∅fu²¹ ma²¹ kɯ²¹⁴ʑi²¹] tiɛ³³ fu²¹ vɑ³³,
　　　杀　否定　会　名物化　　施事　杀　连接词
sɯ²¹du⁴⁴ ma²¹ kɯ²¹⁴.
血　出　否定　会
不会杀（猪）的人杀（猪）的话，血不会出。

例（5a）为中心词省略的关系子句，省略的中心词作为施事出现在关系子句句首的位置，如例（5a）。

本章主要从关系子句的位置、特征类型和关系化手段三方面对葛颇彝语的关系子句进行了描写。

关系子句从位置和所搭配的中心词来看可分为有中心词的关系子句和无中心词关系子句。有中心词的关系子句，中心词均位于关系子句之外，葛颇彝语没有中心词内置的关系子句。中心词外置的关系子句又可分为中心词后置关系子句和中心词前置关系子句两种类型。

根据关系子句自身的特征，又可将其分为名物化关系子句和非名物化关系子句。葛颇彝语中名物化关系子句的名物化标记主要为 ʑi²¹、dɯ⁵⁵、zu²¹、m³³ 四个，ʑi²¹ 和 dɯ⁵⁵ 均可以出现在中心词外置和无中心词的关系子句中。带名物化标记 ʑi²¹ 的关系子句出现在中心词之前，与动词搭配，指代的是无生命的物体；出现在中心词之后，与动词/动词短语搭配，则指代的是人或物，在无中心词的关系子句中一般指人。带名物化标记 dɯ⁵⁵ 的关系句出现在中心词之前或无中心词时指代的都是无生命的物体。带名物化标记 zu²¹ 的关系子句，与动词短语搭配，表示某个群体或某种职业，一般不与中心词共现；与形容词搭配位于中心词之后，表某物，但用法不典型。带名物化标记 m³³ 的关系子句与形容词搭配，位于中心词之后，表人或物，中心词可以省略。

非名物化的关系子句均位于中心词之前。

葛颇彝语的关系化手段主要为留空，根据被关系化的中心词在关系子句中担任的不同角色，其留空的位置也不相同。

第十四章

主从结构

　　主从结构是指两个小句相连接，其中一个小句做另一个小句的状语，做状语的小句称为状语从句，另一个小句为主句。葛颇彝语的主从结构一般是状语从句在前，主句在后，二者是从属关系。语义上主句与从句相互关联，结构上状语从句从属于主句。本章我们结合葛颇彝语主从结构的特点，将其分为表示时间关系、条件与假设关系、因果关系、目的关系、让步关系五种类型的主从结构。

第一节　时间状语从句

　　葛颇彝语的时间状语从句在句末添加连接词 $pɛ^{33}$、t^hu^{21}或 $dɯ^{44}$，连接从句与主句，表示时间的概念，从句在前，主句在后。连接词 $pɛ^{33}$ 表示的是一段时间；连接词 t^hu^{21} 表示的是某个时间节点；连接词 $dɯ^{44}$ 表示的是某个事件之后。

一　包含连接词 $pɛ^{33}$ 的时间状语从句

　　（1）　$k^ha^{44}ko^{33}hɯ^{44}sɿ^{35}mo^{214}$　$pɛ^{33}$，
　　　　　村子　里　书　教　　　时间

$s\textsubscript{l}^{35}so^{33}h\tilde{e}^{35}\gamma i\varepsilon^{21}\textsubscript{z}i^{21}ta^{21}d\varepsilon^{21}bo^{21}$，$\eta\varepsilon^{33}\textsubscript{z}i^{21}$　　$ta^{21}d\varepsilon^{21}bo^{21}$.
学校　大　名物化　一　所有　　小　名物化　一　所　有
在村子里教书那段时间，学校有一所大的房子，一所小的房子。

（2）$\gamma w^{55}hw^{44}dz_{,}o^{35}p\varepsilon^{33}$，
　　 那　 里　在　时间
$ts\textsubscript{,}^{h}o^{35}\textsubscript{l}i^{33}\ po^{33}a^{21}dz_{,}\varepsilon^{33}pa^{33}k^{h}o^{21}no^{21}zi^{55}\ ma^{21}\ ts\varepsilon^{21}$.
人 四 个　 一起　　多少 仅 否定 好
在那里的那段时间，四个人很不和睦。

（3）$gu^{33}\ k\varepsilon^{33}\ p\varepsilon^{33}$，$ts\textsubscript{,}^{h}o^{35}\gamma i\varepsilon^{21}\varepsilon^{33}la^{21}hw^{44}$
　　 玩　那　 时间　 人　 那些　手　里
$ts\textsubscript{,}o^{33}p^{h}\varepsilon^{21}d\varepsilon^{21}\ ts\varepsilon^{21}\ zi^{21}\ \ tw^{55}\ dz_{,}\varepsilon^{21}$.
　 瓦　烂　打 好　 名物化　拿　持续体

例（1）（2）（3）是表示时间关系的主从结构，时间状语从句位于句首，主句位于从句之后，时间状语从句句末添加表示时间的连接词 $p\varepsilon^{33}$，表示 "在……那段时间"。例（1）的时间状语从句表示 "在村子里教书那段时间"，例（2）表示 "在那里的那段时间"，例（3）表示 "玩那段时间"，添加表示时间的连接词 $p\varepsilon^{33}$ 的这三个时间状语从句，表示的都是一段时间，而不是某个时间节点。

二 包含连接词 $t^{h}u^{21}$ 的时间状语从句

（4）$vu^{21}\ du^{33}\ t^{h}u^{21}$，
　　 冰　 结　时候
$h\tilde{e}^{35}kw^{33}mo^{55}\ pu^{55}tu^{33}gw^{33}t\textcipa{\textctc}\varepsilon^{33}le^{33}\ \ t^{h}i\varepsilon^{21}dz_{,}\varepsilon^{21}\ le^{33}\ \ li^{33}$.
家里　从由 火　弄　装　连接词　抬　持续体　连接词 去
结冰的时候，从家里弄火提着去。

(5) tɑ²¹kʰu²¹ tʂu⁴⁴ŋ⁴⁴kʰɛ³³kɤ⁴⁴vɑ²¹ fu²¹ tʰu²¹,
　　一　年　腊月　　上　到　猪　杀　时候
　　viɛ²¹tiɛ³³　　ko⁴⁴zu²¹ɣiɛ²¹ɛ³³tʰiɛ³⁵ diɑ²¹.
　　远　　名物化　亲戚　那些　通信　状态变化体
　　到了一年腊月杀猪的时候，通知了远方的那些亲戚。

(6) tʂʰo³⁵mo²¹tʰu²¹, ko⁴⁴ tɑ²¹ kʰɑ⁴⁴ tʂʰo³⁵nɛ³³ ʂo²¹,
　　人　老　时候　　葛颇　一　寨子　人　　也　少
　　tɑ²¹kʰɑ⁴⁴ nɑ⁴⁴ nɛ³³ ʂu⁴⁴ nɛ³³ ʂu⁴⁴.
　　一　寨子　全部　话题　穷　也　穷
　　古时候，葛颇人寨子里的人也少，人也都穷。

例（4）（5）（6）也是表示时间关系的主从结构，时间状语从句位于句首，主句位于时间状语从句之后，时间状语从句句末添加表示时间的连接词 tʰu²¹，表示"……时候"。例（4）的时间状语从句表示"结冰的时候"，例（5）的时间状语从句表示"到了一年腊月杀猪的时候"，例（6）表示"古时候/很久以前"，添加连接词 tʰu²¹ 的这三个时间状语从句，表示的是某个时间节点，而不是一段时间。

三　包含连接词 dɯ⁴⁴ 的时间状语从句

并列标记 dɯ⁴⁴ 有"……之后"的意义，用于表示时间先后意义的小句的并列，位于两个并列的小句的前一句的句末，一般情况下可省略，省略后顺承意义不明显。

(7) lɯ⁴⁴pɯ⁴⁴zu²¹kɯ⁵⁵n̥i²¹ po³³ çɛ³³ fu³³ dɯ⁴⁴,
　　小石头　　　　　这　两　个　献　完成体　后
　　kʰɑ⁴⁴ko³³hɯ⁴⁴mɑ⁵⁵mɑ⁵⁵tʰu²¹tʰu²¹.

村子里　里　平平安安

献完这两个小石头以后，村子里就平平安安的。

(8) mo⁴⁴sɛ³³tiɛ³³　tɑ²¹pɛ³³nɑ⁴⁴dɯ⁴⁴,

巫师　施事　一下　看　后

xɛ²¹　fu³³　dɯ⁴⁴, tu⁵⁵tʂʰɑ³³　kɯ²¹⁴.

送　完成体　后　就　痊愈　会

巫师看一下，送完后，（病）就会好。

例（7）（8）为包含并列标记 dɯ⁴⁴ 的小句的并列，二项式的并列结构中，并列标记位于前一个并列的小句句末，三项式的并列结构中，并列标记分别位于前两个并列的小句句末，表示"……之后"的意义。例（7）为二项式的小句的并列，第一个并列项为"献完这两个小石头"，第二个并列项为"村子里平平安安的"，并列标记位 dɯ⁴⁴ 于第一个并列项之后。例（8）为三项式的小句并列结构，第一个并列项为"巫师看一下"，第二个并列项为"（把鬼）送完"，第三个并列项为"（病人）就痊愈了"，并列标记 dɯ⁴⁴ 分别位于前两个并列项之后，表示"……之后"的意义。

第二节　条件状语从句

在葛颇彝语中，条件状语从句、假设状语从句与违事句在形式上相似，语义上略有不同。条件状语从句是指，在满足某种条件的情况下，施事会做某事或某个事件会发生。假设状语从句是指，如果满足某种条件（即当下没满足）的情况下，施事会做某事或某个事件会发生。违事句是指，如果之前做了某事、满足某种条件（当下之前）的情况下，施事则就会做某事或某个事件就会发生，即指事件的发展与说话人说话之时（当下）的意志相违背。葛颇彝语中三者有语义上的差别，但某些语境下仍存在条件状语从句、假设状语从句难以区分的情况。因此本节我们将三者放在一起讨论,统称为条件状语从句。

条件状语从句的句末一般会添加连接词 va^{33}, va^{33} 在这里有"……的话"等表示如果满足某种条件及推测的意义,也有不添加的情况,但不添加 va^{33} 标记的条件状语从句其状语从句的性质不太明显。主句中有的例句在施事后会添加副词 tu^{55} "就",有的可以省略,副词 tu^{55} "就"非强制性出现。

(9) ti^{33}　du^{44}liɛ^{33}va^{33},　ŋ̍^{21} tu^{55}　lu^{35}　hɯ^{44} li^{33} kɯ^{214}.
　　 他　过来　连接词　我　就　城　里　去　会
　　 他过来的话,我就会去城。

(10) a^{21}gɯ^{33}ȵi^{33}mɯ^{21}ma^{21}xũ^{35}　va^{33},　ŋ̍^{21}tu^{55}bo^{35}da^{44}li^{33}kɯ^{214}.
　　 明天　　天　否定　下雨　连接词　我　就　山　上　去　会
　　 要是明天不下雨,我会上山去。

(11) ti^{33}　a^{21}gɯ^{33}ȵi^{33}du^{44}liɛ^{33}va^{33},　ŋ̍^{21} tu^{55}lu^{35}　hɯ^{44}li^{33} tiɛ^{33}.
　　 他　明天　　过来　连接词　我　就　城　里　去　将行体
　　 如果他明天来,我就去城。

(12) zi̠^{21}ȵi^{33}mɯ^{21}ma^{21}　xũ^{35}　va^{33},　ŋ̍^{21}　tʂʰɯ^{44}ga̠^{21}li^{33}　tiɛ^{33}.
　　 今天　天　否定　下雨　连接词　我　街　赶　去　将行体
　　 如果今天不下雨,我就赶集去。

(13) mɯ^{21}xũ^{35}　va^{33},　ŋ̍^{21}　tu^{55} lɤ^{21}　tʰɤ^{21}liɛ^{33}ma^{21}　tiɛ^{33}.
　　 天　下雨　连接词　我　就　钻　出来　否定　将行体
　　 下雨的话,我就不出来了。

例(9)(10)(11)(12)(13)是表示条件或假设关系的状语从句。都是对未发生事件的推测、讨论,并提出相应的对策、采取相应的措施或开展相应的活动。例(9)(10)的状语从句分别表示的是"他过来的话""明天不下雨的话"的条件/假设义,主句的句末是能愿动词 kɯ²¹⁴，表示主句的施事在满足状语从句的条件下就会做某事。例（11）（12）（13）的状语从句分别表示的是"他明天过来的话""如果今天不下雨的话""下雨的话"的条件/假设义，主句的句末是将行体标记 tiɛ³³，表示主句的施事在满足状语从句所表达意义的条件下就将要做某事。例（9）（10）与例（11）（12）（13）的相同之处在于表达条件/假设义的状语从句后都会添加 va³³；不同之处在于主句末是用能愿动词 kɯ²¹⁴还是将行体标记 tiɛ³³来表达主句施事会进行的某种行为，二者都是目前没有发生的事件，无论是 kɯ²¹⁴还是 tiɛ³³，都不影响条件或假设关系的表达。

（14） ti³³ mɯ³⁵ma²¹ za²¹va³³, ŋ̩²¹ a²¹ȵi³³ba⁴⁴ ma²¹ kɯ²¹⁴.
　　　 他　做　否定　错　连接词　我　昨天　　说　否定　会
　　　 他要是没做错，我昨天就不会说他。

（15） ti³³ dzu³⁵mɯ³⁵tʂɛ²¹ gɤ³⁵　va³³,　ŋ̩²¹ tu⁵⁵dzu²¹dia²¹.
　　　 他　饭　做　好　完整体 连接词 我　就　吃　状态变化体
　　　 他做饭好吃的话，我就吃了。

（16） ȵi³³xa²¹bo²¹va³³　　nu³³,　ŋ̩²¹ tʂʰɯ⁴⁴ɡa²¹li³³ dia²¹.
　　　 时间　有　连接词 语调单位 我　街　　赶　去　状态变化体
　　　 有时间的话，我就去赶集了。

例（14）（15）（16）是葛颇彝语的条件状语从句中的违事句，违事句是对于过去发生的事件的追溯。与其他条件状语从句相同的是，状语从句的句末需要添加 va³³，表示如果满足某种条件及推测的意义；不同的是，主句的句末一般不能用能愿动词 kɯ²¹⁴及将行体标记 tiɛ³³，这与违事句的语义相违背，主句的句末可以用能愿动词 kɯ²¹⁴与否定标记 ma²¹搭配，表示"不会"，完整的句义为"如果……，那么过去的某事就不会发生"，如例（14），也可以添加状态变化体标记 dia²¹，表示事件、状态已经发生变化，如例（15）（16）。

在表示条件与假设关系的主句句末，一般不会出现 ma²¹kɯ²¹⁴ 与状态变化体标记 dia²¹（在表示与时间概念相关的意义时），这与其表示对未发生的事件的推测意义相关，如果主句需要表示"动作、行为不会发生"等否定意义时，在将行体标记 tiɛ³³ 前加否定标记 ma²¹，如例（11）。

(17) a. no⁴⁴ȵɛ²¹⁴kɯ⁵⁵sɛ³³z̪o²¹ bo²¹, tu⁵⁵ lu̠²¹ dia²¹.
　　　 东西　这　三　样　有　就　够　状态变化体
　　　 有这三样东西，就足够了。
　　b. no⁴⁴ȵɛ²¹⁴kɯ⁵⁵sɛ³³z̪o²¹ bo²¹ va³³,　tu⁵⁵ lu̠²¹ dia²¹.
　　　 东西　这　三　样　有　连接词　就　够　状态变化体
　　　 有这三样东西，就足够了。

(18) a. ɑ³³sɯ³³vu²¹　 ɣiɛ²¹, ɑ³³sɯ³³tiɛ³³ no⁴⁴ȵɛ²¹⁴tɯ⁵⁵ dʐɛ²¹.
　　　 谁　力气　大　谁　施事　东西　拿　持续体
　　　 谁有力气，谁就拿东西。
　　b. ɑ³³sɯ³³vu²¹　 ɣiɛ²¹va³³, 　ɑ³³sɯ³³tiɛ³³ no⁴⁴ȵɛ²¹⁴tɯ⁵⁵ dʐɛ²¹.
　　　 谁　力气　大　连接词　谁　施事　东西　拿　持续体
　　　 谁有力气，谁就拿东西。

例（17a）（18a）是没有添加连接词 va³³ 的条件状语从句，没有连接词使得两个小句靠意合法结合在一起，状语从句的句法地位不明显，但也是符合从句从属于主句，做主句的状语的语义和句法特征的。这两个例句的分句，即第一个小句后也可以添加连接词 va³³，添加了连接词 va³³ 的例（17b）（18b），状语从句的性质更明显。

例（17ab）是条件句，不是违事句，主句句末添加状态变化体标记 dia²¹，是因为主句所表达的不是时间概念相关的意义，而是状态义，则可以用 dia²¹ 表示状态发生了变化。

第三节　因果状语从句

葛颇彝语中表示因果关系的主从结构表示原因的状语从句在前，表示结果的主句在后，从句后用 nu^{33} 连接。

(19) mɯ^{21}xũ^{35}　　nu^{33}，　ŋ̍^{21}　hɛ̃^{35}kɯ^{33}dz̩o^{35}.
　　 天　下雨　连接词　我　房子里　在
　　 因为天下雨了，所以我在房子里。

(20) mɯ^{21}ɯ^{44}tʂʰu^{33}nu^{33}，ŋ̍^{21}bɯ^{33}　li^{33}　ma^{21}　tiɛ^{33}　 diɑ^{21}.
　　 天　热　很　连接词　我们　去　否定　将行体　状态变化体
　　 天气太热了，我们不去了。

(21) sʅ^{35}mɯ^{35}za^{21}　nu^{33}，　a^{55}m̩^{21}　ŋ̍^{21}　ba^{44}.
　　 事　做　错　连接词　父亲　我　说
　　 因为做错了事，父亲说我了。

(22) a^{33}pi^{33}　ma^{21}　n̩i^{21}　nu^{33}，　ŋ̍^{21}　dzu^{35}dzu^{21}ma^{21}　tiɛ^{33}.
　　 肚子　否定　饿　连接词　我　饭　吃　否定　将行体
　　 因为肚子不饿，我不准备吃饭。

例（19）—例（22）为表示因果关系的主从结构，表示原因的状语从句在前，例（19）为"（因为）天下雨了"，例（20）为"（因为）天太热了"，例（21）为"（因为）做错了事"，例（22）为"（因为）肚子不饿"，这些状语从句位于主句之前，修饰主句，从句末有连接词 nu^{33}，连接词 nu^{33} 在表示因果关系的结构中隐含"因为"的意义。在葛颇彝语中，另有一个单独的词可表示"因为"的语义，如例（23）（24）（25）（26）。

(23) a⁵⁵kʰa³³zu²¹dɯ³³ȵi³³nu³³, na²¹na²¹ma⁴⁴vu²¹dza²¹mɯ³⁵.
孩子　　因为　连接词　你　赶紧　努力　做
为了孩子，你赶紧做吧。

(24) mɯ²¹xũ³⁵　dɯ³³ȵi³³nu³³,　ŋ̍²¹　li³³　ma²¹　tiɛ³³.
天　下雨　因为　连接词　我　走　否定　将行体
因为下雨，我不走了。

在例（23）（24）中，除了在表示原因的状语从句后添加连接词 nu³³，在原因状语从句中还有一个表"因为"意义的词 dɯ³³ȵi³³，dɯ³³ȵi³³ 在句中有实际意义，并不能看作连接词，动词义更明显，再如例（25）（26）：

(25) mo⁴⁴　dɯ³³ȵi³³lɛ³³　　kʰu²¹ɕi²¹　sɛ³³ȵi³³
什么　因为　连接词　年　新　三　天
ʐi²¹tɕɛ³⁵m̩³³piɛ²¹⁴　dzu³⁵ma²¹　mɯ³⁵.
妻子　　致使　　饭　否定　做
为什么过年三天不让妻子做饭。

(26) ko⁴⁴vi³³　　ta²¹kʰu²¹　va²¹　fu²¹　mo⁴⁴　dɯ³³ȵi³³（lɛ³³）
葛颇人家　一　年　猪　杀　什么　因为　（连接词）
tʂʰo³⁵ko⁴⁴ɯ⁴⁴gu²¹liɛ³³.
亲戚　喊　回来
为什么葛颇人家每年杀年猪要喊亲戚回来。

dɯ³³ȵi³³ 在例句（25）（26）中位于名词 mo⁴⁴ "什么"之后，连接词 lɛ³³ 之前，在葛颇彝语中 lɛ³³ 连接两个动词短语或小句，也可以做表示因果关系的连接词用，因此 dɯ³³ȵi³³ 在上例中动词性更明显。但我们通过添加否定标记发现，并不能对 dɯ³³ȵi³³ 直接进行否定，而需要在其

后添加判断动词 ŋa³³，如下例：

（27） a⁵⁵kʰa³³zu²¹dɯ³³ȵi³³ ma²¹ ŋa³³.
　　　 孩子　　　因为　　否定　是
　　　 不为了孩子。

（28） mɯ²¹xũ³⁵ dɯ³³ȵi³³ma²¹ ŋa³³.
　　　 天　下雨　因为　否定　是
　　　 不是因为天下雨。

通过测试，我们发现在葛颇彝语中不能对 dɯ³³ȵi³³ 直接进行否定，必须在其后添加其他动词，对动词进行否定。因此 dɯ³³ȵi³³ 在葛颇彝语中不属于动词，也不是典型的表示因果关系的连接词，可能正处于发展变化的过程中。

第四节　目的状语从句

在表示目的关系的主从结构，目的状语从句在前，主句在后。从句末添加连接词 nu³³，连接词一般情况下不可省略。

（29） a⁵⁵kʰa³³zu²¹piɛ²¹⁴ sɿ³⁵ so³³ tiɛ³³ nu³³,
　　　 孩子　　　致使　书　读　将行体　连接词
　　　 ŋ̍²¹ lɤ²¹ tʰɤ²¹liɛ³³ ʐɛ³⁵ ʂu³³ li³³.
　　　 我　钻　出来　　钱　找　去
　　　 为了让孩子上学，我要出去找钱。

（30） ti³³ pa⁴⁴lɛ³³ tʂʰu²¹di³³ li³³ nu³³,
　　　 他　忙　连接词　车　撑　去　连接词
　　　 ɕi⁵⁵nɤ³³ dzu²¹nɛ³³ma²¹ dzu²¹.
　　　 早晨　饭　也　否定　吃

他为了赶车子，早餐也没吃。

(31) ti³³ tʂʰɯ⁴⁴gɑ²¹li³³tiɛ³³　　nu³³, ti⁵⁵piɛ²¹⁴ɕi̠²¹vi̠²¹diɑ²¹.
　　　他 街　赶 去 将行体 连接词 衣服 新 穿 状态变化体
　　　他为了去赶集，穿了新衣服。

上述四例为表示目的关系的主从结构，表示目的的状语从句在前，从句末添加连接词 nu³³。例（29）的目的状语从句为"为了让孩子上学"，例（30）为"他为了赶车"，例（31）为"他为了去赶集"。目的状语从句之后是主句，主句表达的是施事为了达到目的状语从句中的结果，而实施的行为。因果状语从句和目的状语从句后添加的都是连接词 nu³³，但这两类主从结构表达的语义是不同的。

第五节　让步状语从句

葛颇彝语的让步状语从句的主要形式为在从句中包含助词 vɑ³³，从句为 V+vɑ³³+V 的形式，主句与从句在认知上是相反的语义逻辑，从句位于主句之前。除此之外，表示让步关系的主从结构还可以通过意合法表达。

(32) ti³³ tsʰɯ³⁵vɑ³³tsʰɯ³⁵, ȵi³³ȵi³³nu³⁵tu⁵⁵.
　　　他 胖 助词 胖 天天 病 持续体
　　　他虽然胖，但经常生病。

(33) ŋ̍²¹ sʅ³⁵ mɯ³⁵pɯ⁵⁵vɑ³³　pɯ⁵⁵, mɯ³⁵tʂɛ²¹ko²¹⁴.
　　　我 事 做 慢 助词 慢　 做 好 可以
　　　我做事虽然慢，但做得很好。

(34) ti³³ sʅ³⁵ mɯ³⁵vɑ³³　mɯ³⁵nɯ⁴⁴tʂʰɑ³³, mɯ³⁵tʂɛ²¹mɑ²¹ ko²¹⁴.
　　　他 事 做 助词 做 快 很　 做 好 否定 可以

他做事虽然快，但做得不好。

(35) ʑi̠²¹ȵi³³ȵi³³dzŋ³³tʂɛ²¹**vɑ³³**　mɑ²¹　tʂɛ²¹，mɑ²¹　dẓɑ⁴⁴.
今天　太阳　好　助词　否定　好　否定　冷
今天太阳虽然不好，但是不冷。

例（32）—例（35）是葛颇彝语中典型的表示让步关系的主从结构，让步状语从句位于主句之前，主语与从句语义上相对立，从句中均包含助词 vɑ³³，不可省略。因此，在此类主从结构中，助词 vɑ³³ 的出现，使得主句与从句之间的关系必然是对立或转折的。

例（32）中，从句为 ti³³tsʰɯ³⁵vɑ³³tsʰɯ³⁵ "他虽然胖"，是典型的 V+vɑ³³+V 结构，主句为 ȵi³³ȵi³³nu³⁵tu⁵⁵ "经常生病"，省略了与从句共享的论元 ti³³ "他"，在葛颇彝族的认知中，白白胖胖的是健康的标志，胖是好事，说明生活条件好，因此该例句的从句与主句在逻辑上存在对立关系，表达了让步的意义。

例（33）中，从句 ŋi̠²¹sŋ³⁵mɯ³⁵pɯ⁵⁵vɑ³³pɯ⁵⁵ "我做事虽然慢"，也是 V+vɑ³³+V 的结构，主句为 mɯ³⁵tʂɛ²¹ko²¹⁴ "做得好"，二者在认知上也是存在对立的，这种对立并不是"慢"与"快"的语义的对立，而是"做事慢"与"做事好"的逻辑对立。

例（34）中，从句为 ti³³sŋ³⁵mɯ³⁵vɑ³³mɯ³⁵nɯ⁴⁴tʂ̣ɑ³³ "他做事虽然快"，主句为 mɯ³tʂɛ²¹mɑ²¹ko²¹⁴ "做不好"，与例（32）（33）不同的是，从句的结构不是简单的 V+vɑ³³+V，两个 V 是形式与内容均不相同的动词性短语，但该例句同样表达了让步的意义，也可以归纳为 V+vɑ³³+V 结构。

例（35）中，从句为 ȵi³³dzŋ³³tʂɛ²¹vɑ³³mɑ²¹tʂɛ²¹ "虽然太阳不好"，主句为 mɑ²¹dẓɑ⁴⁴ "不冷"，从句的结构为 V+vɑ³³+V，其中第二个 V 是包含否定标记 mɑ²¹ 的动词性短语 mɑ²¹tʂɛ²¹ "不好"，现实中的情况是如果太阳光不强烈，人会感觉冷，但表示让步关系的主从结构中，逻辑上是对立的，即"太阳虽然不好，但是不冷"。

除了上述添加助词 va³³，表示让步关系的主从结构还可以通过意合法表达，如例（36）（37）：

(36) ti³³ sʅ³⁵ so³³ ma²¹ no²¹, ta²¹ ẓo²¹ ma²¹ gɤ³⁵ sɛ²¹⁴.
他 书 读 否定 多   全部   知道
他书读得不多，但是全部都知道。

(37) sʅ⁴⁴ tiɛ³³ çi²¹⁴ kʰa⁴⁴, ẓɛ³⁵ m̩³³ pʰɯ²¹ ma²¹ kʰa⁴⁴.
别人 施事 腌 厉害 钱   价值 否定 厉害
别人腌（肉）腌得好，价格也不贵。

例（36）（37）的让步状语从句也在前，主句在后，从句中没有表示让步关系的标记。例（36）的让步状语从句为"他书读得不多"，主句为"全部都知道"，主句与从句在逻辑上是对立的。例（37）的让步状语从句为"别人腌（肉）腌得好"，主句为"价格不贵"，逻辑上也是对立的。通过意合法构成的表示让步关系的主从结构在葛颇彝语中也比较常见，但仍以添加助词 va³³ 的让步状语从句为主。

综上所述，葛颇彝语的主从结构可以分为表示时间关系、条件关系、因果关系、目的关系、让步关系五种类型的主从结构。从句在前，主句在后。

表示时间关系的时间状语从句在句末添加连接词 pɛ³³、tʰu²¹ 和 dɯ⁴⁴，pɛ³³ 表示从句表达的是一段时间；tʰu²¹ 表示从句表达的是某个时间节点；dɯ⁴⁴ 表示从句表达的是某个事件之后。

在葛颇彝语中，条件状语从句、假设状语从句与违事句在形式上相似，语义上略有不同，我们统称为条件状语从句。条件状语从句的句末一般会添加连接词 va³³，va³³ 在从句末表示如果满足某种条件及推测的意义。也有不添加连接词的情况，但不添加连接词的条件状语从句其状语从句的性质不太明显。

表示因果关系的主从结构中，原因状语从句在前，表示结果的主句在后。在表示原因的状语从句后添加连接词 nu^{33}，连接词一般不可省略。

在表示目的关系的主从结构，目的状语从句在前，主句在后，从句末添加连接词 nu^{33}，连接词一般不可省略。

葛颇彝语的让步状语从句的主要形式为在从句的谓语中添加助词 vɑ^{33}，主句与从句在认知上是相反的语义逻辑，在 V+vɑ^{33}+V 的助词 vɑ^{33} 不可省略。除此之外，表示让步关系的主从结构还可以通过意合法表达，但出现的频率较低。

结　　语

　　本书采用类型学研究的框架、新描写主义的方法对葛颇彝语的形态和句法进行了描写、分析。为了方便阅读，我们将形态从句法结构中概括后单独列出，对其进行简单的介绍，置于专题描写之前，更加清晰地展现葛颇彝语的形态句法特点。在专题描写部分，本书选取了目前国内外句法研究的热门话题，以及目前了解到的葛颇彝语中的比较有特色的十个专题进行研究。通过分析、研究，现将葛颇彝语与周边语言接触的情况、其形态句法特征和本书的创新点及不足之处进行简要总结和说明。

一　语言接触现象

　　语言处于不断发展变化之中，除了语言内部各要素之间相互作用，推动语言系统性发展之外，语言间的相互影响效果也非常明显。葛颇彝语属于彝语东南部方言，主要分布在云南省的东南部，与汉族和其他少数民族处于大杂居、小聚居的分布局面，与周边各民族交往密切，语言也受到了明显的影响，语言接触现象丰富。

　　(1) 声调逐渐分化。葛颇彝语共包括六个声调：55、44、33、21、214、35，但很难找到完全对应的六个声母、韵母相同、只有声调不同的例词，声调的分化并未完全，有时相近的声调容易发生混淆，但具体声调是如何分化的，本书暂不进行深入分析。

（2）声母发生了系统性的变化。如 ts、tsʰ、s、z 与 tʂ、tʂʰ、ʂ、ʐ 经常混淆，代际表现明显，年长、外出经历少的葛颇人读作 ts、tsʰ、s、z 的词，很多年轻人或外出经历丰富的人常读作 tʂ、tʂʰ、ʂ、ʐ，或者 ts、tsʰ、s、z 与 tʂ、tʂʰ、ʂ、ʐ 不分。

（3）韵母由单元音向复合元音发展。葛颇彝语除了汉语借词外，只有两个复合元音 iɛ、i̠ɛ̠，并且经常与 i、i̠ 或 ɿ 混淆，部分词汇中可看作自由变体，但 iɛ、i̠ɛ̠ 与 i、i̠ 或 ɿ 并不完全是自由变体，在有的音节中已经由单元音 i、i̠ 或 ɿ 发展固定为 iɛ、i̠ɛ̠，并区别意义。

（4）借用汉语词汇。在所有的语言接触现象中，词汇的借用最明显。借用最多、最常见的是名词，除了名词之外，如副词 tɕu⁵⁵ "就"、zou⁵⁵ "又"，动词 ʂu⁴⁴kʰu²¹ "受苦" 等。词汇的借用也会结合彝语进行重组，如汉语里"要紧（重要）"的意义，在葛颇彝语中用 ŋ̍⁵⁵dzɯ²¹ 表达，其中 ŋ̍⁵⁵ 为能愿动词"要"，dzɯ²¹ 为形容词"紧"，这两个词组合在一起就是现代葛颇彝语"要紧（重要）"的意义。再如，葛颇彝族的姓氏与凉山彝族地区的彝族还保留着传统彝族名称不同，与汉族姓氏相似，姓黄、赵、马等，葛颇彝语中，采用汉语的意义在彝语里的对应语音形式来表达，"姓黄"为 ʂɛ³³lɛ̠³³ɕi⁵⁵，其中 ʂɛ³³lɛ̠³³ 为"黄"的意义，ɕi⁵⁵ 为"姓"；"姓马"为 lu⁵⁵m̩²¹ɕi⁵⁵，lu⁵⁵m̩²¹ 为"马"的意义，"姓袁"ɑ⁵⁵nu³³ɕi⁵⁵，ɑ⁵⁵nu³³ 为"猴子、猿"的意义。

（5）部分语法结构的语序也发生了变化。语法是一种语言中最为稳固的内容，受到其他语言的影响较小，内部发展也较为缓慢。葛颇彝语的语法结构受汉语影响较小，但也有部分结构的语序发生了变化。

二　葛颇彝语的形态句法特征

葛颇彝语没有人称标记（动词一致关系）；施受标记不是强制性

的，是选择性的，语序可以是施受，也可以是受施结构，受信息结构的制约。因此，葛颇彝语从语法编码上没有宾格型语言特点，也没有作格性语言特点，没有严格意义上的语法化的主语、宾语，也没有典型的作格和通格，属于中和型语言。语用关系是句法的组织原则，句子结构由信息结构——话题和焦点决定的，话题在句法结构中担任重要的角色，并且有独立的话题标记，因此话题在葛颇彝语中不仅仅是语用层面的概念，也是句法的概念。

语用关系是其句法的组织原则，信息结构决定句子结构，这是葛颇彝语的重要特征。

在对葛颇彝语的形态句法有了全面的了解、分析后，将其典型的句法特征归纳总结如下：

1. 体标记有多功能性的特征，语法化尚未完全。葛颇彝语的体标记主要有将行体标记 $tiɛ^{33}$，持续体标记 tu^{55}、$dzɛ^{21}$、$tʂʰɛ^{21}$，完成体标记 fu^{33}，完整体标记 $gɤ^{35}$，曾行体标记 no^{55}，状态变化体 $diɑ^{21}$，连续体 $ɕi^{21}$。其中，除了状态变化体 $diɑ^{21}$，连续体 $ɕi^{21}$，其他的体标记均可进行重叠和否定，重叠表疑问的概念，否定是对体标记所表达的事件进展状态的否定。在特定结构中，能重叠和受否定标记修饰的体标记还保留着动词的用法。

持续体标记 tu^{55} 在葛颇彝语中仍保留着典型的动词"放置"的用法，重叠和否定后都是对动词 tu^{55} "放"的重叠和否定，重叠后表示"放没放"的意义，否定后表示"没放"的意义。状态变化体标记 $diɑ^{21}$ 和连续体标记 $ɕi^{21}$ 语法化程度较高，没有上述用法，不能对其进行重叠和否定。

2. 短语的结构丰富多样，尤其是名词性短语。名词性短语的内部结构稳定、组合能力强，一般在句中担任论元的角色，在以往的研究中，名词性短语作为论元在句法结构中被讨论，其自身的结构往往被忽略。名词性短语内部结构复杂，但规律性强，在复杂的名词性短语结构往往有多个修饰性成分修饰中心词，中心词与修饰性成分的位置较为固定，各修饰性成分之间的位置也是有秩序的，一般情况下，名词性修饰成分、非名物化关系子句以及部分名物化关系子句位于中心词之前，而形容词性修饰成分及部分名物化的关系子句、数量短语、指量短语等位于中心词之后，在后置于中心词的修饰成分中，数量短语和指量短语也位于其他修饰性成分之后。有些短语虽然外在表现形式相同，但中心词与修饰成分的关系却大有差异，这正体现了信息结构的特征和认知上的规律。

3. 存在类动词丰富，语法化路径较为清晰。葛颇彝语中有八个存在类动词 dz_o^{35}、bo^{21}、$ɲi^{35}$、$tʂʰo^{35}$、$dɛ^{35}$、$tʂʰɛ^{21}$、tu^{55}、$dzɛ^{21}$。其中 dz_o^{35}、bo^{21}、$ɲi^{35}$、$tʂʰo^{35}$、$dɛ^{35}$ 与行为动作类、姿势类动词等的形态句法功能大致相同，均能重叠表疑问，受否定标记修饰，与状态变化体标记 $diɑ^{21}$ 搭配等，我们称为典型的存在类动词。但 $tʂʰɛ^{21}$、tu^{55}、$dzɛ^{21}$ 三者形态句法功能与前者不同，动词性较弱，但考虑到其仍然在特定的结构（如添加了连接词 $lɛ^{33}$ 的复杂结构）中保留了一定的动词性，我们仍将其认定为存在类动词，称为非典型的存在类动词。存在类动词的来源一般为行为动作、姿势类动词，这类动词发展为存在类动词后有部分发展为体标记，并且许多动词仍处于语法化的过程中。

4. 葛颇彝语最典型的疑问结构为动词（包括形容词）重叠表疑问（VV 型），这种形式的疑问结构与 V 不 V 形式的疑问结构在语义上属于同一种类型——是非问。两个疑问形式表达的疑问意义相同，得到的回答也是相同的，我们认为，VV 形式来源于 V 不 V 形式的省略，但已经约定俗成为固定的结构，属于形态中的动词重叠的范畴。葛颇彝语的疑问词非常富有规律性，表示事件、地点、时间、个体对象的疑问词，第一个音节的辅音均为 k 或 k^h 开头，两个音节的元音趋同，有元音和谐的特征，如 $kɛ^{55}lɛ^{55}$、$ka^{55}la^{55}$ 等；表状态的疑问词第一个音节一般为表疑问的语素 k^ho^{21}，第二个音节为表示状态的形容词，此类疑问词能产性较高。

否定是语言中重要的语义和语用功能，在句法上也有突出的特点。

否定标记在藏缅语中只能位于动词之前的句法特征，可以帮助我们测试许多句子成分的属性。在只包含一个动词（包括形容词）的小句中，葛颇彝语的否定标记位于该动词前；在包含动词和有动词用法的体标记的小句中，否定标记位于该动词后、体标记之前，否定的是动作发生、进展的状态；在多个动词连用的多动词结构中，否定标记一般位于最后一个动词（包括形容词）前，连动结构否定的辖域可为整个多动词短语，补语结构否定的辖域为句末动词。

在包含连接词 $lɛ^{33}$ 的复杂句中，如果想保持原句式不变，否定标记只能出现 $lɛ^{33}$ 连接的后一个动词短语中，如果要否定前一个动词短语，则连接词 $lɛ^{33}$ 消失，连接词 $nɛ^{33}$ 替换连接词 $lɛ^{33}$ 出现，使之成为更典型的两个小句。在并列结构和主从结构中，否定的辖域为否定标记出现的小句，不能覆盖其他小句。双重否定结构在葛颇彝语中表示肯定的意义，但语气更加强烈，带有强制、强调的语义色彩。

5. 葛颇彝语的三种比较结构：差比结构、等比结构、极比结构。差比结构形式丰富，共有七种不同的形式类型，从语义上看可分为优极比较结构和次级比较结构两大语义概念。比较标记中只有 $kʰɛ^{33}$ 来自处所标记，$kʰɯ^{44}$ 表达"……下"的意义，但不作处所标记使用，其他比较标记在葛颇彝语中暂未发现其他用法。等比结构只有两种形式类型，没有典型的等比标记。葛颇彝语中没有典型的极比结构，通过判断结构、差比结构等表达极比的意义。

6. 致使结构较为多样，包含三个典型的分析型致使标记 $gɯ^{33}$、$piɛ^{214}$、bo^{35} 和邀约式致使标记 ka^{44}，不能同时出现。从来源上看，葛颇彝语的致使标记大部分来源都比较清晰，只有邀约式致使标记 ka^{44} 暂时看不出其出处。致使标记 $gɯ^{33}$ 来自动词 $gɯ^{33}$ "做、放"；致使标记 $piɛ^{214}$ 来自动词 bi^{21} "给"；致使标记 bo^{35} 来自动词 bo^{35} "告诉"，并且可能由此产生了与事标记的用法。

7. 连动结构的形式类型较之彝语其他方言或亲属语言来讲不丰富，

缺少的连动语义类型多通过添加连接词 le^{33} 来表达。

感官、言说类动词构成的补语结构，心理活动动词构成的补语结构和能愿动词构成的补语结构可以带补语的动词在句中的位置基本都位于句末，都可以受否定标记 ma^{21} 修饰，与连动结构不同的是，补语结构否定的辖域为带补语的动词，而连动结构为整个谓语。

8. 葛颇彝语并列结构类型虽然丰富多样，但较为特殊的是并列标记基本不可省略。其"和"类相关并列意义的表达，只能通过在每个并列项后添加并列标记 $nε^{33}$ 来表达，这与藏缅语族其他语言有一定的差异。

9. 葛颇彝语的关系子句结构和功能上来看都比较简单，从关系子句的位置和所搭配的中心词来看可分为有中心词的关系子和无中心词关系子句。有中心词的关系子句中，中心词均位于关系子句之外，分为中心词后置和中心词前置两种类型，没有中心词内置的情况。无中心词的关系子句有的是中心词一般情况下不与关系子句共现，有的是中心词在句中省略。从关系子句的类型上看，可将关系子句分为名物化关系子句和非名物化关系子句，名物化的关系子句所指代的内容以及与中心词的位置关系都与名物化标记相关，非名物化的关系子句均位于中心词之前。葛颇彝语的关系化手段主要为留空，留空的位置与被关系化的中心词在关系子句中担任的角色不同相关。

10. 葛颇彝语的主从结构主要有表示时间关系、条件关系、因果关系、目的关系、让步关系五种类型。其中除了时间状语从句的分别表示不同的时间意义的连接词 $pε^{33}$、t^hu^{21}、$dɯ^{44}$ 外，其他主从结构的连接词均为话题标记或助词等兼任，专属的连接词很少。时间状语从句、让步状语从句的连接词不可省略，否则表义不清晰。其他主从结构的连接词一般情况下也不可省略，但在对话中或上下文语境清晰的情况下，有时省略连接词也可以表达条件、因果关系、目的关系等的意义则可省，但在长篇语料中较为少见。

三 本书的创新点与不足之处

创新点：形态句法的描写与传统语法描写相比，弱化了词类的描写，将其穿插到短语的结构分析和句法结构专题研究中，避免重复介绍和分析。对语法现象的描写则更加深入，采用类型学研究的框架，对语法专题的描写更为具体、全面。本书的各章看似独立，却又互有交集，各个句法结构专题互有交叉，没有详细描写的语法点在各个专题中也有简单介绍，在对葛颇彝语有全面了解的基础上进行重点结构的描写，使得语法描写更加深入，为类型学的比较研究提供参考。

不足之处：本书共选取了十个重点专题进行研究，但一种语言的各种语法现象繁杂多样，十个专题必不能全面展现葛颇彝语语法的全貌。各个专题的描写也尚不均衡，关系子句、主从结构等部分还可以深入分析。在日后的调查和研究中会进一步加强深度和广度，尽可能全面地对葛颇彝语的语法进行描写、分析。

参考文献

学术期刊论文参考文献：

阿育几坡：《谈凉山彝语副词词法及其与形容词的区别》，《西昌学院学报》（社会科学版）2009年第1期。

阿育几坡：《诺苏彝语动词后缀研究》，《楚雄师范学院学报》2018年第2期。

白碧波：《哈尼语存在动词初探》，《民族语文》1991年第5期。

曹崎明：《石林撒尼彝语语序分析》，《文学教育（上）》2012年第5期。

陈康：《凉山彝语句子的语气及表达方式》，《民族语文》1996年第2期。

陈康：《彝缅语塞音韵尾演变轨迹》，《民族语文》1993年第1期。

陈康：《彝语人称代词的"数"》，《民族语文》1987年第3期。

陈康：《彝语支调类诠释》，《民族语文》1991年第3期。

陈康：《彝语自动词与使动词的形态标志及其由来》，《民族语文》1990年第2期。

陈士林：《凉山彝语的泛指和特指》，《民族语文》1989年第2期。

陈文汉：《彝语方位词的由来及演变初探》，《西南民族学院学报》（哲学社会科学版）1990年第3期。

戴庆厦、刘菊黄、傅爱兰：《关于我国藏缅语族系属分类问题》，《云南民族学院学报》1989 年第 3 期。

戴庆厦：《缅彝语的结构助词》，《语言研究》1989 年第 2 期。

戴庆厦：《我国藏缅语族松紧元音来源初探》，《民族语文》1979 年第 1 期。

戴庆厦：《彝语支语言的清浊声母》，《中央民族学院学报》1981 年第 2 期。

戴庆厦、傅爱兰：《藏缅语的是非疑问句》，《中国语文》2000 年第 5 期。

戴庆厦、胡素华：《凉山彝语的体词状语助词——兼论彝语语词类中有无介词类问题》，《语言研究》1998 年第 1 期。

戴庆厦、胡素华：《彝语 ta~（33）的多功能性》，《民族语文》1998 年第 2 期。

戴庆厦、胡素华：《彝语支语言颜色词试析》，《语言研究》1993 年第 2 期。

戴庆厦、李洁：《汉藏语被动句的类型学分析》，《中央民族大学学报》（哲学社会科学版）2007 年第 1 期。

戴庆厦、朱艳华：《藏缅语选择疑问范畴句法结构的演变链》，《汉语学报》2010 年第 2 期。

丁健：《藏缅语相互结构的类型学考察》，《民族语文》2015 年第 6 期。

段秋红：《他留话的话题句》，《曲靖师范学院学报》2017 年第 4 期。

杜若明：《藏缅语动词使动范畴的历史演变》，《语言研究》1990 年第 1 期。

付爱兰、胡素华：《凉山彝语谓词的重叠》，戴庆厦主编《中国民族语言文学研究论集（第一辑）》，民族出版社 2001 年版。

格桑居冕：《藏语动词的使动范畴》，《民族语文》1982 年第 5 期。

何彦诚：《红丰仡佬语连动结构的词汇化》，《民族语文》2011 年第 4 期。

和智利:《大具纳西语的并列结构复合词》,《汉藏语学报》2016年第0期。

胡素华:《凉山彝语被动义的表达方式》,《语言研究》2005年第4期。

胡素华:《凉山彝语的差比句》,《民族语文》2005年第5期。

胡素华:《凉山彝语的话题结构——兼论话题与语序的关系》,《民族语文》2004年第3期。

胡素华:《彝语动词的体貌范畴》,《民族语文》2001年第4期。

胡素华:《彝语结构助词语义虚化的层次》,《民族语文》2000年第2期。

胡素华:《彝语结构助词在不同层面上的多功能性》,《语言研究》2001年第2期。

胡素华:《彝语诺苏话的连动结构》,《民族语文》2010年第2期。

胡素华:《彝语虚词及结构助词的研究及其新构架》,《西南民族学院学报》(哲学社会科学版)2000年第S3期。

胡素华:《彝语与彝语支亲属语言的结构助词比较研究》,《中央民族大学学报》2000年第6期。

胡素华:《彝语指示代词ko~(33)的语法化历程》,《中央民族大学学报》2003年第5期。

胡素华、赵镜:《彝语诺苏话话题的标示手段》,《汉藏语学报》2016年第1期。

胡素华:《彝语结构助词在句法中的地位》,《中国彝学(第一辑)》2003年第57期。

胡素华、姚晶:《类型学视野下的彝语诺苏话补足语子句》,《汉藏语学报》2012年第2期。

胡素华、沙志军:《凉山彝语类别量词的特点》,《中央民族大学学报》2005年第4期。

胡素华、赵镜:《诺苏彝语话题标记的功能及其话题类型》,《民族语文》2015年第2期。

胡素华、周廷升：《彝语方言受事格标记及基本语序类型比较》，《语言科学》2018 年第 2 期。

胡坦：《论藏语比较句》，《民族语文》1985 年第 5 期。

胡坦：《拉萨藏语中几种动词句式的分析》，《民族语文》1984 年第 1 期。

黄成龙：《羌语形容词研究》，《语言研究》1994 年第 2 期。

黄成龙：《羌语音位系统分析方法刍议》，《民族语文》1995 年第 1 期。

黄成龙：《羌语的动词前缀》，《民族语文》1997 年第 2 期。

黄成龙：《羌语的音节弱化现象》，《民族语文》1998 年第 3 期。

黄成龙：《羌语名词短语的语序》，《民族语文》2003 年第 2 期。

黄成龙：《语言描写框架及术语标记》，《民族语文》2005 年第 5 期。

黄成龙：《羌语的话题标记》，《语言科学》2008 年第 6 期。

黄成龙：《羌语子句的关系化手段》，《民族语文》2008 年第 4 期。

黄成龙：《羌语的存在动词》，《民族语文》2000 年第 4 期。

黄成龙：《羌语的施事者及其相关标记》，《语言暨语言学》2010 年。

黄成龙：《羌语的非施事者及其相关标记》，《语言学论丛（第四十一辑）》，商务印书馆 2010 年版。

黄成龙：《羌语中的生命度等级序列》，《汉藏语学报》2013 年第 1 期。

黄成龙：《藏缅语存在类动词的概念结构》，《民族语文》2013 年第 2 期。

黄成龙：《藏语与喜马拉雅语言中存在类动词的概念结构》，《语言科学》2014 年第 5 期。

黄成龙：《类型学视野中的致使结构》，《民族语文》2014 年第 5 期。

黄成龙：《羌语的空间范畴》，《语言暨语言学》2015 年第 5 期。

黄龙光、杨晖：《彝语南部方言纳苏话的词重叠》，《贵州工程应用技术学院学报》2015 年第 5 期。

黄布凡：《古藏语动词的形态》，《民族语文》1981 年第 3 期。

纪嘉发：《云南墨江彝语结构助词初探》，《语言研究》1992 年第 2 期。

金鹏：《藏语拉萨话判断动词和存在动词的用法》，《西藏民族学院学报》1981 年第 4 期。

孔祥卿：《撒尼彝语 60 年的音变》，《民族语文》2002 年第 4 期。

拉玛兹偓：《试论彝语次高调产生的原因》，《民族语文》1991 年第 5 期。

兰正群：《弥勒彝语松紧音研究》，《语言学论丛》2016 年第 2 期。

李民：《凉山彝语的主动句和被动句》，《西南民族学院学报》（哲学社会科学版）1984 年第 1 期。

李民：《凉山彝语动词、形容词的重迭》，《中央民族学院学报》1982 年第 2 期。

李民：《凉山彝语量词的变调》，《西南民族学院学报》（哲学社会科学版）1982 年第 4 期。

李民：《凉山彝语人称代词的几个问题》，《中央民族学院学报》1978 年第 3 期。

李泽然：《哈尼语动词的体和貌》，《语言研究》2004 年第 2 期。

李泽然：《论哈尼语的话题》，《中央民族大学学报》（哲学社会科学版）2007 年第 5 期。

李云兵：《苗语的形态及其语义语法范畴》，《民族语文》2003 年第 3 期。

李春风：《拉祜语的话题标记》，《民族语文》2015 年第 5 期。

李春风：《拉祜语的差比标记及其探源》，《云南民族大学学报》（哲学社会科学版）2012 年第 2 期。

李春风：《拉祜语的差比句》，《兴义民族师范学院学报》2011 年第 6 期。

李启群、鲁美艳：《土家语的差比句》，《民族语文》2013 年第 1 期。

刘鸿勇、顾阳：《凉山彝语的引语标记和示证标记》，《民族语文》2008 年第 2 期。

刘丹青：《汉语关系从句标记类型初探》，《中国语文》2005 年第 1 期。

刘丹青：《汉语给予类双及物结构的类型学考察》，《中国语文》2001 年第 5 期。

马兴国：《彝语疑问语气词辨析》，《西南民族学院学报》（哲学社会科学版）1990 年第 1 期。

马学良：《试析彝语语法中的几个问题》，《民族语文》1989 年第 1 期。

马学良：《彝语"二十、七十"的音变》，《民族语文》1980 年第 1 期。

木乃热哈、毕青青：《凉山彝语动词的互动态》，《民族语文》2012 年第 6 期。

那建坤、王仕举：《彝语结构初探》，《贵州民族研究》1983 年第 3 期。

倪大白：《藏缅、苗瑶、侗泰诸语言及汉语疑问句结构的异同》，《语言研究》1982 年第 1 期。

普丽春、王成有：《小白彝语概况》，《民族语文》2007 年第 1 期。

普忠良：《从空间与方位的语言认知看彝族的空间方位观》，《西南民族大学学报》（人文社会科学版）2015 年第 4 期。

普忠良：《纳苏彝语的空间认知系统》，《民族语文》2014 年第 4 期。

普忠良：《纳苏彝语连动结构研究》，《红河学院学报》2018 年第 1 期。

曲木铁西：《试论彝语名量词的起源层次》，《民族语文》1994 年第 2 期。

曲木铁西：《彝语义诺话颜色词的语义分析》，《中央民族大学学报》1997 年第 2 期。

曲世锋：《论藏语动词的示证系统》，《民族语文》2015 年第 4 期。

仁增旺姆：《藏语存在动词的地理分布调查》，《中央民族大学学报》（哲学社会科学版）2012 年第 6 期。

苏连科：《汉彝语助词比较研究兼及彝语支语言的时态问题》，《西南民族大学学报》（人文社会科学版）2015 年第 3 期。

苏连科：《彝语方位词语义分析》，《民族语文》2010 年第 3 期。

苏连科、苏虹：《彝语形容词的形态及其语法范畴和功能》，《中央民族大学学报》（哲学社会科学版）2016 年第 3 期。

孙宏开：《论藏缅语动词的使动语法范畴》，《民族语文》1998 年第 6 期。

孙宏开：《藏缅语动词的互动范畴》，《民族语文》1984 年第 4 期。

邵明园：《从趋向动词到示证标记——藏语组语言示证标记 བྱུང 的语法化》，《藏学学刊》2016 年第 1 期。

唐黎明：《浅谈凉山彝语的语法化现象》，《民族语文》2005 年第 1 期。

唐正大：《关系化对象与关系从句的位置——基于真实语料和类型分析》，《当代语言学》2007 年第 2 期。

谭克让：《藏语动词的自动态与使动态》，《民族语文》1988 年第 6 期。

田静：《藏缅语名词性别意义的表达方式》，《中央民族大学学报》（哲学社会科学版）2011 年第 4 期。

田静：《里山彝语名词的性别语义范畴》，《民族语文》2010 年第 2 期。

王成有：《略论彝语方言的划分》，《中央民族大学学报》1998 年第 6 期。

王成有：《彝语阿哲话语音》，《西南民族学院学报》（哲学社会科学版）1998 年第 6 期。

王海滨：《撒尼彝语结构助词研究》，《曲靖师范学院学报》2017 年第 4 期。

王会银：《藏语拉萨话动词的重叠形式》，《民族语文》1988 年第 3 期。

巫达：《凉山彝语动词的种类及其标记》，《民族语文》2009 年第 2 期。

巫达：《彝语动物名词"性"的表达方式》，《西南民族学院学报》（哲学社会科学版）1999 年第 1 期。

武自立：《阿细彝语基数词的连读音变》，《民族语文》1987 年第 4 期。

武自立：《阿细彝语形容词的几个特征》，《民族语文》1981 年第 3 期。

武自立、纪嘉发：《彝语数词的构成和用法》，《民族语文》1982 年第 6 期。

小门典夫：《凉山彝语的性质形容词和状态形容词》，《民族语文》2002 年第 4 期。

熊仲儒:《彝语名词短语内部语序》,《民族语文》2005 年第 4 期。

徐悉艰:《彝缅语量词的产生和发展》,《语言研究》1994 年第 1 期。

余成林:《藏缅语的话题标记——兼与汉语比较》,《中央民族大学学报》(哲学社会科学版) 2011 年第 1 期。

余成林:《藏缅语存在动词的类型及其演变特点》,《民族语文》2018 年第 1 期。

余成林:《藏缅语"有/在"类存在动词研究》,《民族语文》2011 年第 3 期。

杨将领:《独龙语动词的使动范畴》,《民族语文》2001 年第 4 期。

袁毓林:《论否定句的焦点、预设和辖域歧义》,《中国语文》2000 年第 2 期。

袁家骅:《汉藏语声调的起源和演变》,《语文研究》1981 年第 2 期。

袁家骅:《阿细民歌及其语言》,《语言学专刊》,1953 年。

翟会锋:《彝语东部方言八堡话的是非疑问句》,《黔南民族师范学院学报》2014 年第 4 期。

张军:《藏缅语话题结构的特征与类型》,《民族语文》2012 年第 6 期。

赵镜:《诺苏彝语话题的指称特征》,《语言研究》2017 年第 1 期。

赵小东、熊安慧:《彝语中的正反问句研究》,《黔南民族师范学院学报》2011 年第 1 期。

赵镜:《诺苏彝语话题的指称特征》,《语言研究》2017 年第 1 期。

周德才:《他留话概况》,《民族语文》2002 年第 2 期。

周德才、曾晓渝:《他留话研究》,《南开语言学刊》2008 年第 2 期。

朱建新:《简论凉山彝语附加式构词法》,《民族语文》1986 年第 2 期。

朱建新:《凉山彝语声调的语法作用》,《西南民族学院学报》(哲学社会科学版) 2000 年第 7 期。

朱建新:《试论凉山彝语词头 a-》,《民族语文》1984 年第 6 期。

朱文旭、王成有、方虹:《彝语使动范畴前缀词素研究》,《民族语文》1998 年第 6 期。

朱文旭：《彝语句法中的语序问题》，《民族语文》2004年第4期。

朱文旭、方虹：《彝语使动范畴后缀词素研究》，《中央民族大学学报》1999年第3期。

朱文旭、取比尔莲：《彝语形容词词类问题》，《百色学院学报》2012年第4期。

朱文旭、张静：《彝语被动句式研究》，《语言研究》2004年第3期。

朱艳华：《载瓦语存在动词的类型学研究》，《民族语文》2012年第6期。

朱艳华：《载瓦语的差比句》，《中央民族大学学报》（哲学社会科学版）2011年第2期。

著作类参考文献：

［英］伯纳德·科姆里：《语言共性和语言类型》，华夏出版社1988年版。

陈康：《彝语方言研究》，中央民族大学出版社2010年版。

陈士林、边仕明、李秀清：《彝语简志》，民族出版社1985年版。

戴庆厦：《语言调查教程》，商务印书馆2013年版。

戴庆厦、罗仁地、汪锋：《到田野去——语言学田野调查的方法与实践》，民族出版社2008年版。

冯志伟：《现代语言学的流派》，陕西人民出版社1999年版。

黄成龙：《蒲西羌语研究》，民族出版社2007年版。

胡素华：《彝语结构助词》，民族出版社2002年版。

李方桂：《汉藏语论文集》，清华大学出版社2012年版。

李云兵：《中国南方民族语言语序类型研究》，北京大学出版社2007年版。

刘丹青：《语法调查研究手册（第二版）》，上海教育出版社2017年版。

吕叔湘：《汉语语法分析问题》，商务印书馆 1979 年版。
马学良：《汉藏语概论》，北京大学出版社 1991 年版。
马学良：《撒尼彝语研究》，商务印书馆 1951 年版。
孙宏开等：《中国的语言》，商务印书馆 2007 年版。
徐烈炯、刘丹青主编：《话题与焦点新论》，上海教育出版社 2003 年版。
徐烈炯、刘丹青：《话题的结构与功能》，上海教育出版社 1998 年版。
赵元任：《语言问题》，商务印书馆 2003 年版。
朱德熙：《语法讲义》，商务印书馆 1982 年版。
朱德熙：《语法答问》，商务印书馆 1985 年版。
朱文旭：《彝语方言学》，中央民族大学出版社 2001 年版。

硕博论文参考文献：

陈林：《聂苏彝语江城话词法描写分析》，西南交通大学，2016 年。
陈仕君：《藏缅语的比较句研究》，上海师范大学，2014 年。
邓凤民：《汉藏语系语言差比句研究》，中央民族大学，2010 年。
黄成龙：《蒲西羌语参考语法》，香港城市大学，2004 年。
李占炳：《并列结构的类型学研究》，上海外国语大学，2014 年。
李毅：《纳西语话题句研究》，云南师范大学，2015 年。
李云东：《云南文山彝语阿扎话调查》，暨南大学，2011 年。
李文宇：《维西傈僳语的比较结构》，中国社会科学院研究生院，2015 年。
王国旭：《新平彝语腊鲁话研究》，中央民族大学，2011 年。
吴铮：《藏缅语否定范畴研究》，中央民族大学，2007 年。
杨将领：《藏缅语族语言使动范畴研究》，上海师范大学，2017 年。
余成林：《汉藏语系语言存在句研究》，中央民族大学，2011 年。
翟会锋：《三官寨彝语参考语法》，中央民族大学，2011 年。
赵梦蝶：《藏缅语关系从句研究》，上海师范大学，2017 年。

英文参考文献：

Aikhenvald, Alexandra Y. *Classifiers: A typology of noun classification devices* [M]. Oxford: Oxford University Press, 2000.

Aikhenvald, Alexandra Y. *The Art of Grammar: A Practical Guide* [M]. Oxford University Press, 2015.

Comrie, Bernard. *Language Universals and Linguistic Typology: Syntax and Morphology (2nd edition)* [M]. Chicago: University of Chicago Press, 1989.

Croft, William. *Typology and Universals (2nd edition)* [M]. Cambridge: Cambridge University Press, 2003.

Comrie, Bernard. *Aspect* [M]. Cambridge: Cambridge University Press, 1998.

Croft, William. *Typology and Universals* [M]. Beijing: Foreign Language Teaching and Research Press (also published by Cambridge University Press, 1990), 2000.

Dixon, R. M. W. *Basic Linguistic Theory: V1. Methodology* [M]. Oxford: Oxford University Press, 2010a.

Dixon, R. M. W. *Basic Linguistic Theory: V2. Grammatical Topics* [M]. Oxford: Oxford University Press, 2010b.

Dixon, R. M. W. *Basic Linguistic Theory: V3. Further Grammatical Topics* [M]. Oxford: Oxford University Press, 2010c.

Gerner, M. *Grammar of Nuosu* [M]. MGL64. Berlin: Mouton de Gruyter. ISBN: 978-3-11-030863-1, 2013.

Gerner, M. "The lexicalization of Yi causative verbs." [J]. Folia LinguisticaHistorica. SocietasLinguistica Europaea, 2007b (1/2).

Gerner, M. "Perfect in the Yi group." [J]. Studies in Language, 2002b, 26 (2).

Givon, T. *Functionalism and Grammar* [M]. John Benjamins Publishing Company, 1995.

Gundel, Jeanette K. "Universals of topic – comment structure" [A]. In *Studies in Syntactic Typology* [C], eds. by Hammond, Michael, Moravcsik, Edith A. and Wirth, Jessica, A, 1988.

Halliday, M. A. K. *An Introduction to Functional Grammar* (*second edition*) [M]. New York: Co-published in the U. S. A, by Oxford University Press Inc, 1999.

Hongdi Ding. "A cross – dialectal analysis of Nuosu adjectival comparative constructions" [J]. Linguistics of the Tibeto – Burman Area, 2018, 41: 1.

LaPolla, Randy, J. "Topicalization and the question of lexical passives in Chinese" [J]. Proceedings of the Third Annual Ohio State University Conference on Chinese Linguistics, eds. by Marjorie K. M. Chan & Thomas Ernst, 170-188. Indiana University Linguistics Club, 1988.

LaPolla, Randy, J. "Anti-ergative marking in Tibeto-Burman" [J]. Linguistics of the Tibeto-Burman Area, 1992b, 15. 1.

LaPolla, Randy, J. "Word order patterns in Sino – Tibetan: Their significance to theories of explanation in typology", presented at the Symposium on Language Typology. Tsukuba University, Japan, January, 1994.

LaPolla, Randy, J. "Parallel grammaticalizations in Tibeto–Burman: Evidence of Sapir's 'drif' " [J]. Linguistics of : Tibeto-Burman Area, 1994b, 17. 1.

LaPolla, Randy, J. "Ergative marking in Tibeto-Burman" [J]. New Horizons in Tibeto-Burman Morphosyntax (Series Ethnological Studies 41), eds. by Yoshio Nishi, James A. Matisoff& Yasuhiko Nagano, 189-228. Osaka: National Museum of Ethnology, 1995.

LaPolla, Randy, J. "The role of migration and language contact in the development of the Sino-Tibetan language family" [J]. Areal Diffusion and Genetic Inheritance: Case Studies in Language Change, eds. by R. M. W. Dixon & A. Y. Aikhenvald. Oxford: Oxford University Press, 2001.

LaPolla, Randy, J. "Overview of Sino-Tibetan morphosyntax" [J]. The Sino-Tibetan Languages. eds. by Graham Thurgood & Randy J. LaPolla. London & New York: Routledge, 2003a.

Matisoff, James, A.*The Grammar of Lahu* [M]. Berkeley and Los Angeles: California, University of California Press, 1973.

Matisoff, James, A. "Areal and Universal dimensions of grammatization in Lahu" [A]. In *Approaches to grammaticalization*, *Volume II* [C], eds. by Traugott, Elizabeth Closs and Heine, Bernd, 1991.

Mattews, P. H. *Morphology (second edition)* [M]. Beijing: Foreign Language Teaching and Research Press (also published by Cambridge University Press, 1974, 1991), 2000.

Moravcsik, A. Edith. *Introducing Language Typology* [M]. Cambridge: Cambridge University Press, 2012.

Shibatani, Masayoshi. "Grammaticization of topic into subject" [A]. In *Approaches to grammaticalization*, *Volume II* [C], eds. by Traugott, Elizabeth Closs and Heine, Bernd. Amsterdam/Philadelphia: John Bejamins Publishing Company, 1991.

Shopen, Timothy, ed. *Language typology and syntactic description*, *Volume I: Clause structure (2nd edition)* [M]. Cambridge: Cambridge University Press, 2007a.

Shopen, Timothy, ed. *Language typology and syntactic description*, *Volume II: Complex constructions (2nd edition)* [M]. Cambridge: Cambridge University Press, 2007b.

Shopen, Timothy, ed. *Language typology and syntactic description*, *Volume III: Grammatical categories and the lexicon (2nd edition)* [M]. Cambridge: Cambridge University Press, 2007c.

Timothy Shopen (ed). *Language typology and Syntactic Description* (2 ndedition). *Vol I: Clause Structure; Vol II: Complex Constructions; Vol III: Grammatical Categories and Lexicon* [M]. Cambridge: Cambridge University Press, 2007.

Van Valin, Robert D. Jr. *An Introduction to Syntax* [M]. Cambridge: Cambridge University Press, 2001.

Van Valin, Robert D, Jr. &LaPolla, Randy J. *Syntax: Structure, Meaning, and Function* [M].Cambridge: Cambridge University Press, 1997.

后　　记

　　我于2017年入学中国社会科学院研究生院民族学系，师从黄成龙教授，专业为语言学及应用语言学，语言类型学方向。2018年暑假开始进行浸入式田野调查，前后近四个月时间。2020年3月完成博士论文，7月获得中国社会科学院大学（研究生院）优秀博士论文出版资助。得此机会将博士论文出版，对于刚刚踏上工作岗位的我来说，无疑是一份丰厚的礼物，这份认可让我更加有信心去做好民族语言研究。

　　在此，特别感谢我的导师黄成龙教授招收我作为第一批博士生，并给予了我细致、耐心的指导。在我学术生涯的伊始给我树立了高大的榜样，并给予了我全方位的支持。老师对我们同门兄弟姐妹有着父亲般的严厉和关怀，在我们出现问题时有批评、有鞭策，也为我们取得的成绩感到由衷的高兴。老师的赤诚之心让我永远心怀感激。

　　感谢中国社会科学院给了我非常高的学术平台，在中国社会科学院大学（研究生院）读书、在民族所上课让我接触到了各个人文社科领域大家的风采，也对民族问题有了更深刻的认识。感谢学校为我的论文提供了出版资助，让我对自己的专业和成果更加有信心，更坚定了我能够为我亲爱的彝族同胞做一点事情的决心。

　　感谢罗仁地老师为我毕业论文提供的修改意见。当得知获得社科大优博论文出版资助时，黄成龙老师便建议我将论文交给罗老师，请他帮忙把把关。罗老师一口答应，并给我提出了非常中肯的修改意见，每一章都是精读后的满满的"干货",从措辞上的修改到观点的修正,到框架上的建议。每次收到罗老师给我的反馈的章节,既兴奋又觉得惭愧。兴奋是像中学时发放考试卷时期待自己的成绩,看看自己哪里有问题,同时又感到基础薄弱,自觉惭愧。无奈现在出版在即,没办法实现进一步的田野调查,有些问题的分析只能暂且止步。但在后续的研究中,会进一步将罗老师和黄老师提出的修改建议落实。

感谢红河哈尼族彝族自治州的泸西县白水镇小直邑村的黄金贵老师、黄宏大哥、王树堂村长,泸西县统战部马锦鹏部长,还有帮我引荐发音人的普忠良老师、何忠明老师、红河学院的平慧老师等。在泸西县白水镇小直邑村的四个月是我人生中非常宝贵的一段经历,我在那里度过了夏、冬两季,在黄宏大哥家度过了 2019 年的春节。印象深刻的是大年初一的早晨,嫂子给我煮了一碗有四个荷包蛋的红糖水。我一口气吃完,噎得喘不上气,心里琢磨这是怎样的习俗,为何初一早晨要吃四个荷包蛋?吃完了才发现大家碗里各有一个,问了问,才知道原来是嫂子怕我吃不饱,多给我盛了三个,哭笑不得。我在这家人的生活里,受到了最高的礼遇。回京之后,每每回想到这些充满爱的细节,总是让我感觉到阵阵暖意。淳朴的民风,热气腾腾的生活,让我在那海拔 1900 米的山顶上对自己的观念和生活有了很大的反思。读万卷书,行万里路,是田野调查给了我这样的机会去体验不同的人生,遇见不同的人,这也是民族语言研究的乐趣之一。

特别感谢我的发音人黄金贵老师,我的论文能顺利完成,直至现在能顺利出版,与其说这是我的专著,不如说是黄老师和我共同的成果。从与黄老师第一次见面,到若干个日与夜的枯燥地对坐及电话问询记录,黄老师对我从来没有失去过耐心,反而一直在鼓励我,认为我做的事情对他的民族非常有意义,对他本人而言也非常有意义。我因此而倍受鼓舞。调查初期,我对葛颇彝语没有全面的了解,经常问一些让黄老师难以回答的问题,无论我问什么问题黄老师都会认真思考,以至于他每天下午放羊时及其他闲暇时都在思考我的问题,有时想一个问题想到心情焦虑，半夜做梦，梦见我问他"黄老师，这个词是什么意思？"而一个机灵吓醒，睡不着了，索性凌晨两三点起来点着灯在院子里洗衣服。这样的时候还不少，我从黄鹏和丽梅（黄老师的孙子、孙女）口中得知，哭笑不得，觉得惭愧又实在忍俊不禁，黄老师就是这样认真的人，是我的前辈，是为我授业解惑、非常支持我的老师。

感谢对我的书稿出版给予支持的中国社会科学院大学的老师和中国社会科学出版社的编辑老师，字里行间，收获太多，修改时就心存感激，即将出版之际，借此机会，表达我真诚的谢意。

感谢我的家人，容忍我的缺点，是我温暖的港湾可以停靠，给我支持，给我力量，也给了我希望，把这本书献给你们。

在论文即将交稿之际，提笔写下此后记，一半是感念，一半是自我勉励。在若干年后回望我们现在正在经历的，那些焦灼的日与夜，内心的彷徨与期待，最后都会尘埃落定成为历史。此刻，唯有保持冷静，感恩前行。

姜静
2021年9月28日

中国社会科学院大学优秀博士学位论文出版资助项目书目

- 元代刑部研究
- 埃及经济转型、社会结构与社会流动研究
- 与时俱化：庄子时间观研究
- 广告法上的民事责任
- 葛颇彝语形态句法研究
  杨绛的人格与风格
  越南海洋战略与中越海洋合作研究